近代中国知识女性的文化谱系

The Cultural Genealogy of Intellectual Women in Modern China

高翔宇 著

中国社会科学出版社

图书在版编目（CIP）数据

近代中国知识女性的文化谱系／高翔宇著. -- 北京：中国社会科学出版社，2024.6. -- ISBN 978-7-5227-3726-3

Ⅰ.D693.71

中国国家版本馆CIP数据核字第20247PU543号

出 版 人	赵剑英	
责任编辑	耿晓明	
责任校对	杨　林	
责任印制	李寡寡	

出　　版	中国社会科学出版社	
社　　址	北京鼓楼西大街甲158号	
邮　　编	100720	
网　　址	http://www.csspw.cn	
发 行 部	010-84083685	
门 市 部	010-84029450	
经　　销	新华书店及其他书店	
印　　刷	北京君升印刷有限公司	
装　　订	廊坊市广阳区广增装订厂	
版　　次	2024年6月第1版	
印　　次	2024年6月第1次印刷	
开　　本	710×1000　1/16	
印　　张	21	
字　　数	402千字	
定　　价	98.00元	

凡购买中国社会科学出版社图书，如有质量问题请与本社营销中心联系调换
电话：010-84083683
版权所有　侵权必究

国家社科基金后期资助项目
出 版 说 明

后期资助项目是国家社科基金设立的一类重要项目，旨在鼓励广大社科研究者潜心治学，支持基础研究多出优秀成果。它是经过严格评审，从接近完成的科研成果中遴选立项的。为扩大后期资助项目的影响，更好地推动学术发展，促进成果转化，全国哲学社会科学工作办公室按照"统一设计、统一标识、统一版式、形成系列"的总体要求，组织出版国家社科基金后期资助项目成果。

全国哲学社会科学工作办公室

序

夏晓虹

本书作者高翔宇本是北京大学历史系著名教授尚小明的学生，按照我自定的规则，年轻学者中，只给自己学生的著作写序，如此，翔宇本不在此列。而我却不能拒绝他的请求。个中原因他已说过多次，他之所以在中国近代政治史之外，又开拓出妇女史研究方向，确实与我有关。

翔宇最初来听我的课是2013年春季学期，他还在读硕士一年级。当时我在中文系开设了"晚清文学与文化"专题课。像我的其他研究生选修课一样，这门课也没有固定的讲法，但可以确认的是，秋瑾是其中一位重点讨论的作家。大概是因为考大学时也曾想报考中文系，看到这个文史兼顾的课名，翔宇便跨系前来选课。课程结束，他提交了《秋风秋雨返秋魂——政治文化视野下的民元秋瑾迁葬》。此前在课堂上，我和他已就这篇论文做过一些讨论，但看了全文，其成熟程度还是超出了我的预想。我给了他相当高的分数，也提出了具体的修改意见，并随即在我主持的《汉语言文学研究》"重返晚清民国"专栏发表。

受到鼓励，第二年我再开讲"晚清女性与社会"专题课时，翔宇又来选修，也同样认真地撰写了课程作业。这一回他的论文题目是《事件·文本·社会——唐群英大闹〈长沙日报〉历史事件与文学形象的考察》。论文初稿他写了六万八千字，交给我的压缩稿也有三万四千字，单是字数，已足见其用功之深。此文随后入选2014年中山大学中文系举办的"全国中文学科博士生论坛"，现场发表后，又顺利在《中山大学学报》刊出。

而翔宇交给我的这两篇课程作业，正是本书第一、二章的初稿。这也是他坚邀我作序的前因。实际上，在成书之前，我已陆续看过书中的大半章节，但我不清楚翔宇准备如何把这些人物串联起来。

现在我们可以看到，这本书有了"近代中国知识女性的文化谱系"

的题名。在《导言》中,作者如此说明了其力求达致的目标——"透过历史主潮中的某一历史断面,洞察时代转折与社会思潮变动对女性人物及其在历史事件中的影响,由此把握妇女史研究中的个体对象与历史群像之间的同质性和差异性"。因此,翔宇选择论述对象,明显更看重人物身上所承载的时代信息,最能显示晚清到民国社会文化演进态势的人物与事件,必定成为他的首选。为此,书中的女性人物系列也经过了调整。在最初完成的书稿中,最末一章的主角是女演员王苹。尽管由于1935年出演话剧《娜拉》被学校解聘,受到家庭与社会双重打压,但最终又回到左翼戏剧队伍中,王苹的一生颇多传奇;然而,就与左翼思潮的关系而言,其复杂性既不及同在演艺界的王人美,代表性又不如名列"左联五烈士"的冯铿。这也是冯铿最终取代了王苹的缘故。

由于本书所对应的历史场景为20世纪中国,其间时势与思潮的跌宕更替异常剧烈,由此,人物的身世与命运也千回百转。书中所涉及的八位女性人物,每个人都有相当精彩的人生故事。但作者并没有在此多费笔墨,而是努力挖掘、凸显各位主角的特质,以确定其人在中国近代知识女性文化谱系上的位置。就身份而言,八人并不重叠,如革命先烈秋瑾,妇女参政运动领袖唐群英,医生张竹君,报人胡彬夏,教师马振华,作家冯铿,电影演员王人美,间谍关露。据以展开的作者的论述也各有重心。即使生前默默无闻的小学教员马振华,也因自证贞操而死,具有了"后五四时期自由恋爱的牺牲者"的典型意义。

实际上,在串联人物、结构全书上,作者做了很大努力,也取得了明显成效。正如《结语》中所提示,本书有意从"知识女性与革命的交汇""知识女性与主体身份的重建""知识女性与现代性的纠葛"三个维度展开。因此,在每个个案确定进入本书之后,作者都依据这三条贯穿的线索,进行了相应的修订。毫无疑问,性别是作者自始至终密切关注的中心议题,新旧文化的缠绕对女性命运与思考也有强大的影响力。但同样可以确认的是,政治才是决定20世纪中国社会走向的根本动力。因此,无论是作者预设的"在政治文化视野下理解知识女性文化谱系"的全书框架,还是对塑造了20世纪中国女性史样态的本原追寻,最终都指向了政治革命。

如前所述,作者进入专业,最先作为主业研修的就是中国近代政治史。这也让这本中国近代妇女史研究专著在触及政治文化论域时,具有了叠加效应,显得游刃有余。可以说,八位女性故事的依次展开,生动呈现了"革命"在近代中国演进的历程:从晚清的维新改良、排满革命,到

"五四"后日益激化的左翼思潮。尽管书中人物并非都热衷政治,但或隐或显,"革命"都成为其人生际遇中无法回避的存在。即使如张竹君,刻意在政治与家庭之间,走出一条以"女医师"自立之路,但其人在晚清既曾一度热心参与政治活动,辛亥后的避谈参政其实也是其对时局的一种回应。或者不如说,生活在近代中国,谁又能够逃离政治的笼罩?

按照本书的布局,原初乃是由八个个案组成,若处理不当,很容易变成八个散落的点。但作者先是借由人物的交往、事件的钩沉、舆论的反响等,展开一个个社会文化横断面的剖析;又在个案的写作与后期的修订中,加强了纵向的彼此连接。如第一章最后荡开一笔,罗列民国元年各地频繁举行的烈士纪念,以此证明秋瑾的迁葬之争绝非孤例,而是新国家、新政府建构自身历史记忆与传统的重要环节——此为横向的拓展。而胡彬夏一章,作者既"向前看",将胡氏的"改良家庭论"置于清末民初女性启蒙的语境中,与秋瑾、吕碧城、张竹君、陈撷芬、唐群英的论述比照(第三节);又转身"向后看",以胡氏之论对比冰心、庐隐、凌叔华、陈衡哲作品中的家庭书写,显示其间的离合(第四节)——此为纵向的贯通。经过这番左右铺开、前后勾连,再加上作为"补论"出现的《"合群"与近代中国妇女解放的历史进路》所作总结,全书才能够凝结成为一个坚实厚重的整体。

当然,一方面是时代塑造了人物,另一方面,书中的八位主角也各以其独特贡献,丰富了近代中国的文化图谱。如秋瑾以"家庭革命"与"种族革命"并举,唐群英对女权,尤其是参政权的执着坚守,张竹君看重女子职业教育以及兴办实业,都是清末民初关于女性解放极其重要的理念与实践。并且,本着"了解之同情"的平和、包容心态,作者对那些非主流的论说与实践也给予了关注与理解,这正是本书最值得嘉许处。突出的例证是为胡彬夏20世纪初提出的"改良家庭论"定位,作者从历史脉络的梳理中,对胡氏在女权与民族国家话语主潮之外的别样探索作了充分肯定。类似这样设身处地的讨论,在处理王人美个案时也有相当精彩的演示。其人在艺术与政治的冲突中困惑与挣扎,实为相当一批左翼文艺同路人的共同经历。

最后还必须说到、也是我以为更难能可贵的是,作为男性研究者,作者对近代知识女性所遭遇的性别困扰也有贴切的体察与论述,不但是坚守了女性本位立场,甚至有所超越。冯铿一章中,作者即在揭示了其"男性化气质"的性别认同后,否定了男权对性别单方面的规训,而采取了一种开放、多元的立场,将冯铿的选择确认为女性主体身份的建构。进而，与大多数研究者单纯聚焦于女性命运不同，作者所设定的性别解放的终极目标，实为男性与女性的共同解放。这样高远的理想，无疑提升了本书的整体立意。

综上所言，我看好此书的，一是历史之笔，二是体贴之心。

据我所知，《近代中国知识女性的文化谱系》是翔宇的第一部专著，并且，他在任教的中国政法大学已经开过多轮"近代中国女性、战争与革命"的选修课，很受学生欢迎。所谓"附庸蔚为大国"，当年翔宇的偶然选课，后续竟产生了如此丰硕的成果，这出乎我的意想，更让我深感欣慰。

2024 年 3 月 16 日于京西圆明园花园

目　　录

导　论 …………………………………………………………… (1)
　一　选题缘起 ………………………………………………… (1)
　二　研究现状 ………………………………………………… (7)
　三　篇章结构 ………………………………………………… (28)
　四　学术价值 ………………………………………………… (35)

第一章　"秋瑾迁葬"与多重历史图景的民国元年 ………… (36)
　第一节　请修秋墓：共和记忆的塑造 …………………… (38)
　第二节　湘浙争灵：烈士遗体的公共化论争 …………… (42)
　第三节　秋魂归途：女性角色的表现 …………………… (49)
　第四节　还柩西泠：党派关系的整合与变动 …………… (54)

**第二章　民初女子参政与"英雌"的陨落：唐群英
　　　　　大闹《长沙日报》之风波** …………………………… (61)
　第一节　案发现场：婚变广告与诉讼风波 ……………… (63)
　第二节　文学叙事：被讲述的"艳史"与"丑史" ……… (70)
　第三节　时代镜像："英雌"话语与民初女性的社会生态 …… (78)
　第四节　拟态环境下人物形象的重构 …………………… (88)

第三章　"女医师"张竹君与性别解放的"中间路径" …… (91)
　第一节　从医与参政：张竹君对"中间路径"的探索 …… (92)
　第二节　自立之学："中间路径"践行之要义 …………… (101)
　第三节　"中间路径"与清末民初性别解放的多元图景 …… (108)
　第四节　形象的再造：从"女医师"到"女革命家"
　　　　　"女权运动者" ……………………………………… (114)

第四章 《妇女杂志》主编胡彬夏："改良家庭论"的倡导者 …………………………………………………… （119）
- 第一节 胡彬夏关于"改良家庭"的论述 ……………… （120）
- 第二节 "改良家庭论"的社会讨论及思想资源 ……… （124）
- 第三节 "改良家庭论"与五四前夜的女性启蒙 ……… （128）
- 第四节 "改良家庭论"与五四新文学"家"观念的源流 …………………………………… （133）

第五章 恪守贞操之马振华：后五四时期自由恋爱悲剧的牺牲者 …………………………………………………… （137）
- 第一节 马振华投江始末及案发人物的出场 …………… （138）
- 第二节 舆论的展开及其背后的性别文化内涵 ………… （145）
- 第三节 戏剧舞台与电影银幕上的马振华之死 ………… （155）

第六章 "左联五烈士"之冯铿：从"国民革命"到"苏维埃革命"的疾风骤雨 …………………………… （163）
- 第一节 "新女性"的"情感烦闷"及文学突围 ……… （164）
- 第二节 革命队伍中的性别政治与"战斗的苏维埃" … （172）
- 第三节 烈士的遗产与早期苏维埃文学的经验 ………… （183）

第七章 女影星王人美：银幕内外的歌舞、演艺与健美 ……… （192）
- 第一节 从歌舞到影坛："野玫瑰""野猫"形象的建构 …… （193）
- 第二节 银幕之外：健美运动与日常生活的追踪 ……… （200）
- 第三节 女艺人的"困惑"：时代风潮的裹挟 ………… （210）

第八章 红色"女间谍"关露：性别、战争与国族主义的书写及变奏 ……………………………………………… （219）
- 第一节 从"娜拉出走"到战争叙事 …………………… （221）
- 第二节 《女声》与"孤岛"沦陷后文化空间的重塑 … （228）
- 第三节 疾病的隐喻与"女汉奸"话语的形成 ………… （236）

补论 "合群"与近代中国妇女解放的历史进路 ……………… （246）
- 第一节 "合群"意识的萌生：妇女启蒙与"群言之合" ……………………………………… （247）

第二节 "合群"路径的开拓：知识女性与
　　　　劳动妇女相结合 …………………………………（254）
第三节 "合群"价值的归属："革命之家"与
　　　　妇女共同体的生成 ……………………………（260）

结　语 ………………………………………………………（278）
　　一　知识女性与革命的交汇 ………………………………（280）
　　二　知识女性与主体身份的重建 …………………………（287）
　　三　知识女性与现代性的纠葛 ……………………………（296）

参考文献 ……………………………………………………（301）

导　论

一　选题缘起

女性史的研究实为观察近代中国政治、社会与文化变革的一个重要窗口。女性既可作为历史研究的对象，也可成为切入历史场域的凭借。透过知识女性的生命历程，管窥近代中国社会的一个个侧面，一层层问题，可为理解和阐释时代转型与历史变革提供多维的视角与立体的空间。从性别研究的角度出发，解读近代中国政治、思想与社会的密码，将有助于我们拨开历史风云的重重迷雾，还原男性世界以外更为细腻真实的生活样貌。

在古代中国，凡女性名人及其史迹多记载于历朝历代编修史书的《列女传》。统治者在借助《列女传》形塑女性人物并颂扬女性典范的同时，有意将妇女的行为准则规训于传统礼教与道德禁锢的框架范围。广大妇女的生活形态建立在"男性本位"特征的话语前提之下，在家事活动、社会空间、国家政治等各场域，无不显示出严格的性别区隔。女性角色与女性价值仅限定于家庭事务范畴，女性的声音被湮没在历史的深处，妇女的历史书写与形象建构呈现出相对单一化的面相。

然而，高彦颐在《闺塾师：明末清初江南的才女文化》中认为，将近代中国妇女解放的历史动因解释为反封建、反父权、反压迫这一传统的分析模式，其实源自五四新文化运动、共产主义革命、西方女权主义学说三种意识形态和政治语境合流作用下的特定建构，并未能从女性自身生活的视角考察，致使学界长期以刻板化的眼光审视中国社会的运转及其性别关系。进而，她主张以理想化理念、生活实践、女性视角等"三重动态模式"观察中国妇女的生活情境。在高彦颐看来，中国知识女性的发展拥有自身的传统，明末清初之际，得益于江南地区独特的文化地理空间，产生了以妇女结社为纽带的才女文化。儒家意识形态和文化传统的力量，在限制才女个人成长的同时,也为其提供了一种发挥才情的伸展机遇,"她们是在体制之内,灵活运用既有的资源,去为自己争取更大的生存空间"①。作者虽发掘出明清才女共同体这一特殊的风景,创造性地贡献了知识女性传承脉络的视点,但这一时期的才女文化仍停留在特定地域中的特权社会阶层,仅限于明清妇女群体极小的一部分,并非完全与近代知识女性具备同构性的文化基因。不过,高彦颐研究的意义实旨在为解构"五四"妇女史观提供了一种反思的视角。实际上,知识女性能量聚合的内生动力,到了晚清民国时期更为凸显。随着封建帝制的崩溃、旧式礼教的瓦解、道德伦理的革命、报刊媒介的传播、公共空间的开拓,传统的社会性别秩序出现了松动,更多知识女性的声音得以被听见,她们参与社会活动的身影被看见,作为主体力量的姿态显示度愈发显著。因而,近代知识女性这一群体关联的文化现象值得书写与构造。

自近代女子教育发端以来,传统社会"女子无才便是德"的观念逐渐破除,各种新式与现代的女性观念随之萌芽,女子接受启蒙思想蔚然成风,促成了近代知识女性群体的诞生。在西方思潮涌入、政治变局风云激荡、社会文化变革的历史情境下,知识女性走出家庭、来到校园、接受教育、融入社会、投身救亡、追求独立、争取平等、探索新生。她们在追求女权与国权并进的征途上,实现了自我形象与价值的超越,除了家庭内部的母亲/女儿/妻子这些亲属称谓,还被赋予了"国民之母""女国民""新女性""女同志""女战士"等具有革命性的社会称谓,形成了多样化职业身份的性别主体。女性摆脱了依赖男权社会的附庸,与革命政治建立了直接的联系,由此催生了女权意识与人权意识、国家意识的共同觉醒。妇女解放的话语与阶级解放、民族解放的进程相互交织,演绎着与社会政治文化变奏的生动实践,其生存境遇的成长与顿挫,展现出近代中国知识女性文化谱系的图景。

本书所采用的"文化谱系"本是考古学研究的专业术语,指的是"一定区域内考古学文化随时间变化而发生的分化与变迁"。其不仅包括考古学家对一定区域内文化发展源流脉络的系统考察,也为探索中华文明演变进程中的精神文化提供了一种解释框架②。这种"谱系文化论"最早可追溯至苏秉琦在阐述考古类型学方法时提出的概念,他指出史前文化起

---

① 〔美〕高彦颐:《闺塾师:明末清初江南的才女文化》,李志生译,江苏人民出版社,2022,第4~12、25页。
② 王巍主编:《中国考古学大辞典》,上海辞书出版社,2014,第7页。

源于"多元一体"的情境,至周秦一统政权的时代则奠定了"一统多元"的格局①。20世纪80年代又经过张忠培等学者的理论实践,成为对文化变迁普遍规律的概括与总结②。"文化谱系"囊括了纵横两个层次的观察视角,就同一时间而言,"需要考虑考古学文化和地方类型的划分以及各文化或类型间的关系",就不同时期而言,"则要弄清文化序列和传承关系"③。

在此基础上,"文化谱系"这一概念不仅用来阐释考古学层面的人类进化史,也可以引介到历史学研究的领域,成为考察历史文化嬗递的重要维度。作为一种文化过程主义,文化谱系的分析与建构,既能有效展现文化变迁的动态过程,也有助于从历史的赓续中探究人类生活的共同体命运,同时还可以揭示历史事件及文化形态的某一剖面或侧面。通过古今流变的时空叙事,联动文化思潮变迁的背景,得以勾勒出传统与现代、中西方理论资源碰撞下有声有色的文化维面,从而折射出文化事象的整体性、联系性、多元性、互动性的特质,以及文化价值的多元取向。

王汎森在《中国近代思想与学术的系谱》一书中以谱系化的叙事模式探讨了清朝道光年间至20世纪30年代约一百年间思想学术领域变化中的几个问题,但该著作并非意在写作一部近代思想与学术的通史,而是侧重关注"这一段历史中比较为人所忽略的层面"。该书表面上看似碎片研究的整合,但内中则始终贯穿着一条明晰可见并用之窥探历史动向的线索,即从旧典范危机的发生,到传统与反传统思想因素的纠葛,再到现代知识分子与学术社群建立的实践,恰可诠释中国思想界在面对内外挑战的情势下所产生的"分子结构的变化",以及在经学、道德、政治等层面催化的"范畴性转变"④。这种研究视点为本书以"文化谱系"这一概念进行铺陈与写作提供了重要的思考方向,也启发笔者在创新妇女史的研究路径方面,透过历史主潮中的某一历史断面,洞察时代转折与社会思潮变动对女性人物及其在历史事件中的影响,由此把握妇女史研究中的个体对象与历史群像之间的同质性和差异性。

本书所界定的"近代中国知识女性的文化谱系"的概念,可以从"两条线索""双重推力""两性关系""同构与错位""文化基因"五个

---

① 苏秉琦:《中国文明起源新探》,生活·读书·新知三联书店,2019,第182页。
② 《文化谱系论及其意义》,余西云:《江汉地区文化变迁》,商务印书馆,2017,第314~316页。
③ 韩业建:《中国北方地区新石器时代文化研究》,文物出版社,2003,第76页。
④ 王汎森:《中国近代思想与学术的系谱》,吉林出版集团有限责任公司,2011,第1页。

维度进行阐释。

就历史时间而言,包括历时性和共时性两条线索。前者表现为不同历史时期、不同文化条件下女性形象及角色的构造,后者体现在同一时期的不同阶段或不同环境下女性生存处境与主体价值的显现。笔者选取的知识女性个案反映了不同时代特有的文化症候,以及同一时代的多样面貌,从纵横两个维面解读错综交织而成的历史脉络。她们既能够呈现历史演进的趋势,也可以彰显与同时期女性群体之间的共同取向,以及差异化的视像和路径,创造了别具一格的文化印迹。

就动力机制而言,近代中国裂变与新生的客体环境,与知识女性挣脱桎梏和寻求发展的主体愿望,共同构成了文化谱系生成的内外推力。一方面,厘清妇女解放的源流与近代中国时代变局的内在逻辑及其相互关系,分析政治变革、思想转型、社会变迁对妇女解放进程的塑造及影响,勾勒文化传统、时空分布等因素对妇女解放的发生与发展、进步与顿挫所产生的联动,是研究的应有之义。另一方面,关注女性在历史中发声的主动力,努力挖掘被男性话语遮蔽的历史,还原作为历史主体的女性经验和女性话语,重构女性主义的生命叙事,进而揭示女性作为性别主体与社会主体的历史重量,势在必行。

就性别关系而言,这种文化谱系的建构并非只依靠知识女性一方的言行单独完成,同时也借力于男性同盟者以民族国家话语主导的启蒙事业。这诚由近代中国阶级革命与民族革命的形势及性质所决定,缘于中国妇女解放运动不是单独的存在,而是作为社会解放的一个重要组成部分。实际上,女性本位和个体主义的价值取向在中国妇女解放的开端之际并不缺席,只是在民族危机的特定情境下,女性个人的价值追求让位于民族解放的价值追求,妇女解放的目标超出了单纯追求女性主义的范畴,内化于阶级解放和政治革命的话语体系中。由此,女性的解放是由男女两性凭借"合群"力量结成的历史果实。这种"合群"既有知识女性与劳动妇女的结合,也离不开男女双方在革命中国历史进路上确立共同价值的联合。

值得注意的是,历史不是直线发展的伟大行军,而是在曲折蜿蜒中前行与进步,"谱系不是关于历史的统一主题,而是关于差异的"[①]。因此,笔者对于文化谱系的书写,并非拘泥固守于爬梳宏大历史主线的脉络,而是在探究"小人物"与"大历史"之间同构性关系的同时,探赜由特定

---

① 〔美〕迈克尔·布林特:《政治文化的谱系》,卢春龙、袁倩译,社会科学文献出版社,2013,第2页。

机缘导致错位的特殊形态，复原那些此前被忽视或被遗忘的风景，从史料整理中洞悉妇女解放历史过程的多重支脉。正是基于这种复杂性和多元性，才铸就了文化谱系上的纷繁与璀璨。

就文化基因而言，近代中国知识女性的文化谱系具有传承性和阶段性特征，其所联动的文化基因，包括"女性与革命的交汇""女性与主体性身份重建""女性与现代性的纠葛"等三个方面。晚清时期，知识女性在狂飙革命风潮中表现出一种侠义风尚的高扬，尚武精神与烈士风度成为女界觉醒之初难能可贵的文化品格。国民革命以来，知识女性的"合群"开始呈现出党派化的特征，从军不仅为逃离家庭提供了一条正当性的出路，还为女性性别气质的重塑给予了开放性的选择，军旅生涯以及革命与恋爱的风尚还被赋予了一种浪漫化的想象。在中共苏维埃革命及其随后开创的延安道路中，上海与延安等成为知识女性走向革命的"地之根源"。抗日战争时期，国统区、沦陷区、根据地为知识女性的命运沉浮建构了多元风貌。除了参加革命是近代中国知识女性重建主体性身份的路径外，实现女国民的政治参与、重视主妇家庭价值的社会转化、开辟职业女性多样化的就业渠道，也是连接知识女性在家庭建设、社会改造与民族国家政治之间的价值纽带，显示出她们再造主体地位的能动性智慧与经验。至于在时代转型中孕育而生的知识女性，既有对于文化旧潮的积重难返，也有以"摩登"新潮为自身赋权的性别实践，传统与现代性、新与旧在个体生命中并辔而行。

就文化方位而言，本书拟从"众声喧哗"的时代里选取八位跨越晚清民国、身处各个领域、拥有不同身份的知识女性，结合她们的个体际遇及特点，分别是秋瑾（革命家）、唐群英（参政运动领袖）、张竹君（医师）、胡彬夏（报人）、马振华（教师）、冯铿（作家）、王人美（影星）、关露（间谍），以长时段的眼光，探讨近代中国事件、文本与社会镜像中的性别文化转型诸议题，分析每一位女性在谱系上个性化的行为表现、人生经历和性别命运，凸显各自在谱系上的精神内核和独特价值。

在本书讨论的个案中，第一位女性秋瑾，是近代中国家庭革命、社会革命、政治革命的先驱者，民国以后进入国家政权纪念的行列，作为英雄符号承载着民族记忆与公共记忆。第二位女性唐群英，是民初女子参政运动的领袖人物，坚称女子参政乃天赋人权，并将之视为共和制度建设的重要组成部分，却在男权社会的凝视下遭遇污名化的尴尬。第三位女性张竹君，在清末民初开拓出女子兴学以及实业、医学等多元的职业出路，虽疏离于同时期女权运动的热潮，但通过探索女性解放的"中间路径"，完成

"女国民"主体性身份的建构。第四位女性胡彬夏,担任过《妇女杂志》的主编,在复古思潮回流的情势下,提出以"改良家庭"为核心的女性论述,为迂回实现女性家庭价值与社会价值的合一做出有益尝试。第五位女性马振华,是后五四时期的一位小学女教师,接受过自由恋爱的新思潮,却为证实处女之身酿成投江自杀的悲剧,由此牵涉女性解放中贞操伦理观念变革的困顿。第六位女性冯铿,是"左联五烈士"中唯一的女作家,以本质主义的性别认同建构出雄浑的女性气质,以独有的心旅体验书写着大革命与中共早期苏维埃革命的风云变幻和性别政治。第七位女性王人美,既是20世纪30年代的女明星,也是民国健美运动风尚的引领者,拥有摩登与反摩登并存不悖的底色,熔铸着女性身体改造、国族主义与大众文化的多重意蕴。第八位女性关露,是20世纪30年代的左翼女诗人,同时是著名的"红色女间谍",但一度被外界误解为"女汉奸",在"真我"与"假我"分离的话语背后,潜藏着民族救亡隐蔽阵线上的情感诉求,演绎着中共革命道路视野下特殊的身份认同与价值归属。

　　从上述八位人物看,她们历经清末种族革命,从辛亥鼎革到共和肇建,从五四运动到两次国内革命战争,再到抗日救亡各时期,均是近代中国不同历史阶段具有代表性和典型性的人物。这些知识女性的身份、角色与记忆富于个性、生动而鲜活,每一个故事的展开,每一段芳菲的岁月,不仅从不同的角度切近了近代中国妇女解放的多元议题,而且从多侧面、动态地、立体式展现出她们所处的时代性特征。这为从不同时段的女性人物反映不同时代的历史,从不同的女性职业反映不同领域的历史,提供了一种可行性的研究方案。

　　进而,本书借用政治文化的分析,有助于联动知识女性与时代谱系的关系,透视女性主义、思想启蒙、强国保种、民族复兴、政党政治、国族主义、中西交冲等因素共同作用下的内外张力。所谓"政治文化",源自阿尔蒙德在阐释政治科学时提出的概念,"代表着特定的政治取向——对于政治制度及其各个部分的态度,对于自己在这种政治制度中的作用的态度",其侧重强调将个体对政治的心理取向,内化为共同体中人们的政治认知、政治情感和政治评价[1]。梁漱溟将文化定义为"人类生活的样法"[2],那么政治文化则是政治活动的一种结果,伴随着国家政权与社会

---

[1] 〔美〕加布里埃尔·A.阿尔蒙德、西德尼·韦伯:《公民文化——五个国家的政治态度和民主制》,马殿君等译,浙江人民出版社,1989,第15~16页。
[2] 《东西文化及其哲学(节选)》,黄可剑、王欣编:《梁漱溟集》,群言出版社,1993,第147页。

公众的互动过程。政治系统既依托于个体的行为机制，同时个体的政治态度、政治意识、政治心理与政治价值观念也推动着政治系统的构造，进而形成一种观念形态的体系。具体到中国问题而言，20世纪80年代，邹谠论述了这一概念的核心，"首先就表明政治和文化不可分割。Political Culture是政治中的文化"，20世纪是"中国发生整体变化的世纪"，并且政治、经济与文化的变化相互关联①。黄道炫在研究中国共产党崛起与发展的历程时，采用"政治文化视野下的心灵史"这一研究路径。他表示，深入了解中共独特的意识形态、行为机制所造就的政治文化，可以逼近研究对象的内核，"体察政治力量的运作机制及其背后逻辑"②。

在政治文化的视野下，本书所涉的这些知识女性既与时代同向，代表了某一类群体的声音，又具有非主流式、非机械化、非脸谱化的特质，一定程度上有别于主流话语的价值规范与文化模式。有鉴于此，在学界对中国妇女历史进行整体性研究的前提下，笔者着重观照女性生活周边形成的空间网络及社会关系，透析与之关涉的政治派别、社会阶层、地域背景、文化程度等因素。除了考察女性群体内部的运动，还注重男女两性之间在革命、主体身份与现代性谱系上的互动，分时段、分地域、分阶层、分职业地发掘妇女生命的个体化特征，在论述妇女解放与国家政治同构性关系以外，给予社会性别关系和中国社会发展动力更为包容与开放的历史解释。

二 研究现状

本书的研究现状将从"近代中国知识女性的成长背景"及"与本书相关的具体个案研究"两个部分展开。

（一）近代中国知识女性的成长背景

本书探讨的八位女性人物，从时间谱系上贯穿晚清时期的女性解放、民初女子参政运动、五四时期的妇女之声、20世纪二三十年代女性的娱乐生活、抗战时期的女性风貌等各历史时期，并涉及"娜拉"符号与现代中国等议题。在这些方面学界已经取得了一些成果，既有综合性研究，

---

① 薛涌：《政治与文化：邹谠教授谈二十世纪中国政治之一》，《读书》1986年第8期。
② 黄道炫：《政治文化视野下的心灵史》，《中共党史研究》2018年第11期。

也有专题性论著。

1. 晚清时期的女性解放

近代中国的女性解放问题萌发于晚清时期，伴随着通商口岸的开埠，传统小农经济的解体，西学东渐的逐渐深化，部分来华欧美传教士通过兴办教会女校、创设女报、印刷宣传册、组织宣讲会、推动不缠足运动等方式，传播男女并重的观念，开创并引领变革女性封建陋俗的风气。继而，王韬、郑观应等早期维新思想家在西方进化学说的影响下，初步提出了兴女学、废缠足、禁止弃婴、禁止溺婴、改良旧式婚姻制度等见解。在此基础上，以康有为、梁启超为代表的维新派则依据天赋人权的理论，在探索男女平权道路上更进一步，组建了近代中国第一个女子团体"女学会"，构想了大同社会中的女性角色以及以"相夫教子""宜家善种"为核心的贤妻良母主义，并将女性视为男性同胞追求民族国家解放的辅助力量。随后，为配合晚清种族革命的需要，革命党人为创办近代女报、女学堂、妇女团体积极谋划奔走，号召动员女性走出闺阁，与男性一道投身反清革命，并许诺在共和新政权中与她们分享政治权利与地位，既要求女性充当"国民之母"，培养新国民健康的肌体，同时赋予她们"女国民"的身份与使命，具政治之思想，尽国家之义务，享公共之权利，促使男女两性在建立现代民族国家的进程中合作并进。与此同时，女界内部也开始了自我的反省，将从前遭受身体与思想的禁锢，半归于男子之压制，半归为女子之放弃，并在男性精英的协助下组建了涵盖实业、教育、医学等各类女性团体，以"爱国""合群"为践行之约。由此，"英雌"一词作为与"英雄"相对应的称谓，成为晚清民国时期的新生词汇，流行开来，并彰显出女性建功立业的风尚，确立经济自主、教育平等、人格独立等谋求两性解放的观念诉求。女权、启蒙与民族国家话语的相互交织，催生了近代中国女性解放的空前热潮。

学界对晚清女性史的研究，条分缕析地检视了各种新因素的出现与女性权利、地位与社会生活变化的历史样貌。罗苏文在《女性与近代中国社会》中将晚清妇女解放视为"千年一遇之变局"，从近代化进程的角度描绘了女学生、农妇、女工等群体在教育、装饰、就业、婚俗与消费观念等方面变革的新图景，以及背后潜藏的女性身份变化[①]。杨剑利的《女性与近代中国社会》在展现女子缠足等陋俗的革除、近代学制中女子教育的发展、女性在婚姻家庭中的角色变迁、经济活动与政治参与对女性的影

---

① 罗苏文：《女性与近代中国社会》，上海人民出版社，1996。

响、法律实践中的性别关系等基础上，勾勒出晚清女性在从传统迈向现代社会进程中面临的新与旧、变革与反变革的冲突与激荡①。女学与女权的关系是学界聚焦晚清女性议题的重要维面，杨剑利的新著《闺门的退隐：近代中国性别观念的变迁（1860~1925）》探究了强国保种历史语境下的反缠足运动与兴女学实践，深入论述了女权、女学、女德三者互动博弈的思想过程，揭示出女性角色定位在"国民之母"与贤母良妻之间的历史摆荡及其困境②。王绯在《空前之迹：中国妇女思想与文学发展史论（1851~1930）》中认为晚清之际妇女启蒙的萌芽阶段呈现出"踏着父兄足迹"的浓厚印记，但随之而来由妇女自己发声来争取解放的现象便愈发显著，至辛亥革命时期便形成了妇女群醒与独立的"女界风暴"③。刘慧英在《女权、启蒙与民族国家话语》中梳理了近代民族国家话语的兴起中有关性别的言说，既注意到女性启蒙的功利性以及以男性为本位的妇女主义，还在主流性别叙述以外挖掘出无政府女权主义反民族国家立场等另类的阐释向度④。相比于前述学者侧重宏观的概论研究，夏晓虹的《晚清女性与近代中国》《晚清文人妇女观》《晚清女子国民常识的建构》借助人物个案分析和具体文本解读的视角尤为值得关注，她通过丰富的报刊史料返回晚清历史现场，将女性故事作为透视晚清社会的窗口，以个案研究的形式展现了先进女性有别于传统的精神世界，同时解读了男女两性文人有关妇女问题的论述，借助晚清女子启蒙读物的生产与传播，还原出近代中国国民常识的知识图谱，是将文学与史学融合的经典著述⑤。除此之外，秦方的《"女界"之兴起：晚清天津女子教育与女性形象建构》也是晚清妇女史研究的一部力作，作者以晚清天津女学为研究对象，在吸收海外汉学理论方法的基础上，将晚清天津女学师生的游移经验、天津画报中的女学呈现等作为探究女性形象与气质的重要维度⑥。

2. 民初女子参政运动

民国初年，社会各界围绕着女性参政这一问题展开了论争。其焦点在于妇女是否具备参政的能力、女性是否适合参政、女子参政是否会破坏社

---

① 杨剑利：《女性与近代中国社会》，中国社会出版社，2007。
② 杨剑利：《闺门的退隐：近代中国性别观念的变迁（1860~1925）》，人民出版社，2021。
③ 王绯：《空前之迹：中国妇女思想与文学发展史论（1851~1930）》，商务印书馆，2004。
④ 刘慧英：《女权、启蒙与民族国家话语》，人民文学出版社，2013。
⑤ 夏晓虹：《晚清女性与近代中国》，北京大学出版社，2004；《晚清文人妇女观》，北京大学出版社，2016；《晚清女子国民常识的建构》，北京大学出版社，2016。
⑥ 秦方：《"女界"之兴起：晚清天津女子教育与女性形象建构》，中华书局，2019。

会秩序与家庭生活等子议题。然而,这场女子参政运动转瞬即逝,随即北洋政府为"整肃"女界风气起见,颁布了一系列限制女性政治权利的措施,如在《治安警察条例》《褒扬条例》等中禁止女性参加政治集会或政治结社等活动,"女子回家"的声调甚嚣尘上,贤妻良母角色的重新规制,一度为民初各界人士推崇青睐①。

海内外关于近代中国女权运动的研究,从中西互鉴与国家政治变局的角度描摹了近代以来女性争取权利的过程。李木兰在《性别、政治与民主:近代中国的妇女参政》中较为全面地探讨了1900~1948年中国妇女争取选举权与参政权的历程,及其对男性政治家、立法议员、政府官员产生的冲击,揭示出在此期间进步人士与保守势力之间的博弈,以及各方为推动民主代议制政治结构新理念的发展而设计的制度保障②。须藤瑞代的《中国"女权"概念的变迁:清末民初的人权与社会性别》细致梳理出近代以来西方"女权"概念如何引入中国本土、"女权"的概念与内涵历经着怎样的演变、各界精英对于"女权主义"的展开与实践,以及"贤妻良母论"如何消解着"女权论",由此展现清末思想与社会的变动③。宋少鹏的《"西洋镜"里的中国与妇女:文明的性别标准和晚清女权论述》从全球史视野和国家语境出发,考察了欧洲文明论的性别标准如何在近代中国进行译介、传播并实现转化,进而对中国妇女运动的历史走向产生影响,以及女性自身对于由男性开辟的女权论述所做出的回应④。方祖猷的《晚清女权史》通过铺陈丰富的历史资料,从戊戌维新时期、20世纪初期、辛亥革命时期三个阶段,勾勒出晚清女权运动的历史轮廓,分析了"西学东渐"与"'东学'西渐"的深入与20世纪初期女权思潮复兴之间的内在关联,对于辛亥革命时期女子团体的勃兴与女权运动的高涨等史事细节也多有挖掘⑤。柯慧铃的《近代中国革命运动中的妇女(1900~1920)》以近代中国女权运动的起伏为切入点,分析了晚清国族主义、五四新文化运动、政党政治、民族社会革命与女权启蒙之间互为援助的关

---

① 郑永福、吕美颐:《中国妇女通史·民国卷》,杭州出版社,2010,第39~43页。
② 〔澳〕李木兰:《性别、政治与民主:近代中国的妇女参政》,方小平译,江苏人民出版社,2014。
③ 〔日〕须藤瑞代:《中国"女权"概念的变迁:清末民初的人权与社会性别》,须藤瑞代、姚毅译,社会科学文献出版社,2010。
④ 宋少鹏:《"西洋镜"里的中国与妇女:文明的性别标准和晚清女权论述》,社会科学文献出版社,2016。
⑤ 方祖猷:《晚清女权史》,浙江大学出版社,2017。

系,及其在不同历史时期赋予女权不同的精神内涵①。

3. 五四时期的妇女之声

新文化运动的洗礼与五四运动的发生,促使近代中国的女性解放事业迎来了新的高潮,争取大学男女同校、女子财产继承权、男女社交公开、结婚自由与离婚自由,以及废除旧式封建伦理与贞操观念等,奏响了五四时期的妇女之声。对此,邓颖超在回忆中表示:

> 我们在斗争中锻炼,逐渐提高了觉悟。又因第一次世界大战后的新思潮新文化正很快地涌入古老的中国……苏联(俄国)十月革命的成功,也开始在中国青年中起了影响,这就给了五四运动以新的进步因素,使之向前发展……随着五四爱国运动的发展,同时掀起了妇女解放运动……提出了"男女平等""反对包办婚姻",要求"社交公开""恋爱自由""婚姻自由""大学开女禁""各机关开放任用女职员"等②。

传统习俗与思想观念在中西方文明的冲击碰撞之下迅速发生改变,在新文学刊物崛起的同时,也催生出由冰心、冯沅君、庐隐、凌叔华、石评梅、陈衡哲等构成的现代女作家群体,她们重审男女两性之间以及妇女与社会的关系,孕育了现代女性文学的发生。在此期间,涌现出一批寻求男女教育平等权、实现经济自主、反抗包办婚姻等代表性的人物与事件。其中,甘肃小学女教师邓春兰致信蔡元培、广西在京女学生李超之死、长沙旧式女子赵五贞自杀、长沙自治女校学生李欣淑出走、天津觉悟社成员张嗣婧之死等,成为社会各界精英广泛关注与讨论的话题。此外,长沙新民学会、天津觉悟社、新天津学生联合会等团体,则在推动男女合室办公方面领风气之先,创造着新人生、新事业、新天地、新光明③。

关于五四时期女性与社会的研究。黄兴涛在《"她"字的文化史:女性新代词的发明与认同研究》中考察了五四新文化运动时期发明的指代女性身份的代词"她"字的诞生、早期书写与实践、"她"字存废的论争、"她"字的社会化进程,及其背后关涉的女性意识、中西方文化的碰

---

① 柯慧玲:《近代中国革命运动中的妇女(1900~1920)》,山西教育出版社,2012。
② 邓颖超:《五四运动的回忆》,中华全国妇女联合会妇女运动研究室编:《五四时期妇女问题文选》,生活·读书·新知三联书店,1981,第1~5页。
③ 顾秀莲主编:《20世纪中国妇女运动史》(上卷),中国妇女出版社,2008,第154~166页。

撞等内涵①。梁景和在《五四时期社会文化嬗变研究》中系统梳理了五四时期开放女禁与男女同校、男女社交公开思潮、贞操观受到批判、性伦文化的变革等重要议题，探究了五四时期社会文化的多重面相②。赵妍杰在《家庭革命：清末民初读书人的憧憬》中侧重分析在传统政、学、教体系崩溃的进程中，自由恋爱、婚姻中的性与爱、婚姻解体的去道德化等家庭革命论题的争议，以及"家庭革命"的话语在不同的历史场域中与世界、国家、社会、个人之间的纠葛③。侯杰等在《性别·文本·历史——以李超为个案的研究》《男权秩序下的新女性之死——张嗣婧研究》等论文中，通过探讨五四时期的李超之死、赵五贞自杀、张嗣婧之死等个案事件，揭示五四时期妇女财产继承权、婚恋自主的困境等议题，是有代表性的个案研究④。

在女性文学方面，孟悦、戴锦华的《浮出历史地表：现代妇女文学研究》出版于1989年，被誉为"中国女性批评和理论话语'浮出历史地表'的标志性著作"。作者借助西方女权主义理论，通过解构传统男权主义的性别中心观，细致阐释了庐隐、冯沅君、冰心、凌叔华、丁玲、白薇、萧红、苏青、张爱玲等9位现代女作家，如何在文本书写中扮演着女性群体代言人的角色，并视五四时期为女性从历史地心的蜷伏突破出来并踏上历史地平线的转型期，对于现代文学中的女性作家、作品与女性意识进行了重评，在现代女性文学研究中奠定了开山之作的位置⑤。刘思谦的《"娜拉"言说：中国现代女作家心路纪程》通过文本的解读，触摸五四以来冯沅君、庐隐、石评梅、冰心、凌叔华、丁玲、萧红、白薇、林徽因、杨绛、苏青、张爱玲等12位女作家的创作心路，同样被誉为"女性文学批评的开山代表作之一"⑥。孟悦、戴锦华在评判近代中国女性问题时，强调了父权制统治下女性探求解放而终究造就"不复自我"的忧郁

---

① 黄兴涛：《"她"字的文化史：女性新代词的发明与认同研究》，福建教育出版社，2009。
② 梁景和：《五四时期社会文化嬗变研究》，人民出版社，2010。
③ 赵妍杰：《家庭革命：清末民初读书人的憧憬》，社会科学文献出版社，2020。
④ 侯杰、王小蕾：《性别·文本·历史——以李超为个案的研究》，《文学与文化》2010年第2期；侯杰：《男权秩序下的新女性之死——张嗣婧研究》，王政、陈雁主编：《百年中国女权思潮研究》，复旦大学出版社，2005，第145~157页。
⑤ 孟悦、戴锦华：《浮出历史地表：现代妇女文学研究》，河南人民出版社，1989；北京大学出版社，2018，第5次再版。
⑥ 刘思谦：《"娜拉"言说：中国现代女作家心路纪程》，上海文艺出版社，1993；河南大学出版社，2007，再版。

和落寞①，却揭示了五四以来知识女性的群体经验、觉醒后的彷徨与困厄。在孟悦、戴锦华研究的基础上，张莉的《浮出历史地表之前：中国现代女性写作的发生（1898~1925）》，从发生学的意义上考察了现代女性文学孕育的源流，将早期的"女性文学"定义为"女学生文学"，认为五四时期女性从事写作首先出现在中国第一代女大学生这一群体中间，带有鲜明的女学生的文化特征②。

4. 民国时期女性的娱乐生活

20世纪二三十年代，"十里洋场"的上海走向了摩登都市的热闹与繁华，女演员群体的诞生，成为上海滩的一道亮丽风景线。伴随着大众娱乐与休闲生活的转型，现代消费观念新样态的崛起，涌现了一批以殷明珠、王汉伦、杨耐梅、张织云、阮玲玉、胡蝶为代表的职业女明星。在西方现代科技改变东方世界的潮流下，催生了诸如联华影业公司、明星影业公司、天一影业公司、新华影业公司等国产影视企业，同时完成了从"无声电影"到"有声电影"时代的技术更替。从歌舞走向影坛的王人美、黎莉莉、薛玲仙、胡笳、白虹、徐来、黎明晖等，成为大众追捧的新星。

然而，作为民众日常茶余饭后"赏心悦目"对象的女演员，登上银幕的"现代性"表演，除了与"新女性"角色密切相连，还被贴上了"摩登女郎"的身份与标识。在新文化与新思潮的影响之下，这些追求现代性的女性姿态背后，在展示近代女性解放的生命力之外，还在男性凝视的欲望与投射之间，充满着时尚、色情与诱惑，并颠覆着传统社会贤妻良母形象的定义与规范。她们浪漫多情、性感撩人、挥金如土、社交公开、自由恋爱、自由结婚、自由离婚，混迹于舞场、酒吧、咖啡馆、跑马场、海滩、公园、校园、百货公司之间，吸引着男性的注视，并冲击着以夫妻关系为基础的家庭制度，动摇着男权文化的话语机制，成为撼动现代文明家庭秩序的行动者。正因为如此，"摩登女郎"引发了部分男性知识精英的性别焦虑，"危险与愉悦并存"的放荡不羁行为举止也遭遇各行业的批判，以及来自新生活运动的规制与检讨。

关于早期女明星与电影中的女性形象的研究，姜进等在《娱悦大众：民国上海女性文化解读》中分专题细致探讨了都市女演员的产生及困境、上海少女歌舞团的兴起、上海舞女群体与现代性文化的重新定位、战时上

---

① 荒林：《日常生活价值重建——中国当代女性主义文学思潮研究》，北京大学出版社，2013，第51~52页。
② 张莉：《浮出历史地表之前：中国现代女性写作的发生（1898~1925）》，南开大学出版社，2010。

海女性题材的话剧、戏曲与电影,融合了女性主义史学、大众文化史、文化社会史等多重视角①。张英进主编的《民国时期的上海电影与城市文化》收录了有关歌女、舞女、女明星与娼妓研究的系列论文,包括报刊媒体对歌女与舞女的评头论足、女明星的形象由负面转向正面、电影对于娼妓的表现与同情所引发的争议等②。

关于"摩登女郎"的研究也与上述议题密切相关。陈惠芬在《"环球百货"、"摩登女郎"与上海外观现代性的生成》中分析了环球百货公司如何为催生"摩登女郎"提供了公共空间,以及"摩登女郎"群体如何引发了社会性别焦虑和普遍的"女性嫌恶症"③。连玲玲在《"追求独立"或"崇尚摩登"?——近代上海女店职员的出现及其形象塑造》中指出百货公司既为女店员提供了就业机会并展示了独立自主的新女性形象,同时也使得热衷购物的女顾客被视为轻浮的"摩登女郎"④。游鉴明的《近代中国女子健美的论述(1920~1940年代)》研究女性身体史,从"反摩登"的立意出发,探讨了民国时期对于女性健美标准的讨论、健美风尚的兴起及实践,以及健美观念与大众文化、消费经济、民族主义之间的内在关联⑤。游鉴明还在《摩登大观园:当20世纪中国女性遇到媒体》中以华东地区的女球员为切入点,考察了在都市新女性当道的时代,她们如何驰骋球场,成为摩登的化身,在人为角色的塑造下表现社会的时尚所趋⑥。潘淑华在《闲暇、身体与政治:近代中国游泳文化》中以民国时期的游泳运动员杨秀琼为例,解读了其凭借出众的游泳技术被塑造为"南国美人鱼",以及其作为摩登女性与国族荣誉的载体,实现了"摩登身体"与"国族身体"并存的建构⑦。

5. 抗战时期的女性风貌

九一八事变发生后,随着日本侵华步伐的迅速推进,中华民族"亡

---

① 姜进等:《娱悦大众:民国上海女性文化解读》,上海辞书出版社,2010。
② 〔美〕张英进主编:《民国时期的上海电影与城市文化》,苏涛译,北京大学出版社,2011。
③ 陈惠芬:《"环球百货"、"摩登女郎"与上海外观现代性的生成》,《学术月刊》2009年第12期。
④ 连玲玲:《"追求独立"或"崇尚摩登"?——近代上海女店职员的出现及其形象塑造》,邓小南等主编:《中国妇女史读本》,北京大学出版社,2011,第311~337页。
⑤ 游鉴明:《近代中国女子健美的论述(1920~1940年代)》,李贞德主编:《性别、身体与医疗》,中华书局,2012,第245~278页。
⑥ 游鉴明:《摩登大观园:当20世纪中国女性遇到媒体》,商务印书馆,2022。
⑦ 潘淑华:《闲暇、身体与政治:近代中国游泳文化》,台北台大出版中心,2021。

国灭种"的危机急剧加深，女性作为四万万国民中的一分子，通过多元的路径，融入抗战救国的浪潮。战争既为女性带来暴力性灾难，也为女性的出走提供了松动的空间。近年来，不少学者从不同的政治版图出发，探讨了战时女性的多元风貌。其中，以丁玲等为代表的女作家，抛却了"莎菲女士的幻想"，奔赴延安等革命根据地，参加战时物质生产建设，组织战地服务团，协同征募慰劳，与男性同胞一道驰骋在热血挥洒的沙场，塑造了参军队伍中"忘记性别身体"的男性化英姿。国统区的知识女性在国民政府的领导下，致力于扫盲教育与文化宣传，救助与安置难民难童，从事大后方的妇女民主参政宪政运动，争取女性在战时的合法权利。沦陷区则展现出更为复杂的女性社会生态，一批英雄女性充当了传递情报与物资的"交通联络员"，秘密协助转移困守"孤岛"与"旧都"的爱国进步人士，还有一批被社会道德所诟病的"置身事外"者，继续着艺术与文艺生涯的"小我"创作，另有一些人沦落为替日伪效劳的"女汉奸"，并且"抗战夫人"及"留守夫人"都被赋予了不同的文化符号，成为特定政治区域内的女性群体。由此，性别、战争与国族主义的纵横交汇，演绎了激荡人心的战时女性生命演义。

对于上述女性、战争与革命的议题，郭冰茹的《20世纪中国小说史中的性别建构》认为抗日战争一定程度上中断了五四以来女性对于自由恋爱与自由婚姻的追求，促使知识女性放弃了觉醒的自我，进而投身革命浪潮的转折与进程，并通过勾连丁玲、萧红、张爱玲等女性日常生活与女性文本书写之间的互动，折射出战争年代女性在革命选择的问题上错综复杂的态度[1]。韩贺南等的《中国妇女与抗日战争》系统梳理了抗日战争时期的女性救亡组织及其救亡活动、国共两党的妇女政策，还详尽地论及战时根据地与国统区的女子教育与文化事业、文艺工作的相关概况[2]。陈雁的《性别与战争：上海（1932~1945）》突破了传统女性战争史着重关注妇女救亡活动的研究路径，考察了一些特殊的女性群体如何构成了战时上海多元的社会面相，包括"摩登女郎"、职业妇女、女画家、"抗战夫人"等，探究战争对于女性生存体验的影响、女性记忆与民族国家话语的关联，以及其所遭遇的道德评价与法律审判[3]。

---

[1] 郭冰茹：《20世纪中国小说史中的性别建构》，华东师范大学出版社，2013。
[2] 韩贺南等：《中国妇女与抗日战争》，团结出版社，2015。
[3] 陈雁：《性别与战争：上海（1932~1945）》，社会科学文献出版社，2014。

6. "娜拉"符号与现代中国

"娜拉"是自五四以来女性解放谱系中不可回避的议题，贯穿着现代中国女性生命故事的始终。1918年6月，挪威现实主义作家易卜生的《娜拉》在改名为《玩偶之家》后，传入介绍到中国。"娜拉"因承担爱的责任，为丈夫借债治病而背负了"伪造字据罪"，然而，她不仅未能得到丈夫的宽慰，反遭遇了斥责和辱骂。在看透了父权与夫权社会里戕害女性的性别制度本质后，不愿再做玩偶的她，终于毅然选择了离家出走，并表示"努力做一个人"。为此，《新青年》杂志刊登了"易卜生专号"，胡适等知识界精英围绕离婚问题、娼妓问题、妇女运动、家庭革新、新性道德等核心问题展开了热烈的讨论。"娜拉"敢于挑战父权与夫权的规制，抛家弃子的叛逆姿态，显示出女性主体意识的觉醒，以及对于个性主义的强烈诉求，成为激励当时中国青年男女挣脱封建专制牢笼的榜样力量，同时也催生出一批反抗传统家庭制度的革命者。"娜拉"符号的诞生，作为近代中国家庭与伦理革命的重要成果，彰显出五四时期从"人的发现"到"妇女的发现"这一民族解放与社会进化的性别文化转型，从而为知识女性启蒙运动向纵深层次的展开，提供了理论支持与思想动力。除此之外，"娜拉"的潜在语境还隐喻着，女性仅拥有婚恋自主还远远不够，须要确保人格的解放以及获取独立的职业角色，并以经济自立为前提条件。由此，一批知识女性为谋求自食其力而走出家庭，来到校园沐浴着自由的春风①。然而，毕业后离开学校的"娜拉"，一旦走进社会，承担着家庭场域之外的职业工作，在"家事"和"职业"之间的矛盾便迅速凸显出来。因此，鲁迅先生关于"娜拉"出走"不是堕落，就是回来"的预言②，揭示出即使女性实现了职业的自主，也并不意味着思想与人格层面彻底解放的深意。因此，在1934年发起的新生活运动中，女性被要求重新回归家庭，再次强调培养"母性""母德"的论调，以陈衡哲为代表的知识女性表示："女性是家庭的中心点，也是民族和国家的中心点。"③"娜拉"的光环开始逐渐退却，在复古逆袭之际，左翼知识界呼吁重新高举自五四以来妇女解放的旗帜。

学界讨论了"娜拉"形象的演变、"娜拉"与现代中国女性解放的诸

---

① 顾秀莲主编：《20世纪中国妇女运动史》（上卷），第154~157页。
② 鲁迅：《娜拉走后怎样?》，《鲁迅全集》（第一卷），人民文学出版社，2005，第165~166页。
③ 陈衡哲：《复古与独裁势力下妇女的立场》，陈衡哲：《衡哲散文集》，河北教育出版社，1995，第74页。

项议题。许慧琦的《"娜拉"在中国：新女性形象的塑造及其演变（1900s~1930s）》勾勒出"娜拉"现身中国的光谱，诠释"娜拉"符号承载的内涵及其在近代中国扮演的角色与时代意义、"新女性"称谓与"新女性"形象之间的落差、"娜拉"融入政党话语与民族国家建构的趋势、中西方"娜拉"谱系的对比等内容，是系统研究"娜拉"问题的博士学位论文①。杨联芬的《浪漫的中国：性别视角下激进主义思潮与文学（1890~1940）》分析了男女恋爱、社交公开、自由结婚、自由离婚等西方自由平等观念在近代中国的传播，尤其凸显"娜拉"身份的建构在文学文本创作中的实践，同时透视"娜拉"在革命中的性别政治，以及激进主义思潮在妇女解放问题上的推力。杭苏红的《独立与归属：民国新女性的精神史》将"离家""学潮""爱情""革命""物质"作为关键词，从"情感史"入手解析了中国现代化进程中"新女性"的精神追求与困境，以"独立"与"归属"两个维度论述了女性人格塑造的张力与冲突，探索历史社会学的性别前沿理论②。

"娜拉"出走后母亲角色之于女性角色的分离、冲突和桎梏也是学界关注的对象。余华林的《女性的"重塑"：民国城市妇女婚姻问题研究》探讨了民国时期女性独立、一夫一妻等新式婚姻观念引发的社会争论，论及了性别与社会因素对于女性"新思想旧道德"形象的塑造，揭示出"娜拉"在近代婚姻生活改造中的角色和处境，以及时人对"家务社会化"和"家务职业化"之于"娜拉"出路的想象与探索③。卢淑樱的《母乳与牛奶——近代中国母亲角色的重塑（1895~1937）》从近代哺乳方式的转变切入，探讨母亲角色和社会观念的变化，同时论述了20世纪30年代"母职"与"人职"的关系，以及女性在取舍"家事"与"职业"的问题上做出的不同抉择，从而为"娜拉"们平衡个人意愿、婴儿健康、家庭意见与社会期许提供指向，是理解近代中国"娜拉"个体化经验的新颖之作④。王风先的《塑身与塑心：近代中国都市女性乳房观念的变迁》分析科学主义、民族主义、消费主义、国家行政力量、性别权力关系等多重因素，如何在赋予政治意涵、渗透审美风尚的过程中，影响

---

① 许慧琦：《"娜拉"在中国：新女性形象的塑造及其演变（1900s~1930s）》，博士学位论文，台北政治大学历史系，2003。
② 杭苏红：《独立与归属：民国新女性的精神史》，商务印书馆，2022。
③ 余华林：《女性的"重塑"：民国城市妇女婚姻问题研究》，商务印书馆，2009。
④ 卢淑樱：《母乳与牛奶——近代中国母亲角色的重塑（1895~1937）》，华东师范大学出版社，2020。

着城市"新主妇"的生理体验及身体再造①。

(二) 与本书相关的具体个案研究

1. 关于秋瑾的研究

在今人看来,秋瑾是近代中国的女革命家,也是妇女史研究中不可回避的重要人物。关于秋瑾的研究成果较为丰富,侧重于考订秋瑾的生平事迹,分析秋瑾的妇女解放思想,解读秋瑾创作的诗文,以及以秋瑾为题材的文艺作品,挖掘秋瑾"着男装,佩刀剑"的男性化特征,梳理秋瑾百余年来形象的变迁,阐释秋瑾之死引发的各方评说等研究议题。郭延礼的《解读秋瑾(下)》收录了有关秋瑾生平及秋瑾文学的论稿,整理出1907~2011年海内外秋瑾研究的资料集、专著、相关论文的目录索引②。夏晓虹的《秋瑾与二十世纪中国》在近代中国社会思潮变迁的视野下,论述了秋瑾的人生行迹、际遇、个性、诗词、思想,关注了秋瑾作品的流传情况,探究了20世纪秋瑾文学形象的演变,是研究秋瑾的综合性论著③。

一些学者旨在探讨秋瑾之死与晚清政治社会变局的关系。夏晓虹在《晚清人眼中的秋瑾之死》中梳理了秋瑾被捕等相关事件的脉络。1907年7月15日,因牵涉徐锡麟刺杀安徽巡抚恩铭一案,秋瑾以"谋反罪"在浙江绍兴的大通学堂被逮捕,并遭遇了砍头的厄运,在社会各界引发了轩然大波:浙江巡抚张曾敭被迫调离,山阴县令李钟岳谢罪自杀,被误认为告密者的胡道南也于三年后遇刺,并考订了晚清文学对于秋瑾作为"家庭革命鼻祖"的形塑的关键节点④。李细珠在《清末民间舆论与官府作为之互动关系——以张曾敭与秋瑾案为例》一文中认为,秋瑾案引发的清末民间舆论的发酵,推动了清政府宪政改革的步伐,各大报刊无不以立宪话语为思想武器,从案情进展中民间与官府的互动关系看,此际立宪派与清政府之间已显现出貌合神离之象⑤。马自毅在《冤哉,秋瑾女士——析时论对秋瑾案的评说》一文中侧重考察舆论界因何将秋瑾之死视为一桩冤狱的缘由,其中既是基于弱女子不会参加革命,纯属官方株连无辜的一

---

① 王风先:《塑身与塑心:近代中国都市女性乳房观念的变迁》,厦门大学出版社,2022。
② 郭延礼编:《解读秋瑾》(下),山东教育出版社,2013。
③ 夏晓虹:《秋瑾与二十世纪中国》,商务印书馆,2023。
④ 夏晓虹:《晚清人眼中的秋瑾之死》,《晚清社会与文化》,湖北教育出版社,2000,第208~248页。
⑤ 李细珠:《清末民间舆论与官府作为之互动关系——以张曾敭与秋瑾案为例》,《近代史研究》2004年第2期。

种推断,同时还是清政府政治权威丧失的体现,此外也与延续数千年的社会性别主流意识有关①。然而,不同于晚清社会刻意回避秋瑾"革命党"的身份,随着种族革命的胜利以及中华民国共和曙光的来临,秋瑾作为辛亥革命的"功臣"之一,也自然跻身于崇高的女英雄之列,成为各界同人争相纪念的对象,百余年来有关秋瑾的纪念长久不衰。李细珠的《秋瑾女性革命家形象的历史建构》②、夏卫东的《性别与革命:近代以来秋瑾形象转换的考察(1907~1945)》③等论文,分别梳理并探究了秋瑾女性形象的历史建构,包括辛亥革命时期被赋予的"革命先烈"、抗战爆发后作为"女革命家"的政治符号,及其受到不同时期政治形势、性别观念、社会舆论及文学作品的影响。值得注意的是,颂扬牺牲成为女性解放议程的重要部分。胡缨在《性别与现代殉身史:作为烈女、烈士或女烈士的秋瑾》一文中认为,从晚清到民国社会各界对秋瑾身份与人格的建构中,秋瑾的女性身份与性别的色彩逐渐被淡化,现代烈士纪念中的民族主义论述不断被凸显,在唤起公众共鸣方面的效应愈加显著④。符杰祥在《烈士风度——近现代中国的性别、牺牲与文章》一书中指出,流血崇拜的传统与烈士纪念的风尚,促使晚清女杰涌现出以牺牲为志的价值取向,而秋瑾进入烈士文学的谱系既是一个神圣化的过程,也是一个去性别化的过程,这便是秋瑾烈士形象塑造的吊诡之处⑤。

秋瑾迁葬是秋瑾纪念研究中值得观照的重要问题。有关秋瑾遗体迁葬的论述并不多,胡缨在《九葬秋瑾——历史纪念与公共记忆的制造》一文中细致分析了秋瑾的九次迁葬活动,并深度挖掘其背后折射出的跨越近代中国各历史阶段公共记忆的形塑⑥。另有部分资料集汇编梳理了秋瑾遗体迁葬的大致过程,如陈象恭编《秋瑾年谱及传记资料》⑦,郭长海、李

---

① 马自毅:《冤哉,秋瑾女士——析时论对秋瑾案的评说》,《安徽史学》2005年第2期。
② 李细珠:《秋瑾女性革命家形象的历史建构》,《社会科学研究》2007年第5期。
③ 夏卫东:《性别与革命:近代以来秋瑾形象转换的考察(1907~1945)》,《民国档案》2016年第1期。
④ 〔美〕胡缨:《性别与现代殉身史:作为烈女、烈士或女烈士的秋瑾》,彭姗姗译,游鉴明、胡缨、季家珍主编:《重读中国女性生命故事》,江苏人民出版社,2012,第115~133页。
⑤ 符杰祥:《烈士风度——近现代中国的性别、牺牲与文章》,人民出版社,2020,第44~59页。
⑥ 〔美〕胡缨:《九葬秋瑾——历史纪念与公共记忆的制造》,龙瑜宬译,刘东主编:《中国学术》第27辑,商务印书馆,2010,第159~206页。
⑦ 陈象恭编:《秋瑾年谱及传记资料》,中华书局,1983,第107~122页。

亚彬编《秋瑾事迹研究》①，郭延礼编《秋瑾年谱》②，王去病、陈德和编《秋瑾年表（细编）》等③。但总体看来，上述成果对1912年秋瑾的迁葬叙述相对简单，还需要将之放在民初女界风气的革新、公领域的话语博弈、党派关系的变动等视野下进行深入研究，且有若干史实错误需要订正。

2. 关于唐群英的研究

民初女子参政运动的领袖人物唐群英，为争取男女平权而组织过多次请愿运动，坚称女子参政乃天赋人权，且认为女子既为革命"尽义务"，那么"享权利"属自然情理，并视妇女参政为共和制度建设的重要组成部分。学术界对于唐群英的研究，涉及她在辛亥革命中的经历、女权解放思想的内涵、创办女子团体和女性报刊的情况，以及领导的民初妇女参政运动。李细珠在《性别冲突与民初政治民主化的限度——以民初女子参政案为例》一文中除了肯定她作为女性参政的倡导者和急先锋这一历史功绩外，还认为性别民主化的缺失，实为民初女子参政运动失败的原因，具体包括：以袁世凯为首的封建旧官僚的压制和破坏，以孙中山、宋教仁为代表的资产阶级革命党人认识的不足，以及在强大旧势力面前的妥协和软弱等④。另有严昌洪的《唐群英与民初女子参政运动》⑤、李细珠的《略论清末国民意识中性别与权利之关系——以女子参政权为中心的考察》⑥、万琼华的《视觉再现与反再现——以民初报人对女子参政运动者的言说为中心》⑦、陈家新的《辛亥女杰唐群英与民国初年的女子参政运动》等论文也聚焦了这一问题⑧。

至于本书直接涉及的1913年唐群英大闹《长沙日报》的细节，颜浩在《民国元年——历史与文学中的日常生活》一书中"英雌大闹参政权"

---

① 郭长海、李亚彬编：《秋瑾事迹研究》，东北师范大学出版社，1987，第325~366页。
② 郭延礼编：《秋瑾年谱》，齐鲁书社，1983，第148~161页。
③ 王去病、陈德和编：《秋瑾年表（细编）》，华文出版社，1990，第126~127页。
④ 李细珠：《性别冲突与民初政治民主化的限度——以民初女子参政案为例》，《历史研究》2005年第4期。
⑤ 严昌洪：《唐群英与民初女子参政运动》，《贵州社会科学》1998年第4期。
⑥ 李细珠：《略论清末国民意识中性别与权利之关系——以女子参政权为中心的考察》，《妇女研究论丛》2005年第2期。
⑦ 万琼华：《视觉再现与反再现——以民初报人对女子参政运动者的言说为中心》，《妇女研究论丛》2013年第1期。
⑧ 陈家新：《辛亥女杰唐群英与民国初年的女子参政运动》，《中国国家博物馆馆刊》2013年第7期。

一节中略有提及①。但案件引发的女学、女德与女权之争,背后所反映的民初女界解放的顿挫,以及女权话语在民初政治场域的失坠等政治文化意义,尚有进一步释读的空间。除此之外,女杰唐群英在舆论风潮中被建构的文学形象与人物历史本相之间构成的鲜明反差,也值得省思。

3. 关于张竹君的研究

张竹君是清末民初重要的知识女性,从事过女子兴学、女子实业、女子医学等,尤为见长的是"女医师"的职业活动。其对性别认同和民族国家话语的独特理解,有别于晚清其他知识女性对于女权话语的角色建构,并对于民初女子参政运动保持冷静的态度,致力于探索女性在性别与家庭、政治与社会、职业选择与自我价值实现之间的关系。

研究者对于张竹君生平已有叙述,但多将其与清末的女权倡导者相联系。须藤瑞代在《中国"女权"概念的变迁——清末民初的人权和社会性别》一书中"摸索新角色:张竹君"一节侧重考察张竹君"自立之学"的主要内涵,指出其思想观念的特色在于不重视性别角色,只重视具有个人鲜明特征的社会角色,否定以性别分工为基础的民族国家体制②。池子华在《红十字会与近代中国》一书中着重介绍了武昌起义爆发之际张竹君组建"赤十字会"的有关事迹,并将其成绩作为近代中国红十字运动中的重要组成部分③。张朋在《近代女杰张竹君媒介形象的考察》一文中挖掘了清末民初的各类报刊对于张竹君"女豪杰""实行家""战地女医生"等多重外界形象的塑造,蕴含了知识界对于女性启蒙的新诉求④。乔以钢、李贞玉的《近代革命话语中的"女医生"及其文学形象》一文分析了知识精英如何将康爱德、张竹君等"女医生"从事的社会活动,以及在各类文学作品中建构出的文学艺术形象,作为唤起民众"自强""救国"的楷模⑤。赵婧的《医学、职业与性别——近代女子习医论再探》一文在梳理近代中国女子医学演变概貌的同时,涉及张竹君的一些从医经历⑥。此

---

① 颜浩:《民国元年——历史与文学中的日常生活》,陕西人民出版社,2012,第164~167页。
② 〔日〕须藤瑞代:《中国"女权"概念的变迁:清末民初的人权和社会性别》,须藤瑞代、姚毅译,社会科学文献出版社,2010,第91~97页。
③ 池子华:《红十字会与近代中国》,安徽人民出版社,2004,第104~116页。
④ 张朋:《近代女杰张竹君媒介形象的考察》,《温州大学学报》2011年第2期。
⑤ 乔以钢、李贞玉:《近代革命话语中的"女医生"及其文学形象》,《江汉论坛》2016年第6期。
⑥ 赵婧:《医学、职业与性别——近代女子习医论再探》,《妇女研究论丛》2018年第6期。

外，英文论著中也有一些关于张竹君的人物评介①。

但张竹君在性别与家庭、政治与社会、职业选择与女性价值之间探索出的以"中间路径"为特征的性别实践，其与清末民初其他知识女性在比较视野下思想的异同，以及政治话语裹挟下张竹君女性形象的演变，仍有提炼和阐释的空间。

4. 关于胡彬夏的研究

担任过《妇女杂志》主编的胡彬夏，曾留学日本与美国，提出的"改良家庭论"是其女性思想的核心，主张将女子安置于改良家庭的坐标，内容包括改良家庭与改良社会、女子教育、"新贤母良妻"的形塑等方面。

目前对于胡彬夏的研究并不多，王秀田、梁景和在《传统和现代之间的徘徊——以胡彬夏为个案》一文中梳理了胡彬夏的生平及基本活动，注意到了其"改良家庭"的思想，认为这体现了知识女性在传统与现代之间徘徊的困惑与无奈②。毕曼在《胡彬夏主编〈妇女杂志〉的编辑思想及其当代意义》一文中讨论了胡彬夏的编辑经历及其对于当今女性杂志与大众传媒的意义③。于书娟、陈春如的《鲜为人知的学前教育先驱——胡彬夏》专门分析了胡彬夏的学前教育思想④。

现有成果关于胡彬夏"改良家庭"的女性论述的内涵和外延，在清末民初妇女思潮中的独特见解，为应对复古逆流时局贡献的创造性的方案，及其同近代女性家庭观念形成与变迁之间的内在关联，还缺少脉络化的分析。

5. 关于马振华的研究

马振华是后五四时期的一位小学女教师，虽然接受过五四新文化运动妇女解放思潮的影响，产生了对于自由恋爱的向往和追求，但却在贞操观问题的认识上，保留着传统旧道德的理解，最终酿成以自杀的方式证实处

---

① Angela ki Che Leung, 2006: "Dignity of the Nation, Gender Equality, or Charity for All? Options for the First Modern Chinese Women Doctors", in John Fitzgerald and Sechin Y. S. Chien eds., *The Dignity of Nations: Equality, Competition and Honor in East Asian Nationalism*, Hong Kong: Hong Kong University Press, pp. 71~82.
② 王秀田、梁景和：《传统和现代之间的徘徊——以胡彬夏为个案》，《求索》2008 年第 10 期。
③ 毕曼：《胡彬夏主编〈妇女杂志〉的编辑思想及其当代意义》，《中国编辑》2016 年第 4 期。
④ 于书娟、陈春如：《鲜为人知的学前教育先驱——胡彬夏》，《教育评论》2017 年第 2 期。

女之身的悲剧。

一些论著中对于马振华自杀案已有关注，重点分析了女主人公死因这一层面。其中，侯艳兴在《上海女性自杀问题研究（1927～1937）》一书中细致梳理了案件的始末，并将贞操问题视为引发1927～1937年上海女性自杀的因素之一①。海青在《伤逝：对民国初年新女性形象的一种解读》一文中探讨民初新女性命运群像时指出，马振华的生命悲剧乃女子婚前性行为不具备正当性这一贞操观念作祟的结果，实已超越传统意义上"守节殉夫"的简单内涵②。余华林在《20世纪二三十年代知识女性恋爱悲剧原因探析》一文中从知识女性恋爱的整体困境的视角出发，认为马振华并非死于所谓"贞节"的丧失，本质上系"新思想"与"旧道德"的混合、矛盾及冲突作用下的产物③。

不过，关于马振华之死这一案件在戏剧、电影等文艺作品中的改编与再造，及其所涉及男女社交公开的阻滞、新性道德在实践中的落差、性别伦理革命的有限性、社会性别关系的重建、新旧文化转型的困境等议题，还有深化探究的余地。

6. 关于冯铿的研究

冯铿是"左联五烈士"中唯一的女作家，也是中国左翼作家联盟的发起人之一，代表性作品《红的日记》是中国现代女性文学史上最早反映革命根据地工农红军斗争风貌的小说之一，她在成长中见证了"国民革命"的风云、大革命的失败，以及早期中共的"苏维埃革命"。

对于"左联"女作家冯铿的探讨，主要集中在现代文学史的研究范畴。有论者爬梳了冯铿一生的成长线索，勾勒出她文学创作历程演进的行踪。如杜丽秋的《冯铿小论》④、乔以钢的《从"乐园"幻梦到"红"的女人的讴歌——"左联"女作家冯铿的创作轨迹》等⑤。还有一些研究者致力于解读冯铿文学作品表现出的妇女解放思想，如彭耀春的《冯铿创

---

① 侯艳兴：《上海女性自杀问题研究（1927～1937）》，上海辞书出版社，2008，第106～125页。
② 海青：《伤逝：对民国初年新女性形象的一种解读》，杨念群主编：《新史学》第1卷《感觉·图像·叙事》，中华书局，2007，第79～83页。
③ 余华林：《20世纪二三十年代知识女性恋爱悲剧原因探析》，李长莉、左玉河主编：《近代中国社会与民国文化》，社会科学文献出版社，2007，第331～343页。
④ 杜丽秋：《冯铿小论》，《中国现代文学研究丛刊》1981年第1期。
⑤ 乔以钢：《从"乐园"幻梦到"红"的女人的讴歌——"左联"女作家冯铿的创作轨迹》，《开封教育学院学报》1994年第3期。

作论》①、颜琳的《逃离叙事：女性主体意识的想象表达——冯铿创作纵论》②、刘文菊的《冯铿寻求女性解放道路的心路历程》③、许再佳的《重读冯铿〈最后的出路〉》等④。另有论文将冯铿的研究与"左联"潮汕籍作家群体的研究相联系，如曾丽洁的《从个人书写到革命创作——析"左联"潮州籍作家群成长历程》⑤、刘文菊的《现代潮汕女作家的文学创作及其文学史命运》将冯铿与洪灵菲、杜国庠、杨邨人、冯素秋、陈波儿、许心影等并列论及⑥，具有鲜明的地域文学研究特色。再者，有将冯铿与同时期女作家谢冰莹等进行对比分析者，如常彬的《"忘记自己是女性"——从谢冰莹、冯铿创作看1930年代左翼女性的从军想象》⑦，以及孟悦、戴锦华的《浮出历史地表：现代妇女文学研究》中"走向底层与战场"一节⑧，指出20世纪30年代从军女性普遍存在男性化的现象，但在尝试突破传统社会性别规定的同时，也造成了反叛后女性自我的精神失落。除此之外，一些中国现代女性文学史教材，如曹新伟等的《20世纪中国女性文学史》⑨、黄静等的《二十世纪中国女性文学研究》⑩也涉及对冯铿作品的介绍，只是略为提及。

除了考察冯铿的创作与左翼文学运动的密切关系，还需要从国民革命到苏维埃革命的历史经纬上，采用性别政治理论，在本质主义的女性体验、镜像自我和革命人的身份确认等维度，建构起冯铿与其他知识女性不同的革命心旅，阐发冯铿背后联动的时代政治情势的嬗递，嵌入人物命运与社会思想转型之间的关联。

---

① 彭耀春：《冯铿创作论》，《南京社会科学》2001年第4期。
② 颜琳：《逃离叙事：女性主体意识的想象表达——冯铿创作纵论》，《晋阳学刊》2015年第5期。
③ 刘文菊：《冯铿寻求女性解放道路的心路历程》，《山西大同大学学报》2012年第4期。
④ 许再佳：《重读冯铿〈最后的出路〉》，刘文菊、许再佳编：《海滨杂记：冯铿作品及研究》，花城出版社，2019，第370~382页。
⑤ 曾丽洁：《从个人书写到革命创作——析"左联"潮州籍作家群成长历程》，《文艺理论与批评》2013年第4期。
⑥ 刘文菊：《现代潮汕女作家的文学创作及其文学史命运》，《湖南人文科技学院学报》2013年第5期。
⑦ 常彬：《"忘记自己是女性"——从谢冰莹、冯铿创作看1930年代左翼女性的从军想象》，《吉林大学社会科学学报》2008年第2期。
⑧ 孟悦、戴锦华：《浮出历史地表：现代妇女文学研究》，第166~170页。
⑨ 曹新伟、顾玮、张宗蓝：《20世纪中国女性文学史》，北京大学出版社，2012，第60~62页。
⑩ 黄静等：《二十世纪中国女性文学研究》，安徽师范大学出版社，2017，第63~65页。

7. 关于王人美的研究

王人美是20世纪30年代知名的女明星，主演代表性影视作品《野玫瑰》《渔光曲》等，其中后者斩获了莫斯科国际电影节"荣誉奖"，由此占据了民国时期影坛的重要席位。

关于王人美的专题讨论并不充分，主要仍将其放在民国时期电影发展史进程的脉络中略加提及①，或在研究蔡楚生及其导演的《渔光曲》中偶见论述②。然而，学术界不乏对于民国时期女影星的研究，可为王人美的研究提供视角方面的借鉴。就宏观方面而言，姜进等著《娱悦大众：民国上海女性文化解读》一书以专题的形式梳理了20世纪20～40年代上海少女歌舞团的兴起、舞女群体与"摩登女郎"的产生、电影女演员的职业境况，以及戏曲女演员的情感与艺术等③。张勉治在《善良、堕落、美丽：20世纪30年代的电影女明星和上海公共话语》一文探讨了20世纪30年代女明星在媒体空间和大众文化视野下多重角色的建构，以及光环的相对异化。④ 就个案研究看，刘长林等在《论阮玲玉自杀的社会意义赋予》一文中挖掘了阮玲玉的自杀案及其命运沉浮⑤。张华在《"南国影后"的"孤岛"岁月——陈云裳上海电影述评》一文中评述了拥有"南国影后"之称的陈云裳在"孤岛"时期主演的系列影片⑥。何明敏的《健美视域中的女明星——黎莉莉在1930～1936年》一文在健美运动视域下分析了黎莉莉作为"体育皇后"与"无产者的大众爱人"的形象⑦。

至于民国时期电影业为王人美主体性身份的建构创造的机缘，女性健美风潮中王人美的角色引领，男性凝视、商业化运作下女明星身体被物化的遭遇，党派政治的博弈对女艺人生存境遇的影响等议题，皆可作为窥探摩登文化视野下女性解放的镜像。

---

① 〔美〕张英进主编：《民国时期的上海电影与城市文化（1922～1943）》，第153～154页。
② 王人殷主编：《蔡楚生研究文集》，中国电影出版社，2006，第45、127、183页。
③ 姜进等：《娱悦大众：民国上海女性文化解读》，上海辞书出版社，2010。
④ 张勉治：《善良、堕落、美丽：20世纪30年代的电影女明星和上海公共话语》，《电影艺术》2009年第6期。
⑤ 刘长林、马磊磊：《论阮玲玉自杀的社会意义赋予》，《社会科学》2010年第5期。
⑥ 张华：《"南国影后"的"孤岛"岁月——陈云裳上海电影述评》，《电影艺术》2011年第3期。
⑦ 何明敏：《健美视域中的女明星——黎莉莉在1930～1936年》，《文艺研究》2018年第11期。

8. 关于关露的研究

关露是 20 世纪 30 年代左翼女诗人，同时也是著名的"红色女间谍"。她曾秘密潜伏至汪伪特工总部 76 号魔窟，担负起策反该部副主任李士群的任务，出任日本在华沦陷区所办中文刊物《女声》的主笔，但一度被外界误解为"女汉奸"。

学术界对关露有一定的关注，陈雁在《性别与战争：上海（1932～1945）》一书中涉及对关露的研究，讨论了其如何在《女声》杂志任职期间团结进步女性作者，指出战争带来社会结构的松动，为女性解放创造了独立自主的空间，但战争结束后关露个人却面临着道德的审视与拷问①。李晓红在《女性的声音——民国时期上海知识女性与大众传媒》一书中分门别类地梳理了《女声》上刊发的女性话题的文章，论述了编者、作者与读者共同在这一媒介平台为女性的生存境遇发声的图景，考察了身兼《女声》杂志编者与作者的关露，在其中扮演的角色及与该刊相关的活动②。涂晓华在《上海沦陷时期〈女声〉杂志的历史考察》一文也提到关露与《女声》的关系③。王芳的《关露的新诗观》一文侧重从文学史的角度出发，解读了关露在现代诗歌创作中的成就④。还有一些关露的传记也是重要的研究成果。如萧阳、广群的《一个女作家的遭遇——记关露一生》⑤、柯兴的《魂归京都：关露传》⑥、丁言昭的《关露传》⑦等，这些传记讲述了她的人生际遇，情节丰富，故事性较强，但由于文学作品的性质，在叙事中多少夹杂了一些虚构的色彩。

以上对关露的研究侧重于史实的重建，在女性、战争与民族主义互动等政治文化分析议题上，为笔者进一步研究留下了空间。至于关露担任女特工期间的隐秘史事，及其书写的紧张、焦虑、冲突、挣扎的精神困境，其个体女性经验在民族国家解放话语谱系上的独特价值，确有结合革命与战争的特殊形势给予客观评价的必要。另有不少关露创作的散文、诗歌、小说等文本，以及其他辅证的史料仍有待充分利用。

---

① 陈雁：《性别与战争：上海（1932～1945）》，第 75～89、292～311 页。
② 李晓红：《女性的声音——民国时期上海知识女性与大众传媒》，学林出版社，2008，第 241～316 页。
③ 涂晓华：《上海沦陷时期〈女声〉杂志的历史考察》，《中国现代文学研究丛刊》2005 年第 3 期。
④ 王芳：《关露的新诗观》，《中国现代文学研究丛刊》2002 年第 2 期。
⑤ 萧阳、广群：《一个女作家的遭遇——记关露一生》，北方文艺出版社，1988。
⑥ 柯兴：《魂归京都：关露传》，金城出版社，2010。
⑦ 丁言昭：《关露传》，上海文化出版社，2009。

（三）本书的创新之处

综观以上研究，学界对于中国近代妇女解放各议题已形成了丰富的研究成果，本书关注的知识女性个案也在各类的研究中有所涉及，其中不乏一些优秀的论著。这些研究不同层面切近了知识女性成长的历史环境、形象特征、社会影响，为笔者进一步认识这一群体与近代中国政治文化的关系，提供了丰富的视角、理论的借鉴和研究的指引。

但遗憾的是，现有成果还存在一定的缺失和不足，反映在如下几个方面。一是目前对于知识女性群体的考察，主要还是以一些个案研究为主，有待推动建构一个全面性和整体性的综合性研究，进而形成一个多维度、立体化的知识女性史研究图景。二是对于文化谱系、知识女性、政治文化这些概念的界定和内涵的把握上还缺少明确和统一，需要从国家、社会、个人互动的视角出发，阐释知识女性在近代中国历史变局视野下的命运共融，以冷静的眼光和客观的判断，做出符合历史、符合逻辑的分析。三是对于知识女性在政治、教育、文化等各行业、各领域所取得的贡献和成就还缺乏分层次、分类别的深入论述，还须侧重从某一特定的研究维面切入，阐发她们在革命风潮、参政运动、女子办报、女子实业、明星商业、抗日战争等方面表现出的历史主动力。四是就个案研究程度而言，已梳理了部分知识女性的生命史，重建了她们的人生轮廓，但在女性与革命、女性与主体性身份建构、女性与现代性等政治文化分析议题上还需要进一步开展学术对话与讨论。五是现有的研究中尚有一些史实上的语焉不详或疏漏之处，对于晚清民国报刊等文献的运用程度还不够，近年来整理出版的新资料则能够为本书研究的推进提供更充分的史料支持。

总的来说，在前人研究的基础上，本书仍有深化研究与整合提升的空间，旨在将近代中国知识女性的命运连缀成一条谱系进行系统研究，具体目标如下。

一是要建立起个案研究与宏观历史脉络的有机联动，加强知识女性个体生命历程同近代中国妇女史整体性之间的关联，凝练其各自的价值取向和历史特征，确立其各自的历史方位和历史坐标，给予知识女性在近代中国历史演进中文化谱系的解释框架。本书所涉及的人物及事件并不是孤立的个体，透过她们个体化经验的背后，可以成为窥探妇女解放思潮与时代镜像的一个窗口。这需要审慎处理好"小人物"与"大历史"研究间的互动，贯通女性研究与近代中国社会变迁的历史逻辑。

二是还可以增强不同身份与不同职业的知识女性之间的比较，从人物研究的对比观照中，透视各时期、各角色、各区域、各环境、分布于各式领域的知识女性究竟承担着何种历史任务、面临着怎样的性别焦虑、经历着何种生存困境等。并且，需要细致探究的是，近代以来的政治与文化革新，如何为这些知识女性挣脱束缚提供了历史机遇，她们为应对自身解放与民族国家复兴，付出了怎样的努力，又蒙受着何种挑战，以及在中国现代化进程中贡献了怎样积极的力量，将是本书的着力突破之处。

三是在打通学科壁垒方面，可以开展学科之间的对话，在进行严谨的史料整理及考证的同时，注重多种研究方法之间的互鉴及其综合运用。实际上，在考察近代中国知识女性的生命图景中，呈现的跨媒介与跨语境特征较为显著，因此有必要从多学科、多视角的维度探究其丰富的人生。这需要挖掘和利用她们本身留下的文本，两性文人的观察和书写，以及各大新闻媒体中对其活动的记述和追踪，并注意鉴别资料的真伪，以保证研究结论的真实性与可靠性。

四是在具体个案的选择及研究切入的角度上，笔者避开了此前学界探讨比较充分的议题。除了考察这些知识女性与时代主旋律契合的方面，着重揭示她们的女性意识、生命经历与时代主潮之间存在的"交互"及"错位"的侧面，发掘近代中国妇女史研究中珍贵的历史细节，从而呈现妇女解放谱系中纷繁复杂的社会面相，并揭示出妇女启蒙运动的延续性、曲折性和趋势性。

五是通过一个整体性的研究，理解知识女性共同体与共同价值的确认及走向，补益本土语境下妇女解放话语体系的建构。"合群"意为妇女通过结成团体，形成阶级联盟，融入近代中国民族社会革命的全过程。"合群"风潮推动着妇女解放从"启蒙时代"走向"行动时代"，促使妇女成为中国革命的参与者与推动者，在革命叙事与阶级话语的变奏中确立了价值的归属。并且，从革命道路上的人生际遇、主体性身份及自我体认的重铸、新旧文化分野的影响等角度，做出一种尝试性探索，对近代中国知识女性文化谱系的精神内涵进行升华。

三　篇章结构

本书除导论、结语外分为八个章节及补论。

本书第一章对于秋瑾考察的重心，并非其生前领导的晚清妇女解放运动与种族革命事业，而是将目光聚焦于其逝世后的"纷纭身后事"。尤其是借助考订1912年秋瑾迁葬这一鲜为人知的史事，挖掘出背后所蕴藏着的政治文化元素，包括烈士纪念中政治仪式的操演与共和记忆的塑造、女性英雄人格重构与烈士纪念的公共化、民初女界的角色表现，以及政党政治的整合与变动。重要的是，从性别议题进入五光十色的民初社会，有助于揭示这些隐秘而复杂的面相，从而作为观察民初多重历史图景的一个切入口。

共和肇建之初，秋社的成立、秋瑾墓重修的吁请、各地纪念秋瑾活动的开展，实则与辛亥革命后烈士纪念的热潮以及共和记忆的塑造之间，存在密不可分的关联。湖南和浙江围绕秋瑾究竟安葬在湖南夫家所在地还是迁往杭州西泠湖畔，展开了一场电报拉锯战：浙江方面主张秋瑾灵榇归葬西湖，是基于革命宣传与增进共和认同的考虑；湖南方面反对秋瑾遗体迁出，则以传统妇女礼俗与家属的情感因素为搪塞之词。此外，还有论者提议以迁葬岳麓山为折中之方案。实际上，双方分歧所折射出的则是，参与缔造共和大业的秋瑾，她的生命与人格是如何"被政治化"的，本属于家族私人事务的安葬事宜，却无不因此被卷进了公共领域令人瞩目的范畴。笔者将重点考察在秋瑾灵榇从湖南至汉口，抵上海归杭州的途中，女校女学生、诸多女性团体在纪念仪式中的参与，显示出了哪些女性角色的表现意图；至于孙中山、黄兴借助拜谒秋瑾祠堂或墓表的契机，又是如何利用秋瑾生前具备双重党籍的特定身份，着力调和光复会与同盟会的政见，以期促成党派力量的整合；在次年秋墓规格改低五尺的背后，反映了革命党人与袁世凯政府关系怎样的逆转。

本书第二章对于唐群英的阐释，并未从前人研究较为充分的唐群英与女子参政运动这一角度切入，而是通过其大闹《长沙日报》引发的各方场域的互动，探讨其女杰形象的陨落，由此从另一个侧面评估女性介入政治的"限界"，以及民初女权运动取得的成绩与局限，并注重文学史料在历史研究中的独特价值。

1913年2月16日，因由《长沙日报》刊载了一则唐群英与郑师道结婚的虚假广告，引发了一场唐群英怒砸报馆而遭遇司法诉讼的事件，被时论斥责为"女德有缺"的行为，并以此为否定女子参政权的借口。这段史事不仅在历史场域被当时的各大媒体记录报道，而且还跨入文学叙事的范畴，被加工、渲染、再造为一场"婚变案"，在新闻传播中逐渐变形。《申报·自由谈》《时报·滑稽余谈》《新闻报·庄谐丛录》《时事新报》《神州日报》等"逸史""文苑""酒令"等栏目中，涌现了一批以唐群英为原型的"游戏文章""谐文"等特殊文体。唐群英的形象被谐趣化，成为"多情"的湘女,甚至还以"无情""虚伪""泼辣""野蛮"的面目粉墨登场,演绎了一段被讲述的"艳史"与"丑史",致使其女杰形象不可避免地遭遇了"陷落"。这些分散在报刊的文学史料,此前并未引起研究者的留意。如果将其收集、整理、鉴别、利用,运用跨学科的研究方法,通过历史事件与文学文本之间的互照与对比,将有助于重新考察唐群英更为多元而鲜活的女杰形象。特别是由此探究这一案件所投射的"社会镜像"中民初女性的生存境遇,具体包括:被女杰误解了的思想逻辑,女杰话语建构的内在困境,被"妖魔化"了的女杰形象,贤母良妻的游移与复归,"发乎情止乎礼"的男女交往边界。在此基础上,还可以凭借李普曼有关"拟态环境"的传播学理论,检视与省思百余年来唐群英形象的变迁。

本书第三章侧重挖掘清末民初虽投身民族解放浪潮,但游离于参政事业以外的特殊人物及现象,由此管窥该时期女性与政治、女性与职业的关系。"始信英雄亦有雌",女界精英在松动身体桎梏的同时,政治意识也随之觉醒,由此展开了轰轰烈烈的女子参政运动,这也成为当时大多数走出闺门的知识女性的普遍选择。然而,并非每一位知识女性都在清末民初政治转型之际,将参与民族国家重建的热情转化为争取女子参政权利的动力。其中,张竹君则表现出较为特别的一面,在时代变幻的主潮中颇显冷静的姿态。通过解读其在"从医"与"参政"之间的抉择,考察清末民初的知识女性在革命、从军与建立社会事功中的角色定位,有助于观察更为丰富的女性解放思想图景。

张竹君一度活跃在晚清抵制美货运动、浙江保路风潮、云南片马危机的应对中,武昌起义来临之时,虽组建了"赤十字会"这一慈善团体奔赴战场从事战地救治工作,却并未如唐群英等女杰一并投身革命的浪潮。张竹君认为女性的生理局限或反致军旅拖累之弊,并在随后的女子参政激流中选择退却。可以说,张竹君在清末民初提供了一条性别解放的"中间路径",即将女性培育"自立之学"作为起点,以"合群"为行动之力,以女子实业为基础,以妇科学为特长,背后彰显出她关于"女学"与"女权"何者为先的独特智慧,既有对于女性解放话语的接纳和认同,又有对于以父权制为本质的女权话语的警惕。不过,这种逾越家庭的困守,又超然于政治的场域,立足于女性社会价值的启蒙思路,体现了其富于前瞻性的思考与认知。民国中后期,在国民党三民主义教育、革命话语的演进与女权主义思潮的影响下,论说者对于张竹君"女革命家""女权运动者"的角色定位,不免消解了她作为"女医师"的历史本相。

本书第四章意在解读民初女子参政运动昙花一现后，女性与家庭关系的重塑，复古逆流的来临对于女界造成的冲击和影响，以及贤母良妻论调的游移与复归，究竟是否意味着传统"妾妇教育"的再现。至于此间知识女性为此做出过何种主动性的应对，则是以往学界鲜少论述的地带。

担任《妇女杂志》主编的胡彬夏女士顺势提出一套以"改良家庭论"为核心的论说及主张。如果细加解读与阐释，可以发现，胡彬夏主张的贤妻良母乃是建立在社会进化观念的前提下，试图将女子的"家事"纳入国族论述的场域，重视女性在家庭中创造财富的社会转化，使女子同样成为"生利"之人，只是与男性在社会中作出贡献的路径不同而已，并且通过改良家庭为途径，进而改良社会，从而寻求解决女权启蒙与民族国家话语矛盾的方案。如果将胡彬夏的"改良家庭论"与上述笔者所探究的秋瑾的"革命论"、唐群英的"参政论"、张竹君的"职业论"等思想主张加以比较分析，则有助于我们从更为立体的角度，切近清末民初女性启蒙的多元路径。除此之外，在晚清与五四之间的民初女性，也是学界长久以来关注相对薄弱的群体。在奏响五四新文化号角的前夜，其所显示的力量实不容忽视。至于胡彬夏的"改良家庭论"所隐喻的家庭与妇女、女性与文学、母亲与儿童等现代性概念，在某种意义上，也成为冰心、陈衡哲、庐隐等五四新文学女性作家叙述"家"观念的源流，尤其为女性在处理"家事"与"职业"矛盾方面提供了一条有效的调和路径。

本书第五章无意重复还原五四时期妇女之声，而是将视野向后拉伸，致力于探究五四时期女性解放的程度和限度究竟如何。通过个案的解读，讨论其在沿海与内地、城市与乡村之间的接受存在怎样的差异，在知识女性与普通民众中间又拥有何种不同的反应，五四结束后的相当一段时期内，女性的生存境遇到底经历了哪种顿挫与困厄，女性与恋爱、女性与婚姻等这些问题仍然值得我们从更细微的层面诊视与省思。

1928年3月16日夜晚，一位名为马振华的女士因男友汪世昌怀疑其是否处女这一问题，为证实清白之身，投入黄浦江自尽。作为轰动一时的"情死案"，引起报刊等媒介争相报道。"父权至上"的传统伦理观念的桎梏，男女社交未能实现完全意义上的公开，贞操观的紧箍咒尚未解锁，现代新式恋爱观念的缺席，均是导致马振华之死的内外动因。至于如何预防和避免类似女性自杀案的再次发生，一些男性知识精英在呼吁重提五四时期妇女解放之声诸议题的同时，还提出了以"性爱合一"为基础的新性道德主张。除此之外，围绕案件的责任者，男女双方的阐说角度还基于不同的性别立场，背后隐藏着男性一方维护男权秩序的特别深意，这暗示了在传统社会性别制度未能发生根本动摇的情况下,五四时期所高唱的女性解放之歌依然道阻且长。与此同时,马振华自杀案还被搬上了戏剧和电影的舞台,由当时以营利为目标的上海各大影业公司制作成影片,展示出后五四时期霓虹灯内外的大上海光怪陆离的影视文化生态。

本书第六章承接上一章的五四时期,将"历史时间"移至国民革命从兴起到失败的跌宕起伏,以及中共早期的苏维埃革命。选取的个案是"左联五烈士"中唯一的女作家冯铿,旨在窥探性别身体与革命大家庭中的性别政治这一关系。由此,略观"革命"话语与"新女性"改造人生之间存在如何的联动,理解走向战场的"女作家"性别气质的塑造究竟有怎样独特的意义,在革命队伍的镜像中,女性究竟附带着男权世界"他者"化的凝视,还是较大程度上完成着主体性身份的建构,进而对于"女性解放被阶级解放、民族解放所遮蔽"等声音进行批驳回应。

冯铿见证过国民革命时期中共在广东开展的农妇运动,促使她有关家庭题材的处女作显示出一定的社会改造意识。中学毕业是"离家"到"离校"的成长转折期,她一度转至乡村从教,试图通过爱情诗、田园诗等文学书写的方式,实现摆脱"新女性"情感烦闷的精神突围,但随着大革命失败后的白色恐怖而幻灭。1929年春,她来到上海加入中国共产党,于次年成为"左联"的发起人之一,完成了"革命女作家"这一身份政治的转型。一方面,她基于女性本质主义的性别认同形塑出雄浑的外在气质,并非男性化的被迫规训;另一方面,尽管她预估了革命队伍中性别身体遭遇尴尬的可能性,但更为肯定的是革命之于女性解放层面主体性地位的确认。《红的日记》成为现代女性文学史上最早书写苏维埃政权生活的作品之一。然而,在她富于想象的"战斗的苏维埃"的创作,以及"左联五烈士"精神遗产的背后,也折射出中共苏维埃革命时期难免存在"左"的错误。

本书第七章讨论的电影"女明星"王人美,不仅涉及民国时期女性与艺术的关系,而且不同于学界以往对"摩登女郎"的负面印象及认知。尤其值得关注的是,她是如何以"反摩登"与"反现代",以及"田园城市"崇尚者的姿态出场,塑造出"野玫瑰""野猫"等经典的影视形象,又是怎样通过"健美运动"契合了大众文化追求"健康美""自然美"的现代审美标准与内涵,如何满足了人们对"反都市化"的乡野想象。解读"图像史料",是走近、研究王人美的重要方法,并可从大众传媒制造这一角度,窥探男性文人对于女影星美貌的凝视与物化。

在孙瑜、蔡楚生等知名导演的提携下,王人美走出黎锦晖的"明月歌舞社",来到联华影业公司,凭借其优美的舞姿、匀称的身材、嘹亮的歌喉、娴熟的国语,发挥了有声电影时代赋予她的一切优势。她不仅在银幕内表演出活泼、天真、纯洁的女性形象,而且在银幕之外以健美健将的引领者从事游泳、打猎等具有现代气息的运动,带给观众耳目一新的视觉呈现。并且,区别于当时不少女影星沉溺于纸醉金迷的生活,王人美还塑造出热爱读书、追求上进的一面,并与具有"电影皇帝"之称的金焰结为连理。由此,"影坛伉俪"与"歌舞明星""电影明星""健美明星"之间达到了近乎完美的合一。此外,王人美对于出演电影的政治属性,并没有刻意的选择,然而却因20世纪30年代中国影坛思想流派的分野,遭遇褒贬不一的评价,陷入艺术与政治之间的困顿与挣扎。

本书第八章将议题投射至女性、战争与革命的领域,以及女性解放与民族国家解放的关系这一范畴。在抗日图存的风云背景下,不少知识女性投笔从戎,将服务于革命事业与民族救亡视为建构女性主体性身份的重要凭借。然而,由于一些特殊的政治身份以及政党赋予的特定使命,中国共产党派遣的"女间谍"关露,其人生记忆与同时期女性的集体叙事之间显示出迥然不同的一面,在她身上投射出女性解放与民族国家解放之间相错位的格局。

"左翼"女作家关露曾是上海滩风靡一时的女诗人,1936年出版了诗歌集《太平洋上的歌声》。1939~1945年,她先后潜伏进入汪伪特工总部,并在日本女权主义者佐藤俊子主编的《女声》杂志担任主笔,创作的《神经病态的日子》《一个失眠的夜里》等散文,尚未引起研究者足够的重视。文本中的"疾病"叙事,隐喻着长期背负的"女汉奸"历史污名与她作为"女英雄"的真实本色之间,所造成的思想冲突与精神分裂。与此同时,其利用《女声》杂志这一虽由日本军方支持,但政治色彩相对淡化的媒介平台,为在沪中共地下党成员发表了一系列提倡战时女性继续追求解放的文章,打通女权主义与民族主义之间的通道。关露从"女作家"到"女特工"独特的人生书写,实为近代中国千回百转的性别文化与政治实践中重要一环。在她身上,"娜拉"精神、政党意志、民族复兴、革命道路等诸多元素的集合,展现了在革命与战争年代女性解放图景中的独有魅力。

综上所述,本书八位知识女性在烽火连天的岁月里,在性别解放与政治话语的多重变奏下,演绎了"娜拉"浴火而生的长歌,其中牵涉的问题包罗万象:既包含了记忆史视野下的"革命女英雄"在"公共记忆"领地上的动态博弈,也囊括了在"革命中国"百年历程中女性主体性地位的建构抑或缺位的历史重审；不仅涉及女性在政治激变下的遭遇及时代局限，而且关系到性别文化转型之际女性在恋爱、婚姻与家庭的抉择中的心灵波动与思想摆荡；既有女性主义关怀对"女体公开化"及健美风尚的随波逐流，还有民族复兴思潮演进中以"身体国家化"为前提的国族主义论述及想象；在男权文化牢不可破的历史条件下，女性仍旧是"男性凝视"的对象，抑或她们在探索平等的奔走中，以"反凝视"的姿态突破了被"物化"的尴尬境况；"娜拉"出走以后，一方面，与其说伴随着女性角色与母亲角色的分离，家事与职业兼顾的理想状态总是困窘重重，毋如成为拥有一技之长的"职业女性"，寻找在政治进取与家庭场域之间"中间路径"的平衡之术。另一方面，"改良家庭"或"家庭福利"的途径能否为规避所谓的"母职"惩罚贡献一种可能性，从而达成女性自我价值与社会价值的统一；政党政治与革命战争下的女性，她们的人生岔路、从军之旅或履行的特殊使命，交错纵横着女性解放与阶级解放、民族解放多元的历史方位，在特定的历史阶段与历史格局的情状下，难以避免的是——尽管历史之于女性索取了性别意义的残酷代价，但绝非意味着战时女性独立价值的遮蔽，甚至从侧面更有力地剥离了以男性为中心主体能动的话语叙事；至于细致的文本解读则适合作为发掘女性"情感史学"的研究工具。这些女性/性别议题连接了历史、现实与未来三重维度，始终具有不可替代的理论价值。

本书的补论试图从"微观史"视角转向"宏观史"层面，对妇女解放的学术议题进行提升和铺展，经由知识女性个体生命史的讲述，浓缩出中国近代妇女史脉络流变上的某种印记。女性究竟是"书写历史"的主体，还是"被历史书写"的客体，能否借助一种抽象化的概念解读，由"个体"出发观照"群像"风貌，凝练妇女解放进路的历史景观。

在个案研究的基础上，从观察"树木"到放眼"森林"，"合群"这一概念是立足于近代中国本土语境阐释妇女运动进路的文化向度。"合群"意识的积蓄与勃发逐渐成为推动妇女解放的重要思潮，随着"合群"对象的不断调整与充实，形成了妇女运动中独特的革命实践话语与社会动员机制。晚清时期，妇女解放最初与男性启蒙者救亡图存的诉求紧密相连，继而从"自发"走向"自觉"，创办妇女报刊、组织妇女团体，由女性自主复权的"妇女解放"行动，表明她们达成了掌握历史主动力的共识。五四新文化运动以来，随着马克思主义在中国的引介和传播，妇女运动具有了明确的阶级指向，"知识青年"走向"普罗大众"。女性从"情感"到"身体"无时无刻不在寻找建构着一个共同体，并通过阶级联盟与民族社会革命建立起"合群"的纽带,从而确认她们的共同价值。

四　学术价值

首先,就研究方法而言,主要包括跨学科研究方法、个案比较研究两类。一方面,本书是历史学研究著作,基于学科之间的交叉与融合已成为学界研究者的共识,笔者兼顾吸收文学、马克思主义理论、新闻传播学、社会学等视角,将史料考证与实践相结合;另一方面,本书通过个案比较研究的方式,将不同时期的知识女性个体生命进行"麻雀式解剖",侧重展现蕴藏在人物与事件背后的社会政治文化内涵,如何反映出近代中国女性解放与民族解放之间的逻辑,以收"以小见大""管中窥豹"之效,并比较不同时期女性精神内涵的演变,对比她们面临的瓶颈与焦虑,以及为突破女性解放困顿而贡献的方案、经验与智慧。

其次,就研究视野而言,本书在个案阐释的基础上注重整体性的分析,从知识女性与革命道路的交汇、主体性身份的重塑、传统与现代性的纠葛等维度进行综合性提炼和总结。笔者还另以"合群"话语概念为主线,解读在近代中国不同的历史时期,"合群"与妇女解放话语的内涵不断实现的创造性发展和转化,从女界启蒙的"群言之合",知识女性与劳动妇女相结合,党派组织的推动意义,姐妹情与阶级情的融合等论述角度,对近代中国妇女解放的历史进路做出了宏观性研究。

再次,在思想内涵层面而言,本书旨在建构近代中国知识女性的文化谱系,并将之作为窥探变动时代思想履迹的一个维度。由此,理解性别与媒介、性别与战争、女权主义与革命道路、女性启蒙与民族国家话语之间的相互交织,揭示历史事件与文学文本背后折射出的社会镜像,包括不同时空下妇女解放与政治重建、思想转型、社会变革之间的内在关联,从而呈现出微观、中观与宏观,点、线、面有机联动的立体式图景。

最后,就资料的挖掘及综合利用方面,笔者搜罗了丰富的历史文献,包括散落在报刊上的论说、资料汇编、人物文集、日记、回忆录、年谱、传记,以及小说、散文、笔记等重要的文学作品、影视与图像等媒介资料。在此基础上,尝试推动政治史与社会文化史、文学史、观念史与社会思潮的结合,探索知识女性研究的崭新路径,以使重构中国近代妇女史的叙事模式成为一种可能。

第一章 "秋瑾迁葬"与多重历史图景的民国元年

近代中国知识女性群体诞生于晚清时期，经由传教士、维新派、资产阶级革命家的提倡，女性启蒙的任务与民族国家解放的进程之间互为表里。晚清知识女性"群芳谱"中的革命家秋瑾，就义以来的"纷纭身后事"可管中窥豹辛亥革命时期的政治文化语境。作为近代中国女界革命的代表性人物，秋瑾自1907年7月15日（农历六月初六）于绍兴就义至今，百余年来为公众持续关注，其事迹被反复讨论，学术界有关秋瑾的研究更是汗牛充栋。

在近代中国革命烈士的历史图景中，秋瑾集政治革命、家庭革命、社会革命三重正义性的符号于一身，成为一位慷慨悲歌的女英雄。作为知识女性的启蒙先行者，秋瑾不仅代表了晚清时期反封建、废缠足、兴女学、办女报等解放女性的时势所向，而且还是中国早期白话文运动的力行者。重要的是，她介入政治变革的风云，参与各界政谈集会，与反清革命党人交相辉映，在革命、爱国、救亡的历史情境下激荡了"女国民"的胸怀与理想。自少女时代起，秋瑾便习武佩剑，豪情满怀，壮志雄心，从湖南至北京，从东京至浙江，秋瑾浑身上下透露出一股侠义之气，书写了晚清女性特有的革命者气度。时人称其堪比东方之罗兰夫人、汉族之苏菲亚、中国之圣女贞德。

秋瑾自成仁以后，即开始不断被民族记忆和国家记忆的话语所阐释和论证，逐渐进入公共化、社会化、国家化的祭奠范畴，并卷入各方人士借以表达政治关怀的竞逐场域。秋瑾烈士形象的建构跨越了不同的历史阶段，在不同历史时期不断光大，并未因由意识形态和统治政权的更迭，而失去各政党、各派别对其生命人格的颂扬和推崇。从某种意义而言，秋瑾既是烈士风度的创造者，同时也在文化与政治的实践过程中走向神圣化①。

需要观照的是，革命记忆对于秋瑾形象进行了不同程度的再造。秋瑾完成了从"女士"向"烈士"的身份重构，社会各界从强调性别角色转而凸显其历史贡献和政治价值。不过，这种对秋瑾身份诠释的背后，隐含着知识女性在突破凡俗生命的尴尬与困窘。女性在被塑造为革命英雄的同时，男女情爱与儿女情长等普通人的情感往往位于缺席的位置，叙述者着眼于刻画她们具有的与众不同的男子气概。换言之，在献身革命事业与融入历史主流的语境下，女革命家以"无性化"的身体面貌展现其圣洁之躯，既得以抹除性别刻板印象中女性娇羞柔弱的负面形象，还能被传统礼教对于女性家庭伦理秩序的规制有限度地兼容。实际上，在烈士纪念的谱系上，被革命话语形塑的知识女性，其生命故事的演绎仍显示出在私人情感与公共情感之间不可避免的挣扎与摆荡。

符杰祥在研究秋瑾之死与近代中国女性的烈士风度时指出，"秋瑾的决意牺牲固然有自我选择的主体意义"，但她历次风波跌宕的迁葬命运，"是诸种意识形态和政治传统在历史合力中较量冲突的结果"②。从前述背景出发，笔者拟考察民国建立伊始烈士纪念的热潮所催生秋社的成立、秋墓的重修以及各地兴起的秋瑾纪念活动。在此期间，浙江向湖南发起了请将秋瑾灵柩归葬西泠的迎接运动。作为秋瑾夫家一方的湖南，与代表秋瑾成仁之地一方的浙江，发出诉求以及方案提议的背后，无不在情感和政治方面拥有不同的立意考量。湖南一方在言说层面有意强调女性在家族中道德至上的文化传统，浙江一方则基于解释革命合法性，以及阐发女性解放、女权运动的工具化需要。在研究历史变迁视野下的秋瑾迁葬方面，胡缨的《九葬秋瑾——历史纪念与公共记忆的制造》一文较具代表性，涉及1912年秋瑾迁葬经历的论述③。在此基础上，笔者通过充分挖掘历史资料，爬梳出此前未曾被发现的历史细节，与她所提出的一些重要观点展开互动及磋商，对其文中"九葬秋瑾"之说进行商榷，论证了"八葬秋瑾"何以更为贴切，并突出胡缨未充分观照的此次秋瑾迁葬中的女性话语及性别实践，及其同当时妇女参政运动兴起背景之间的内在关联。本章拟以1912年秋瑾迁葬这一问题为切入点，透视共和告成之际"革命女烈

---

① 参见符杰祥《烈士风度——近现代中国的性别、牺牲与文章》，人民出版社，2020，第44~59页。
② 符杰祥：《烈士风度——近现代中国的性别、牺牲与文章》，第50页。
③ 参见〔美〕胡缨《九葬秋瑾——历史纪念与公共记忆的制造》，龙瑜宬译，刘东主编《中国学术》第27辑，商务印书馆，2010，第178~181页。

士"秋瑾从湖南至浙江的迁葬如何被赋予了"政治化"的色彩,探究秋瑾几经周折的迁葬过程展现了怎样的关于共和记忆的塑造、烈士遗体的公共化论争、参与活动的女性团体的角色表现及党派关系的整合与变动等政治文化内涵,进而从记忆史视野下理解女性与革命、女性与英雄符号形塑之间的文化向度。

第一节　请修秋墓:共和记忆的塑造

1912年1月1日民国成立,南京临时政府陆军部下令在各地建立烈士祠,以纪念在辛亥革命中牺牲的烈士:

> 各省都督鉴:民国统一,大功告成,凡我同胞永享共和幸福。而死难诸烈士或横被逮捕,而血肉早已摧残;或战死沙场,而姓名犹虞湮没。亟应荐以血食,告慰忠魂。恳贵都督迅将前清忠义等祠分别改建,为大汉忠烈之汇集,各该省尽忠民国死事诸烈士入祠其中,由本部派专员致祭……以慰死者之灵,以作生者之气,以明是昭诛奸之义,一举而三善备。①

一时间,各地出现了建立忠烈祠以表彰辛亥革命烈士的热潮②。1月9日,浙江就有人以"忠义之士赤心为国,万古如生,不可不留崇碑杰阁,以作永永纪念"为由,提请将"民国浙江诸烈士"设立专祠③,并恭迎徐锡麟、陈伯平、马子畦等烈士遗榇回籍④。

作为辛亥革命时期浙籍著名的女革命家,秋瑾自然成为浙江光复后烈士纪念中的焦点人物。1907年7月15日秋瑾就义后,"暴尸道路",起初"无敢收葬者"⑤,只能由善堂草草成殓;待杀害秋瑾的绍兴知府贵福去职

---

① 《南京陆军部电》,《申报》1912年2月22日第1版。需要说明的是,晚清民国时期报刊所刊的文章,无作者署名的情况较为普遍,因此本书注释中的该类文献作者的署名即空缺。以下相同的情况,不再重复注明。
② 参见王楠、陈蕴茜《烈士祠与民国时期辛亥革命记忆》,《民国档案》2011年第3期。
③ 《列祀民国烈士案》,《民立报》1912年1月9日第8版。
④ 《杭垣预备追悼三烈士》,《申报》1912年1月22日第6版。
⑤ 冯自由:《鉴湖女侠秋瑾》,陈象恭编:《秋瑾年谱及传记资料》,中华书局,1983,第71页。

后，秋瑾家人才"密雇夫役，移榇常禧门外严家潭丙舍暂厝"①。次年，秋瑾好友徐寄尘、吴芝瑛为践行秋瑾生前之约，护送秋瑾灵柩赴杭，于西泠营建墓地，徐寄尘撰墓表，"用表其墓，以告后世"②。孰知墓成不久，又起轩然大波，清廷御史常徽到杭州西湖游览时，认为西子湖畔葬大逆不道的"女匪"，有损湖山美景，即上章弹劾，奏请平墓，清廷随后下诏允准③。时任浙抚的增韫因与秋瑾堂叔秋桐豫有旧，"贻书促家属速迁，并由浙抚派委员士兵督同秋誉章取出灵柩，运归绍兴，仍厝严家潭丙舍"④。1909年夏历八月，秋瑾夫家、湘潭王氏"遣人来越移瑾灵榇，九月返湘，迁葬于湘潭之昭山，与其夫王子芳合葬"⑤，而实际上秋瑾遗体到了湘潭后，由于夫家不愿将秋瑾与丈夫王子芳同葬，"只许暂厝在义冢里，上复（覆）茅亭"⑥。革命女英雄秋瑾之棺命运多舛、屡遭浩劫，令各界"心实痛之"⑦。

1912年1月12日，秋瑾生前好友徐自华向社会发出了"重修秋瑾墓"的吁请，并致电临时大总统孙中山，强调"追维义烈，则侠女秋瑾断头流血，实与有力。前华为营墓西湖，卒遭虏廷毁灭……今拟就原址建风雨亭"⑧，恳请得到官方的赞助和支持。而浙江既为秋瑾桑梓之乡，又为其成仁之地，浙江光复、革命告成之际，纪念秋瑾既是对其革命功绩的褒扬，同时也是向世人昭示其革命地位的最佳方式。

首先，秋社同人借共和告成之名，对时任浙江巡抚张曾敭师爷的章介眉和革命派厌恶的刘典加以清算，作为纪念逝者的一种表达方式。秋社成立于1908年，是徐自华为纪念秋瑾在杭州设立的文学社团。1月17日，徐自华秘遣同志赴绍府将兵科案卷"全行取出"，一是查明了秋瑾遇害案的告密者确系胡道南，然胡道南"已早枪毙"；二是找到了曾鼓动张曾敭杀害秋瑾且怂恿增韫毁坏秋墓的章介眉，随即绍兴分府设计将其拿获，

---

① 秋宗章：《六六私乘》，周芾棠、秋仲英、陈德和编：《秋瑾史料》，湖南人民出版社，1981，第61页。
② 徐自华：《鉴湖女侠秋君墓表》，陈象恭编：《秋瑾年谱及传记资料》，第55页。
③ 秋泛：《秋瑾灵柩坟墓遭难记》，中国人民政治协商会议浙江省委员会文史资料研究委员会编：《浙江辛亥革命回忆录续辑》，浙江人民出版社，1984，第16页。
④ 徐双韵：《记秋瑾》，中国人民政治协商会议全国委员会文史资料研究委员会编：《辛亥革命回忆录》（四），文史资料出版社，1988，第219页。
⑤ 郭延礼编：《秋瑾年谱》，齐鲁书社，1983，第148页。
⑥ 秋泛：《秋瑾灵柩坟墓遭难记》，中国人民政治协商会议浙江省委员会文史资料研究委员会编：《浙江辛亥革命回忆录续辑》，浙江人民出版社，1984，第16页。
⑦ 《南京孙大总统电》，《民立报》1912年1月12日第3版。
⑧ 《徐女士请修秋瑾墓》，《申报》1912年1月12日第3版。

"责令其赔偿当年损失"①。1月22日，徐自华面见章介眉，斥其平毁秋墓一事，章介眉自言，"毁坏秋墓实未预闻。当此时代，毁家纾难，亦理所当然，愿将所有家产悉数充公，或充军饷，或营秋社，均无不可。如有匿名藏匿等情，甘受重罪"②。于是，浙江革命党人王金发将章介眉家产没收，拨田二十亩，为秋瑾永久祀产③。湖南人士刘典曾在浙江有屠杀太平军之"功"，清政府为其建"刘果敏公祠"。由于此人历史与革命旨趣不合，加之秋瑾生前常于此祠举行活动，因此秋社同人请求将"刘果敏公祠"改为秋社秋祠④，并奉秋瑾栗主入祠，而"其他女侠，凡殉烈于革命之役者，均与列焉"⑤。

其次，秋社同人搜集秋瑾遗物，通过烈士遗物展览再现女杰的革命历程。1月23日，吴芝瑛致信徐自华称："秋君墓表原石，当日毁墓时，妹密托心腹先期运出，故得保存。今尚藏吾悲秋阁中。秋祠成立后，此石应置祠中，何时需用，望示知，以便送上也。"⑥除了整理秋瑾遗物，秋社同人还积极筹划出版纪念秋瑾文集。张新斧致信徐自华、吴芝瑛，提及"秋君遇害时，曾向《国魂》征稿，与浦东谢春柳编著《越恨》一书，书成数载尚未出版"，今适逢秋祠将建秋墓之际，亦拟将《越恨》同时出版，以文字的形式承载对秋瑾的纪念⑦。在杭州追悼浙省先烈的大会上，秋瑾的照片与徐锡麟"击恩铭之手枪"共同陈列于会场⑧。烈士遗物作为宣传其革命生涯的见证，具有纪念与展览的双重功能，确有强化民众革命记忆的效果。1月26日，在绍兴大善寺追悼女侠大会上，与会者为秋瑾事迹所感染，"当场由吴越英女士认捐银表一只、洋三百余元"⑨。次日，徐自华挥笔为秋瑾写下《满江红》："巾帼英雄，屈指算，君应魁首。好任侠，卖珠换剑，拔钗沽酒；慷慨喜谈天下事，权奇掩尽阁中秀。痛无端党祸忽飞来，伤吾友。志未遂，刑先受；身虽丧，名垂久。又何妨流血，

---

① 《秋案之真相》，《申报》1912年1月17日第5版。
② 《纪念秋瑾活动大事记》，郭长海、李亚彬编：《秋瑾事迹研究》，东北师范大学出版社，1987，第340页。
③ 秋宗章：《六六私乘》，周芾棠、秋仲英、陈德和编：《秋瑾史料》，第65页。
④ 徐双韵：《记秋瑾》，中国人民政治协商会议全国委员会文史资料研究委员会编：《辛亥革命回忆录》（四），第220页。
⑤ 徐寄尘：《西泠重兴秋社并建风雨亭启》，《民立报》1912年1月18日第7版。
⑥ 吴芝瑛：《致徐寄尘书》，《民立报》1912年1月23日第7版。
⑦ 张新斧：《张君新斧致吴徐两女士书》，《申报》1912年1月25日第6版。
⑧ 《浙人追悼先烈》，《申报》1912年1月30日第6版。
⑨ 《秋女侠追悼大会》，《申报》1912年1月29日第6版。

古轩亭口。五载凄凉风雨恨，一朝光复神州旧。慕芳徽裙屐喜重来，君知否？"①

最后，革命者发表了大量纪念秋瑾的演说。演说作为仪式语言的一种形式，具有震撼人心的力量，将政治舆论对接到仪式纪念的场域，使得讲演更具感染力。在1月28日杭州的追悼先烈大会上，当"秋女士及陶烈士事迹言简意赅"地宣读后，便由会议主持者"通报此次攻克南京阵亡诸烈士芳名"，并劝勉"诸公力图北伐"，以慰烈士在天之灵。将北伐未竟、清帝退位未遂的主题纳入烈士的纪念仪式，使与会者在庄严的仪式中自觉增强了对于"共和"大业的认同，会场气氛随即高涨，"鼓掌如雷"②。除了浙江举行的秋瑾纪念仪式外，4月24日，在上海拥有"海上第一名园"美誉的张园同样进行了隆重的追悼。在报告开会宗旨、诵读祭奠秋瑾文后，即来宾演说的环节。沈佩贞"谓秋女士非为个人而死，非为女界而死，实为我男女四万万人共有之国家而死"。沙淦称鼓动张曾敭杀害秋瑾的章介眉"阻抑女权，以障碍秋女士未竟之志之进行，实人类蟊贼"。李果"谓欲竟秋女士之志，须学秋女士之质朴实行，当此民穷国困，我同胞可无事装饰"。江亢虎"谓处专制时代，秋女士为谋国家幸福而死，处今日共和时代，吾人当为世界谋大同而继之以死"。顾无为"谓秋女士所希望者乃真共和，以今日不伦不类之民国，非马非牛之共和，秋女士之志何尝达到"。演说者先是突出强调秋瑾牺牲对于革命成功的历史意义，接着便联系当前共和面临的困境，以秋瑾的遗愿为号召，鼓励与会者为共和未竟之业继续奋斗。仪式的参与者被现场的气氛所感染，自下午一时开会至六点钟散会，"演说言言痛切，娓娓动听，鼓掌之声不绝于耳"③。上海城东女学某学生是日发表悼文："惟念烈士舍身就义，宿革已五回星霜。而革命告成，中华竟重见天日。"然目睹共和初成，"女界尚多沉霾，压制万难脱离。为问政治平权、教育平等，何日达其目的欤？"唯有前赴后继，以慰先烈之灵④。与此同时，署名"树爱"的作者发起呼吁，提醒广大民众勿忘当今民国成立、人人享有共和幸福，"由卓卓诸烈士之铁血以造成"⑤。秋瑾作为革命者的英雄形象，她的命运与

---

① 郭延礼编：《秋瑾研究资料》，山东教育出版社，1987，第589页。
② 《浙人追悼先烈》，《申报》1912年1月30日第6版。
③ 《秋瑾女士追悼会纪事》，《申报》1912年4月26日第7版。
④ 《城东女学追悼秋烈士文》，《太平洋报》1912年4月24日第10版。
⑤ 树爱：《为秋瑾建风雨亭募捐启》，郭长海、秋经武主编：《秋瑾研究资料·文献集》（上），宁夏人民出版社，2007，第278页。

"共和"二字联系到一起，作为新生共和国的历史记忆，追悼秋瑾的活动便被赋予了象征意义。

值得一提的是，秋瑾作为共和历史记忆化身这一政治符号，也曾为浙江省漓渚镇的宝寿禅寺所利用，充当了其寺产的保护神。1912年夏天，有人假借佛教会的名义，图谋兼并宝寿禅寺寺产，"事机不密，为住持僧增法所闻，既惊且惧"。有人献计称："彼辈既挟佛教会名义而来，在法此间当以更大之名义拒之。以子之矛，攻子之盾"，遂号召于众曰，"昔女侠尝游宝寿禅寺，爱其景物萧旷、流连不忍遽去"，故"为今之计，宜于寺中附设鉴湖秋社，纪念先烈，即所以保存兹寺"。在寺产面临危机之际，僧人借用秋瑾的名义，成功地避免了寺产被兼并的厄运。至于秋瑾"生前游踪，曾否至寺，既不能起九京而问之，亦只能任若辈假名以行已耳"①。

第二节 湘浙争灵：烈士遗体的公共化论争

与浙江、上海等地公祭秋瑾活动同时进行的是，由秋瑾好友徐自华于秋瑾就义次年在杭州组建的秋社"业于三月初一日雇工逐渐修理"，不日即将竣事②，而请拨秋瑾遗体回浙安葬的议题也被提上日程。

1912年4月4日，徐自华首先上书浙省蒋尊簋都督，一方面表明了自己将偕秋瑾之妹秋珵（佩卿）、侄子秋壬林等人"赴湘迎迓鉴湖女侠灵柩，归葬西泠"的决心，另一方面也恳请官方"盛意赞成，并许拨助川资"③。徐自华恭迎秋瑾之柩归葬西湖的请求得到了浙江省民政司的批准。4月6日，民政司司长褚辅成致电湖南谭延闿都督表明："敝省议会议决恭迎鉴湖女侠秋瑾柩归葬西湖，并建专祠奉祀，即日派人到乡（湘）接洽，乞饬知湘潭十八义元当秋侠之子王元（沅）德为盼。"④孰知事情并不如想象中的顺利，浙江省发给湖南省请归秋瑾灵柩的电报遭到了拒绝。

---

① 秋宗章：《六六私乘》，周芾棠、秋仲英、陈德和编：《秋瑾史料》，第64页。
② 《秋社工程进行记》，《申报》1912年3月19日第6版。
③ 徐自华：《徐自华女士致蒋都督书》，《太平洋报》1912年4月22日第9版。该文实际作于4月上旬，4月6日《申报》中《女侠有子》一文有"鉴湖女侠秋瑾经徐女士寄尘倡议，恭迎女侠之柩归葬西湖，并建设专祠奉祀，昨经民政司电知湖南谭都督"；又有郭长海、秋经武主编：《秋瑾研究资料·文献集》（上）第289页标明该文写作时间为"4月4日"。
④ 《女侠有子》，《申报》1912年4月6日第6版。

湖南方面回电称"秋侠灵柩将留湘上，并由其子委托濮彦璜君赍遗像、钗裙还浙，于西泠故址建筑衣冠冢等情"。秋社同人不甘心，再度致电湖南一方，阐明秋瑾还葬西泠之理由：其一，如前所述，秋瑾灵榇实未入土，"既属权厝，实与不葬相等，何难迎还故址"；其二，"西湖名胜为天下最，岳鄂王、于忠肃、张苍水，并今之徐、马、熊、陶诸先烈遗骸尽葬其间……秋社春祈，享祀不忒。秋侠有灵，其魂魄当恋此不去"。同时，秋社遣秋瑾之妹秋珵赴湘，劝谏王沅德"将其母灵榇交明秋珵，亲送还浙"，望其子"万勿固持己见，以拂舆情"①。

值得注意的是，在秋瑾就义之初，秋瑾的夫家以其被清政府斥为"女匪"，而将之参加革命的行径视为大逆不道，故拒绝其与丈夫合葬，而此际夫家态度的转变，则缘于共和胜利后政治气候的流转以及社会各界推崇秋瑾话语评价的变化。不过，关于秋瑾安葬地点的分歧，本质上仍是浙江与湖南两省的政要的争执。

在秋瑾灵柩仍留湖南抑或是还魂西泠这一问题上，浙江杭州与湖南湘潭展开了一场电报战。双方争执不下之际，有人在杭州与湘潭之外提出秋瑾安葬之地的第三种方案，即吁请秋瑾迁葬长沙岳麓山，长沙郑泽（字叔容）发出了《为秋瑾女士改葬麓山公启》：

> 秋女士者，浙水诞灵，湘潭厘降；文工红药，字擅仙函；薄蔡女之才华，风诗厉俗；秉秦妃之果毅，革命倡言。巾帼英雄，闺帏俊杰；继娲皇而炼石，耻仙子之浴河……魂断江南，怨美人之迟暮。三生孽果，千载奇冤。委瘦骨于穷尘，瘗芳荃于坏土。既无金盌玉鱼之敛，遂沦荒烟蔓草之间。恨虏焰之方张，竟孤茔之权厝。虽徐吴勒圹，思瘗诸西子湖边；而吏卒仆碑，终返于昭潭故里。此则娄妃有墓，难招江上之魂；秦皇赭山，终毁湘君之庙。纵秋亭秋社，同志纡悲；而秋墓秋祠，英灵莫慰……甚非民国之所以昭忠，史宬之所由扬烈者也。兹者沉冤已雪，典礼宜颁；城虽圮于夫人，墓必崇于漂母；江浙贤达，屡电来湘，改葬麓山，藉加优礼。夫陈杨诸烈，既依衡岳之云；而璚卿遗茔，仍寄荒村之内。年湮代远，培嵝将倾；日炙雨淋，芳菲遂沫。凡在君子，畴弗伤悲。爰拟令辰，迁之岳麓，巍然高

---

① 《秋社同人致湖南谭都督书》，郭长海、秋经武主编：《秋瑾研究资料·文献集》（上），第290~291页。

冢，俾仙境以逍遥……是为启。①

该启事一是强调陈天华、杨毓麟等秋瑾的革命同志皆葬岳麓山，唯有秋瑾遗体尚弃于荒山野岭，秋瑾之墓年久失修。二是向国人昭示，岳麓山风景优美，堪比仙境，环境较湘潭墓地更为宜人。

7月17日，秋瑾之子王沅德复函，同意将其母迁葬岳麓山之提议，"不能勉从浙议"，其理由有四：其一，从夫家的情感需求来看，若秋瑾遗体迁浙，"必远弃其姑与子……想亦浙诸君子所不忍出"；其二，从岳麓山优越的人文地理环境来看，"湘烈如陈、杨，并葬岳麓。英魂毅魄，千载相邻，当亦吾母所深许"，况且"是湘人士所以纪念吾母、崇拜吾母之意，不减于浙。若必徇迁浙之请，重违湘人"，实令自己深感为难；其三，从双方先前的协定看，湖南一方已经议成"衣裙营葬西泠，侠骨请迁岳麓"，且已"经都督批准，筹备就绪。忽若中止、改图，不惟沅德，恐湘人士亦不能承认"；其四，从驳倒浙江一方的立论看，"西湖、岳麓，并称名胜，似不以属浙属湘为之畛域"。最终，王沅德一言以蔽之，"惟念若骨尚留浙，则迁葬西湖，湘不得议；骨既归湘，则迁葬岳麓，浙不得争"②。

湖南与浙江双方对于秋瑾遗体安葬地点的分歧，进入公共化论争的范畴。胡缨对此评述称，两省之间这场凸显地方性的祭祀活动，意味着秋瑾遗体的所有权实现了从"私人/家族领域"向"公众/地方领域"的位移③。笔者则认为，这场关于秋瑾安葬的争议并非历经了"私人领域公共化"的转换，而是公领域多方较量的此消彼长。这缘于秋瑾一旦被贴上了革命烈士的标签，身份、命运与民主共和国家之创始联系到一起，其生命与人格便被政治化了。正因为如此，秋瑾遗体究竟安葬何处，便不再属于其家族内部的事务，自然会受到外界多方力量的干预，这无不超越了私领域范畴。与此相关的是，秋瑾遗体的安葬也将随同秋瑾特殊的人格卷入公共事务的领域。秋瑾成为烈士后，安葬秋瑾，不再单纯受秋瑾家族内部的意愿支配，必然成为一件为公共领域关心、瞩目的大事件。关于秋瑾安

---

① 郑泽叔容：《为秋瑾女士改葬麓山公启》，陈象恭编：《秋瑾年谱及传记资料》，第73页。该文并未标注写作时间，但依据笔者考证分析，该文应作于1912年4月7日至7月16日之间。
② 《秋女侠仍葬麓山》，《申报》1912年7月17日第6版。
③ 参见〔美〕胡缨《九葬秋瑾——历史纪念与公共记忆的制造》，刘东主编《中国学术》第27辑，第178~181页。

葬地点的争执迅速呈现在社会大众的视野，作为一个热门的话题，引发了湖南和浙江社会精英的唇枪舌剑。双方互不让步，最终以两省分别举行秋瑾女士的公祭活动为约定，暂搁争议。

早在7月15日，位于杭州的秋社一方即已宣称鉴湖女侠专祠"一切工程现已完竣，布置亦均妥帖"，兹定于秋瑾五周年忌日7月19日（阴历六月初六）开纪念大会，"并恭送栗主入祠"，大会诚挚邀请"在海内外赤忱好义之士"①。该启事得到了西湖凤林寺的支持，"一听说这事，立刻自动捐献了一大片土地"②，并提供了举办秋瑾纪念大会的场地。徐自华还发出了《征求鉴湖女侠遗物》的通告："凡有保存女侠当年遗物者，无论风琴时计、著作书籍、信件衣饰、刀剑枪械，以及一切玩好服饰之物，均迄于旧历六月六日以前，专人赐还西湖秋社，妥为藏贮。"③ 湖南一方同样紧锣密鼓地筹备秋瑾的公祭仪式。前清浙江候补道陈翼栋系湖南人士，其于徐锡麟案事发后，曾奉浙抚张曾敭之命搜查余党，捕获秋瑾，终见杀于绍兴轩亭口④，长沙方面便将陈翼栋"所属之黄泥土段房屋及陈玉山专祠一律查抄充公"，并将陈翼栋专祠"改作秋女侠祠"，于祠内设立"秋瑾女烈士祠事务所及追悼会筹备处"。与杭州公祭秋瑾大会选定的日期相同，长沙也定于7月19日举行秋瑾追悼大会，且初步拟于追悼会后，"即将遗骸营葬于岳麓山之阳，以慰侠魂"⑤。

7月19日，秋瑾公祭大会于长沙、杭州两地准时拉开帷幕，双方就组织之规模、隆重之程度、会场之气派、群众之动员试比高。此中不仅充分发挥了民间组织的力量，而且双方分别邀请官方介入，以壮大会议门面。

长沙方面，"各界于七月十九日上午十时开追悼秋女士大会"，各界来宾，人数众多，"自八时起，祠前街道已拥挤异常"⑥，"全省政、学、军、警、工商各界……到者男女合数千人"⑦。会场气氛庄严而肃穆，来宾"均持入场券，换白花一朵而入"。秋祠中间"栏杆楹柱，均扎松叶，

---

① 《秋女侠定期入祠》，《申报》1912年7月15日第6版。
② 宋元：《秋瑾与徐寄尘的革命友谊——纪念秋瑾就义五十周年》，周芾棠、秋仲英、陈德和编：《秋瑾史料》，第157页。
③ 徐自华：《征求鉴湖女侠遗物》，郭长海、秋经武主编：《秋瑾研究资料·文献集》（上），第282页。
④ 《长沙追悼秋女侠余闻》，《申报》1912年7月30日第6版。
⑤ 《长沙建设秋祠》，《民立报》1912年7月22日第7版。
⑥ 《长沙追悼秋女士纪盛》，《申报》1912年7月27日第6版。
⑦ 《秋女士成仁纪念》，《民立报》1912年7月27日第7版。

缀以彩花。遍（匾）额挽词,悬满堂壁"①。除了男、女宾席位,中庭列有陆军队伍②。上午十时整,由"军乐队导女士神主入祠,极为整肃"。女侠之子王沅德以及湘潭女界、周南女校、女国民会、培德女学及公立第一女子师范依次"相礼读文",高度评价了秋瑾作为女性之伟大形象："追惟女侠,美媲罗兰。舍身就义,铁血未干。秋风秋雨,愁杀人间。诸姑姊妹,谁不辛酸。五周纪念,五族腾欢。英魂不死,来格来尝。"为宣传秋瑾的英雄事迹,散会后"有事务所办事人发《秋女士遗稿》为纪念品,各来宾争取一空"③。

杭州方面,"秋瑾成仁纪念大会在西湖凤林寺受奠",来宾人数同样不少,"官长团体共到千人"④,"都督、军长、各司长暨团体男女宾均莅会",其中"男宾八百人,女宾二百人"。现场气氛同样庄重,既有"挽联哀词盈于画壁",又有军乐之助奏⑤。演说同样激荡人心,徐自华先是陈述了"秋社历史及建立专祠,募筑风雨亭原因"⑥,接着回顾了秋瑾灵柩的屡次辗转的厄运,喟叹："当时秋之戚友咸恐遭牵连,均匿不作声,即秋姑秋夫,具禀湘抚呈报断绝关系。言念及此,心酸肺裂。"随后又有时任浙江第五军军长朱瑞及中华佛教总会暨秋社同仁宣读祭文。前《浙江潮》主笔演说当时秋瑾遇难之惨烈⑦。远在上海曹家渡的秋瑾生前好友吴芝瑛"因病不能赴会",特于会前致信徐自华,将秋瑾与自己的结盟证书及遗诗一首"交卜松林先生一并奉上。届时陈列会场,可籍（藉）知烈士之家世,不独其墨妙令人望而生敬也"⑧。纪念大会当日,秋瑾与吴芝瑛结盟证书及秋瑾遗诗《七律》一首⑨与绍兴府案卷全卷,一同作为烈士遗物陈列现场⑩,向公众展出。

在湖南与浙江两省分别召开秋瑾纪念大会的过程中,双方既有激烈竞争、排斥彼此之意,又有相互声援与合作。一方面,为了争夺"秋瑾女

---

① 《长沙追悼秋女士纪盛》,《申报》1912年7月27日第6版。
② 《秋女士成仁纪念》,《民立报》1912年7月27日第7版。
③ 《长沙追悼秋女士纪盛》,《申报》1912年7月27日第6版。
④ 《杭州电报》,《民立报》1912年7月20日第3版。
⑤ 《秋女士成仁纪念》,《民立报》1912年7月21日第8版。
⑥ 《秋侠入祠纪盛》,《申报》1912年7月21日第6版。
⑦ 《秋女士成仁纪念（续）》,《民立报》1912年7月22日第11版。
⑧ 《吴芝瑛致徐自华（十五）》,郭长海、秋经武主编:《秋瑾研究资料·文献集》（上）,第282页。
⑨ 《新建秋侠祠琐记》,《民立报》1912年7月22日第11版。
⑩ 《秋侠入祠纪盛》,《申报》1912年7月21日第6版。

侠"这一政治符号，两地均请秋瑾家属列席，长沙有秋瑾之子王沅德出席仪式①，杭州则有秋瑾之兄、秋瑾之侄在场②。为确保各自纪念大会的合法性，双方均以"正统"自居，互不妥让。秋瑾之妹秋珵奉浙江省民政司命令前往湖南，对于 7 月 19 日长沙秋瑾纪念盛会"入祠栗主列有夫姓，珵绝不承认"，称若"姊榇不归，誓死相报"，并发电浙江官方，"乞速申湘督力争"。随即，同盟会浙江支部及秋社致电湖南都督谭延闿，提出"王、秋离婚在前③，湘署有案可查。况功在浙江，乡人遗爱难忘。西泠旧墓已新，乞速准秋珵扶榇回杭"。同日，秋珵再度致电浙江都督、民政司长、同盟会、秋社，称"王党欲联合电杭，主葬岳麓，请勿允。仍乞电奋争"。又请上海同盟会转孙中山、黄兴、袁世凯大总统及黎元洪副总统助威，提出秋瑾生前与丈夫感情不洽，"女侠生前脱辐，湘祠主立王秋璿卿名称，万难承认。女侠浙人，流血亦在浙。忠骸应葬西湖。王不晓大义，匿棺反抗。承黄协理电湘督，主葬西湖。王约多数男女挽词，无理反对，乞公电湘督主持并改主内名称"④。秋瑾生前好友陈去病见状，同样心急如焚，辞去《平民日报》社职务，"以要事赴湘"⑤。7 月 25 日，在浙江方面电报的压力下，湖南都督谭延闿暂作让步姿态，回复黄兴电报，表示"秋女侠还葬西湖，湘人亦表同意，当遵命开导王氏，想亦无异议"⑥。另一方面，湖南与浙江双方在惩办谋害秋瑾的革命公敌的意见上又体现出相互支持，携手并进的一面。对于没收陈翼栋财产一节，身在长沙的秋珵屡次"函请谭都督将陈屋概归秋祠，由伊筹办鉴湖女学校克承遗志"，浙江方面"亦有公电来湘，请求严厉执行"。两省相互配合，共资纪念，"湘水西湖同为佳话，洵千古未有之盛事"⑦。

然而，湘浙同祭秋瑾并未能掩盖两省关于秋瑾遗体安葬地点的分歧，"秋女侠改葬问题曾经王氏、秋氏及湘浙两省人士彼此争持，王氏暨湘人

---

① 《湘省秋女士成仁纪念》，《民立报》1912 年 7 月 27 日第 7 版。
② 《秋女士成仁纪念（续）》，《民立报》1912 年 7 月 22 日第 11 版。
③ 关于秋瑾与其夫王氏婚姻状况，"他们只是志趣不协，意见不同，夫妇关系是仍旧存在的"，并非该处所称两人离异。参见徐双韵《记秋瑾》，中国人民政治协商会议全国委员会文史资料研究委员会编：《辛亥革命回忆录》（四），第 208 页。
④ 《秋珵在长沙致电秋社（五则）》，郭长海、秋经武主编：《秋瑾研究资料·文献集》（上），第 295～296 页。
⑤ 陈去病：《陈去病启事》，郭长海、秋经武主编：《秋瑾研究资料·文献集》（上），第 297 页。
⑥ 谭延闿：《复函一则》，郭长海、秋经武主编：《秋瑾研究资料·文献集》（上），第 297 页。
⑦ 《湘省追悼秋侠记》，《时报》1912 年 7 月 29 日第 4 版。

主张改葬岳麓,秋氏暨浙人士主张迁葬西湖,迄今尚未解决"。秋珵自知未能对浙江方面交予自己的任务上交一份完满的答卷,继续"具呈谭都督,仍请迁葬西湖,奉批候饬"①。实际上,湖南与浙江双方争执的焦点在于,在服从革命宣传与纪念需要的前提下究竟由何者掌握秋瑾安葬话语权的问题。在秋瑾夫家一方的话语叙述中,遵从夫家内部的意见理所应当,对外给出的说辞即亲属之眷恋情感以及遵守妇女传统的葬俗更为重要,"秋女侠为氏孙沅德亲生之母,血统关系本属至亲。既已运柩回湘,安葬多年,忽尔迁出,远赴西泠,实有不忍,终日号泣",况且"女侠忠骨在湘,于山川可以生色,于私家祭奠亦较便利"。然而,在秋社同人的话语解释中,秋瑾在公共和政治层面的重要性要远远大于遵从传统礼规,即秋瑾所代表的女侠英雄形象是其论战援引的理论资源。他们认为,"女侠为国捐躯,为革命巨子,世界公认,原非一家所敢私有"②。作为共和国烈士的秋瑾"纷纭身后事"早已为公共领域渗入。经女国民会在秋祠开会后,一个新的折中方案摆在湘浙双方面前:由于秋瑾成仁后,曾由一位戴姓的女士(名字无从考证)收殓,"今王氏、秋氏,一则主葬岳麓,一则主葬西湖,应由戴君解决"。秋瑾灵榇的去向交给了第三者仲裁。随即,戴女士"当众演说,谓湘潭之昭山最占名胜,为女侠原葬之区,至西湖、岳麓,均葬有烈士遗骸。秋侠女流,自应仍葬昭山,以示优异"。戴女士的提议立刻得到湖南与浙江双方的回应,两方不休的纷争暂得缓解,"众皆赞成,其议乃决"③。

而前述秋社兼南社成员陈去病去湘后④,与秋珵、王泽时等会面,几经努力,王沅德终于同意其母归葬西湖⑤。湖南都督谭延闿批文,"秋女烈士为国致命,薄海同钦。安葬西泠,极为允当",虽然王氏"因骨肉至

---

① 《秋女侠决葬昭山》,《申报》1912年8月9日第6版。
② 《秋女侠归骨西湖》,《申报》1912年9月24日第6版。
③ 《秋女侠决葬昭山》,《申报》1912年8月9日第6版。另需要特别指出的是,秋瑾灵柩未曾于湘浙争执期间迁往岳麓山安葬,关于秋女士迁葬岳麓之请仅停留在双方讨论的层面,而未尝付诸实现。胡缨在《九葬秋瑾——历史纪念与公共记忆的制造》(《中国学术》第27辑,第179页)中"秋瑾被安葬到了岳麓山"之叙述,经过笔者考证,认为是错误的,故所谓"九葬秋瑾"应更正为"八葬秋瑾"更为妥当;另有王去病、陈德和编:《秋瑾年表(细编)》(华文出版社,1990)第126页中称岳麓山"为秋瑾之六迁"之地亦有错误。在其他已公开出版的秋瑾资料集以及业已发表的通俗性文章中亦有类似错误,笔者于此不一一详举。
④ 俞前、殷安如:《陈去病年谱简编》,殷安如、刘颖白编:《陈去病诗文集》(下编),社会科学文献出版社,2009,第1088页。
⑤ 《纪念秋瑾活动大事记》,郭长海、李亚彬编:《秋瑾事迹研究》,第346页。

亲，移葬家山，于情理兼属相合"，但鉴于秋瑾的特殊身份，"为革命巨子，世界公认，不敢一家私有"。因此，"已许秋社同人迁葬"。自4月以来，关于秋瑾安葬地点的争论终于在9月24日这一天画上了句号，湖南都督的妥协见诸报端，"仰即将秋烈士遗榇交出，以便护送到浙"①。浙江一方利用秋瑾身上的政治光环，终究战胜了湖南一方所渲染的夫家家族私人情感，赢得了烈士遗体向西泠湖畔的回归。

陈去病于离湘之际，赋诗一首："湘江水碧楚山青，一榇冲风下洞庭。最是别情无限好，满携缥素返西泠……森淼君山一发青，伊人何处觅湘灵？不如西子湖边去，长于闲游风雨亭。"②

第三节 秋魂归途：女性角色的表现

秋瑾之所以在众多辛亥革命烈士中鹤立鸡群、引人注目，学术界对此展开过不少讨论。如季家珍表示，秋瑾为人们所纪念的一个重要原因在于，"她的一生融入了主流的政治叙述"，正是因为她在晚清革命斗争中做出了贡献，使得她"在男人的政治历史中留下了自己的印记"，认为"新的女性时间也只有在与男性时间交汇时才能感觉得到"③。这一论述强调了晚清女性启蒙话语中父权规训的一面，突出了危机时代民族主义至上的救亡理想，以及女性在英雄塑造中的男性编码。但实际上，如果联系秋瑾所处的时代，晚清以降女权主义思潮的兴起，及其作为女性这一身份等因素，也成为她进入神圣化历史记忆空间的重要凭借。

1958年，郭沫若论及秋瑾作为女性伟人形象时曾论述说，比较《玩偶之家》中的女主人公"娜拉"，"从玩偶的生活中觉醒起来，抛弃了伪善的丈夫，并抛弃了家庭儿女而出走了。后来怎样？没有答案"。然而，"易卜生自己不曾写出的答案，秋瑾用自己的生命替他写出了"。因此，"秋瑾不仅为民族解放运动，并为妇女解放运动，树立了一个先觉的典型"④。清末

---

① 《秋女侠归骨西湖》，《申报》1912年9月24日第6版。
② 陈去病：《洞庭舟次，寄别湘督，泪南社诸子》，殷安如、刘颖白编：《陈去病诗文集》（上编），第94~95页。
③〔加〕季家珍：《历史宝筏：过去、西方与中国妇女问题》，杨可译，江苏人民出版社，2011，第255页。
④ 郭沫若：《秋瑾史迹·序》，中华书局上海编辑所编辑出版：《秋瑾史迹》，中华书局，1958，第2~5页。

民初，秋瑾即已经被构建成中国妇女解放运动倡导者的形象①。1907年1月，秋瑾创办的《中国女报》突破了同时期其他女报"停留在宣传女学、女权，反对缠足等活动"的简单论述，比较明确地指出，"妇女的解放运动，必须和当时的反清革命斗争结合起来"②。秋瑾生前留下了大量关于提倡女子解放的言论，称"吾今欲结二万万大团体于一致，通全国女界声息于朝夕，为女界之总机关，使我女子生机活泼，精神奋飞，绝尘而奔，以速进于大光明世界，为醒狮之前驱，为文明之先导，为迷津筏，为暗室灯，使我中国女界中放一光明璀璨之异彩，使全球人种惊心夺目，拍手而欢呼"③。特别是秋瑾牺牲后，生前的文字更是激励着各地妇女解放运动的开展。浙江萧山剧作家韩茂棠在创作的戏曲《轩亭冤》的自序中赞扬秋瑾"一种豪侠之气，为数千年来女界所未有……创女报，办教育，演平权之论说，树独立之风声，真欲唤醒支那四万万同胞，爱国合群，放一光大文明之异彩"④。1911~1912年，中国妇女界的活动已颇具影响：在江浙，有女子进行社、女子植权物产公司、女子兴业公司、女子振业公司⑤；在上海，妇女界同样有诸多名目的组织，如"上海女子北伐敢死队、上海女子国民军、中华女子竞进会、医务界女子后援会、女子经武练习队等等"。这些组织很难说没有受到秋瑾的影响，女子北伐队"和妇女界的代表人物吴芝瑛、吴木兰、林宗素、林宗雪等有经常联系"⑥，而吴芝瑛等都是秋瑾的生前好友。在女子北伐队的"缘起录"中就有诗云："乃看革命功成，克奏罗兰伟业。待到共和局定，聊慰秋瑾幽魂。"尹锐志、华素贞等率领的浙江女子军，"为其师秋瑾烈士报仇心切，尤能奋勇牺牲也"⑦。

借秋瑾表达女性的声音，伸张女性独立人格，在1912年秋瑾纪念的过程中亦得到了淋漓尽致的体现。

---

① 参见李细珠《秋瑾女性革命家形象的历史建构》，《社会科学研究》2007年第5期。
② 《中国女报》，丁守和编：《辛亥革命时期期刊介绍》（一），人民出版社，1986，第450页。
③ 秋瑾：《中国女报·发刊词》，张枬、王忍之编：《辛亥革命前十年时论选集》（二），生活·读书·新知三联书店，1977，第840页。
④ 郭延礼编：《秋瑾研究资料》，第515页。
⑤ 张馥真：《辛亥前后江浙妇女界的革命活动片段》，中国人民政治协商会议全国委员会文史资料研究委员会编：《辛亥革命回忆录》（六），中华书局，1963，第70~71页。
⑥ 杜伟：《上海女子北伐敢死队》，中国人民政治协商会议全国委员会文史资料研究委员会编：《辛亥革命回忆录》（四），第59~60页。
⑦ 戴盟：《秋风秋雨起大波》，浙江省政协文史资料委员编：《浙江文史资料特辑》，民革浙江省委孙中山研究学会，1991，第89页。

1月13日，吴芝瑛在《复女子北伐陈司令书》中，利用秋瑾女界先驱者的形象进行政治动员，号召广大妇女在"吾女界之泰山北斗"的感召下，"一洗数千年来女子昧弱之习"，"投笔从戎，倡议北伐"①。

在为秋瑾捐建风雨亭的响应声中，发扬以秋瑾为代表的女界风范，成为修建秋瑾风雨亭的一项重要理由，"他日成立之后，籍（藉）此以瞻拜英雄……岂非我女界增光荣乎"②，且"风风雨雨痛秋声，谁为英雄动感情？造此碑亭留纪念，并为女界树芳型"③。

而在7月19日湖南与浙江双方的公祭大会上，秋瑾的女性身份更是得到特殊强化。时任浙江第五军军长朱瑞，称秋瑾是法国大革命时期的罗兰夫人第二，"秋雨秋风，翻愁为贺。罗兰夫人，又见一个"，秋瑾之死"瞬息万里，哭遍国魂"，而"共和花蕊，竟插国门"④。女性的柔弱同样提醒着纪念仪式的参与者，"义旗数举，侠骨屡摧"，本"皆英雄豪杰、牺牲身家者之所为"，而"从未闻以一弱女子起而主张铁血、鼓吹革命者"，独有秋瑾女士"以巾帼身，抱丈夫志，负精囊于东海，设绛帷于南林"。秋瑾的勇敢无畏为追悼者刻骨铭心，徐锡麟"安庆一役，女士同时而响应……塞上旌旗，痛洒黄龙之酒……若论饮水思源之义，谓非女士之有以激励之，而促进之"⑤。秋瑾作为女性典范的象征被追悼者铭记，以至与世界伟大之女性相提并论，堪称"我东方之罗兰夫人，我汉族之苏菲亚"⑥。

兴办女学以继承秋瑾之志是秋瑾纪念活动中女性表达声音的又一特色。8月中旬，徐自华以秋瑾之别字"竞雄"为名，创设女学于上海白克路。办学经费"胥赖旧同志量力资助"，其中浙江革命党人王金发即热心捐资助学，"独斥巨金，以为之倡"⑦。办学宗旨即"采取实利主义，授以女国民应有之智识、技能，俾得自谋生计"，"凡有向学、家境寒微者，

---

① 吴芝瑛：《复女子北伐陈司令书》，《民立报》1912年1月13日第7版。
② 树爱：《为秋瑾建风雨亭募捐启》，郭长海、秋经武主编：《秋瑾研究资料·文献集》（上），第278页。
③ 惜勇：《悼秋七绝四首》，郭长海、秋经武主编：《秋瑾研究资料·文献集》（上），第279页。
④ 朱瑞：《祭秋女士文（一）》，郭长海、秋经武主编：《秋瑾研究资料·文献集》（上），第284页。
⑤ 《祭鉴湖女士文（五）》，郭长海、秋经武主编：《秋瑾研究资料·文献集》（上），第286~287页。
⑥ 张同伯：《五年前之今日》，郭长海、秋经武主编：《秋瑾研究资料·文献集》（上），第287页。
⑦ 秋宗章：《六六私乘》，周芾棠、秋仲英、陈德和编：《秋瑾史料》，第66页。

觅有妥实保证，为本校核实认可后，得酌免其学费"①。竞雄女学的兴办很快得到社会的支持，不少学生前来报名，到了8月底，学校已招收"本科、预科及添设初小、高小两班"，并拟定于"九月初五日开学"②。

1912年10月，在秋瑾灵柩自湖南至浙江的路上，秋瑾作为女界革命的符号，被参观者顶礼膜拜。值得注意的是，女性参与者作为仪式中间的一个独立团体，在秋瑾归途中注意表现自我。透过仪式的背后，隐约可见其欲借秋瑾还魂以抒发突破女子性别束缚之尝试。

女界作为仪式参与者，在迎归秋瑾灵榇的现场成为万众瞩目的对象。10月19日，当秋瑾的遗体抵达汉口，泊于龙王庙上首，轮渡码头"高搭彩棚"，而武汉女界独秀一枝，"纷纷登轮往祭"③，成为汉口当日的重要新闻。10月23日，女侠灵柩"由长江抵沪"，上午九时，鉴湖学校女学员、尚侠女校、竞雄女校、神州女校等各女学团体随同各军队排列金利源江宽码头恭迓，"由小东门入城，迤行至西门斜桥永锡堂暂奠（厝）"④。10月26日上午，在永锡堂举办秋瑾的追悼会后，午刻，秋瑾灵柩发引至沪杭火车站，沿途军警持枪相送以志敬意⑤，继司令长乘马压队后，则有"尚侠女学校女学生，鉴湖、竞化、城东等校各女学生，共有四五百人"⑥。10月26日下午，秋侠灵榇所过之处，女界团体表现亦是异常活跃。至枫泾时，有"丽德女学校整队恭迎"；至嘉善县，有明新女学随国民党分部、共进会支那部等团体"到站迎祭"；至嘉兴时，虽已"鸣钟七下"，天色已暮，然仍有各女学校随水陆各军统及县知事致祭，热情不减，"甚为殷勤"⑦。

女界以各种突出的角色彰显，旨在提醒外界，作为祭奠活动的参与者，女性占有秋瑾纪念仪式中的"在场"席位乃当仁不让。秋瑾灵榇抵沪码头之际，由浙江随来之女招待员及女学生与男招待员及男学生共携花圈，共同"扶棺登岸"⑧。在秋榇由永锡堂发引至沪杭火车站途中，尚侠女校学生在装有秋瑾灵柩的炮车"两旁拉引"⑨。女性与男性

---

① 《竞雄女学校招生广告》，《民立报》1912年8月15日第1版。
② 《竞雄女学开学广告》，《民立报》1912年8月30日第1版。
③ 《秋鉴湖》，《申报》1912年10月28日第6版。
④ 《秋风秋雨返秋魂》，《民立报》1912年10月24日第10版。
⑤ 《忠魂侠骨一时来》，《民立报》1912年10月25日第10版。
⑥ 《运送女侠灵榇详志》，《申报》1912年10月27日第7版。
⑦ 《秋风秋雨迓秋魂》，《民立报》1912年10月29日第8版。
⑧ 《女侠士灵柩抵沪》，《申报》1912年10月24日第7版。
⑨ 《秋瑾女侠之葬仪》，《民立报》1912年10月27日第10版。

协同行动，旨在传达尽管存在性别差异，但并不妨碍女性主体角色的发挥。

女性团体在秋瑾灵榇运送途中的气氛营造方面还充当了策划者的角色。在女侠纪念的队伍中间，"有彩亭一二座，悬挂各社会所送之匾额各一方。随后又有一亭，甚为奇特：亭之四面，扎以冬青，中储面粉做成之大龟一只，上嵌百果。亭中粘一长纸，上书'此为前清浙江绍兴府知府贵福之小像'，前后有'斩'条二纸，此亭经过各处，见者莫不大笑。后面即为女侠之像亭，观者又肃然起敬"①。此外还"将秋侠遇难各案卷觅到，装入彩亭，以表哀悼"。秋柩面前"扮犯官四名，如前抚张曾敭、绍兴府贵福、主谋之伪道陈翼栋、告密之胡道南，均蟒服顶戴，反手途行"②。这样的设计使得"观者一目了然"，不仅有助于仪式的受众增进对于秋瑾女侠遇难的历史记忆，同时也使得共和话语的输出具有深入人心的穿透力。

值得注意的是，社会同样给予女性参与者在秋瑾归榇仪式中一席之地。在官方规定的祭礼次序中，"一国旗、军旗、团体联合会旗、秋社旗，二军乐队，三宪兵队，四彩亭，五警察队，六各学校男学生，七军乐队，八各军队，九各官长，十正始社、笙箫、管笛队，十一挽联，十二各团体，十三福田会学生军乐队，十四通鉴学校学生队，十五伶界联合会戏剧队，十六秋社男社员，十七各学校女学生，十八秋社女社员，十九中国音乐队，二十花圈，二十一灵榇，二十二家属"③。可见，女性在此过程中的角色表演获得了关注，女性作为一支团体进行独立活动的能力为社会所认可。

女性团体借秋榇归来之契机，尽最大努力展现其角色形象。竞雄女校向市政厅总署发函，提出"秋瑾女侠之灵柩今日在永锡堂发引，由沪杭火车运回西湖安葬，凡经过地段，请派长警沿途照料、护送"。而官方对此举亦予以承认，并积极配合，"当即移知警务长，饬知各区区巡员等一体照办"④。

在护送秋瑾灵柩由沪返杭途中，女性团体也展现了独特的主体力量。

---

① 《运送女侠灵榇详志》，《申报》1912年10月27日第7版。
② 《斜风冷雨吊秋魂》，《民立报》1912年10月29日第7版。
③ 《斜风冷雨吊秋魂》，《民立报》1912年10月29日第7版。
④ 《护送女侠灵榇》，《申报》1912年10月26日第7版。

从 29 日《申报》的报道看,"秋侠灵榇前日(笔者注:应为 26 日)① 下午由秋社、国民党、尚侠学校三团体代表及竞雄女学全体②护送赴杭,所过之处极受各界欢迎"③。

10 月 27 日下午三点半钟,秋瑾灵榇入归秋社,并无"秋雨秋风愁煞人"的悲凉之感。各团体"仪从送者约三千余人"④,是日,"天气晴朗,一路观者异常拥挤,无不啧啧称羡,洵极一时之盛云"⑤。几经周折,浙江人士终于迎来了秋魂的回归⑥,待择定时日"以国葬礼复葬于西湖西泠桥畔,与岳武穆墓同垂不朽焉"⑦。

第四节 还柩西泠:党派关系的整合与变动

同盟会与光复会两个组织自诞生以来,既有合作亦有斗争。两者的分歧主要表现为:革命宗旨上,"同盟会主张民族、民权、民生的三民主义,光复会却只讲求民族主义";发展方向上,光复会主要"从下层社会

---

① 笔者经过考证认为,该条新闻刊于报纸是 29 日,似乎此处的"前日"指的是 27 日,实则不然。梳理这段时间的报刊可知,26 日上午上海永锡堂纪念秋瑾毕,"午刻发引",秋瑾灵柩由永锡堂送至沪杭火车站,而当天下午 7 时,秋瑾灵榇至嘉兴。次日,即"二十七日上午十一点半钟由嘉兴起程来浙",秋瑾灵榇"抵秋社"为该日"下午三点半钟"。具体细节参见《秋侠出殡路由》,《申报》1912 年 10 月 25 日第 6 版;《秋侠出殡路由》,《民立报》1912 年 10 月 25 日第 10 版;《护送女侠灵榇》,《申报》1912 年 10 月 26 日第 7 版;《杭州电报》,《民立报》1912 年 10 月 26 日第 3 版;《运送女侠灵榇详志》,《申报》1912 年 10 月 27 日第 7 版;《杭州电报》,《民立报》1912 年 10 月 28 日第 3 版;《运送女侠灵榇之尾声》,《申报》1912 年 10 月 29 日第 7 版;《秋风秋雨妥秋魂》,《申报》1912 年 10 月 29 日第 6 版等。
② 笔者认为,1912 年竞雄女学创办之初,女生约有 80 人,徐蕴华在《维持竞雄女学》一节中称,1913 年夏,竞雄女学经过改革,"同学亦由 80 余人,增至 200 多,后更扩充"。参见徐蕴华《记忏慧词人徐寄尘》,周永珍主编《徐蕴华、林寒碧诗文合集》,社会科学文献出版社,1999,第 155 页。
③ 《运送女侠灵榇之尾声》,《申报》1912 年 10 月 29 日第 7 版。
④ 《杭州电报》,《民立报》1912 年 10 月 28 日第 3 版。
⑤ 《秋风秋雨妥秋魂》,《申报》1912 年 10 月 29 日第 6 版。
⑥ 王去病、陈德和编:《秋瑾年表》(细编)第 127 页中称"1913 年秋,(秋瑾遗体)自湘运回"之说有误;《秋瑾年谱及传记资料》第 111 页中称"1913 年 7 月 19 日秋瑾还葬西泠旧址"亦属错误;其他公开出版的秋瑾资料集中的类似错误,笔者于此不一一详举。
⑦ 王时泽:《秋瑾略传》,《湖南历史资料》编辑室编:《湖南历史资料》总第 11 辑,湖南人民出版社,1980,第 224 页。

入手，运动会党"，而同盟会却"向全国和国外越南、缅甸、南洋各方面发展"；策略上，"光复会常以实行暗杀为手段，同盟会则号召武装起义"。此外，"同盟会成立，兴中、华兴两会均以整个团体加入，光复会则以个人身份加入……蔡元培、陶成章、龚宝铨、秋瑾虽加入同盟会，而徐锡麟独不加入"。正如孙中山自己所称，"两会不图其实际，惟以名位为争端，则二会之公咎也"。特别是光复会党人，"浙籍多数，而浙人局量狭隘，不能容人"，且欲"与同盟会并驾齐驱，互争雄长"，陶焕卿"辛亥之被刺，杀机早已萌兆于那时"。为了调和两个革命组织的矛盾，孙中山曾以南京临时政府的名义发出《致广东陈炯明及同盟会公鉴》①。

秋瑾生前曾兼任光复会与同盟会的会员，这一信息同样为政治家所利用。已逝的秋瑾，遂成为调和光复会与同盟会政见，以通力合作共和大业的代言人。对此，胡缨表示"秋瑾社交广泛这一相对偶然的个人特性被方便地调用来……更值得注意的是，它也暂时遮盖了民国初年为争夺权力而展开的严酷的政治较量"②。尽管胡缨在研究中有意光大了秋瑾在疏解党派分歧层面的政治功用，但这一意义不容忽视。

作为同盟会领导人的黄兴、孙中山借亲祭秋瑾的活动，表达其化除党派成见，整合革命派政党力量的政治意愿。10月31日，黄兴抵湘，发表关于"湖南根本之计划"演说后③，11月9日，"躬往女烈士祠，祭女侠秋瑾"。长沙女烈士祠"饬工布置，焕然一新，所有头二门各处均一律缀以松茅，祠前两廊均用彩布作幔，幔后设军乐亭，藉资严肃"④。12月8日，孙中山受邀莅临杭州，于国民党欢迎会上，面对与会的八百余名听众发表演说，首先高度赞扬了浙江籍军人及秋瑾的革命功绩对于辛亥革命的历史意义，"久慕浙江名胜，今初到杭，复蒙诸同志开此盛会，实属非常荣幸，非凡感愧。杭州旧同志甚多，均能协力同心，达此革命目的。去年攻克南京，尤浙军之力居多。可痛者，最好的同志秋女侠一瞑不视。兄弟此来，固不仅展览西湖风景，亦将临女侠埋骨之所，一施凭吊"⑤。在演

---

① 陶冶公：《光复会与同盟会的分歧与合作》，中国人民政治协商会议浙江省委员会编：《浙江辛亥革命回忆录》，浙江人民出版社，1981，第254~258页。

② 〔美〕胡缨：《九葬秋瑾——历史纪念与公共记忆的制造》，刘东主编：《中国学术》第27辑，第181页。

③ 《黄克强返湘记》，《民立报》1912年11月15日第7版。

④ 《黄兴祭秋》，《申报》1912年11月19日第6版。黄兴是于湖南长沙的秋祠祭秋，并非如《秋瑾和黄兴》一文中称，"黄兴专程赴杭州在秋瑾灵前致祭"，郭长海、李亚彬编：《秋瑾事迹研究》，第238页。

⑤ 《孙中山莅杭记事》，《申报》1912年12月10日第6版。

说中，孙中山反复强调"光复南京之功，浙人死义最烈，秋瑾女士尤为革命之先健者"①，目的在于将浙江人士对于共和的本省认同转换为对共和的全国性认同。而"对秋瑾籍贯的强调给了他一个机会去承认浙江籍人为革命胜利做出的贡献"，从某种意义上，这种强调是"聚合地方支持"的一种有效的途径，以使同盟会与原本秉承狭隘地方主义的浙江光复会走向合作，从而将浙籍人士对地方的忠诚升华为对国家的忠诚②。在给予光复会以合法性称赞以及对秋瑾的神圣化论述后，孙中山开始发表关于政见的演说。他对浙江人士称，"三民主义，民族、民权俱已达到，今当提倡民生主义，为世界之公理"③。显然，孙中山欲借对秋瑾的评价，以期达到动员浙江人士参与建设孙文式理想中的国家政治，抛弃光复会先前对于民生主义反感与成见这一目标，而不咎前嫌，以贯彻"三民主义及铁道国有政策"④。演说报告毕，现场听众"均欢呼孙中山万岁，民生主义万岁，中华万岁，民国万岁"⑤。12月9日，孙中山"命驾出城，致祭光复诸先烈"⑥，从杭州梅花碑行台出发，去西泠桥吊秋瑾烈士墓，并应徐自华之请，允任秋社名誉社长，又亲笔写下《挽秋女侠联》（由胡汉民书写）："江户矢丹忱，感君首赞同盟会；轩亭洒碧血，愧我今招侠女魂。"额曰"巾帼英雄"，下署"鉴湖女侠千古，孙文"⑦。

在1913年的国会上，就中国宜实行总统制抑或内阁制问题，南方革命党人与北方袁世凯势力展开了激烈的拉锯战，南北双方剑拔弩张，1912年所形成的革命党人与袁世凯政府的合作基础开始遭到破坏。与此同时，政党关系的逆转也在秋瑾下葬一事中有所反映。

1912年10月27日，秋瑾灵柩返还秋社后，浙江省政府即筹备次年秋瑾入土的大事。起初，浙江省政府即"以修建秋祠，营葬秋墓，委秋社社长徐（自华）主办秋坟图样"，已升任浙江都督的朱瑞欣然批准，请名工将秋墓"绘成拿破仑式，下层六角，上立遗像"⑧。然时过境迁，

---

① 《孙中山莅杭纪（一）》，《民立报》1912年12月10日第8版。
② 〔美〕胡缨：《九葬秋瑾——历史纪念与公共记忆的制造》，刘东主编：《中国学术》第27辑，第180~181页。
③ 《孙中山莅杭纪（一）》，《民立报》1912年12月10日第8版。
④ 《孙中山莅杭记事》，《申报》1912年12月10日第6版。
⑤ 《孙中山莅杭纪（一）》，《民立报》1912年12月10日第8版。
⑥ 《西湖公宴孙中山纪事》，《申报》1912年12月11日第6版。
⑦ 王去病、陈德和编：《秋瑾年表（细编）》，第2页。
⑧ 徐小淑：《秋侠五十周年纪念会感怀之诗注》，郭长海、秋经武主编：《秋瑾研究资料·文献集》（上），第307页。

1913年，革命党人与袁世凯政府在国会问题的矛盾日趋激化，袁世凯对于革命党人开始处处施压，秋瑾作为革命党人极力推崇的形象代言人，其身后的命运不可避免地由于党派关系的变动而受到了牵连。"适袁政府委员来浙视察民政，参观以后，即谓朱曰：'秋瑾虽于革命有功，但不应与岳王坟对峙。'"朱瑞都督遂下令，将秋坟改低五尺，并"废除中立石像"①，秋墓墓碑的文字由"浙江都督朱瑞所书"，取代了原本由柳亚子所撰的《鉴湖女侠秋君墓碑》一文②。这引来了秋社同人的愤慨。徐自华与朱瑞"当面大哄"，谓"君有一言，重于九鼎。况我公都督乎"③，并散发传单，"告诸民众，讥朱督媚上变节"。朱瑞大怒，"立另委营葬秋坟事务所主任张心如副官，居秋社，独行其是，并有与寄尘势不两立之言"④。孙中山听闻此事后，特专程来杭，力劝徐自华"不要作军阀的无谓牺牲品"，请其到上海接办"竞雄女学"，继续"干实际革命工作"⑤。

从1912年南北共祭秋瑾的合作到次年双方围绕秋墓建设规格的争吵，不啻南北政党关系变动的一个写照。然而，尽管秋瑾新墓因袁世凯政府的干涉，以"惟值财政困难之际，一切布置不得不酌加樽节"为由，被拆低五尺，未能与岳王坟之高同峙呼应，但在岳武穆祠迤东之凤林寺左邻仍得"相地一方"，"作为秋墓吉穴"。1913年6月初，"葬事全部筹备已完"，朱瑞都督批示，"择定六月初六日上午十时为登穴吉期"⑥。官方同样介入入土仪式，"凡政界、军界及绅商学各团体同志，一律与祭"，并特"备军乐队为祭时点缀"，朱瑞都督"更撰拟诔辞，派委顾问官两员，

---

① 徐蕴华：《记忏慧词人徐寄尘》，周永珍主编：《徐蕴华、林寒碧诗文合集》，第153~154页。
② 秋瑾墓碑原拟用柳亚子碑文，但秋墓成后，乃树朱瑞所撰碑代之。参见《秋瑾活动大事记》，郭长海、李亚彬编：《秋瑾事迹研究》，第350页。柳亚子所撰文题为《鉴湖女侠秋君墓碑》，参见王晶垚等编《柳亚子选集》（上册），人民出版社，1989，第151~152页。内云："爰遣陈去病躬诣长沙，迎君遗蜕，而徐自华亲板筑之任。经营缔造，倏复半载……将以中华民国二年六月六日，还葬君于西泠旧址……出祠门左折数十步，风雨亭在焉，亭后即君墓故址……自华、去病因以表德之文相属，逊让未遑，弗敢诺也……蒙面陈祠，玄石既刊，景行斯铭。"该文初刊《南社》第九集，1914年5月出刊，应为1913年2~6月所作。
③ 徐蕴华：《记忏慧词人徐寄尘》，周永珍主编：《徐蕴华、林寒碧诗文合集》，第153~154页。
④ 徐小淑：《秋侠五十周年纪念会感怀之诗注》，郭长海、秋经武主编：《秋瑾研究资料·文献集》（上），第307页。
⑤ 徐双韵：《记秋瑾》，中国人民政治协商会议全国委员会文史资料研究委员会编：《辛亥革命回忆录》（四），第220页。
⑥ 《秋女侠安葬西湖》，《申报》1913年6月7日第6版。

恭代行礼",以使"女侠有知,当可无憾九原也"①。秋墓前有联语云,"秋风秋雨,六月六日"。墓旁建有风雨亭,秋社亦立于此。社内设有秋瑾女士位,"上悬匾额",写有孙中山题"巾帼英雄"四字②。

1912年8月,当陈去病离杭赴湘争取秋柩还浙之际,曾有"松柏何年会再青,最凄凉是一西泠。临歧敢与湖山约,筑个秋家风雨亭"之作。又是一年风景好,秋瑾已入土安眠,还葬西泠,陈去病登临风雨亭喟叹,"孰不感慨悲歌,而尚想其烈乎哉",遂为秋瑾歌曰:"西湖之水清且涟,曾埋侠骨兮思当年;遭逢庤忌兮中变迁,毁厥青冢兮真堪怜。堪怜兮秋坟,重经营兮邱园;有台有榭兮花繁,永永凭吊兮秋之魂;秋魂兮昭苏,驱强胡兮恢皇图;美新亭兮蘖蘖,长无极兮与民国而流誉。"③

作为政治文化的象征,秋瑾成为民初人士寄托美好希望的符号:人们乐于将光复汉族的喜悦带给秋瑾,"西泠三月暮春时,千点桃花万柳丝。凭吊英雄歼异族,岳王千载许心知";女性愿意把争取女子参政权的行动看成承继秋瑾的遗志,"平权恭政有同盟,道是秋君向日情。毕竟何时偿素愿,可能恨海尽填平"④;作为奋斗共和的精神领袖,秋瑾时刻感召国人"愿言诸后进,为国莫辞勤"⑤。

综观1912年秋瑾自湖南至浙江的迁葬这一历史过程,我们可窥见民初政治文化的诸多面相。民国初成,徐自华等秋社同人发起了对于秋瑾烈士的纪念活动,以期借追悼秋瑾之机,完成浙人对于共和记忆的塑造。

事实上,1912年秋瑾迁葬不是一桩孤立的历史事件,不仅仅因为可以透过其窥视出不少政治文化的元素,更为重要的是,它构成了民国初年多重历史图景链条上的一环。或者说,它是这一时期政治文化背景的一个缩影。

---

① 《湖山有幸埋秋骨》,《民立报》1913年6月8日第10版。
② 《秋墓雅志》,王绍箕编:《秋瑾女士遗集》,白光书店,1937,第92页。
③ 陈去病:《西泠新建风雨亭记》,陈象恭编:《秋瑾年谱及传记资料》,第60页。关于该文的写作时间,郭长海、秋经武主编:《秋瑾研究资料·文献集》(下)第415页中标注为"1912年1月"。但笔者分析认为,此文应作于1913年下半年,秋社同人筹建风雨亭之提议为1912年1月上旬。参见徐寄尘《西泠重兴秋社并建风雨亭启》,《民立报》1912年1月18日第7版;该文中有"爰与徐忏慧自华共建兹亭,以留纪念""则登斯亭也,孰不感慨悲歌"的表达,再综合考虑作者此间行踪及全文内容,可断定此文并非作于1912年1月,而应作于次年风雨亭落成之后。
④ 逸尘女士:《次芝瑛师戊申花朝西泠吊鉴湖韵四首》,《大公报》1912年11月26日第7版。
⑤ 逸尘女士:《吊秋女士二首次芝瑛师韵》,《大公报》1913年11月26日第7版。

烈士的纪念，在民国肇建之初如初春的大地，遍地开花。如果阅读1912年的《申报》，几乎随处可见烈士纪念活动的举行：2月10日有"阵亡浙军归正首邱"，2月23日有"驻宁蜀军开会追悼死难诸烈士"，4月8日有"粤军将为殉义新军建祠墓"，5月6日有"长沙追悼吴禄贞烈士"，5月11日有"山阳追悼周阮二烈士"，5月16日有"黄花岗七十二烈士周年纪念会"，7月7日有"川人追悼保路诸烈士"①……新生的共和民国利用这些纪念活动中的仪式操演，以昭示新民族国家、新政府成立的意义，从而构建国人对于"共和""革命"的历史记忆。

作为共和缔造者——革命烈士的纪念不再单纯是其家族内部的事务，而是上升到了公共领域关注的范畴，成为地方记忆及国家记忆的载体。与此相似的是湖南对焦达峰的迁葬，只是焦达峰迁葬的动议由其家族提出，焦氏家族一方居于主动地位。焦达峰家族认为，"去岁湘省起义，前都督焦君达峰英勇奋发，独任时艰"，而焦达峰之铜像却迟迟未能铸成，且将焦达峰仅陈列于烈士祠纪念，不足以满足人民之观感，于是家属向谭延闿"陈请迁葬"："兹已择定岳麓山为焦都督葬地"，以"增岳麓之荣光"。②

民初也是中国女界迅速发展、女性角色力图表现的一个重要时期。1912年前后，女学、女校大量涌现，女子参政运动蓬勃开展，女性不断尝试冲破社会的性别歧视。此间发生有"女界代表张（唐）群英等要求女子选举权"，虽社会"不赞成者居多数"，然"女界中有激烈派数人声言，此举如办不到，当以炸弹对付议员"③。在国民党的成立大会上，因政纲中"原有'男女平权'一条"删去，引来了同盟会女会员唐群英等激烈的行动，竟然"揪撮宋教仁之短发，而以手左右批其颊"，令"全场大骇"④。沈佩贞女士则以"哭声震屋"力争男女平权⑤。而关于"中国宜以妇女为内阁总理说"⑥"女界提议女子宜任总统意见书"⑦等亦为社会广泛讨论。女子在各种政治场合同样极富角色表现力，1912年9月，有"万国女子参政会会长嘉德夫人与荷兰女子参政会分部长解古柏斯女

---

① 参见《申报》1912年2月10日第6版；1912年2月23日第1版；1912年4月8日第6版；1912年5月6日第6版；1912年5月11日第6版；1912年5月16日第7版；1912年7月7日第6版。
② 《焦都督迁葬麓山》，《申报》1912年10月8日第6版。
③ 《专电》，《申报》1912年2月29日第1版。
④ 《二十五日之湖广会馆》，《申报》1912年8月31日第2版。
⑤ 《唐、沈两女士之墨泪》，《申报》1912年9月3日第3版。
⑥ 瞿宜：《中国宜以妇女为内阁总理说》，《申报》1912年6月29日第9版。
⑦ 率公：《女界提议女子宜任总统意见书》，《申报》1912年11月6日第10版。

博士"来沪演说①，中国女界领袖以此为契机，向公众传输自己的声音。解古柏斯女博士演说"愿中国女子以后皆能自立"，沈佩贞即借题发挥，谓女子欲得参政权，须先具"教育完全、发达女子实业、不藉男子之保护"三项要素②。如果将女界于秋瑾灵柩归来之际的仪式参与行动放在民初女性运动的大环境下考察，其借秋瑾纪念活动，表现自身角色的目标就不难理解。

政党竞争的同时，党派合作也是理解民初政治的要义之一。1912年8月，尽管发生了革命党人张振武、方维被杀案，北京同盟会电请孙中山"勿作北游"③，但孙中山仍接受了袁世凯北上共议国事的邀请。在时人看来，"孙君抵京可谓民国历史之一大纪念"，即使守旧派也认为，孙中山对他人力劝能置之不顾，毅然来京，"其度量自超人万万……不负英雄之称也"。时人对"中国资格最高之伟人"与袁世凯之会晤充满乐观的期待，"现信二雄能和衷共济，以为国家宣力，开始进行积极之政策，则党争自能即行消灭也"④。在此期间，孙中山还受到了溥仪皇室的热情宴请，为公众的视野所追踪⑤。孙中山为调和南北政争，8月来京，同其12月初南下赴杭州拜谒秋瑾灵榇一事，就政治意义而言，确有异曲同工之妙。而随后政党关系的逆转，还可举一例小事以窥见：1915年孙中山、黄兴等南方党人与袁世凯北方政府的关系已经决裂，当时的《申报》几乎每天可见袁世凯政府"暗探密布"，以各种名目"搜拿乱党"，各地"茶馆、饭店都贴有'莫谈国事'字样"⑥，西湖之畔的辛亥革命烈士墓也由1912年的"门庭若市"，变成了三年过后的"门可罗雀"，"墓门紧闭……荒草碍人，几难容足"；而"陶烈士、秋女士、南京阵亡将士等墓"，亦"不见十分清洁"，不禁令人喟叹，何日可复现昔日"湖上风景"？⑦ 讲上述问题旨在说明，秋瑾还葬过程中，孙中山、黄兴悼秋以及朱瑞削低秋墓高度所展现出的政党关系的聚合与变动，仅是民初众多历史事件中可以观察政党关系变化的一个小窗口。

---

① 《欢迎女政治家纪盛》，《申报》1912年9月5日第6版。
② 《女界欢迎万国女子参政同盟会代表纪事》，《申报》1912年9月25日第3版。
③ 《特约路透电·北京电》，《申报》1912年8月18日第2版。
④ 《特约路透电·北京电》，《申报》1912年8月25日第2版。
⑤ 北京市档案馆编：《那桐日记》（下），新华出版社，2006，第728页。
⑥ 曹汝霖：《一生之回忆》，《传记文学丛刊》（十五），台北传记文学出版社，1980，第113页。
⑦ 《荒草独寻烈士墓》，《申报》1915年9月14日第7版。

第二章　民初女子参政与"英雌"的陨落：
唐群英大闹《长沙日报》之风波

在秋瑾纪念活动蓬勃开展之际，民国初年女子参政运动却显得步履蹒跚，这是中国历史上兴起的第一次女性参政浪潮。近代中国女性解放挣脱锁链的驱动力并非源自西方式的女权主义，而是一开始即与救亡图存的历史情境相伴而生。具言之，西方女权运动所关涉的是女权与人权的关系，清末民初女权运动联结的是女权与民权、女权与国权的关系，并且随着五四新文化运动以来对妇女问题阶级论述的强调，导致女性主义缺乏后续动力支持，女权色彩在近代中国的政治实践中渐趋退潮，只留下文本创作与艺术想象的乌托邦。

在近代民族国家转型初期，女权话语与天赋人权概念之间便处于矛盾胶葛的状态。戊戌维新时期由男性文人倡导的妇女解放，本质上还是"恪守母职"的女权论述，这表现在要求女性成为"国民之母"，以辅助男性挽救危亡为首要目标，国家利益至上仍作为女权问题的前置条件。而辛亥革命时期以秋瑾为代表的知识女性，除了表达女权是与生俱来的权利外，还特别指出妇女解放运动应由女子掌握主动力。遗憾的是，共和建立以后，方兴未艾的女权革命却因民族革命、民权革命目标的告成而中断，革命时允诺的与女性分享政治权利化为泡影，社会各方讨论应当如何重塑女性与国家政治的关系。其中，反对女子参政的论说占据了主流意识形态领域，其主要基于女子若享有政治权利，将动摇男外／女内固有之家庭结构，女权的急剧生长，会妨碍国家政治生活的稳定这一判断。重要的是，女性的道德、伦理、贞操编织在男权社会政治话语的控制内，当性别遭遇政治时，社会往往向女性"问罪"，在厌女情绪充斥弥漫的作用下，一切有违传统的激进化性别表演，都被投以污名化的凝视。

李细珠对于民初女子参政的研究较具代表性，细致考订了1912年女子参政运动从兴起到挫折的始末，分析了唐群英等知识女性在活动中的角色，在党派纷争视角以外，阐释了隐藏其间的社会性别矛盾与冲突，同时解读了民初女子参政运动失败的原因①。在女子参政初兴这一背景下，本章拟考察民国成立伊始"女权运动领袖"唐群英为争取女子政治权利，而奔走于国民党、旧立宪派与袁世凯等各方之间的相关史事。

唐群英（1871～1937），湖南衡阳人，民国初年妇女参政运动的代表性人物，以"合群"之力将各地分散的女权组织合并而成女子参政同盟会，作为开展运动之总机关，并担任会长一职，成为民初女界声望显赫的"英雌"。所谓"英雌"意指女英雄、女豪杰，最早可见于1903年湖北留日女学生王莲以"楚北英雌"署名在《湖北学生界》刊发的《支那女权愤言》一文："世世儒者，赞诵历史之人物，曰大丈夫，而不曰大女子；曰英雄，而不曰英雌。鼠目寸光，成败论人，实我历史之污点也。"② 随后，"英雌"这一词汇被不少晚清女性精英所推崇，承载着她们争做女界先锋表率的理想，同时成为清末民初文人诠释女杰形象的重要话语③。笔者不再赘述学术界已充分研究的1912年唐群英领导的女子参政运动的基本过程，而是聚焦次年发生的唐群英大闹《长沙日报》这一案件，旨在揭示其"英雌"形象建构中的落差，这是前人鲜少注意的一面。

1913年2月16日，《长沙日报》刊登的一则关于唐群英与郑师道结婚的广告，引发了唐群英率众打毁报馆的"暴力化"行动，酿成了一场官司诉讼，造成了多重场域的反应与互动。这一事件经当时报刊的披露，无论是案件的审判还是文学作品的书写，均为公共视线所追踪，远远超出了唐群英与郑师道的婚姻关系。在历史事件中，唐群英本人因动武的行为，不仅于法庭审判中败诉，同时被公众扣上了"女德有缺"的帽子，进而成为男性同盟者借机否定女子参政权的言说凭借，其女杰形象遭遇了"陨落"。由于民初报刊"谐趣化"的风格转型，文学作品的介入更使得唐郑"婚变案"颇具戏剧化色彩，在文学叙事中演绎了一段被讲述的"艳史"和"丑史"，唐群英本人则被塑造为"多情""泼辣"等反面角色。事实上，透过案件结局与文学形象中唐群英的遭遇，可以瞥见民初女杰在谋求妇女权益中面临的诸多社会生态。如将历史与文学双重场域进行对照，亦可看出女杰形象被"妖魔化"的背后，隐喻着女性被视为种族

---

① 参见李细珠《性别冲突与民初政治民主化的限度——以民初女子参政权案为例》，《历史研究》2005年第4期。
② 楚北英雌：《支那女权愤言》，《湖北学生界》1903年第2期。
③ 对于"英雌"这一概念及内涵演变的详尽研究，可参见李奇志《清末民初思想和文学中的"英雌"话语》，湖北教育出版社，2006年。

第二章　民初女子参政与"英雌"的陨落：唐群英大闹《长沙日报》之风波

革命中男性从属者的政治逻辑、男性精英在对待妇女解放问题上的功利化取向、男女两性在认识"尽义务"与"享权利"关系的差异，以及"发乎情止乎礼"的性别规范。该案情的进展，恰可作为解析民初女权话语、女性与政治关系的侧面，细加揣读。

第一节　案发现场：婚变广告与诉讼风波

1913年2月16日，《长沙日报》馆因事先未征得双方当事人同意，一味偏信男方郑师道，刊登了一则结婚启事，而被女方唐群英①上门捣毁。早在2月4日，唐群英已在《长沙日报》刊登《唐群英启事》："凡往来文牍，嗣后若未盖有私用图记，请作无效。"② 短短十余日之后，《长沙日报》便极不审慎地刊登了由郑师道提供的结婚启事，原文如下：

> （郑师）道、（唐群）英在京因道义感情成婚姻之爱，已凭族友一再订盟于便宜坊。当二月四号结婚于天津日本白屋旅馆。为国步艰难，故俭礼从事。今偕湘省，拟重登花烛，以乐慈帏。因误会少生家人之变动，致启无人道、不根法律插画之诽议。殊不知儿女英雄，凡事皆出人一等，同志亮诸。郑师道、唐群英同启。③

据悉，唐群英见到广告后情绪失控，当天下午三时便来到《长沙日报》编辑部，"大肆咆哮"，并"打碎玻璃、窗、茶、碗、椅子等"。报馆人员表示可对广告纠误，且将"更正稿"交由唐群英本人阅目。唐群英对此本已"毫无异词"，但因稍晚印行的"修订稿"竟将唐、郑结婚的日

---

① 1889年，唐群英被父亲许配与湘乡曾国藩的堂弟曾传纲为妻，1891年与其夫正式完婚。1894年唐群英生一女，1896年此女夭亡，1897年唐群英的丈夫猝然病故。此际的唐群英仍是寡妇。参见李天化、唐存正主编《唐群英年谱》，香港天马图书有限公司，2002，第8~10页。

② 《唐群英启事》，《长沙日报》1913年2月4日第9版。

③ 因报馆被唐群英捣毁，故1913年2月16日《长沙日报》已失传。该广告原文被当时诸多报刊转载，参见《唐群英大闹长沙日报》，《新闻报》1913年2月26日第2张第1版；《唐群英大闹长沙日报之详闻》，《神州日报》1913年2月26日第3版；《唐群英大闹长沙日报之祸胎》，《申报》1913年2月28日第6版；《唐群英大闹长沙日报》，《大公报》1913年3月3日第3版；《唐群英凶毁长沙日报馆始末记·长沙日报之报告》，《时报》1913年3月3日第3版等。

期添改为"十二月四号"①,遂于晚间八时三十分,唐与好友张汉英等又"忽统率男女三十余人来馆"。她们取去"门首招牌两块"后,"直入排字房",将"已排成之版及一切架上铅字、铅件、盆、灯、玻璃窗等尽行捣碎"。《长沙日报》只得发出停刊通告,并"报知警署"以清理现场,且拟"提起诉讼"②。唐群英发表通电,声称郑师道为"浙江极无赖之人",与之撇清关系,又斥责报馆滥登广告,"损人名誉,毫无道德",且请谭延闿都督"将郑拿办"及取消该报。女子参政同盟会亦来电为唐群英助威呐喊③。郑师道则理直气壮地坚持请社会各界"力主公论"④。

郑师道者,何许人也?又缘何与唐群英"纠缠不清"?郑师道,浙江人士,同盟会会员。郑师道为"极无赖之人",其"疯狂,尽人皆知"⑤。在与唐群英发生"婚变案"之前,郑师道曾在临时参议院的某次大会上,于胸前捆绑"鸡蛋两枚"充作炸弹,扬言欲与共和党人"同归于尽"⑥;又曾因调停沈佩贞与《亚东新闻》的冲突不成,反被殴打⑦;在宋教仁的追悼大会上,郑师道还因挑动"南北感情"的激烈发言,搅得大会全场"秩序颇为纷乱"⑧,故时人多将郑师道看作"亢进性精神病患者"⑨。1912年冬,当唐群英返湘筹建"女子参政同盟会支部"时,追求唐群英素来已久的郑师道便尾追来湘。不料,《长沙日报》却刊登了"新人物之面谱"——郑师道认为男面上题的"无耻委员"与女面上题的"多情学士"影射了他与唐群英的关系。殊为难堪的郑师道,认为如果能够成功追求唐群英,便可以扭转外界对他的嘲讽,因而决定通过刊登与唐群英结婚广告这一方式,妄想"假戏真做",迫使唐群英接受其爱意,以挽回些

---

① 《唐群英凶毁长沙日报馆始末记·长沙日报之报告》,《时报》1913年3月3日第3版。广告最初关于结婚日期的表述,确为"二月四日",但更正版修订为"十二月四日",少数报刊转录的是修改后的版本,参见《公电·长沙日报来电》,《民立报》1913年2月18日第3版;《唐群英也闹报馆(湖南)》,《正宗爱国报》1913年2月20日第5版等。另,坊间称《长沙日报》编辑部曾向唐提供了一个修改稿,得唐首肯,并刊登更正版。法庭对唐群英的第二次预审中间,唐群英的代理辩护人丁云龙亦对日期添改问题质疑,参见《唐群英案第二次预审详情》,《申报》1913年3月7日第6版。
② 《唐群英大闹长沙日报》,《新闻报》1913年2月26日第2张第1版。
③ 《唐群英通电》,《时报》1913年2月27日第4版。
④ 《公电·长沙日报来电》,《民立报》1913年2月18日第3版。
⑤ 《唐群英大闹报馆三志》,《新闻报》1913年3月4日第2张第1版。
⑥ 《参议院纪要·石破天荒之炸弹》,《申报》1912年7月3日第2版。
⑦ 《沈佩贞大闹亚东新闻社》,《申报》1912年12月19日第3版。
⑧ 《社会党追悼宋钝初大会》,《申报》1912年4月15日第10版。
⑨ 陶菊隐:《记者生活三十年》,中华书局,1984,第9页。

第二章　民初女子参政与"英雌"的陨落：唐群英大闹《长沙日报》之风波

许颜面，却不料酿成此荒唐之祸①。

2月18日下午一时，长郡地方检察厅对《长沙日报》被毁诉讼案进行第一次预审。原告《长沙日报》总经理文斐、被告郑师道均到案，而被告唐群英则拒绝出庭。法庭经讨论认为：一因广告为郑师道送予刊载，故郑应对唐负责，与报馆无涉；二因报馆本是"据事直书，有闻必录"，故唐群英应对《长沙日报》负责，并赔偿对方损失九千元；三因唐、郑婚姻关系属民事纠纷，故不在该庭讨论范围内②。

在法庭上，郑师道主动为唐群英申请"无罪辩护"称："中央违法之处甚多，如大总统杀张、方案……赵秉钧封闭北京某报。总统总理既可违法，则唐群英亦系革命有功之人，自应原谅。"原告文斐反击，得到了审判厅长的支持：至于郑师道所称，赵秉钧封闭北京某报案系北京审判厅自行放弃责任，"湖南审判厅不得援以为例"③。

第一次预审结果已颇为尴尬，而唐群英接连的高调行动，更使郑师道陷于千夫所指。一是唐群英"以女界全体名义"召开大会，会上某两女士称，"如不与唐恢复名誉，各处女学即一律停课"，且唐群英称"准备三手枪与文、郑二人相见于法庭"，如确有结婚证据，即以手枪自击④。随后，一纸题为《长沙日报主任文斐之罪状》的印刷物在坊间散发开来，立刻点燃了舆论⑤。二是唐群英偕亲密姊妹七八人赴都督府，扬言不愿与该报在法庭对质，如该报再行出版，"即要再打，非达取消之目的不止"，并"请予通饬各署将郑严拿究办"⑥。三是《女权日报》附和唐群英的口诛笔伐，"以攻击《长沙日报》及其总理文斐之事为多"⑦。

事实上，民初部分女性的社会表现，早在男性中引起了骚动与不安。如唐群英大闹参议院、揪打宋教仁、干涉胡瑛娶两妻、用铁条刺伤弟妾头

---

① 《长沙通信·唐群英大闹长沙报（一）》，《民立报》1913年2月28日第10版。故，郑师道所登广告内容中有"致启无人道、不根法律插画之诽议"等语。
② 《长沙通信·唐群英大闹长沙报（二）》，《民立报》1913年3月1日第10版。
③ 《唐群英打毁长沙报馆之讼案》，《神州日报》1913年3月2日第4版。
④ 《唐群英之对付文斐》，《新闻报》1913年3月5日第2张第1版。
⑤ 关于文斐"十大罪状"的全文内容，参见《长沙通信·唐群英大闹长沙报（五）（六）》，《民立报》1913年3月6日第10版、1913年3月7日第8版。当谭延闿收买梅馨杀害焦达峰、陈作新之际，文斐正在都督府部署军事，而随后文斐与谭延闿的靠拢与合作，亦使得文斐与焦、陈被杀案似难脱干系。参见柳无忌、殷安如编《南社人物传》，社会科学文献出版社，2002，第52~53页。
⑥ 《唐群英大闹报馆三志》，《新闻报》1913年3月4日第2张第1版。
⑦ 《湘中女权消长谈》，《申报》1913年3月19日第6版。

部等行径皆为时人侧目①。沈佩贞大闹参议院、亚东新闻社，对追求者熊载扬的表白还以鞭打等野蛮面目亦让时人嗤之以鼻②。男性对这些女性的激进行为之不满久矣，已等待一个适宜的时机，恰好唐群英大闹《长沙日报》之"暴动"为其提供了一个绝好的借口。男性遂以此事为开端，以批判"女子无德"为名义，论及女性"国民之母"形象尚且欠缺，自然无法成为一个合格的"女国民"，既然"女国民"做不成，则女性不配拥有女子参政权。换句话说，当人们一旦在"女德"与"女权"之间建立起联系，以"女德"缺失为由，质疑女子拥有参政权——这一逻辑便自然形成。

3月14日，《申报》发表了《女权与今日》，讨论女德、女学、女权三者的关系。"女学实今日中国之急务，而女权者实今日世界之缓图……女德不张也，女权适足以亡国"，女同胞"苟欲言女权，吾请再言女德……吾非谓唐、沈诸女士之女德有缺，吾特恐继唐、沈诸女士之芳躅而继起，以滥用女权者，尚复大有人也"。由此看来，培养女德必先兴女学，女学为女权之根本问题③。3月22日，《大公报》上发表的《论女权》一文称，先进之英国尚且难免女子参政党人之纷扰，"我凡百草创之中国"之流弊恐更难言。反观"近日唐群英之捣毁《长沙日报》"及其"种种不名誉之事"层见叠出者，"为吾人所不忍言"。唐、沈等辈"以光怪陆离之异彩，炫幼稚之国民……吾且为女权呼冤矣"④。

与此同时，作为受害者一方的《长沙日报》，一方面搁置唐群英2月4日的启事中拒绝未授权刊登任何内容的宣示，无耻地致函各处斥责唐群英"蛮不论理"，比"乡井无知识之强悍妇之手段"有过之而无不及，而今欲图女学发达，希望女子参政，"非力去此种害马"不可⑤；另一方面通过歌颂醴陵县某邑为李氏、何氏等六百余贞孝节烈之人建筑祠坊，并"复合贞裔纂修谱牒"的事迹，给予"女德有缺"的唐群英不点名的批

---

① 参见李天化、唐存正主编《唐群英年谱》，天马图书有限公司，2002，第20~25页；范体仁《桃源胡瑛生平》，政协湖南省文史资料研究委员会编《湖南文史资料选辑》（十五），湖南人民出版社，1982，第193~194页；《倡平权迁怒击弟妾》，《申报》1912年12月24日第6版。
② 《沈佩贞大闹亚东新闻社》，《申报》1912年12月19日第3版；钝根：《心直口快》，《申报》1912年10月16日第10版。
③ 曼倩：《女权与今日》，《申报》1913年3月14日第1、2版。
④ 选：《论女权》，《大公报》1913年3月22日第1、2版。
⑤ 《唐群英凶毁长沙日报馆始末记·长沙日报之报告》，《时报》1913年3月3日第3版。

评①。经理文斐除了痛骂唐、郑二人为"奸夫淫妇"②，还摆出一副患有"唐群英恐惧症"的可怜模样，称恐唐群英"真来打闹"，请调"警察多人在馆守卫一天"，又请"木工制短棍多根、绳索数件"，大有"风声鹤唳、草木皆兵之势"③。

此外，女界在对唐群英的评价问题上也出现了批评的声音：不仅有"将唐劣迹印刷宣布者"，还有人指责唐群英捣毁《长沙日报》馆且用女界全体名义遍发传单及开会，"犹不自愧"，甚至湘中部分女校学生"以唐群英辱人贱行，耻与为伍"④。

舆论对唐、郑"婚变案"的渲染，使得唐群英在湖南建立的女子参政同盟会支部卷入风波，"以致湖南妇运一度颇受影响"⑤。女子参政运动的另一位领袖王昌国，对于其与国民党元老谭人凤结成"奇缘"的绯闻，曾登报"誓抱柏舟主义，决不再醮"。唐群英为了与郑师道在男女关系上划清界限，便仿效王昌国，宣称"矢志柏舟"。唐群英虽为寡妇，但非同王昌国为丈夫遗弃，故"闻者皆为之捧腹"，一时间"湘中女界以'柏舟'二字为最近之新名词，竟相率以为口头禅语"⑥。此外，郑师道在法庭上乞求各方原谅唐群英的做法本已引起人们"窃窃不解"，其还到处宣扬拥有一大包含有"相片、信札、婚约等件"的"结婚证据"⑦，更使唐群英陷入了四面楚歌的境地。

面对"第二次预审"的催讯，唐群英依旧"托病不到"，只是邀请丁云龙为代理人。并且，湖南省巡警厅或出于唐群英的频繁"控诉"，或基于"郑师道不离湖南，则风潮将不止"的社会共识，最终还是给郑师道下了"逐客令"。2月25日下午二时，第二次预审会上已无被告郑师道的踪影⑧。尽管丁云龙辩护称：报馆何以不顾郑师道为精神病患者的事实，而擅登广告？文斐为何大骂唐、郑为"奸夫淫妇"？在法庭上为何不以

---

① 《阐扬贞孝节烈》，《长沙日报》1913年3月9日第10版。
② 《唐群英大闹报馆三志》，《大公报》1913年3月17日第5版。
③ 《长沙通信·唐群英大闹长沙报（四）》，《民立报》1913年3月4日第10版。
④ 《郑唐之案·转录长沙寄来之印刷品》，《新闻报》1913年3月11日第4张第1版。
⑤ 吴剑、段韫晖：《湖南妇女运动中的几件事》，中国人民政治协商会议全国委员会文史资料研究委员会编：《辛亥革命回忆录》（八），文史资料出版社，1982，第466页。
⑥ 《湖南女杰风流案之余闻》，《神州日报》1913年3月9日第3版。"柏舟"二字最早见于《诗经·邶风·柏舟》《鄘风·柏舟》，"柏舟"在古义中为妇人遭受遗弃，为群小所欺，但坚持正道，不甘屈服。
⑦ 《唐群英凶毁长沙日报馆始末记·长沙日报之报告》，《时报》1913年3月3日第4版。
⑧ 《长沙通信·唐群英大闹长沙报（七）》，《民立报》1913年3月9日第8版。

唐、郑婚姻的事实问题作为解决该案的关键？但经过两小时的辩论，仍认为唐群英有错在先。审判厅厅长宣布，"此事决定认为诉讼成立"，唐群英、张汉英"须亲行到案，否则当照法律作为缺席裁判"①。

综观预审全过程，仅就法律审判的层面而言，唐群英在法庭上处处被动，是文斐"恶意为之"、法官"偏私袒护"、谭延闿的"姑息纵容"互相配合的结果。文斐所称的"九千元"赔偿要求确有些过分，因"字架不过推翻两三架，原物尚存，仅费手工而已"②。审判厅厅长在庭审中亦未能贯彻"公平"的原则：一是认为郑师道为精神病患与否，实难辨别，且其所登内容不逾法律范围；二是声称"修改稿"确为郑师道亲笔经手；三是认定文斐辱骂唐、郑为"奸夫淫妇"纯属唐群英理屈词穷后所编造的谎言；而对于唐、郑的婚姻关系问题，完全回避不论③。实际上，就"法律事实"而言，唐、郑的婚姻关系确为"凭空捏造"。1913年2月4日，唐群英已抵长沙筹办女子参政同盟会湖南支部建立事宜，1912年12月4日，其创办《亚东丛报》时"并未出京"。据此可知，郑师道所称与唐群英在天津白屋旅馆举行婚事，纯属子虚乌有④。审判厅厅长也不避讳整饬女界之用意，"唐群英、张汉英、周意绥辈，遇事干涉，肆行无忌。不挫其锋，殆有不可收拾之势。此次唐群英本属无理取闹，故欲乘机而推翻之"⑤。此外，湖南都督谭延闿面对唐群英及女界的迭次控诉，或"一笑置之"⑥，或给出的均是"官样文章"的批示⑦，这在某种程度上确实收到了姑息助奸之效。

早在第一次预审结束后，唐群英便邀各报馆主笔及政、学界多人调处，但对热心人士提出的"送招牌于《长沙日报》，并致书道歉"一节坚决不接受⑧。随着第二次预审的进展，唐群英知绝无"转败为胜"的余地。恰逢国民党湖南支部"黎君尚雯等为唐女士保护名誉起见，邀集同志从中调处"⑨，才使双方就此罢休。案件的结局反倒颇具"雷声大，雨

---

① 《唐群英大闹报馆三志》，《大公报》1913年3月17日第5版。
② 《长沙通信·唐群英大闹长沙报（四）》，《民立报》1913年3月4日第10版。
③ 《唐群英第二次预审详情》，《申报》1913年3月7日第6版。
④ 《长沙通信·唐群英大闹长沙报（六）》，《民立报》1913年3月7日第8版。
⑤ 《唐群英大闹报馆三志》，《大公报》1913年3月17日第5版。
⑥ 《唐群英大闹报馆三志》，《新闻报》1913年3月4日第2张第1版。
⑦ 《唐群英大闹报馆之余波》，《新闻报》1913年3月15日第2张第1版。
⑧ 《长沙通信·唐群英大闹长沙报（四）》，《民立报》1913年3月4日第10版。
⑨ 《唐群英与长沙报交涉之结果》，《申报》1913年4月9日第6版。

第二章　民初女子参政与"英雌"的陨落：唐群英大闹《长沙日报》之风波

点小"的味道：由《长沙日报》连续两天刊登了结此案的"本报特别启事"①，唐群英赔偿报馆二千元洋银，报馆招牌由调停人送回②。谭延闿亦以都督名义为唐群英的名誉发表通电："当时有人通信各埠及南洋群岛各馆，污唐□君及女界多名，实属无聊痞徒臆造捏诬。延闿等知唐君等有□，用特代为剖明，以彰公道而释群疑。"③

虽然调停人的介入与谭延闿的通电给了唐群英一点安慰，但唐群英在法庭上的"败诉"及其"女德有缺"的形象已成为公众的刻板印象。伴随此案的余波，还有一系列负面的连锁反应冲击着唐群英的形象：3月17日，唐群英及湖南第一女子中学校学生、女子自由党强行闯入长沙城董事会"大肆滋闹"④；4月10日前后，唐群英及张汉英以"女子参政同盟会"名义与湖南"女国民会"展开关于秋瑾女烈士祠的争夺战⑤；5月27日，张汉英等因泄愤于"女国民会"，率众捣毁"黄泥墩三育女学校"⑥。这些事件与唐群英大闹《长沙日报》一同被反复提及，强化着人们的负面记忆⑦。俟11月袁世凯勒令解散唐群英组织的"女子参政同盟会"⑧，唐群英便从此在政坛舞台上"销声匿迹"。而郑师道亦于1913年4月16日被捕入狱，后为浙江都督朱瑞以"煽惑人民，殴打警吏，妨碍政务，毁辱法庭"的名义所杀⑨。

就某种程度而言，唐群英及其领导的《女权日报》，与《长沙日报》、文斐、谭延闿等人均属于国民党一派，他们对"民主共和"的坚守以及反对袁世凯政府的基本立场具有相对一致性。只是，文斐等人借助唐群英大闹《长沙日报》风波大做文章，内中牵扯不少唐群英、文斐个人之间

---

① 《本报特别启事》，《长沙日报》1913年3月31日、4月1日第2版。
② 《唐群英与长沙报交涉之结果》，《申报》1913年4月9日第6版。须特别指出的是，陶菊隐在《记者生活三十年》中对案件结局的回忆："事件发生后，唐、傅二人同时投诉于都督谭延闿之前，一个要赔偿名誉损失，一个要赔偿报馆损失。谭调停无效，只得动用公款二千元赔偿报馆损失，此案遂以不了了之。"经笔者考证可知，上述表述有误，参见该书第9页；另，颜浩所著《民国元年：历史与文学中的日常生活》（陕西人民出版社，2012，第164页）中对唐群英赔款问题的叙述，误亦相同。
③ 《为唐群英等女界辟污致各报馆电（1913年4月2日）》，周秋光等编：《谭延闿集》（一），湖南人民出版社，2013，第390~391页。
④ 《长沙通信·董事会战胜女学生》，《民立报》1913年3月28日第8版。
⑤ 《抗争秋烈士祠产》，《神州女报》1913年第3号。
⑥ 《湘省风潮一束》，《申报》1913年6月6日第6版。
⑦ 《女国民会之捣毁》，《申报》1913年6月11日第7版。
⑧ 《解散女子参政同盟会》，《申报》1913年11月24日第6版。
⑨ 《郑师道被捕之详情》，《顺天时报》1913年4月24日第4版；《各省新闻》，《正宗爱国报》1913年5月1日第4版；《密探唐群英》，《申报》1913年9月16日第6版。

的嫌隙①,同时该案亦是国民党人内部矛盾综合作用下的产物。

综上所述,在历史场域中,一件"婚变案"传闻经由媒体放大,竟成了关乎法律信用、女德与女权的复杂问题的讨论。尽管民初的法律尚处于一个初创的阶段,但男性一方抓住唐群英在这场诉讼风波中的"软肋",利用"法律""道德"等关键词,肃整唐群英个人、攻击女权运动、否定女子参政资格的用意,异常明显。并且,该事件在舆论传播中的变形以及随着文学作品的介入,还使得唐、郑"婚变案"在文学场域中被赋予了更为传奇的色彩。

第二节 文学叙事:被讲述的"艳史"与"丑史"

尽管唐群英在大闹《长沙日报》一案以负面形象谢幕,但其名气却随之在湖南省内传播开来②。唐群英"抗传不到案",郑师道"为唐作无罪辩护",基于先前唐、郑的交往经历,郑师道被驱逐离湘等事件,使二人的暧昧关系不免让人浮想联翩:其一,在唐群英揪打宋教仁一事中,郑师道奋勇质问宋教仁"何以新政纲将'男女平权'一项削去",是否增加了唐群英动武的信心和后盾③?其二,地位一般的郑师道积极为唐群英创办的《女子白话旬报》《亚东丛报》撰写祝词,是否有向唐群英献媚之意④?其三,郑师道自行发结婚广告在先,为唐群英作无罪辩护在后,是否意味着对唐群英的穷追不舍?或是"无风不起浪",或是出于对"桃色新闻"的猎奇心理,或是众人对"男女大防"的"谈虎色变",或是人们对于唐群英"寡妇"再嫁的特别关注,总之,唐、郑"婚变广告"引起

---

① 参见《唐群英大闹报馆之原因》,《大公报》1913年3月7日第5版;《唐群英之对付文斐》,《大公报》1913年3月10日第3版;《唐群英大闹报馆三志》,《大公报》1913年3月17日第5版等。综合以上材料可知,唐群英、文斐关系素来不和,表现在:一是唐群英对《长沙日报》所登插画不满;二是两人办报宗旨的意见不合,唐群英所创办的报刊主要以提倡女权、推广白话、启蒙女性智识为己任,却遭文斐反感;三是两人先前因私人问题而结怨。
② 陶菊隐:《记者生活三十年》,第8页。
③ 《国民党成立大会纪略》,《时报》1912年9月1日第3、4版。
④ 《郑师道祝词》,蒋薛主编:《唐群英诗赞》,衡阳市育新印刷厂印行,1997,第21页;郑师道:《祝词(十)》,《亚东丛报》1912年第1期。需要指出的是,为唐题写祝词的人,或为社会名流,或为唐家的亲朋好友。

第二章　民初女子参政与"英雌"的陨落：唐群英大闹《长沙日报》之风波

的"蝴蝶效应"并未随着法庭判定而终止。相反，唐、郑关系在舆论传播中逐渐变形，加之各类文学作品的广泛介入，使得"文学想象"距离历史现场渐行渐远。

这种对唐群英品头论足现象的形成，与民初的媒介环境、文学生态、文化消费心理有着密不可分的关系。一方面，辛亥革命前后中国的阅读市场逐渐从"精英阅读"向"大众阅读"转型。以《申报》《新闻报》《时报》为代表的上海报界纷纷创设副刊，或名曰"自由谈"，或冠之以"庄谐丛录"，或命名"滑稽余谈"①，《神州日报》《时事新报》等报刊上也不时选登"逸史""文苑""戏曲""谐文""游记""诗词""画史""酒令""诗词""艳史"等体裁的"游戏文章"。民初报刊出现了一种"谐趣化"的现象，一种自由的、活泼的、轻松的书写风格，一时间蔚然成风②。"副刊"栏目的开辟，客观上也为社会营造了一个恣意抒发政见的公共空间。"游戏文章""诙谐文学"等多元化的言说方式，每每切入社会、政治和文化的议题。另一方面，"鸳鸯蝴蝶派"小说在民初的风靡流行，同样为唐、郑故事的"再创造"提供了广阔的舞台。

新闻媒体对唐群英大闹《长沙日报》事件的报道有客观性陈述，当然也免不了记录者的臆断猜想。

其一是人们关于唐、郑在北京时期"暧昧关系"的想象。有记者声称，唐群英在京起先"颇利用郑师道为记室"，日后两人"至为密切"，常同室"通宵达旦"，且唐群英已允郑师道之求婚，双方数宿于"天津日本白屋旅馆"，"俨然夫妇"。其二是人们对唐群英回湘动因的臆断。有人认为，唐群英此次回湘主要是"为备办与郑结婚事"，且招来女友张汉英帮忙"说服"唐母与唐兄，但张汉英抵湘稍迟，唐、郑二人已走向"决裂"。其三是人们对唐群英于湘拒见郑师道原因的猜测。有人称，两人于汉口分道扬镳后，郑师道至湘谒唐群英却遭拒绝，情急之下便于《长沙日报》登广告，不出意料地惹来唐群英的勃然大怒。亦有人称，唐群英偕郑师道回湘，将郑师道先"匿之小西门外金台旅馆"，欲得母、兄同意婚事后，再领其面见家人，可郑师道自行"以庚帖诣唐宅求见唐之兄"，惹得唐兄、唐母以死相抗。唐群英在家族的逼迫下，只得"力辩其诬，且捏称郑为疯子"。对此，金台旅馆主人附和，确有"唐先生者，曾与郑

---

① 魏绍昌编：《鸳鸯蝴蝶派研究资料》（上卷·史料部分），上海文艺出版社，1984，第480、483页。
② 参见杜新艳《论民初报刊谐趣化现象》，《南京师范大学文学院学报》2009年第2期。

在该馆共宿数宵"①。其四是人们对郑师道被驱离湘内幕的讨论。有人称，郑师道离开湖南"并非由谭都督一纸公文"之故，而是唐群英派遣张汉英持手枪"亲至金台旅馆郑师道寓所，迫令其立刻出省"②。亦有人称，当郑师道到达岳州之后，唐群英托张惠风姊等叮嘱郑师道暂避风头，"仍许结婚"③。还有人称，唐群英请张汉英赠郑师道"白金二十元，嘱其回京稍待，不必太急"，不料郑师道登载广告之过激行为，酿成了两人不欢而散的结局。其五是人们对郑师道手中"结婚证据"真伪的关注。有人称，郑师道逢人便信心十足地称"与唐结婚之证据甚多"，故唐群英所谓的"以枪见郑"，难免有"欲先杀之，以为灭口计"之用意④。亦有人称，郑师道临行之时，仍指唐群英为其正式夫妻⑤。

其实，上述报道明显留下了文人墨客艺术加工的色彩。前述唐群英返湘是为筹建女子参政同盟会湘支部；张汉英到湖南是为配合唐群英的女权运动工作⑥，其抵达长沙后就郑师道于《长沙日报》刊登广告一案，亦发生过正面交锋；即便谭延闿的下令为"表面文章"，但郑师道被"军警各界拘拿"的通饬却是事实；至于唐、郑二人在金台旅馆"共宿数宵"之事，经过时人辨伪，"亦属子虚"⑦。

唐群英大闹《长沙日报》一案，除了在新闻传播过程中产生了扭曲变形，在文学场域同样成为"被讲述"的"艳史""趣史"，乃至令人发指的"丑史"。

"英雌"作为晚清的新生"流行语"，就构词方式而言，是与"英雄"相对而出现的，用以诠释和建构女杰形象。在清末种族革命话语下，"英雌"形象通常作为"爱国、尚武的女英雄典型而备受礼遇"⑧。作为"英雌"的代言人，唐群英大闹《长沙日报》表现的英雄气概，的确令社会上一部分男子颇为欣赏。有论者将唐群英看成是专为妇女打抱不平的"女豪杰"，谈及清室小朝廷"仍循旧例选秀女"的恶习，深望唐群英

---

① 《唐群英捣毁长沙日报之余谈》，《神州日报》1913年3月5日第3版。
② 《长沙通信·唐群英大闹长沙报（七）》，《民立报》1913年3月9日第8版。
③ 《长沙通信·唐群英大闹长沙报（八）》，《民立报》1913年3月15日第10版。
④ 《唐群英捣毁长沙日报之余谈》，《神州日报》1913年3月5日第3版。
⑤ 《湘中女权消长谈》，《申报》1913年3月19日第6版。
⑥ 吴剑、段韫晖：《湖南妇女运动中的几件事》，中国人民政治协商会议全国委员会文史资料研究委员会编：《辛亥革命回忆录》（八），第466页。
⑦ 《长沙通信·唐群英大闹长沙报（五）》，《民立报》1913年3月6日第10版。
⑧ 参见黄湘金《"英雌"的陷落——关于沈佩贞的历史与文学形象的考察》，《中国现代文学研究丛刊》2011年第5期。

第二章　民初女子参政与"英雌"的陨落：唐群英大闹《长沙日报》之风波　73

"帅娘子军，握无情棒，直捣黄龙，以与鞑靼从事也"①。唐群英还被塑造成为讨伐社会上"薄情"男子的领军人物。有作者戏拟《为娘子军讨薄情郎》启事，称有"薄情郎"追求某女士之初，以"鸳鸯比翼"盟誓，然未久"反目无情"，今若女界在唐群英的带领下，必可"大夺眉须之气"②。又有论者通过嘲讽郑师道反衬唐群英女豪杰形象的大放光彩：郑师道"乃敢妄想天鹅肉，捏登同婚广告"，盖其"神经病"程度实在不可救药矣③，其"又想请朱都督替他在西湖上盖房子，享清福"，这"一张面皮倒可以卖给制革厂……发一注大财"④。

然而，就唐群英大闹《长沙日报》一事的文学形象而言，唐被完全当成"正面教材"而书写的文字并不多。或许是"湘女多情"传说经久不衰的魅力使然⑤，唐群英作为"多情"湘女的代表，更为读者津津乐道。

1913 年 3 月 12 日，《民立报》"笔词墨舞"之专栏刊登了署名"雄郑"的文章，似为投稿者假郑师道名义向唐群英求爱的文字："天下多情，惟使君尔……有某痴子者，家傍西湖，名标东阁"，"时下英雌鹿鹿，狮吼神州"，本人为先生才华所折服，不甘庸为"筹边使之头衔"，深愿与汝结成连理，比翼齐飞⑥。该文对唐、郑关系的"书写"，尚有清末民初"自由恋爱"的新旧之间"依违离合"的印记。此外，以"露骨"的方式讲述者亦不在少数。海吴虞公在《唐英雌之趣谈》中称，郑师道与唐群英女士仅有数面之缘，但唐对郑"偶假以辞色"，使郑"情丝空袅"以至"妄有缱绻之思"，遂做起了赴《长沙日报》刊载结婚广告的"白日梦"。亦有文人刻画了郑师道被逐出湖南之后，唐、郑"难舍难分"的情境：当郑师道踏上离湘的小船时，唐群英忽然匆匆赶来，奈何"光阴不再……此行此时万分焦灼，如坐黑暗"⑦。当郑师道抵岳州时，有人戏拟"郑师道致湘中旧识者书"，称"此次离湘，乃群英令其暂时避地，并无毁约之意"。又有人续拟"郑师道致谭延闿书"，表达了其对"长沙情深，

---

① 钝根：《游戏文章·选秀女感言》，《申报》1913 年 4 月 24 日第 10 版。
② 莽汉：《游戏文章·为娘子军讨薄情郎檄》，《申报》1913 年 6 月 19 日第 10 版。
③ 默：《杂评二·唐群英大闹长沙报》，《申报》1913 年 2 月 26 日第 6 版。
④ 《自由谈话会》，《申报》1913 年 4 月 22 日第 10 版。关于郑师道回浙后，向朱瑞索取住房事，参见《郑师道被捕谈》，《申报》1913 年 4 月 19 日、20 日第 3 版。
⑤ "湘女多情"之传说古已有之，该传说的来龙去脉，参见肖甫《湘女多情》，《通讯（湖南）》1947 年第 7 卷第 1 期；善之：《湘女（随笔）》，《石门月刊》1947 年第 16 期。
⑥ 雄郑：《笔词墨舞·警大舞台》，《民立报》1913 年 3 月 12 日第 12 版。
⑦ 《艳史·郑师道之新婚别》，《新闻报》1913 年 3 月 11 日第 4 张第 1 版。

湘水不意，满庭佳话，几酿悲观"的无奈①。至郑师道被朱瑞枪毙，有人戏拟"唐女士祭郑师道文"，其中"望空洒泪，致祭于未婚夫郑君之灵"，回想"人人以君为有神经病，唯我独赏君之磊落"，浙督"竟请君为鬼，而使我为螯"等缠绵之语，流露出唐群英对郑师道的悲切和爱恋之情②。

除了对唐群英"多情"形象的刻画，"游戏文章"及"鸳鸯蝴蝶派"小说的作者也随心所欲地展开对唐群英"功利""虚伪""无情"等面孔的塑造。

把唐群英打扮得最为"功利"的当属"鸳鸯蝴蝶派"小说家平江不肖生的《留东外史》。作者把唐群英说成仅是"母大虫"一只，"连字都认不了几个"，但"偏会办报，偏会做论说"，唐群英为了利用郑师道助己办报，不惜在肉体上与其"有了些结合"，而"书呆子"郑师道误以为拥有了"纯粹的爱情"，便向唐群英提出结婚的要求。唐群英虽顾虑结了婚"便得受人拘束，行动不得自由"，但觉得郑师道尚有利用的价值，故暂给郑"一纸没有证人的婚约"，计划着"到不用他的时候，再托故回绝了他就是"③。如此心理描写，实属酸腐文人的一厢情愿。

唐群英的"虚伪"面孔也为文人所"洞察"。有人戏拟《长沙之新竹枝词》两首：其一曰："结婚何事大荒唐，海誓山盟枉一场。省识销魂滋味苦，从今怕过便宜坊"；其二曰："天津倭馆认双栖，珍重还将密约题。留得鸳鸯红印在，任他化水与沾泥。"④ 前者说的是唐、郑二人已凭盟友订盟于北京便宜坊，后者则述唐、郑二人同居天津白屋旅馆，并携有结婚印约。另有人仿照《诗经》笔法，题写"新诗经"三首，讲述了唐、郑婚约引得唐母、唐兄以死相逼，以及唐群英叮嘱郑师道切勿登报，以免可畏人言等事⑤。上述作品皆诬指唐、郑结婚确有其事，暗指唐群英对于婚约"不虞反悔"，为批评她背信弃义张本，可见无聊文人在男女情事上钻营的本领。

唐群英等女中豪杰外表冷淡、"内心蠢蠢欲动"的形象也为笔墨者勾画。王钝根在《观春柳社新剧十姊妹》中刻画了春柳社剧中所演的十个"自命为新中国女豪杰"、不畏"唐群英之皮鞭"的女子。她们平日以

---

① 《湘江逝水楚云飞·民国艳史之一》，《时事新报》1913年3月21日第4张第3版。
② 剑秋：《游戏文章·戏为唐女士祭郑师道文》，《申报》1913年9月2日第13版。
③ 平江不肖生：《中国近代小说大系·留东外史》（上），百花洲文艺出版社，1991，第505～506页。
④ 《民国艳史中之绝妙文章·二竹枝词》，《时事新报》1913年3月22日第4张第3版。
⑤ 寄：《趣言·固一世之英雌也》，《新闻报》1913年3月9日第4张第1版。

第二章　民初女子参政与"英雌"的陨落：唐群英大闹《长沙日报》之风波

"无夫主义"相互牵制，但当闻悉"世家子弟"褚士俊登报求婚，便演绎了一场为争嫁褚士俊，大乱彩票场，捣毁报社的闹剧，后经教育会长调停，十姊妹遂与褚士俊等十人同日结婚①。该剧情显然以唐群英大闹《长沙日报》为摹本。可见这些士子营营于"世家子弟"自我投射的传统在民国时期仍未有所改善。女性已经开始自己争取幸福，男性仍汲汲于祖先荫蔽。

文人墨客在描绘唐群英的"薄情寡义"时，更倾向将郑师道打扮成"无辜""可怜"的样貌。文人士子的落寞、失败，昭然若揭。有撰文者称，当郑师道被唐群英"坐逼即行"之际，还"涕泪满衣"地致予对唐群英深深的眷恋："我最亲爱之妻唐女士，汝不过因醉后暴动。我二人两方面爱情决不因此而稍减也。"有"游戏作者"仿写《西厢记》，在谈及郑师道时感叹，"你有心争似无心好，吾多情早被无情恼"。当郑师道入狱，有人戏拟《郑师道狱中上唐群英书》，以郑师道的口吻表达了对唐群英"深情似海，眷属疑仙"，同时对唐群英在婚姻广告纠纷中明哲保身的做法难以释怀，并泫然心痛自己身陷牢狱时，唐群英竟与"男女同志，欢然一室"，故通过制造"幸得狱吏女解意"的"三角恋爱"，以期与唐群英破镜重圆。亦有作者撰写《戏拟某女士致浙江都督书》一文，与上篇文字遥相呼应：郑师道虽误解了唐群英的"假以辞色"以致"顿起妄想"，但法庭上唯有"师道于众论摇撼之时，乃甘冒不韪"，力排众议，故恳请朱瑞都督网开一面，否则娘子军将"于西子湖边与贵督一决雌雄"②。巧妙的是，该作者以郑师道的无辜和唐群英在娘子军中的"缺场"，强化了唐群英"不念旧情""冷酷无比"的面孔。

除了"多情"与"无情"的讲述外，文人还杜撰了唐群英演绎的"丑史"。但"游戏文章"或"自由谈"中整体仍持中立温和的态度，"直接指涉时事，特别是批评、讽刺、笑骂某些人"的尚属少数③。有作者戏拟《代湘督谭延闿复郑师道书》，诉说谭延闿对唐群英"撒泼"的无可奈何，使唐群英"横行乡野"的形象变得谐趣化：唐群英"横扫弱男子之队，孰敢不弃甲曳兵？"宋遁初"辄受掌责而不辞，某何人斯敢蹈覆辙？"④另有批评者谈笑风生："余欲新增报律一条曰：泼妇有打毁报馆之

---

① 钝根：《剧谈·观春柳社新剧十姊妹》，《申报》1914年10月7日第13版。
② 率：《游戏文章·戏拟某女士致浙江都督书》，《申报》1913年5月4日第13版。
③ 参见杜新艳《"自由"与"游戏"：民初〈申报·自由谈〉的自我表达及其旨趣》，陈平原主编《现代中国》（第十四辑），北京大学出版社，2011，第46页。
④ 懦夫：《游戏文章·代湘督谭延闿复郑师道书》，《申报》1913年3月25日第13版。

权。某英雌其赞成否?"① 有附和者亦调侃谓,若创办一《女量报》,专登"悍妇命令""撒泼新闻""歪缠新闻",以"注重平权、自由离婚"等为宗旨,而将"阐扬女界打报馆、健词讼诸美德",悉皆列入,以辅助唐群英当时主持的《女权报》,并选购钢制印刷机,"以免男界冲打时不致受毁",不知唐女士意下如何②?此外,有人戏拟《巴拿马赛会进行社征求物品通告》讽刺道,不妨将"唐女士捣毁长沙日报之摄影""武士英暗杀宋教仁之手枪""沈女士饷亚东新闻社记者之竹杠""溥仪所戴之红缨大帽""周培德著之孔子新诠"等"民初劣迹"一同送往"巴拿马太平洋万国博览会"参展③。亦有作者仿古时"关公战长沙"的故事,戏拟"唐群英、郑疯子、文斐合演战长沙"之传奇,称唐群英打报馆,堪比关公当年之勇④。

平江不肖生的《留东外史》则将唐群英"蛮横无理"的形象推向了高潮。郑师道每谈及婚事,唐群英均支吾应付。但当郑师道送刊结婚广告时,唐群英呵斥郑"专制",且"带了一群女打手",摘取报馆招牌,打入排字房,将铅字一盘盘扳下洒了一地后,又把字盘踏得粉碎。作者以夸张手法描述了唐群英大闹后的丑态:"母大虫虽然凶勇,无奈上了年纪的人,到底精力不继,接连捣了两处,实在有些气喘气促,不能动弹。"作者还以反语讽刺:"你看他们女国民的威风大不大,手段高不高?"⑤

在历史场域,唐群英本已被视为"女德有缺"的代表,致使时人皆对郑师道私自登载结婚声明一事视若无睹。在男性主宰的文学视野下,唐群英不仅以"功利""虚伪""无情"的姿态与郑师道上演了一段风流韵事,而且其大闹《长沙日报》的"霸蛮"也违背了女性"贤良淑德"的优美品格。"面目可憎"的唐群英打破了男权社会的"禁区",使得"牝鸡司晨"的恐慌很快在男性社会中蔓延开来。署名"丹翁"的作者称,沈佩贞大闹《亚东新闻》"未逾期年",今唐群英故伎重演,是有"猛牝"群起之危险趋势⑥,不如由唐群英"联络京师沈佩贞,结成攻守同盟,与中原男子大战几十万合",以此一决雌雄⑦。亦有作者称唐群英面

---

① 《自由谈话会》,《申报》1913年3月26日第13版。
② 罢了:《游戏文章·拟办女量报章程》,《申报》1913年4月4日第13版。
③ 瘦蝶:《游戏文章·巴拿马赛会进行社征求物品通告》,《申报》1913年6月27日第13版。
④ 热庐:《滑稽戏评》,《申报》1913年3月23日第13版。
⑤ 平江不肖生:《中国近代小说大系·留东外史》(上),第506~507页。
⑥ 丹翁:《讽辞·唐群英捣毁长沙报馆》,《新闻报》1913年3月1日第4张第1版。
⑦ 丹翁:《异言·郑师道不负唐群英》,《新闻报》1913年3月6日第4张第1版。

呈"克夫相":"夫教仁以两颊之故,晦气上身,至遭极惨之祸。师道以诟谇之故,红鸾未照,便成白虎,至有牢狱之灾。"①

综上所言,在文学场域,"游戏文章"的作者和"鸳鸯蝴蝶派"的小说家受到历史事件在媒介传播中变形的灵感驱动,加之出于迎合男性文化消费心理的考虑,利用手中的笔墨尽情挥洒对唐群英进行"文学书写"。他们或将唐群英塑造成具有十足正面意义的女豪杰代表,或将唐、郑二人的关系"想象"成为一代风花雪月的"风流艳史";或把唐群英打扮成一个"多情"的湘女,或把其丑化成为一个"薄情""功利""虚伪"的角色。这些形象都是出于男性视角的客体形象,而鲜有女性视角。实际上,"艳史"不仅作为一种叙述模式,亦是以男性为主体的作者与读者的一种特殊"期待"。这既体现了民初"男女边界"较晚清时期的某种突破,也表露出人们对于"性爱情感""自由恋爱"的朦胧渴望。并且,唐群英以"武力"向男性"说话"的行为,引发了男权社会对"牝鸡司晨"回溯的惶恐。在男性眼里,郑师道毫无底线地私自刊登结婚声明,不过是情深义重的表现,而鲜有人予以评价,可见舆论场之男性主导权在民初的极端状况。唐群英对于男性"霸权话语"的挑战失败了。由此也不难理解,唐群英在文学叙事中的"境遇",同其在法庭中的"败诉"相似,一并遭遇了不同程度的"陨落"。

若要在"历史现场"与"文学叙事"之间作一比较,其不同之处在于:在历史事件当中,唐、郑二人"婚姻事实"的真伪不在公共话题的讨论范围内——因为,男方有错在先,此或许与法庭审判官对原告一方的"偏袒"有关;但在文学创作中间,唐、郑二人的"暧昧关系"则得到了反复书写。其相同之处在于:两个场域均不回避对于唐群英大闹《长沙日报》的"道德批判",同时以"婚姻事实不在公共话题讨论范围之内"为由掩饰郑师道的错误。换句话说,作为女豪杰的唐群英,历经了双重领域"陨落"的命运,始作俑者郑师道则被巧妙地打造成情深的模样。特别值得探讨的是,唐群英大闹《长沙日报》并非一则简单的故事,若将其前后的活动与其他女豪杰的命运置于同一视野下考察可知,投射到她身上的是一个时代镜像的缩影:以上"历史事件"与"文学形象"双重场域的互动过程,折射出了民国初年女权话语的内在困境,以及女杰在社会舆论场面临的尴尬与遭遇。

---

① 立:《戏言·痴心女子负心汉》,《新闻报》1913 年 5 月 11 日第 4 张第 1 版。

第三节　时代镜像:"英雌"话语与民初女性的社会生态

(一) 被女杰误解了的逻辑

在晚清"种族革命"及"民族主义"话语的感召下,传统社会中涌现出部分女性——尽管是极其少数的,随同男性一道加入革命队伍中间出生入死。她们力图作为四万万同胞另一半的代表,追求并展现女杰角色的建构。辛亥年间,诸如唐群英与张汉英来沪组织"女子后援会"①,且参加"女子北伐队",驰赴金陵作战等壮举不为罕见②。共和告成后,女子参政团体的纷纷成立蔚为可观:1912年2月20日,唐群英等将女子参政同志会、女子同盟会、女国民会、女子后援会、女子尚武会等五大团体,联合组建"中华民国女子参政同盟会"③;随后各省支部也竞相成立,并尝试着与万国女子参政同盟会——这一世界性的妇女运动组织进行联络④。女报的创办、女学的开设,同样呈现出蒸蒸日上的气象。并且,这些女性亦受到了相当高的"礼遇",如唐群英本人即得到了孙中山的接见,并被誉为"创立民国的巾帼英雄",还获得了"二等嘉禾章"⑤。

就唐群英等人看来,作为女性的自己,在革命中"尽义务"之余,"享权利"乃当然之理——共和胜利的曙光升起之际,便是"女界革命""男女平权"梦想成真的时刻。于是,女界关于争取参政权运动的上书一次次地递到参议院议员们的手中。唐群英在《女界代表张(唐)群英等上参议院书》中呼喊:"欲求社会之平等,必先求男女之平权,非先与女子以参政权不可。"⑥ 然而,这一切却遭遇了来自"另一半"的阻力:其关于"男女平权"的种种要求或被参议院一一驳回,或在《临时约法》

---

① 《女子后援会筹募军饷》,上海社会科学院历史研究所编:《辛亥革命在上海史料选辑》,上海人民出版社,1981,第640页。
② 陈婉衍:《女子北伐队宣言》,中华全国妇女联合会妇女运动历史研究室编:《中国妇女运动历史资料(1840~1918)》,中国妇女出版社,1991,第457页。
③ 《唐群英年表》,衡阳市妇女联合会编:《唐群英史料集萃》,衡阳市妇女联合会刊行,2006,第16页。
④ 《女界欢迎万国女子参政同盟会代表纪事》,《申报》1912年9月25日第3版。
⑤ 《唐群英年表》,衡阳市妇女联合会编:《唐群英史料集萃》,第16页。
⑥ 唐群英:《女界代表张(唐)群英等上参议院书》,《妇女时报》1912年第6期。

第二章　民初女子参政与"英雌"的陨落：唐群英大闹《长沙日报》之风波

中被漠视，即使在国民党的成立大会上也被"无情"地删除。

对于民初女子参政在理论与实践中的落差，学界做出过不少探讨。例如，刘慧英认为，女权启蒙被安置于以民族国家话语为前提的价值设定中，导致"整部中国妇女运动史在很大程度上显得像一部妇女爱国史、救国史"，为民族国家救亡"被视为女性生存的最高理想和最高原则"，注定了妇女自身的利益"在民族国家问题解决之前将被无限期地延宕"，这表明男性对于妇女问题的关注"带有太强的趋利避害的功利目的"①。不过，这种论断偏重强调了妇女解放服务于民族国家的救亡，将妇女解放看成近代历史上"中心事件"的侧面，除此之外，还需要具体深入考察男性在对待妇女解放立场上多元复杂的心态。

事实上，这并不意味着男性反对女子拥有参政权的终极目标，他们同样希望能将两性在革命中间建立的合作基础保持并延续。而采取何种方式更好地协助二万万女性从传统社会的压抑中解放出来，成为当时男性精英不得不着力思考的问题。一方面，唐群英等女杰毕竟在二万万女性中屈指可数，绝大多数则是未能在历史书写中留下声音的妇女大众。据包天笑回忆，在他主持《妇女时报》期间，当时的妇女"知识水准不高，大多数不能握笔作文，因此这《妇女时报》里，真正由妇女写作的，恐怕不到十分之二三"②。另一方面，即便是女杰们的知识素养与经营能力也值得怀疑。据仇鳌回忆，1912年，在唐群英等结队多番请愿女子参政权的过程中，"每次呈文都是由我代笔"③。陶菊隐亦称唐群英参与创办的《女权日报》"营业不振"④，遂不得不由何步兰"呈请都督拨给公款，并常年津贴，以资接济"⑤。

故而，在男性同盟者的眼中，采用一种温和的、渐进的、符合现实的方式，引导女性逐步参与到"女权"行动中来，或许更为妥当。孙中山称："今日女界宜专由女子发起女子之团体，提倡教育，使女界知识普及，力量乃宏，然后始可与男子争权，则必能得胜也。"⑥宋教仁虽然代表国民党全体，向女界表达了否决女子参政权的决议，但仍为唐群英创办

---

① 刘慧英：《女权、启蒙与民族国家话语》，人民文学出版社，2013，第64、73页。
② 包天笑：《钏影楼回忆录》，大华出版社，1971，第362页。
③ 仇鳌：《辛亥革命前后杂忆》，中国人民政治协商会议全国委员会文史资料研究委员会编：《辛亥革命回忆录》（一），第450页。
④ 陶菊隐：《记者生活三十年》，第8页。
⑤ 《维持女权报》，《申报》1913年3月19日第6版。
⑥ 孙中山：《复南京参政同盟会女同志函》，中国社会科学院近代史研究所中华民国史研究室等合编：《孙中山全集》（二），中华书局，1982，第438页。

的《亚东丛报》题写发刊"祝词"①。刘揆一在办报问题上同样对唐群英给予支持②。何海鸣在《求幸福斋随笔》中亦称，若"有数辈脑灵心敏、志高胆壮之女子投身社会，使知世故而增阅历……苟一觉悟，即以身作则，启迪后来之女子以正轨，其收效必至大矣"③。

这些革命党人无不倾向于将实现女子参政"置为缓图"。李细珠认为，所谓女子参政的"预备"之说，"与其说是原则同意但不能立即实施，不如是理论上赞许但事实上否定"。进而，他还注意到孙中山对女子参政态度转变的过程，从南京临时政府成立之际"公开表示支持"，到辞去临时大总统后北上进京时与唐群英、沈佩贞表示"谨慎的许诺"甚至"爱莫能助"的谈话，这种暧昧表态的背后实则与孙中山政治地位和处境的变化存在一定关联④。

这些"苦心孤诣"在唐群英等人的内心击起一股"失落感"：先前男子应允的"女界革命"、承诺的"女权"，竟然不过是"海市蜃楼"，所谓"英雌"的标签亦不过是一种虚无缥缈的"身份"而已。当参议院讨论《临时约法》之际，唐群英等人"擅入议事厅"，"坚执议员衣袂"，将议院的"玻璃窗击破"，并把阻拦的警兵踢倒在地⑤。在国民党的成立大会上，面对举手赞成"男女平权"的男子寥寥无几，唐群英便"行至宋教仁坐地，遽举手抓其额，扭其胡，而以纤手乱批宋颊"⑥。逐渐地，唐群英从希望的幻灭，走向失望的低谷、绝望的深渊，以至到达愤怒的沸点。一方面，《长沙日报》刊登的一则子虚乌有的"婚变广告"点燃了唐群英蓄势待发的情绪，遂打毁报馆，召集女界举行大会；另一方面，唐群英大闹报馆一事与其此前的行径有所不同，内中涉及不少唐群英个人"霸蛮"性格、其与郑师道之间男女私情，以及国民党人内部矛盾等复杂因素。但若将此事同其之前的"故事"放在同一脉络中考察，便不难想象，她想用暴力的行动，争取各界的关注及女界的拥护，以重新觅回自认

---

① 宋教仁：《〈亚东丛报〉发刊祝词》，郭汉民编：《宋教仁集》（二），湖南人民出版社，2008，第510页。
② 刘揆一：《〈亚东丛报〉发刊祝词》，饶怀民编：《刘揆一集》，湖南人民出版社，2008，第47页。
③ 何海鸣：《民国史料笔记丛刊·求幸福斋随笔》，上海书店出版社，1997，第24页。
④ 李细珠：《性别冲突与民初政治民主化的限度——以民初女子参政权案为例》，《历史研究》2005年第4期。
⑤ 《女子参政同盟会力争参政权》，中华全国妇女联合会妇女运动历史研究室编：《中国妇女运动历史资料（1840～1918）》，第582～583页。
⑥ 《专电·国民党昨日在湖广馆开成立大会》，《神州日报》1912年8月28日第2版。

第二章　民初女子参政与"英雌"的陨落：唐群英大闹《长沙日报》之风波　81

为理所应当的"女权"。不过，在男权社会里，男性使用暴力行动来维权往往被视为某种正当性的义举，但这却不适用于女性。

（二）被"妖魔化"了的女杰形象

社会由两性组成，男女之间并非对立的两极，而是一对相互依存的关系。只有当两者处于和谐并生的共同体之下时，社会才能达到和谐稳定的状态。而一旦某一方的性别意识过于强烈，或至极端膨胀时，必将导致平衡的破裂①。就此意义而言，唐群英等追求女权话语的行动过于激烈，以致无意间将自己在辛亥革命时期合作过的盟友推向了对立面：唐群英揪打宋教仁那"清脆可听"的耳光声音，反复地回荡在男性的耳边；其砸毕报馆后"高坐吃烟"的傲慢姿态，也定格在了人们的脑海中；其在参、众议院用烟卷盒扔议员的做法还被其他女性效仿②。女杰们同时透露出欲与男子"一刀两断"的决心。某作者在 1912 年 11 月《女子白话旬报》的一篇文章中一针见血地指出："就是怕女子有参政权……夺了男子的饭碗……我们女界……不可说有了男子赞助我们，巴不得将自家的担儿减轻些，这种依赖的劣根性，千万要铲除净尽才好。"在《女子白话旬报》上，署名"开云"的语气更加不容商榷，"参议员剥夺女子的选举权，便是看待女子和罪犯一般了……我女界当视为公敌，一个个用手枪炸弹对付他"③。此外，女杰们激进的维权斗争，也波及了女性同盟伙伴。《长沙日报》风波初平，唐群英、张汉英复大闹"秋瑾女烈士祠"。这次则将矛头直接指向女界自身——"女国民会"④。事件因祠产纠纷而起，唐群英等呈清湖南都督谭延闿驱逐"女国民会"独占祠堂房屋，要求将"秋烈士祠"改为"女烈士祠"，同时在该处"兼办法政学校"⑤，此举不免让人叹息，"本是同根生，相煎何太急"。

唐群英采取的激进化、暴力化、极端化的斗争方式，使其最终陷入"自我孤立"的绝境。就唐群英大闹《长沙日报》本身而言，"自以为是"带给她的灾难，完全超乎了最初的估想。除了经济上的赔款、法庭

---

① 参见桑兵《治学的门径与取法——晚清民国研究的史料与史学》，社会科学文献出版社，2014，第 268～269 页。
② 傅文郁：《在北京参加女子参政同盟会》，北京市政协文史和学习委员会编：《辛亥革命在北京》，北京出版社，2011，第 164 页。
③ 李天化、唐存正主编：《唐群英年谱》，第 34～37 页。
④ 林受祜：《回忆辛亥革命时期的旧事》，政协湖南省文史资料研究委员会编：《湖南文史资料选辑》（十五），第 9 页。
⑤ 《抗争秋烈士祠产》，《神州女报》1913 年第 3 期。

上的败诉、文学形象的"陷落",最为重要的是,男性对其"女德有缺"的批判,以及对其拥有"女子参政权"能力的进一步怀疑,甚至是对其女杰资格彻头彻尾的否定。最终,唐群英在那个她曾经闪耀过的舞台上永远地"销声匿迹"了。"二次革命"后,唐群英被安置到回家乡从事"女学"事业的坐标上——这既是女子"自觉"的起点,也是在当时历史情境下女权回归的终点①。

在男性主宰的舆论场中,唐群英等女杰的行为张力,在某种程度上被冠之以"妖魔化"的形象,因有"三千年未有之活剧"之讥②。唐群英"丧失女德""泼辣蛮横"的面孔被无限夸大。沈佩贞"英雌"标签的背面,被男性酸腐文人讽刺为隐藏着一副"女流氓"的模样。国民党元老仇鳌回忆称,沈佩贞被问及与唐绍仪的绯闻时,竟笑答"我不过想利用他一下罢了"③。沈佩贞因 1915 年在北京醒春居与伙伴"以嗅女子脚为酒令"被《神州日报》披露后,聚众大闹报社的野蛮行径,亦深刻在时人的记忆中④。其时,尚有沈佩贞每以"裸体者仰卧"待袁世凯召见之传言的流布⑤。陶寒翠在所著的《民国艳史演义》中,以沈佩贞为原型,塑造了主人公"孙贝珍"在来访的议员面前大张八字式大腿,脱裤在净桶上方便,并大谈关于治脚气的方法等种种怪态⑥。北京女子参政同盟会干事傅文郁的形象亦遭遇质疑,被投以"娼妓"的恶名。有传闻称,1913 年,傅文郁到河南建立女子参政同盟会豫支部时,不仅在开封"明妓暗娼荟萃之处"时常出没,还在金台旅馆与男友赵显华及其他妓女一同上演了一出"泼醋迁居"的放荡丑剧⑦。直至十余年后许广平在与鲁迅的通信交流中,还批评唐、沈之流组织的女子团体无任何事业建设,不过是"'英雄与美人'的养成所",对于她们这群人"都是应当用蚊烟熏出去"⑧。

对于这种男权话语凝视下的"污名化"遭遇,李木兰在研究民初女

---

① 关于"二次革命"后唐群英回到家乡衡山办理女学的概况,参见谭长春、杨端云《融心化血破世顽——唐群英在衡山创办女子学校的情况》,《一代女魂——衡阳文史》(第 12 辑),政协衡阳市委文史资料研究委员会、衡阳市妇女联合会等编印,1992,第 88~91 页。
② 史晓风整理:《恽毓鼎澄斋日记》(二),浙江古籍出版社,2004,第 605 页。
③ 仇鳌:《辛亥革命前后杂忆》,中国人民政治协商会议全国委员会文史资料研究委员会编:《辛亥革命回忆录》(一),第 450 页。
④ 包天笑:《钏影楼回忆录》,第 394 页。
⑤ 朱德裳:《三十年闻见录》,岳麓书社,1985,第 12 页。
⑥ 陶寒翠:《民国艳史演义》,时还书局,1928,第 96~108 页。
⑦ 《傅文郁之风流艳史》,《长沙日报》1913 年 3 月 24 日第 8 版。
⑧ 《两地书》,《鲁迅全集》(第十一卷),人民文学出版社,2005,第 36~37 页。

子参政运动时也曾注意到。其指出,当时甚至有论者刊发讽刺性作品,"想象妇女参政活动家和当地妓女之间的交流",取笑二者都是公开进行"无礼"的活动且与男性混在一起,致使妇女参政活动家不断遭受贞洁的诽谤与道德品质的质疑。也就是说,"通过夸大妇女参政活动家们奇特的身体特征和不道德行为所带来的性别平等后果",强化了社会性别秩序中既有的两性权力关系,使得"各自的道德规范仍旧被维持在那里"①。

造成女杰形象"被贬抑"的原因,固然与她们在塑造女性领导者身份中自我形象定位的"迷失"与"模糊"不无关联。从根本上而言,这些女杰虽然是二万万女性中的"另类",但她们的"无所适从"所导致的"变异化"的行为模式,无意间构成了对传统社会被认为是男性主导的亘古不变的"男主外,女主内""男尊女卑"这一性别规范的冲击。换句话说,女杰们的过度"表演",动摇了男性历来占据绝对支配地位的角色。遂有男性转而以"对立"的眼光去打量这批女杰的惊骇之举,并将"少数者"不由自主地加以"放大",以致在他们的价值概念中生成了一种"被摇撼了秩序"的警觉②。

(三) 女杰身份话语构建中的"困境"

唐群英等在追求女杰身份话语中呈现出的激进主义态势,不仅惹得男性一方"放大化"了的反感,在其他长期被规训而无启蒙自觉的女性同胞看来,亦未必认同。在唐群英与《长沙日报》交涉期间,湖南一部分女界团体同唐群英产生了疏离。赤十字社社员、国民党党员王达三认为,唐群英之所以遭受《长沙日报》"婚变广告"的污蔑,与其"锋芒太露"而招引太多的忌恨者不无关联③。若干年后,唐群英本人回忆时,也觉得自己当初的一些做法有些"过火"④。其时,绝大多数女性观念是:既要做"国民之母",又想成为"女国民";既须在家庭中相夫教子,又应在战场上随同男子赴汤蹈火;将自己视为男性从属者的角色,既是社会分工的内在要求,也成为当时女性一种自觉的性别认同。

总体而言,在女杰身份话语的诠释问题上,她们的困惑恰巧在于,

---

① 〔澳〕李木兰:《性别、政治与民主:近代中国的妇女参政》,方小平译,江苏人民出版社,2014,第120~121页。
② 20世纪初期世界各国女子参政运动均遭遇了类似的困境,参见《列国女子选举权考》,《东方杂志》1913年第9卷第11期。
③ 《来函·王达三女士函》,《申报》1913年4月4日第11版。
④ 唐寿春:《回忆陶姑》,衡阳市妇女联合会编:《唐群英史料集萃》,第155页。

"性别表演"强烈的动机与审视自身条件后的清醒。换言之,关于"女权"与"女学"孰者优先,她们也并非真正不解。唐群英在《女学界之障碍》中指出,唯有养成"完全的学识,高尚的人格",才有资格与男子"立于平等的地位"①。这也是《女子白话旬报》《亚东丛报》《女权日报》三份女报诞生的主要原因之一。当唐群英从大闹《长沙日报》的风波中冷静下来后,便从长沙回到北京,继续着女报事业②,并向教育部"请款设京师女子中学"③。吴木兰也发起"男女教育联合会",以研究"男女教育平等"为宗旨④。

诚然,当时的绝大部分男性无法挣脱主观视角并持有"功利主义"的两性观。他们或将"女界革命""女权运动"作为一种鼓吹女子参与革命的动员话语,或将之作为某种政治功用。此种印记在袁世凯的身上得到了体现。1912年4月,面对唐群英等赴京请愿,要求"女子参政权",袁世凯致电唐绍仪:请从速阻止南京女子的北上行为,"以免种种窒碍"⑤。然而,在"洪宪大典"筹备的语境下,"女子请愿团"则成了袁世凯对帝制合法性的论证依据之一⑥。在袁世凯政府充作"幕僚"且自诩为"大总统门生"的沈佩贞⑦,便成为袁世凯"功利主义"的牺牲品。"二次革命"后,女子参政同盟会被解散,社会人士希望保留个别具有"英雌"符号性的女杰去完成"救亡"结束后女学的"启蒙"任务。沈佩贞一度活跃在"提倡内国公债大会""救国储金运动"中,且作为"女界代表",极具煽动力的演说颇有可圈可点之处。闻者赞叹"演说家必有悲惨激昂之声,借题发挥者,乃独沈佩贞有此精神"⑧。但沈佩贞未能以唐群英等人的遭遇为鉴而谨慎行事,继续"我行我素"。其因大闹《神州日报》一案落得入狱的结局,先前被赋予的"英雌""总统府女顾问"等美名,突然遭受来自袁世凯以及各界的矢口否认⑨。许指严在《新华秘记》

---

① 《女学界之障碍》,《女子白话旬报》1912年第3期。
② 《本京新闻·女报改良》,《顺天时报》1913年5月2日第5版。
③ 《北京电》,《申报》1913年6月28日第2版。
④ 《男女教育联合会开会预备会》,《顺天时报》1913年5月8日第9版。
⑤ 《致国务总理唐绍仪电》,骆宝善、刘路生主编:《袁世凯全集》(第19卷),河南大学出版社,2013,第729页。
⑥ 黄毅编述:《袁氏盗国记(选录)》,来新夏主编:《中国近代史资料丛刊·北洋军阀》(二),上海人民出版社,1993,第40页。
⑦ 《洪宪女臣》,刘成禺:《世载堂杂忆》,中华书局,1997,第214页。
⑧ 徐雁平整理:《贺葆真日记》,凤凰出版社,2014,第294页。
⑨ 《本案之结束》,饭郎编:《沈佩贞》,新华书社,1915,第6~7页。

中道出了其中的实质："袁氏欲操纵伟人，一切豢养皆属诱致作用，沈氏虽女流，性颇伉直，探以党中暗幕，辄肯相告"，而一旦"党人之势堕败，了无足患"，沈便失去了"利用价值"；等到沈佩贞"骄纵嚣张"地大闹《神州日报》，引起了社会"公愤"之际，袁世凯便仿效两年前公共舆论界对唐群英的攻讦方式——以"女德有缺"为名，进而否定其女子参政权——结束了他对沈佩贞的招抚与褒嘉①。在众目睽睽之下，沈佩贞"仍照通常送人犯惯例，乘大厂车……道经商市，异常羞愧"②。

（四）贤母良妻的游移与复归

无论是男性渐进、温和的女权理念的失败，还是持有"功利主义"性别观者的别有用心，抑或女性在追求性别话语过程中行为模式的"变异"……诸多因素的交织，使得女杰群体在清末民初犹如"昙花一现"。对此，须藤瑞代指出，可以将女杰形象的陨落视为近代中国"女权"概念的变迁，即由"女权论"向与之对立的"贤母良妻论"转变，"女性参政权被否定，女权论渐渐消失，与女性'天职'相应的贤母良妻论越来越多地占据新闻版面"③。笔者则认为，不妨将之看成贤母良妻形象的"游移与复归"。也就是说，女杰从她们战斗过的"社会"，返回到了她们最初生活过的"家庭"与"校园"。在男权话语中，贤母良妻则成为民初人士心中最理想的女性形象。

民国初年，社会上涌现了越来越多整饬所谓女界不良风气、培育"女子道德"的言论。有论者建议创立"尊孔女塾"以"昌正学而明经术"④。1915 年 3 月，某作者在《大公报》上发表论说：近世以来，"女子道德之知识，日渐澌之，忠孝节义之义理，无复闻问"，而"维新派轻佻之妇女，遂有女子平权、女子自由之声浪……纵恣肆狂，四维不张，国几灭亡"，贤母良妻角色的规范，"由个人而及于众人，由家庭而及于国度，社会恶俗，荡扫净尽，则国家富强可企望"⑤。教育总长汤化龙亦称：

---

① 《女伟人》，许指严：《新华秘记》，中华书局，2007，第 148~149 页。
② 《沈佩贞之下场》，《香艳杂志》1915 年第 10 期。
③ 参见〔日〕须藤瑞代《中国"女权"概念的变迁——清末民初的人权和社会性别》，社会科学文献出版社，2010，第 129~132 页。
④ 《女子也受头巾毒》，《民立报》1913 年 3 月 2 日第 11 版。
⑤ 朱济美：《论国家欲转弱为强当注意积极进行普及女子教育》，《大公报》1915 年 3 月 26 日、27 日第 1、2 版连载。

"余对于女子教育之方针，则务在使其将来足为良妻贤母。"① 1914 年 3 月，北洋政府颁布《治安警察条例》，禁止女子"加入政治结社"及"政谈集会"②。同月，袁世凯又制定了《褒扬条例》，给予"妇女节烈贞操，可以风世者"匾额及金质或银质褒章③。"鸳鸯蝴蝶派"小说家李定夷因在《湘娥泪》中塑造了具有传统美德的女主人公，亦领取了教育部颁发的"甲种褒状"④。

值得注意的是，各大妇女报刊也出现了褒扬"节烈"的逆流，甚至呼吁贤母良妻的回归。1914 年 12 月创刊于上海的《女子世界》杂志，鼓吹"男子可以多妻，可以放纵"，要求妇女遵行"礼义廉耻"，并设有"家政学"专栏，以"介绍妇幼卫生保健知识和家庭生活常识"⑤。1915 年 1 月创刊的《妇女杂志》，其宗旨亦为使"一般之女界勉为良妻贤母"，将提倡女学作为"昌明女权的必备条件"，且有"家政"和"学艺"两个栏目的设置⑥。同一时期的《中华妇女界》《女子杂志》等妇女期刊，也体现了上述表征⑦。然而，此时宣传的贤母良妻教育与传统社会的要求已有很大的不同，其中既体现了"传统道德"的抬头，又显示出"新文化、新思想"的萌芽；既有向贤母良妻的回流，又有辛亥革命时期"妇女革命"的余波荡漾；既有告别"旧式女性"的难分难舍，又有迎接"新女性"曙光照耀的从容等待；既展现出女性从家庭、校园走向社会的困惑，也预示了女子人格从"依附"走向"独立"的趋势。

（五）"发乎情，止乎礼"的男女边界

唐群英在文学场域"艳史"的"被发现"，也为观察民初中国男女社交限界"发乎情，止乎礼"的特征，打开了一扇窗口。

辛亥革命后，社会关注的热点除政治问题外，表现男女情爱的文学作品也堂而皇之地登上公共领域。在西方"自由结婚""文明结婚"思想影

---

① 《教育总长汤化龙谈女子教育（节录）》，中华全国妇女联合会妇女运动历史研究室编：《中国妇女运动历史资料（1840～1918）》，第 712～713 页。
② 《公布治安警察条例令》，骆宝善、刘路生主编：《袁世凯全集》（第 25 卷），第 396 页。
③ 《公布褒扬条例令》，骆宝善、刘路生主编：《袁世凯全集》（第 25 卷），第 472 页。
④ 《教育部通俗教育会小说股原评》，李定夷：《湘娥泪》，国华书局，1914，第 1 页。
⑤ 《女子世界》，丁守和主编：《辛亥革命时期期刊介绍》（五），人民出版社，1987，第 302～309 页。
⑥ 《妇女杂志》，丁守和主编：《辛亥革命时期期刊介绍》（五），第 351～359 页。
⑦ 《中华妇女界》《女子杂志》，上海图书馆编：《中国近代期刊篇目汇录》（第三卷·下），上海人民出版社，1979，第 1521～1531、1554～1556 页。

第二章　民初女子参政与"英雌"的陨落：唐群英大闹《长沙日报》之风波

响下，不少青年男女对"情爱"充满渴望①。"艳史"作为一种书写模式，使得女杰们的个人情感成为文人墨客们乐此不疲的话题。除了唐、郑"婚变案"外，仅1913年上半年就有王昌国与谭人凤结成"奇缘"，汤国梨愿嫁章太炎等"绯闻"，傅文郁与浮荡男子赵显华发生"纠葛"的流言②。然而，由于传统伦理道德在时人的脑海中根深蒂固，故人们在调侃"艳史"这一新鲜的趣谈后，不自觉地再度与之划清界限。例如，有评论者"特致书于傅文郁，谓如再任意妄为，定下逐客之令，免使中州一片干净土，留此污点"③。

当女杰们真正面对外界对其"艳史"的指责时，也不得不与之绝缘。如唐群英为了与郑师道坚决地撇清关系，向社会公开告白，郑师道其实是"精神病"患者，并且反复向都督府请愿——非将郑师道驱离湖南不可。她拒绝出庭，不仅是不愿正视法庭对其女杰身份的审判，更是回避庭审观众对她"风流韵事"的拷问。她砸毁报馆的暴力行动，既是在男性强势话语体系下的无奈之举的体现，同时也是三千年文权重压之下，不得已证明自己在感情问题上的"清白"的一种行为模式。就某种意义而论，唐群英以"礼"的方式，即大闹《长沙日报》，驱逐郑出湘，与之分道扬镳——坚拒郑师道的"情"，及其"婚变广告"的表白；在文学场域中，"多情"湘女唐群英与郑师道演绎的"艳史"，或以唐群英"泪洒"郑师道而收场，或以郑师道欲与唐群英"重叙旧缘"的痴情无望而终止。上述场景发生在这些被加工虚构的游戏文章中，虽是一种诙谐趣味化的艺术表现，但其间透露出的"悲剧"情怀，亦是人们对于"情"与"礼"抗争归宿的文化消费心理。由于寡妇再嫁在当时尚未被社会普遍接受，故而唐群英的"寡妇"身份作为一种潜在的语境设定，亦暗示了作为"张力"的"情"，最终不得逾越作为"限界"的"礼"这一框架，这是民初男女交往及其婚恋边界上的一种特定症候。那么，"根乎道德，依乎规则，乐而不淫，发乎情而止乎礼"便成为当时男女感情的普遍选择④。徐枕亚在《玉梨魂》中即讲述了一种不为礼教所容的恋爱。女主人公梨娘是一位寡妇，却爱上了儿子的教师，但她在"寡妇"名节与追求"情爱"的

---

① 参见陈平原《20世纪中国小说史·第一卷（1897～1916）》，北京大学出版社，1989，第213页。
② 天竞：《俳文·汤国梨愿嫁章太炎》，《新闻报》1913年3月19日第4张第1版。
③ 《艳史·傅文郁在汴之艳史》，《新闻报》1913年3月13日、14日第4张第1版连载。
④ 双热：《孽冤镜·自序》，《中国近代小说大系·孽冤镜》，百花洲文艺出版社，1993，第222页。

内心纠结中，最终选择了殉情这一方式①。此与五四以后的"娜拉"出走，尚有一段距离。

综上所述，唐群英大闹《长沙日报》一案并非孤立的"历史事件"或"文学叙事"。透过唐群英及其女友的历史活动及命运，可以认知民初女杰在谋求男女平权的历程中话语构建的内在桎梏及其面临的诸种社会生态。在种族革命话语的感召下，女性被动员参与其中，并开始了自身角色的表现历程。当共和告成之际，男性从谨慎的视角出发，更希望以一种渐进而平稳的步骤，引导广大女性实现女权享有者这一目标。然而，男性不愿与女性分权的司马昭之心，昭然若揭，女性以激进暴力的手段对待在参政权问题上背信弃义的同盟者，以致在社会人士眼中被放大为"妖魔化"的形象。女杰在构建性别话语方面难以摆脱囿于时代发展条件的困境，还面临着持有"功利主义"话语者对于民族国家性别秩序重构的挑战。于是，在诸多因素的作用下，男女双方在革命中间形成的合作基础亦随之破裂。与之直接相关的是，女杰在历史事件和文学形象中，皆遭遇了不可避免的"陨落"。当女杰在国民话语体系中消逝以后，取而代之的是社会对于贤母良妻形象的重塑。但此时的贤母良妻却与往昔不同，从她们的身上，可以瞥见新旧杂糅时代的曙光。

第四节　拟态环境下人物形象的重构

根据沃尔特·李普曼的传播学理论，舆论分析者需要厘清以下三重关系："行动的情景，人对那种情景的想象，以及人对从行动的情景中产生的想象的反应。"② 如果将唐群英大闹《长沙日报》放在舆论传播的视野下，所谓"行动的情景"即作为"原始事件"的历史，"人对那种情景的想象"即作为"文本叙事"的文学，而"人对从行动的情景中产生的想象的反应"即作为"时代镜像"的社会及其在历史时空中的变迁。事实上，唐群英大闹《长沙日报》一案，无论在一百年前的往昔，抑或在我们生活的今天，人们对该问题的认知——不管作为"历史事件"还是"文学叙事"，均超乎了自己的"经验"以外。于是"他们"或"我们"，只得借助各种新闻媒介供给机构加以了解。而对媒介环境上述特点与性质

---

① 徐枕亚：《玉梨魂》，《民权素》（第一、二集），民权出版部，1913，第148～150页。
② 〔美〕沃尔特·李普曼：《舆论学》，林珊译，华夏出版社，1989，第10页。

第二章 民初女子参政与"英雌"的陨落：唐群英大闹《长沙日报》之风波

的描述，即构成了"拟态环境"的生成①。

一百年来，唐群英大闹《长沙日报》——无论作为故事里的形象抑或人物本身的形象，在"拟态环境"中不断变迁。民国初年，时人对唐群英大闹报社的"历史记忆"可谓刻骨铭心。俭父在小说《金风铁雨楼随笔》中，以唐、沈大闹报馆的故事警告主人公实甫，不可轻率曝光名人酒后等丑闻，以免重蹈《长沙日报》的覆辙②。至五四新文化运动时期，在杨尘因的小说《神州新泪痕》中，"新派人物"冯世新等将唐群英塑造成"自由恋爱""自由结婚""妇女解放"的代言人；而"保守人士"周桐荪、辛觉盦则以"女流氓"的目光打量着唐群英，并据此反对"新女性"话语③。唐群英作为"超贤母良妻主义"人物的代表还为胡适所征引。胡适虽以对从事三十年社会事业的美国女子劳拉·简·亚斯当（Jane Addmas）的称赞，批评唐群英等行为模式的失策，但实际上也认同了唐群英的"自立"精神④。直到20世纪二三十年代，唐群英作为"中国妇女运动"的先行者才被各类作品广泛书写，但人们对于唐群英的评价仍持谨慎的态度，即认为唐群英虽有较大的历史功绩，但或是斗争中间的改良色彩过于明显⑤，或是斗争目标过于狭隘——"仅为个人利益而斗争"⑥，或是缺乏广泛的社会基础——"不过沈佩贞、唐群英几个女士而已"⑦，或是其斗争方式过分激进——以致被社会加上了"'叫嚣''猖獗'的徽号"⑧，最终导致斗争结果的不彻底。但是，唐群英对于鞭策妇女运动仍具有相当的激励作用⑨。需要注意的是，至唐群英1937年6月在家乡衡山逝世之际，论说者虽称其"有革命健者之誉"，多述及她在力争男女平权过程中的贡献，如"组织女子参政同盟会，被选为会长，发表沉痛宣言，历述四千年来女子被束缚之痛苦。创办亚东丛报及女子白话报于北京，窥破袁世凯阴谋，著论抨击，不遗余力"⑩，但未曾明确将之冠以"女权运动者"的标签，只是视其为领导女子参政运动的前辈，以

---

① 〔美〕沃尔特·李普曼：《舆论学》，第9页。
② 俭父：《笔谈·金风铁雨楼随笔》，李定夷主编：《小说新报》1919年第5卷第10期。
③ 杨尘因：《神州新泪痕·第三十五回》，徐枕亚主编：《小说季报》1920年第4期。
④ 胡适：《美国的妇人》，《新青年》1918年第5卷第3期。
⑤ 纯一：《中国妇女运动的历史资料》，《中国青年》1927年第7卷第5期。
⑥ 《北伐军抵湘前后的湖南妇女（湖南通信）》，《中国青年》1927年第6卷第23期。
⑦ 李三无：《妇女参政运动研究》，《改造》1922年第4卷第10期。
⑧ 警予：《中国妇女运动杂评》，《前锋》1923年第1卷第2期。
⑨ 文央：《悼唐群英女士》，《妇女生活（上海）》1937年第4卷第11期。
⑩ 濮全：《唐群英女士之生平》，《中央日报》1937年7月5日第3张第4版。

及中国妇女运动的"功臣"①。新中国成立后，唐群英作为妇女运动"领袖人物"的身份受到高度推崇和阐扬：1979年，邓颖超将唐群英与秋瑾并列称为"旧民主主义革命时期妇女界"的两大英雄人物；1991年，康克清亦称赞唐为"一代女魂"②。与此同时，以湖南衡阳为中心，纪念唐群英的"文集""专著""诗赞"纷纷出版③。在新的历史阐释的语境下，唐群英大闹《长沙日报》，无论在回忆者的叙述中，还是在文学作品的书写里，甚至是在学术论文的创作上，均被叙述成"唐群英领导广大妇女，反击《长沙日报》对女权运动的诋毁"——一场"正义"与"非正义"的斗争④。

在"拟态环境"下，唐群英本人及其大闹《长沙日报》的风波，经历了五四前后的民初中国、20世纪二三十年代国共两党合作斗争下的"革命年代"、新中国成立直至今日——这一跨越了百余年历程的时代穿梭。无论是其人物形象，还是事件传播，均在时代语境下不断变迁。然而我们看到，这些后来者的叙述，早已与最初的"历史现场"以及昔日的"文学叙事"，渐行渐远，甚至"改头换面"。

---

① 云：《悼唐群英女士》，《妇女共鸣》1937年第6卷第6期。
② 《邓颖超论及唐群英》，李天化、唐存正主编：《唐群英年谱》，第1~2页。
③ 《各地编印唐群英专集、专著一览（1985~2006）》，衡阳市妇女联合会编：《唐群英史料集萃》，第217~223页。
④ 参见吴剑、段韫晖《湖南妇女运动中的几件事》，中国人民政治协商会议全国委员会文史资料研究委员会编《辛亥革命回忆录》（八），第465~466页；中共衡山县委员宣传部编：《一代女魂——唐群英的传奇故事》，湖南文艺出版社，2000，第205~209页；蒋薛、唐存正：《唐群英评传》，湖南出版社，1995，第146~150页；曾启球：《唐群英思想之形成和发展》，《衡阳文史》（第12辑），第169~170页；冯湘保：《简析唐群英男女平等思想的实践》，罗湘英主编：《唐群英研究文集》，衡阳市妇女联合会刊行，1998，第156页；饶怀民、阳信生：《唐群英女权思想析论》，饶怀民、范秋明主编：《湖南人与辛亥革命——纪念辛亥革命100周年学术研讨会论文集》，湖南师范大学出版社，2012，第367页等。

第三章 "女医师"张竹君与性别解放的"中间路径"

从清末民初女权运动的发展进路来看，革命思潮的激荡固然为知识女性寻找角色的转变带来了强劲的东风，参政运动更是为女子踏入政治生活与社会生活创造了新注脚。当时社会上还有一批知识女性先驱，通过兴办女子实业、女子教育，进行职业训练等途径，探索如何以女子为主体，形成女子具备女权力量的基础。不同于秋瑾、唐群英等从政治意识形态革命的层面急剧突破社会的禁锢，辛亥革命时期的一些知识女性实业家从事社会改革，走向职业独立，也为其在现实生活中实践女权提供了重要依托。从主流的妇女解放理论源流来看，晚清男性启蒙者多将"民权"视为"女权"的前提，而性别职业的发展，则立足于以"实业"为增强"女权"的助力器，这既能够拓宽女子的就业渠道，还促使妇女的生活领域产生丰富的变化，同时帮助女子凭借自食其力改善其在家庭和两性关系中的权力及地位。

一方面，女子在掌握一技之长后，其经济角色发生了关键性转折，即脱离了男性奴役的藩篱，自立于世，不再单纯服务于传统家庭劳作的庸常事务，转而在母职和妻职以外，拥有了社会身份，从而建构了全新的自我价值认同。另一方面，女子可以在参加实业的过程中结成女子社团，建立以女性为主体的互助式政治文化社群，进而培育"女子本位"的女权意识。这表现在女子萌生愈发自觉的公共参与意识，孕育"女国民"自主的社会政治关怀。她们开始展示团体集合的行动力，组织政谈集会，发表政治演说，奔走于爱国救亡，抵制外货，抗御外侮，以及从事慈善募捐等活动，实现对于国家政治的介入。知识女性在走出闺门后，参与国家事务的能力逐渐增强，成为国族复兴的"生利者"。既然女性在家庭与社会之间的私公区隔与内外之别被打破，与此关联的女权意识获得提升，自然不难料见。可见，女权与国权在女子职业教育中得以相互促进，女权运动、女性启蒙与国族主义之间达成共为补益之目标①。

伴随着晚清以降思想启蒙运动的展开，女性话语的"叙述中心"发生位移，从封建社会男权统治的枷锁中解放出来。由此，反对贤母良妻的进步观念、寻求女性经济和人格层面的"自立"、自开风气与建立事功的自我期许、以"男女平等"及"男女平权"为目标的昂扬志向，成为晚清女杰抒怀人格理想的共同追求。革命、女学、女权的交叠构成了近代女性解放话语的多重内涵②。

在上述性别处境与女子走向职业化的历史情境下，本章所探讨的张竹君（1876~1964），广东番禺人，凭借在广州与上海创立女学、开女医先河等成绩，得以在清末民初的女性精英群体中占据一席之地。她在女性启蒙问题上探索出了一条以"女医师"为角色的"中间路径"，认为"自立之学"应当是女性践行"中间路径"的核心命题，其中涉及谋求"合群"之道、兴办女子实业、女子医学等要义，力求为女性寻求在"女学与女权""职业与政治"之间的平衡，贡献一种经验和指向。值得注意的是，张竹君既有对于晚清女性解放话语的积极接纳，参与爱国运动的主动姿态，又表现出不以"女子参政"为终极关怀的谨慎立场，并谢绝参与民初政坛活动，以慈善事业为志。故而，有必要通过对张竹君个体生命的释读，探讨清末民初妇女思潮的多重面相。此外，需要说明的是，随着时代语境的变迁，"女革命家""女权主义者"的形塑，超越了张竹君在清末民初作为"女医师"的历史本相。笔者拟经由"中间路径"这一女子职业理论概念，为发掘阐释辛亥革命前后女性与职业的关系，提供重要的考察视角。

第一节　从医与参政：张竹君对"中间路径"的探索

关于张竹君早年萌发从医志向的缘起，1902年马君武在《女士张竹君传》一文中略有记载。张竹君幼年患有脑部疾病，半身麻木不仁，家人送之至广州博济医院救治，"嘱美利坚医士嘉约翰医之，渐愈"，这令

---

① 参见柯慧铃《近代中国革命运动中的妇女（1900~1920）》，山西教育出版社，2012，第101~103页。
② 参见夏晓虹《"英雌女杰勤揣摩"——晚清女性的人格理想》，《文艺研究》1995年第5期。

年幼的张竹君深觉西医之精妙，遂"发愿留博济医局学医，既十三年，而尽通西国内、外科之学，得执照焉"，乃自筹资金，始建南福医院于广州之河南（珠江以南）①。

广东的行医生涯使得张竹君作为"女医师"的形象妇孺皆知②。1902年春，经元善客游羊城邂逅张竹君，即以"女扁鹊"为赞誉之词，并在"上海女学会"第一次会议的演说中表达了赞许之情："仲春，客游羊城，邂逅张竹君女史……青春二十有四，邃于医理，人咸以女扁鹊视之……除从前出洋学成回华，康、石两女士未曾识面外，如同乡张竹君者，洵可称女中豪杰矣。"③ 经元善在演说中提及的康、石女士，即康爱德、石美玉，二人皆因幼时无以自养，幸为美传教士昊格矩带至美国学习医科，毕业归国后施医救贫④。经元善的说辞并无谀辞，张竹君妙手回春的医术不仅在广州家喻户晓，即使远在天津的《大公报》亦有报道。同年 7 月 18 日，《大公报》也刊载了一则关于"神医"张竹君的报道：京中某女士在垂危昏迷中，有人将《女报》第三期送之阅看，昏迷中阅至《番禺女士张竹君传》之际，忽跃身而起，坐曰"中国竟有此女丈夫哉"，自是病遂霍然⑤。乔以钢、李贞玉认为，这种"文章治病"神话的流布其实满足了时人振兴国族急迫的心理期待，这缘于女性羸弱的肌体恰可成为一种文化的隐喻，悬壶济世的"女医师"为国家摆脱积贫积弱的困局提供了一种亟待疗救的民族主义想象，从而建构了女性之于民族国家改造的关联，一时间在媒介空间产生了"别样的神奇"效应⑥。

姑且不论《大公报》上故事的真伪，张竹君凭借行医在广东业已构建出了名流唱和的社交网络。据马君武述，张竹君在南福医院附设了"演说会"："每礼拜竹君讲演之期，听者尝增数十人矣……闲时召集广东绅宦之眷属，及其所知之志士，集名园大演说。"⑦ 这些"广东绅宦"包括人呼以"李少二奶"的徐佩萱（后来成为黄兴夫人）、时任《岭海报》

---

① 马君武：《女士张竹君传》，《新民丛报》1902 年第 7 期。该文随被《女报》第 3 期转载。
② 《女雄嫁国》，《岭东日报》1903 年 4 月 30 日第 3 版。
③ 《在上海女学会第一次会议上的演说》，虞和平编：《经元善集》，华中师范大学出版社，2011，第 318 页。
④ 梁启超：《记江西康女士》，《时务报》1897 年第 21 期。
⑤ 《医疫奇方》，《大公报》1902 年 7 月 18 日第 4 版。
⑥ 乔以钢、李贞玉：《近代革命话语中的"女医生"及其文学形象》，《江汉论坛》2016 年第 6 期。
⑦ 马君武：《女士张竹君传》，《新民丛报》1902 年第 7 期。

主笔的胡汉民、将弁学堂毕业生程子仪、兴中会会员朱淇之侄朱子仪、史坚如之妹史憬然、东莞富绅卢宾歧之子卢少歧,以及来粤攻读法文的马君武等人。其中,徐佩萱在张竹君筹建南福医院的集资中出力甚多,张竹君亦常与胡、程、朱三人泛舟珠江叙谈,而卢、马对张则流露出了爱慕之意,但对于二人的追求,张竹君表示回绝①。按照马君武的说法:"竹君持不嫁主义,以为当舍此身以担今日国家之义务。"② 邱炜萱则称赞张竹君的兴学之志:"广东新女学,斯世孰能群?惟有女床鸟,高飞泰岱云。矢悬男子志,象画左行文。此月鱼书达,怀人首竹君。"③

1904年春,由粤赴沪的经历成为张竹君人生的一次转折点,使其在医学之外,对政治给予了相当的关注。是年春,日俄战争爆发,张竹君阅报得知有"美国医学博士摩尼夫人率看护妇人赴日本,任陆军看护之监督",遂决计加入日本赤十字会。石门女士吕韵清寄函张竹君:"从古良医比良相,谁知医国有婵娟。十字旗开万国迎,上书慷慨赋东征。由来奇女羞依傍,独立江天度众生……女权此后无旁落,我为同胞酹一觥。"④ 3月29日,张竹君于广东启程,一月后抵达上海,寻机东渡日本⑤。只是,由于忽闻父亲噩耗,张竹君在悲痛之余触发旧疾,遂搁置了赴日行程,滞留上海,暂以办理女学诸业为志,并"以三月为期,达此目的之后,或尚可东渡以成其志"⑥。

在上海驻留期间,女性参与政治的热情令张竹君备受鼓舞。其时,因受革命派鼓吹种族革命、政治革命的影响,女性在突破"身体"禁锢的同时,伴随着政治意识的苏醒。故而,"身体革命"与"政治参与"相结合,成为晚清女性在谋求"自觉"、建立个人事功中的理想共识。这使得张竹君也随同诸多女性精英一道,频频现身于抵制美约、保路运动、保界大会、处理中外纠纷等政治活动中。

1905年,美国续订《限制来美华工条例》,各地掀起了"抵制美约运动"。6月18日,上海沪南商学会召开"不用美货之大会议"。张竹君莅会演说,认为抵制美货广东女子当担负其责:"此事非独男子之责,亦我

---

① 《女医士张竹君》,冯自由:《革命逸史》(第二集),中华书局,1981,第37~41页。
② 马君武:《女士张竹君传》,《新民丛报》1902年第7期。
③ 菽园:《复阅张竹君女士去岁寄书集千文代答并问近状》,《女学报》1903年第2卷第2期。
④ 石门女士吕逸初:《寄张竹君女士》,《女子世界》1905年第2卷第1期。
⑤ 《中国之摩尼》,《警钟日报》1904年4月28日第3版。
⑥ 《张竹君》,《大陆(上海)》1904年第2卷第3期。

女子之责。我广东通商最早，我女子用美货最多。故不用美货，我广东女子关系尤大。查美国货中女子所用者，我国皆可仿造。故不用美货，为我中国大光彩之事。"① 同时，张竹君致书"广肇公所"绅董，提出三项具体的抵制方略：其一，当使留美华人速整归装，使美国之禁约成虚设矣；其二，断绝中美贸易往来，绝其通商之利；其三，华人当还以禁美苛例，劝退留华美人②。

1898年，清廷与英国签订《苏杭甬铁路借款草约》，规定该段铁路为英商承办。1905年7月，浙江省绅商汤寿潜等人决计成立"浙江铁路公司"，集股自办浙江铁路③，却遭到英方抵制。1907年10月，清政府被迫提出向英商借款的方案④，这一行径引发了舆论的轩然大波，浙江省邬、汤二位学生因愤路权之失，"痛哭绝粒而亡"，浙江省随之兴起了保路拒约风潮。对于邬、汤的殉路壮举，张竹君极为关心，特率医学诸生假上海张园开追悼大会，并商议集股保路办法，宣称："今日江浙铁路一事，即中国将来存亡问题，此路果能争回，而长为吾江浙有耶，则股本在，不患其不生利息也……为今之计，惟有集股拒款，力保路权……系路存则身存，路亡则身亡耳……鄙人亦国民一分子，断不敢放弃责任也。"⑤

同年11月，在粤省的英人越俎代庖，"遣派舰队驶赴西江"，并擅行缉捕⑥。张竹君为此"献议一函"，一方面吁请各界人士"所有英船一概不搭"，另一方面禀请粤督"宣布整顿西江缉捕办法，并请电外部会英使撤退西江英国兵舰"。此外，其建议创办《国权挽救会报》，"将此事缘委刊发传单"⑦。诚然，张竹君并非主张暴力排外，而倡以"文明对待"之法。上述建议得到了粤督的重视，并成功达到了驱逐英舰退出西江之目的："迭经本部与英官再三辩论，令将兵舰退出，由本部自行认真整顿缉捕，并电请驻英钦差大臣切商英国外务部，迅电阻止在案。"⑧

1909年5月，乡女刘阿妹遭遇印度人蒲及、项生二人的轮奸⑨。因印

---

① 《商学会实行不用美货之大会议》，《申报》1905年7月21日第2版。
② 《张竹君女士致广肇公所绅董书》，《大陆（上海）》1905年第3卷第4期。
③ 《苏绅会议苏杭甬铁路自办事》，《通问报》1906年第189期。
④ 《论苏杭甬铁路借款事失败之原因》，《外交报》1907年第7卷第28期。
⑤ 《张竹君女士意见书》，《申报》1907年11月16日第10版。
⑥ 《粤东西江缉捕问题》，《申报》1907年12月15日第1张第5版。
⑦ 《西江捕权近闻》，《神州日报》1907年12月15日第4版。
⑧ 《粤东西江缉捕问题》，《申报》1907年12月15日第1张第5版。
⑨ 《神州报诉讼案初志》，《申报》1909年7月20日第3张第3版。

度为英国殖民属地，故牵扯中外交涉中的法律适用问题。张竹君则以"女子兴学保险会"会长的名义致书英国按察使，请求对于违法者严加惩办："印度既为贵国属国……则贵国人格文明，出此败类，更应严法惩办，以尊国体而崇道德……强行轮奸良人妇女，为首者斩立决，为从者绞监候。"① 在多方压力下，英国按察使最终不得不作出让步，将强奸犯"定以监禁四年，罚作苦工之罪"。尽管未达判处死刑的初衷，但在时人眼中亦"似可稍纾我华人之公愤矣"②。

　　针对外人在华的文化渗透，张竹君表示警惕。1910年12月，上海工部局议设"调查教育部"，声称将对"公共租界内中西人士所办学堂宗旨、教法、经费等项"进行调研。张竹君随黄国瑞、刘仁葆、王铨运等士绅联合上书，质问沪上工部局总董对于清政府"钦定教育章程"的无端干涉："惟是以华人自筹之经费，设立学堂，教育自己之子弟，乃华人自有名分，不敢劳贵局尽代谋改良之义务……至于调查一节，本国自学部以次至一省一县，均有明定之视学员。在敝学堂等对于贵局之调查教育部，究未知如何用意？"③ 此外，面对外患日紧的危急之秋，部分沪上信教诸人表现出对外人"噤若寒蝉"之怪态。张竹君批判其国家观念之淡薄，意在阐明爱国不仅为国家计，更是对个人权利的保障："国家苟有不测，吾人寄托无所，乃成亡国之信徒……万一他日者神州有陆沉之痛，凡我国之信道同人，其能享外人之特别优待乎？"④

　　辛亥年间，英军侵占云南片马⑤。3月11日，马相伯、王河屏等人于上海组织了"中国保界分会"。张竹君代表女界发表演说，分析了片马交涉的冲突在于"我国素无详细地图，以为根据"之故⑥，同时表示应采取实际行动，组织民兵武装，防止纸上谈兵之弊⑦。这种以武力出兵捍卫国土的豪气，为沈缦云、朱少屏等男性同胞赞叹不已⑧。

　　然而，张竹君尽管跻身于争取民族独立的浪潮，但并未将民族主义的热情转向革命之途。面对武昌起义突变的政治形势，诸多女性精英与男性同胞一道响应反清革命，期以军事活动实现政治/女权的抱负，如薛素贞、

---

① 《张竹君女士致英按察使书》，《民呼日报》1909年5月26日第1张第2版。
② 《淫恶印奴之榜样》，《申报》1909年5月29日第2张第4版。
③ 《租界各学堂致工部局总董函》，《申报》1910年12月16日第2张第1版。
④ 张竹君：《拟致沪上信教华人书（续）》，《神州日报》1911年3月19日第4版。
⑤ 《英兵侵入片马之交涉》，《时事新报月刊》1911年第1期。
⑥ 《保界大会纪略》，《申报》1911年3月12日第2张第2版。
⑦ 《中国保界大会纪事》，《时报》1911年3月12日第5版。
⑧ 《全国商团联合会记》，《时报》1911年3月13日第5版。

第三章 "女医师"张竹君与性别解放的"中间路径"

陈婉衍、沈警音、沈佩贞分别成立了女民国军、女子北伐队、女子军事团、女子尚武会等①。相反，张竹君对于女性以参军的方式从事革命，却表现出谨慎的态度。在《论女子组织军队》一文中，其认为女子柔弱的体质不合乎参军的要求，若上战场，将成为男性的累赘：

> 纵今日所编女子军队，俱能挑选合格，而就生理上切实言之，比较男子，相差终远。况今日之女子军队，半皆大家闺秀……而欲与强悍之北军，决斗于疆场，不必论其胜负，但默坐凝思，其危险之状，已有不胜惊恐者……苟欲勉强从事……吾恐别项军队，将不及为杀敌致果之用，且将翼卫我女子军队而不遑矣。

进而，张竹君劝告女性同胞，男女平权目标的实现，依靠的应是女界"坚忍之道德，为中流之砥柱"，并非一时杀敌从军的盲目冲动②。可见，张竹君对于以"义务/权利"为争取"女权"的模式不表苟同。个中原因除了女子从军的性别/身体障碍外，也与张竹君对女权问题的理解相关。她认为，唯"女学"发达，"女权"才将为水到渠成之事。据马君武的记述，张竹君在广东期间即常称：

> 今世之主张革命者……皆求为华盛顿、拿破仑，无甘为福禄特尔、卢梭者……吾侪今日之责任，在输入泰西政法、格致等等美新之学术……女子不可徒恃男子让权，须自争之。争权之术，不外求学③。

诚然，对于时局的变动，张竹君并非无动于衷。尽管放弃从军之路，但张竹君仍然选择以"女医师"角色出场。1911年10月18日，她在《民立报》发布了《发起中国赤十字会广告》，号召驰赴鄂、蜀战场，不分敌我，本人道主义精神，从事慈善救护，以医学特长贡献"女国民"之力。启事称：

> 蜀、鄂两省同胞因国事而死者不可以数计，夫救死扶伤，医者之

---

① 中华全国妇女联合会妇女运动历史研究室编：《中国妇女运动历史资料（1840~1918）》，中国妇女出版社，1991，第451~467页。
② 张竹君：《论组织女子军队》，《东方杂志》1912年第8卷第10期。
③ 马君武：《女士张竹君传》，《新民丛报》1902年第7期。

职，亦仁人之事也。鄙人不敏……愿率同学数十人先赴鄂，次赴蜀，略尽义务。然兹事体大，非区区鄙人等数十人所能了用，是布告通国吾伯叔兄弟、诸姑姊妹①。

组成赤十字会的会员并不限于女性，男性医士愿助一臂之力者也不乏其人②。10月24日，赤十字会会员第一队数十人集聚于"寰球中国学生会"，列坐草地合影后，遂"至怡和码头登瑞和轮船"整队出发，观者"皆惊为未见，而西人皆肃然尊敬"③。除此之外，张竹君发起的赤十字会不仅为女界慈善之表率，使"一般女学生之风从者争先恐后"④，而且与张竹君成立赤十字会同时，另有男子发起"中国赤十字会第二团""赤十字会社"⑤，上海五洲药房经理项松茂亦致书张竹君，愿捐赠些许军用医药品以为赤十字会之助⑥。

在赴汉口战地近两个月期间，即便是日夜力任救护，"受伤而来医院者踵相接，趾相错"，仍成"日不暇给之势"⑦。张竹君亲率的赤十字会第一队成绩斐然，"救疗受伤战士一千三百余人"，赴镇江的第二队亦救护千余人⑧。在此期间，张竹君亦时常不顾枪林弹雨前往救助，多次险遭炮击⑨。"赤十字会"在社会各界反响甚大，返沪后，中外来宾数百人特假张园开欢迎大会，并请张竹君做战地救护报告种种⑩。

固然，在武昌起义爆发后，女界为支援前线组成的后援团体不止于张竹君的赤十字会。女界协赞会、女子后援会等专为北伐军而设，或以急助饷需为旨，或驰赴前线调护民军受伤军士⑪。这批参与革命的女性

---

① 《发起中国赤十字会广告》，《民立报》1911年10月18日第1张第6版。
② 《赤十字会开会记》，《神州日报》1911年10月20日第5版。
③ 《欢送赤十字会》，《民立报》1911年10月25日第5版。
④ 钝根：《海上闲谈》，《申报》1911年10月19日第2张第4版。
⑤ 《中国赤十字会第二团广告》，《申报》1911年10月24日第3张第1版；《赤十字会社广告》，《申报》1911年11月26日第1张第5版。
⑥ 《上海五洲药房经理项松茂致上海医院院长张竹君女士书》，《申报》1911年10月21日第2张后幅第1版。
⑦ 《赤十字会女会员章兆彦武汉战地日记》，《神州日报》1912年1月11日、12日第4版。
⑧ 《十字会纪事》，《民立报》1911年12月25日第6版。
⑨ 《赤十字会会长张竹君女士演说文（续）》，《神州日报》1912年1月2日、4日第4版。
⑩ 《赤十字会大会记》，《申报》1911年12月26日第2张第3版。
⑪ 《女子后援会筹募军饷》，上海社会科学院历史研究所编：《辛亥革命在上海史料选辑》，上海人民出版社，1981，第640页。

第三章 "女医师"张竹君与性别解放的"中间路径" 99

多以传统的"巾帼英雄"为榜样,追花木兰、梁红玉之芳尘,除了部分加入历次"请愿国会运动"并以延续清廷统治为目标外①,对于拥护种族革命的从军女子而言,她们不再维护以父权制为基础的社会秩序,而是追求建立现代民族国家的政治理想。她们更期待将军事的活动与政治的抱负之间建立起紧密的联系,即在共和的曙光下拥有属于自身的"权利"话语。

值得注意的是,既不同于倒向革命队伍一方的女性诸团体,亦不同于多数女性精英对"女国民"的参政想象。革命胜利后,张竹君尽管凭借赤十字会的救护成绩,也在共和大业的受勋者之列②,但并未同唐群英、沈佩贞等女性精英一道加入争取女子参政运动之列,相反与民族国家话语之间保持了相当的距离。进入民国以后,游离于女权、革命与政治之外的张竹君,仍以"女医师"为职业,专注于社会服务,并介入慈善活动。(见表3-1)。

表3-1 《申报》登载的民国初期张竹君的医学与慈善活动

时间	事件
1912.6.12	张竹君在"国民捐"运动中,"认捐洋二元"
1913.1.27	铁血团部分成员在与上海南市警区发生冲突后受伤严重,张竹君前往医治
1913.3.15	上海地方监察厅请张竹君代为查验乡民陈妹"是否处女"
1913.4.21	宝康县丝厂管车施美成踢伤女工王氏之下部,张竹君查验伤情
1913.4.25	"刺宋案"凶手武士英于狱中服毒暴卒,江苏都督程德全延请张竹君验尸取证
1913.7.22	"二次革命"爆发,张竹君再赴江西、南京战场从事救护
1913.8.2	张竹君前往看治误遇枪击的南市华界电灯厂工人刘茄宝
1914.2.8	沪南警察分署委托张竹君抢救拒捕自伤的某党人
1914.11.22	张竹君助蔡子君内子难产脱险
1915.2.6	张竹君列席尚贤堂举办的"博医会"联合大会
1915.5.29	张竹君在上海商会发起的"救国储金"运动中,认捐"洋三十元"

---

① 《湘省女界请开国会书》,中华全国妇女联合会妇女运动历史研究室编:《中国妇女运动历史资料(1840~1918)》,第408~413页。
② 《请奖赤十字会人员》,《新纪元报》1912年10月6日第3版。

续表

时间	事件
1915.7.9	张竹君于"崇德女校"暑假休业典礼,发表励志演说
1916.1.10	张竹君出席"上海通济大药房"动迁典礼
1916.2.11	张竹君集资与他人联合开办"富华上海医学校"
1917.10.1	张竹君捐款上海孤儿院
1917.12.11	张竹君出席女子慈善工艺学校举行成绩展览会
1918.12.3	张竹君捐款"洋六百元以上",资助成立"青年普益社"

如此,张竹君一度登上了沪上女界"明星人物"的舞台,并经常受邀出席各类公益活动场合。例如,在教育界,"寰球中国学生会"委任张竹君为女子征求团团长①,又于哈佛大学汤姆生教授演说之际,请张竹君"奏琴唱歌"为欢迎仪式②;"崇德女校"每逢毕业及暑假休业典礼,均请张竹君发表励志演说③;在医学界,张竹君更是闻名遐迩,在尚贤堂举办的"博医会"联合大会中,张竹君现身其间④;"上海通济大药房"动迁新址,择吉日开业,同样邀约张竹君壮其门面⑤;吴士俭为开办眼科之需,特聘张竹君担任介绍人,以此为招揽生意的策略⑥。作为女界慈善的象征者,南京创设的女子慈善工艺学校举行成绩展览会时,也不忘将张竹君列坐嘉宾席位⑦。

事实上,张竹君在"从医"与"参政"之间,尝试摸索出一条"中间路径"的经验。这表现在:张竹君既有着同晚清其他女杰一道之于女性解放话语积极接纳的一面,又有着对于民初女子参政运动持谨慎且冷静的态度。具言之,在广州时期,张竹君先以"女医师"的形象出场;在上海期间,张竹君尽管一度以"女政治家"的身份现身各类政治参与中间,但当辛亥革命来临之际却退身政界,依旧秉持着"女医师"的职业角色,履行作为"女国民"服务社会、建设国家的义务。换言之,"女医

---

① 《寰球中国学生会征求会友》,《申报》1913年7月19日第10版。
② 《寰球学生会演说商业》,《申报》1917年10月1日第10版。
③ 《崇德女校今日开会》,《申报》1915年7月9日第10版。
④ 《尚贤堂欢迎博医会》,《申报》1915年2月6日第10版。
⑤ 《上海通济大药房择阴历十二月初四先行交易择吉开幕》,《申报》1916年1月10日第9版。
⑥ 《眼科专家兼治内外各症医学士吴士俭君》,《申报》1918年6月19日第1版。
⑦ 《纪劝业女子师范之欢迎会》,《申报》1917年12月11日第10版。

师"的角色，不失为张竹君在探求"中间路径"中的理想定位。

第二节 自立之学："中间路径"践行之要义

张竹君在清末民初性别解放这一问题上，为女性启蒙者提供了"中间路径"的指南针。至于如何实践"中间路径"，她认为最为紧要的议题，应当是寻求女性在经济与人格层面的独立。张竹君表示，唯有掌握"自立之学"，才是女性践行"中间路径"、以"女国民"身份实现自我价值的保障。

1904年5月，张竹君应上海爱国女学校之邀，系统地发表了女性当求"自立之学"的演说。该校创办于1902年秋季，由中国教育会担负经费，蔡元培任经理人①。在讲演中，张竹君在答谢爱国女学校创办诸君的同时，敏锐地指出了女学兴办依附男权，尚且不能自立的忧虑。在张竹君看来，"虽然吾爱爱国女学校，吾敬诸君，而吾最终不能不为我女界痛哭者，则以倚赖根性至今犹未拔耳……若无中国教育会诸君，则此爱国女学校之名词，且不能出现于世"，且该女校的发起者、管理者、执教者均无女子之主动力，"此吾所不能为吾女子讳也"。故而，今之女子受学"不得不暂时俯首听命于热心之男子"，依旧缺乏自立能力。倘"倚赖之性与年相积，即独立之性与年相消，则今日本为求解脱而来学，而学成适益缚其手足"②。为避免女子学成后沦为"男子高等之奴隶"，养成"自立之学"实为女性当务之急的课题。

至于如何实现女性"自立"，张竹君给出了三方面设想：其一，女性当以"合群"为行动之力；其二，可将实业作为"自立"之基；其三，以医学为一技之长，实现"自立"之途。

首先，"合群"为女性"自立"的保障。1904年4月底，张竹君在发起"女子兴学保险会"的宣言中，列举了现时女性因不能"自立"而导致的种种"危险"境遇。在张竹君看来，女性生利少而分利多，不能自养。即便"有子可恃"，若"子长而浮荡"，亦终致倾覆其家；即便"生而富贵"，若遇"悍戾之舅姑，或遇浮薄之夫"，也所处至难也；即便

---

① 《记上海爱国女学校》，张玉法、李又宁主编：《近代中国女权运动史料》（下），台北龙文出版社股份有限公司，1995，第1007页。
② 《记张竹君女士演说》，《警钟日报》1904年5月2日、3日第2、3版。

"阀党名门",而猝遭兵灾,难免"流为娼妓,则尤有不忍言者矣"。况且,缠足之风久矣,平时女子羸其体、残其肤,"猝有水火盗贼之变,非含辱偷息,则自经于沟渎耳"。而造成上述"女子之险"者,"半由于男子之压制,半由于女子之放弃"。至于后者,盖女子"一由于不知学,一由于不知群"。故,张竹君提议,唯联合海内诸女士为一大群,以"女子兴学保险会"为联络之名,"严于自治,以成一己,勇于合群,以结团体"①。

其次,张竹君认为,"欲救空论,必与实业",即以兴办实业为女子"自立之首基"。其一方面提出在"女子兴学保险会"内附设女学堂及女工艺厂的构想,"会中女士其所生子女,必须读书……往工艺女学堂肄习手工,授以资生之力"②。另一方面吁请爱国女学校附设"手工传习所",并得到了校方的首肯,聘请其担任教习一职③。

1904年5月,"手工传习所"开办,首日即有生徒数十人报名。除了上海务本女塾及宗孟女校之学生投来志愿书外④,杭州女学校甚至"提校中公款,派遣学生数名到沪学习"⑤。初逾半月,就学者"纷纷不绝",因"校内讲堂地狭,不敷坐位",张竹君只得于沪北江湾另租赁高大洋房⑥,并更名为"广东育贤女工厂分院"⑦。此外,浙江省山阴县俞树萱女士因受鼓舞,亦创设"自立女工传习所",期以为"我国女子自立之助"⑧。"手工传习所"的设立,对于启发女界思考如何发达"实业之学"不无促进之处。署名"三自女士"的作者致书张竹君,提出了"艺课宜勤"、辅授"普通学""勿谈宗教"三点改良看法⑨。如是,张竹君凭借实业成绩赢得了舆论溢美之声,有人赞其乃"女界之张季直"。1905年1月16日,《警钟日报》刊载了题为《中国实业界之扩张》一文:

近日所可推为实行家者,于男界得一人也,曰张季直;于女界得

---

① 女士张竹君:《女子兴学保险会序》,《警钟日报》1904年4月23日、24日第4版。
② 《女子兴学保险会章程》,《警钟日报》1904年4月25日第4版。
③ 《手工传习所广告》,《警钟日报》1904年5月24日第1版。
④ 《手工传习所之发达》,《警钟日报》1904年5月26日第3版。
⑤ 《资遣学艺》,《警钟日报》1904年5月24日第3版。
⑥ 《女子手工传习所特别广告》,《警钟日报》1904年6月10日第1版。
⑦ 《广东育贤女工厂分院简章》,《警钟日报》1904年6月10日第1版。
⑧ 《自立女工传习所广告》,张玉法、李又宁主编:《近代中国女权运动史料》(下),第1293页。
⑨ 三自女士:《致张竹君女士书》,《女子世界》1904年第10期。

一人也,曰张竹君。自季直创公司于通州,从而继起之公司,不知凡几。自竹君创女工院于上海,从而继起之工所,又不知凡几。之二君者,所成就之事业,其大小虽不同,然以所处之境论之,季直易而竹君难。盖季直置身通显,居高而呼,所谓长袖善舞也。竹君不过一弱女子,既无财力,又无辅助,而亦能振臂一呼,大江南北之女界,为之响应,咸知研究实业,以自谋生计,其功岂在季直之下哉?①

最后,张竹君提倡女性可以医学为一技之长,作为自立"建设之基本"。其认为,"粉黛"为妨害女子卫生之大事,而造成女子"以可怜之身,为侧媚之态"者,实因其"一切养生之事,皆倚赖于男子"。至于解决"粉黛"之害的根本,仍在于"为女子求一方法,使于生事得所资",而医学教育恰为张竹君所看重。倘女子"汲汲讲求卫生,以求自强,以求自养……以为自立之基础,而更加益以学术",则日后不难与男子获得同等之权利②。

为此,一方面,张竹君与汤尔和联手创办"卫生讲习会",讲授"生理卫生及诊病法与体操"等要略,以三个月为速成之学③。汤尔和称,"卫生之学,盖为世界人种造绝大之因也……吾今欲变此病夫之中国,为少年之中国,则舍卫生一道,未有由然"④。另一方面,张竹君在李平书⑤的帮助下,于1905年1月成立了"女子中西医学院"。按照张竹君本人的说法,其在沪上"病情危笃"之际,幸得李平书诊治,李平书在自述中也忆及了二人的初次会晤及合作办学之初始:"适见张女士素习西医,毕业于粤东博济医院,于辨症用药,俱有神悟。因叹中国女医之少,议创设女子中西医学堂……余课中医,女士课西医"⑥。

1905年1月23日,《申报》率先刊发了"女子中西医学院简章"。在宣言书中,张竹君阐述了创设宗旨,即期以改变"以男医审女病"的尴

---

① 《中国实业界之扩张》,《警钟日报》1905年1月16日第1版。
② 张女士竹君:《卫生讲习会演说》,《广益丛报》1904年第44期。
③ 《卫生讲习会章程》,《女子世界》1904年第6期。
④ 汤尔和:《卫生讲习会演说》,《警钟日报》1904年5月24日第3版。
⑤ 李平书(1854~1927),祖籍苏州人,出生于医学世家,曾在广东度过十年官宦生涯,先后任广东陵丰、新宁、遂溪知县,1903年调任江南制造局的提调,业余"涉猎西医译籍,屡思沟通中西医"。参见李平书《且顽七十岁自叙》,熊月之主编:《稀见上海史志资料丛书》(第三册),上海书店出版社,2012,第249、387页。
⑥ 李平书:《且顽七十岁自叙》,熊月之主编:《稀见上海史志资料丛书》(第三册),第387页。

尬之局，使女子之病从今不再假手男医。教授内容在"贯通中、西各科医学"，预科学制则以六年为期。为表兴学之专心，张、李分别表示，"六年之内，李平书不出仕，不赴他省当差。张竹君不回粤办事，不往他处。各尽心力，务底于成"①。在授课之余，女子中西医学院开展了"送诊女症"的服务②，并附设了"妇女养病院"③。1909年6月，为改变施诊者供不应求之势，女子中西医学院改组为"上海医院"，并委任张竹君为监院一职④。张竹君以医学教育为培育女子"自立"之途，亦获得了男性精英的好评。1911年，伍廷芳在女子中西医学院首届毕业典礼致辞中称赞，"盖女子每有不可告人之病"，若有女医专诊女子之病"则可将病情诉说"，施诊将自无误会，"女医学堂将来逐渐推广，从前积弊可以免矣"⑤。赵婧在考察近代上海女医群体时也注意到，女医师这一角色具备天然的性别优势，"女女合作更有利于同性同僚在特殊医疗领域的互助"，医院通过施行男女分治，还可以提升女性病患者前来就诊的意愿⑥。张竹君在毕业演说中敬告学员称："既为医生，更欲发我诚爱之心肠，以博爱为主义。余尤盼望女学生注意于'爱'字。实行此'爱'字，则我女学界之发达，无可限量矣。"⑦

然而，张竹君在谋求女性"自立之学"的实践中并非一帆风顺。在开展女性慈善活动、兴办实业的过程中，张竹君尽管一度得到男性同盟者的资助，但报之以冷漠态度亦不乏其人，令其诸多努力似显疲软无力。

对于张竹君组织的女性救灾与慈善义演行为，清廷地方政府则不以为然。1906年12月，江苏淮徐海道各属发生水灾，张竹君组织女子中西医学院诸生演剧赈灾⑧，并禀请道宪："遇有江北受灾之女，收罗百名资送来沪，教以工艺，俾学成之日，遣回原籍。"⑨ 然而，此番禀呈并未引起官方的重视，相反在回复的批示中大有推诿之意："然遣送来沪，不如即

---

① 《女子中西医学院简章》，《申报》1905年1月23日第9版。
② 《女子中西医院送诊女症广告》，《申报》1908年2月13日第1张第5版。
③ 《记女子中西医学堂放假盛仪》，《申报》1905年7月13日第4版。
④ 李平书：《且顽七十岁自叙》，熊月之主编：《稀见上海史志资料丛书》（第三册），第389~390页。
⑤ 《女医学堂毕业志盛》，《民立报》1911年1月23日第5版。
⑥ 赵婧：《近代上海女医群体的形成——以社会网络为视角的考察》，《史林》2020年第3期。
⑦ 《张竹君女士毕业演词》，《女学生》1911年第36期。
⑧ 《纪女医学堂学生演剧赈灾事》，《申报》1906年12月31日第4版。
⑨ 《筹拨淮海徐灾女来沪就学开会广告》，《申报》1906年12月29日第10版。

在扬州设会教养，较为妥便……该女士既具教育热忱，尚其别定方针可也。"①

就各慈善团体之间合作论，虽有男性各方的声援，但因赤十字会以女性为主体成员，故女性慈善仍被视为男性的附庸，这激起了张竹君的不满。在致中国红十字会会长沈敦和的函件中，张竹君怒斥其为"盗世欺名"之辈，质问其以红十字会为名义搜括资财，未能公开收支明细，且对川、鄂战事救护反应迟钝，有失人道主义之责②。沈敦和予以还击，并颇有谴责张竹君不专注于上海医院事务，反而贸然插手战地救护之意③。更为甚者，张竹君以"战地女医生"为角色的性别实践，还被清军作为镇压民军的工具加以利用，如有清军间谍"冒名诓骗"，混入赤十字会从事情报活动④。

在女子实业兴学方面，1904年7月发生了张氏与爱国女学校的公案，使得张竹君在该校附设的手工传习所立遭瓦解。由于张竹君扩充女子就学规模，组设"广东育贤女工厂分院"，"成绩颇佳"，引起了该校校董的不满，遂污蔑张竹君"怀有野心……暗中运动职员及多数学生，突然离校"，擅自扩充校址，以致"爱国女学校遭此破坏"⑤。1904年10月下旬，张竹君办理的"广东育贤女工厂分院"亦随之遭遇挫折。因缺乏经费，该校一度行将散学，张竹君竟险遭"暴力"对待。房主以欠租三月，"声言钉门，校中纷扰……学生倍觉恐慌"，此事幸为李平书得知，遂鼎力相助，为张竹君主动垫付租金，方使该校师生安心就学⑥。

张竹君在以医学为谋求女子"自立之学"的进程中遭遇困境的原因主要有以下三个方面。

首先，这表现在近代国人对西医女医师存在矛盾与暧昧的心态。1909年，上海医院成立，尽管张竹君力主"中西医并重"，但来访者仍对西医心存芥蒂。面对旁观者的指摘，李平书与张竹君不得不发出"征信录"，希请各方理解：

---

① 《道批照录》，《申报》1907年1月2日第3张第17版。
② 《张竹君致沈仲礼书》，《民立报》1911年10月26日第5版。
③ 《沈仲礼覆张竹君女士书》，《民立报》1911年10月28日第5版。
④ 《赤十字会会长张竹君女士演说文（续）》，《神州日报》1912年1月4日第4版。
⑤ 高平叔编：《蔡元培年谱长编》（上），人民教育出版社，1996，第283页。
⑥ 李平书：《且顽七十岁自叙》，熊月之主编：《稀见上海史志资料丛书》（第三册），第386页。

> 顾是院之设，医分中西，病别男女，事属创举，法无秉承。或初试而未善，必斟酌以改良……在当事者，方困难之是苦；而旁观者，已指摘之纷乘……余览一年之中，男女病症，几及三万……或医师精神之偶懈，辨症差池治不应手者，三万人中岂无一二？余固不必为医师讳，医师亦不必自为讳者也？①

其次，在女医教学中间，师资的匮乏、教学设备的简陋、住校生活的艰苦，使得张竹君主持的女子医学教育成绩实为有限。据女子中西医学院首批学员陈衡哲回忆称，"我们是中国当时尚在婴儿时期的新式教育机构和一个经验不足老师的牺牲品"，就师资而言，在医学院成立的最初两年，李平书和张竹君不仅是主要负责人，而且也是分别教授中、西医的唯一教师。至于教学的硬件条件：

> 我们的化学课连一个试管都没有，我们只被要求背诵所有化学元素的中文名字……医药学方面也只是死记硬背，各种药的名字，它们的样子，它们能治的病的名字。解剖学的课本有三大本……Z 小姐让我们把这些全部背诵下来：不仅是一百多块骨头和五百多块肌肉的名字，而且是它们附近连接着什么肌肉和骨头。我们被要求全部背诵时，除了书里的几张简图外，连一张人体图都没有，更不用说人体和有关部件的蜡制模型了。

而生活设施的简陋更令女学生们苦不堪言："我们在冬天早晨的黑暗中颤抖，在烛光下用冷水盥洗，然后不吃不喝准时集中在煤油灯下的教室里。"上述种种情境，在陈衡哲看来确是人生的"可怕经历"，以至于很快消解了"任何学医的欲望"②。

最后，经费的困境一直成为制约张竹君从事医学事业的直接因素。在李平书主持的年代，上海医院尚可正常经营。然而，1913 年，在李平书离沪赴日本后，经费的开销与负担开始显露无遗。1914 年 2 月，张竹君因经济支绌，迭次开会，要求官绅各界担任筹款，但终无效力，以致"亏累银二万余金"③。同年 10 月，张竹君期以上海医院成立十周年（自

---

① 李平书：《且顽七十岁自叙》，熊月之主编：《稀见上海史志资料丛书》（第三册），第 394 页。
② 陈衡哲：《陈衡哲早年自传》，安徽教育出版社，2006，第 103~109 页。
③ 《上海医院之亏累》，《申报》1914 年 2 月 26 日第 10 版。

"女子中西医学院"算起）纪念会，为筹集资金契机，但仅收杯水车薪之效①。对此，张竹君表示有心无力，即拟先行停办育贤女校，减少上海医院的经费压力。幸运的是，时任陆海军大元帅办事处总办萨镇冰，在沪上担任淞沪警察督办期间，曾与张竹君有过私人交谊②，赴京履职后获悉张竹君办学资金无着，遂"补助经费"，以使育贤女校得以继续维持③。但事实上，热心者毕竟属于少数。更有甚者，地方政府将上海医院归属问题提上日程，令张竹君雪上加霜。上海公款处经理丁赓尧调查称，上海医院之地基"亦系公产"，遂催促张氏"订立租地合同"④。1916年1月，张竹君做出了维持上海医院的最后努力，禀请道县拨款相助，然依旧徒劳，无奈之下只得呈请官府，"改归公有，以垂久远"⑤。4月1日，上海医院正式被上海县公署接管，并更名为"上海县公立医院"。随之，张竹君宣布解除责任，连续三日于《申报》刊登医院归公之通告，内中之辛酸、不舍与迫不得已，跃然纸上：

> 启者：竹君与李平书先生创办女子医学校及上海医院十有二年……自民国二年，平书先生外游，不暇兼顾，至经常费中止。而此医院住院来诊男女病人，最少数日有百三四十人。因是医院除董事常捐及上海各官长廉奉捐助外，每年尚缺数千元。竹君极力维持三载，然以上海医院乃慈善事业，非数人可以负其经常费之责者，因是商于诸位董事，将上海医院推出，归公家办理……现竹君已解离上海医院责任，凡后来医院一切事务，均与县地方接谒可也……谨此通告⑥。

实际上，透过张竹君在谋求"自立之学"中间的困境可知，张竹君从医的个体经验，既是清末民初西医女医师及女医教习在中国移植、萌芽以及遭遇挫折进程的缩影，同时经费的支持以及男性同盟者必要的助力，仍是张竹君践行"自立之学"的前提和保证。换言之，在张竹君兴办女学及女子医学中间阻力的背后，隐喻了在清末民初性别秩序松动与紧张中间，女性从家庭走向社会之初面临的集体困境。

---

① 《上海医院十周年纪念会预志》，《申报》1914年10月31日第10版。
② 《上海医院欢送萨督办》，《申报》1914年5月31日第10版。
③ 《育贤学校校长张竹君通告》，《申报》1915年9月18日第1版。
④ 《医院地基亦系公产》，《申报》1914年12月18日第10版。
⑤ 《会议保存上海医院》，《申报》1916年1月28日第10版。
⑥ 《张竹君以南市上海医院推归公办通告》，《申报》1916年4月2日、3日、4日第1版。

第三节 "中间路径"与清末民初性别解放的多元图景

若将张竹君关于"中间路径"的女性启蒙思想，放置于清末民初妇女思潮的脉络中加以考察，可以窥见张竹君相较于秋瑾、吕碧城、胡彬夏、唐群英、沈佩贞等同时代女性精英的独特之处。这一方面表现在张竹君对女学、女权与政治问题上"中间路径"的抉择，另一方面则是其以"自立之学"为核心的女性启蒙策略。

第一，在对待女权话语的态度上，张竹君选择的"中间路径"有别于其他女杰的认知。

事实上，民族主义话语是晚清女性"浮出历史地表"的合法性来源。父权制本质的女性启蒙，首要考虑的是动员女性配合男性追求民族的解放，而非女性自身的利益。实际上，本着"尽义务，享权利"精神而参与政治的女性，也自觉认同了男权话语对于女性客体"一元化"的规制与塑造①。在秋瑾的心中，女性不仅作为家庭中的母亲、妻子、女儿，更具有国民身份的标识，协助男性同盟者，参与革命，"共争主权于异族"②；在吕碧城看来，女权与国权紧密相连，"殊不知女权之兴，归宿爱国，非释放于礼法之范围，实欲释放其幽囚束缚之虐权"。换言之，振兴女权不止于使女性突破礼教之囚笼，摆脱异族压迫才是性别解放的深远目标，从而"合力以争于列强，合力以保全我四百兆之种族，合力以保全我二万里之疆土"③；唐群英则在辛亥革命中组织"女子后援会"，参加"女子北伐队"，驰赴金陵作战，并在共和建立后获得了"二等嘉禾章"的殊荣④。她认为共和胜利的曙光升起之际，便是"女界革命""男女平权"梦想成真的时刻。在《女界代表张（唐）群英等上参议院书》中，唐群英奔走相告，"欲求社会之平等，必先求男女之平权，非先与女子以参政权不可"⑤；沈佩贞亦认为，女子"奔走于炸弹队，志在救国，无非

---

① 参见刘慧英《女权、启蒙与民族国家话语》，人民文学出版社，2013，第62~70页。
② 黄公：《大魂篇》，《中国女报》1907年第1期。
③ 吕碧城：《论提倡女学之宗旨》，《大公报》1904年5月20日第2版。
④ 参见《唐群英年表》，衡阳市妇女联合会编：《唐群英史料集萃》，衡阳市妇女联合会刊行，2006，第16页。
⑤ 《女界代表张（唐）群英等上参议院书》，《妇女时报》1912年第6期。

争自由、争平权"①。

然而，张竹君在对民族国家话语的接纳上持有保留的立场。一方面，张竹君对于女子参军及革命表现出谨慎的姿态，认为女子风从北伐不过是基于传统"巾帼英雄"以及现代"女国民"身份的一种想象②。至于女子生理的局限，不仅难以胜任从军职责，反易造成拖累之弊。黄兴亦主张解散各类女子军事团体："查女子热心爱国，志愿充兵，其忠勇之气，深属可嘉……至现时用兵，目的端在北伐，行军万里，劳苦异常，而战斗机关尤须处处强劲，节节灵活，以身体孱弱未经训练之女子随队遣征，诚恐一有疏虞，反致滞戎机而累全局。"③沈淑贞女士同样表达了这种顾虑，并以"身多疾病，难受长途之辛苦"，"家族爱怜弱女，不许冒险而往枪林弹雨"，"求学之时，不能间断光阴"为委婉拒绝参军之理由④。

另一方面，不同于以唐群英、沈佩贞等为代表的女界精英投身于争取男女平权运动的浪潮，张竹君则在民国告成后，以"中间路径"为实现自我价值之抉择，并始终坚守"女医师"的职业岗位，不仅登上了沪上"慈善明星"的舞台，而且凭借医学成绩获得广泛认可，甚至若干年后被人们提及时依旧赞不绝口。时人出于感恩而认张竹君为"义母"者更是不可胜数⑤。据陆丹林回忆，在护法战争之际，张竹君与伍廷芳夫人同由沪回粤途经汕头至香港一带，忽遭海盗截劫，当盗魁确知女医师张竹君身在其中，遂即刻行礼道歉⑥。值得玩味的是，男性精英对唐群英、沈佩贞等女性盲目追求女权话语的负面评价，同褒扬张竹君之间形成了鲜明的对照：

> （张竹君）咸半颂为妇女界之梁启超，足见其思想之魔力。民初一般新女性唐群英、沈佩贞等亦倾动一时，相较品格，实远之多矣。

---

① 《唐沈两女士之墨泪》，中华全国妇女联合会妇女运动历史研究室编：《中国妇女运动历史资料（1840~1918）》，第593页。
② 事实上，诸多女性走出家庭是基于对身体解放的渴望，热衷于鼓吹革命者并非多数，相当一部分女性在面对革命动员时，徘徊而裹足不前。参见赵连成《同盟会在港澳的活动和广东妇女参加革命的回忆》，中国人民政治协商会议广东委员会文史资料研究委员会编：《广东辛亥革命史料》，广东人民出版社，1962，第92页。
③ 《黄兴咨南京卫戍总督请解散女子国民军文》，中华全国妇女联合会妇女运动历史研究室编：《中国妇女运动历史资料（1840~1918）》，第455页。
④ 沈淑贞：《致赤十字会会长张竹君女士书》，《妇女时报》1912年第4期。
⑤ 史鱼：《记妇女运动之开山始祖——张竹君》，《七日谈》1946年第17期。
⑥ 陆丹林：《广东女志士张竹君医师》，中国人民政治协商会议广东文史资料研究委员会编：《广东文史资料》第34辑，广东人民出版社，1982，第168页。

女士（张竹君）终称以医术济人为怀。知者善藏，亦人杰也①。

由此可见，这种异乎寻常的冷静使得张竹君在政治参与中间，既有对女性解放话语的认同，同时又表现出对以父权制为本质的女权话语的警惕。诚然，张竹君在政治的激流中选择退却，并非意味着"贤母良妻"的重塑，更非主张女子对家庭的"回归"。《妇女杂志》主编胡彬夏在民初"复古潮流"袭来之际，期待女子以"改良家庭"为"改良社会"的途径，重视女性在家庭中创造财富的社会转化，使女子在家庭中同样成为"生利"之人，从而打通"男外""女内"的界限与隔离，渐趋消解女权启蒙与国族话语之间的内在紧张②。与之相反，张竹君所看重的是女子"走向社会"后的广阔成就，绝不是囿于家庭的狭隘"妇学"。

第二，张竹君在对性别、政治与社会三者关系的认识中，更强调女性作为"女国民"的自身条件与社会基础，即唯有"自立之学"才是践行"中间路径"、赢得"女国民"的席位、实现政治权利的前提和保障。这种既超然于政治，又逾越家庭困守，立足于女性社会价值的启蒙思路，无疑体现了张竹君的前瞻性认识。

首先，这表现在张竹君为实践"自立之学"主张的超越"国民之母"的女性论述。换言之，其所偏重者乃"女国民"理想之实现。在晚清时期女性启蒙话语的论述中，"国民之母"与"女国民"是一对缠绕不开的话题③。梁启超在《论女学》中指出，"蒙养之本，必自母教始；母教之本，必自妇学始，故妇学实天下存亡强弱之大原也"④。这在金天翮的《女界钟》中得到了呼应，有必要通过新式的教育，使女性以"国民之母"的诞育能力，保证"新中国"肌体的健康⑤。吕碧城也表示，"女子者，国民之母也，安敢辞教子之责任"，因母教之良否决定着未来人种的

---

① 滁非：《女志士张竹君传》，《辛亥月刊》1948年第6~7期合刊。
② 胡彬夏：《基础之基础》，陆阳、胡杰主编：《胡彬夏文集》，线装书局，2014，第126~129页。
③ 关于"国民之母""女国民"与晚清女性形象的建构，参见胡笛《晚清"国民之母"话语及其女性想象》，《湖南大学学报》2014年第4期；乔以钢、刘堃《"女国民"的兴起：近代中国女性主体身份与文学实践》，《南开学报》2008年第4期。
④ 梁启超：《论女学》，中华全国妇女联合会妇女运动历史研究室编：《中国妇女运动历史资料（1840~1918）》，第77页。
⑤ 参见夏晓虹《〈女界钟〉：金天翮的"女界革命论"》，《南京师范大学文学院学报》2015年第1期。

强弱①。但另外，吕碧城认为，女子在"国民之母"责任以外，更应具有"女国民"的身份，因女子也是国家之一分子，同样当尽国民义务，具政治之思想，享公共之权利②。秋瑾的女性论述则更进一步，从最低层次的"贤母良妻"的培育，经过启蒙意识的灌输而成为"国民女杰"，再到拯救种族存亡最高境界的"汉侠女儿"③。然而，值得注意的是，对于张竹君而言，并非期待"国民之母"资格的赋予。一方面，她奉行独身主义以摆脱家事的羁绊，认为"若既嫁人，则子女牵缠，必不能如今日一切自由也"④；另一方面，其认为女性是否成为"国民之母"并非迫切。最要紧的是，女性当速以"合群"之道结成"女子兴学保险会"，首先实现经济的自立，拔除对男权话语的依赖。这种对"母性"意识的淡化，使其更关注作为"女国民"的责任与担当，即强调要通过女性自身价值的展现，履行建设国家与民族的义务。就更深层次而言，内中亦隐喻了近代中国在西方科学教育的影响下，女医师在职业选择中间的独身要求。实际上，西医女医师独身的现象并不罕见，协和医学院即有明令，"护士不许结婚，如要结婚，必须先辞职"⑤。

其次，张竹君注意到了"女学"当优先于"女权"这一问题。她认为，女性在以"自立之学"取得经济自主权之前，侈谈"女权"。这不仅避免了那些盲从争取参政权利的激情空论，而且从女性生存实态出发对症下药，提出了解决女性"解放"话语与"权利"话语矛盾的理性思路。1912年，万国女子参政同盟会嘉乐夫人在来华访问演说中，即曾以"女子工业发达，则女子可以自谋生活……从此平等参政权不求自达"为交相勖勉之词⑥。事实上，无法实现经济的真正自立，无法摆脱女学对男权话语的依赖，一切远大空行之论终将悉归泡影⑦。

进而言之，张竹君的"自立之学"也有助于解决女性革命后"无事可为"的困境。共和很快告成，这不仅使得"女子北伐队到前方无事可

---

① 吕碧城：《论某督札幼稚园公文》，《女子世界》1904年第9期。
② 《兴女学议》，戴建兵编：《吕碧城文选集》，天津古籍出版社，2012，第28页。
③ 参见夏晓虹《晚清女报中的国族论述与女性意识——1907年的多元呈现》，《北京大学学报》2014年第4期。
④ 马君武：《女士张竹君传》，《新民丛报》1902年第7期。
⑤ 中国人民政治协商会议北京市东城区委员会文史委员会编：《北京市东城区文史资料选编》第5辑，1994，第171页。
⑥ 《女界欢迎万国女子参政同盟会会长志盛》，《民主报》1912年9月20日第6版。
⑦ 张馥真：《辛亥前后江浙妇女界的革命活动片断》，中国人民政治协商会议全国委员会文史资料研究委员会编：《辛亥革命回忆录》（六），文史资料出版社，1981，第71页。

为，请缨无路"①，更重要的是，对于那些曾参与革命的女性精英而言，她们的人生道路亦随之呈现多元的分化。据回忆者称：

> 有的追求享乐和虚荣，敢死队队长沈警音和黄郛结为夫妇……有的则变为投机政客，例如沈佩贞就是其中之一，成为袁的爪牙……唐群英、林宗素等，也是热心于追求个人政治地位的，然而没有得到什么结果……林宗雪于复员后不久，由于感时忧世，抑郁成疾，以致一病不起。又如女子国民军北伐队的张馥贞和女子北伐敢死队的丁志谦，竟因此而遁入空门②。

至于多数不为人知的妇女，原先为逃避封建家庭压迫而"出家革命"者，现在"回家"后更受家族的奚落，被逼再度出嫁者有之，因流浪而沦为妓女者有之，甚或情形悲惨者，投湖自尽者亦不乏其人③。张竹君以"合群"之道所倡导的"自立之学"，有着针对女性不同层级的实业训练，短以三月为"速成"，长以六年为"预科"之期。这不仅可以避免女性因无助而沉沦的悲剧，而且其以"女医师"为职业的社会服务，为女界树立了良好的形象；不仅探索出了一条造就女性"完足之个人"的理想路径，而且有利于促进两性社会的良性发展。此种以实业精神为导向的女学方针，也赢得了男性支持者的共识。黄兴即对美国女子以培养图书馆事务员、小学教师、新闻记者、看护妇、写真师、簿记员、裁缝师为目标的职业训练表示出特有的青睐，并呼吁将实业教育定为"全国女子教育方针"④。

第三，若将研究视域"脉络化"，张竹君与同时代女性知识精英的论述，一并构成了近代中国女性启蒙话语的多元图景。

清末民初的女性知识精英围绕如何启蒙及实现自我价值提出了各自的构想：在秋瑾看来，通过种族革命以达驱除鞑虏之目的，实为人生理想的归宿⑤；吕碧城视兴办女子教育为强国之本源，"教育者，国家之基础，

---

① 赵连成：《同盟会在港澳的活动和广东妇女参加革命的回忆》，中国人民政治协商会议广东委员会文史资料研究委员会编：《广东辛亥革命史料》，第103页。
② 杜伟：《上海女子北伐敢死队》，中国人民政治协商会议全国委员会文史资料研究委员会编：《辛亥革命回忆录》（四），第61页。
③ 赵连成：《同盟会在港澳的活动和广东妇女参加革命的回忆》，中国人民政治协商会议广东委员会文史资料研究委员会编：《广东辛亥革命史料》，第104~106页。
④ 《湖南女界之欢迎》，《民主报》1912年9月19日第7版。
⑤ 黄公：《大魂篇》，《中国女报》1907年第1期。

社会之枢纽也。先明教育，然后内政外交，文修武备，工艺商业诸端，始能运转自由，操纵如意"①；陈撷芬则重视女子体育，认为中国数千年来女子柔弱不振，受男子之压制，实与女子体育之衰颓密不可分。故而，"欲免于奴隶犬马之辱，在自改，在体育"②；唐群英致力于女子参政权利之争取，并从"天赋人权"的角度论证女权的合法性③；胡彬夏认为，共和大业基础之基础，"非地方自治，而为家庭"，故而女性"改良家庭，即整顿社会也"④；而张竹君则以"自立之学"作为女子践行"中间路径"的起点。实际上，透过对张竹君个体生命及其女性启蒙问题上探索出的"中间路径"的解析，适为我们重新检讨清末民初的女性社会生态提供了极具意义的视角。令人欣慰的是，如果在比较中审视清末民初女性解放的有关论述，张竹君的"自立论"、秋瑾的"革命论"、吕碧城的"兴学论"、陈撷芬的"体育论"、胡彬夏的"改良家庭论"等，不仅从不同层面切近了女性自我价值的实现问题，而且彰显了清末民初女性充满智慧、多元而丰富的思想谱系。

除此之外，还需要辨析须藤瑞代在《中国"女权"概念的变迁：清末明初的人权和社会性别》一书中谈及的观点。该书指出，张竹君对于女权论述的一个最重要的特点，以打破二元对立的性别框架为前提，并非基于性别视角的分野，而是"摸索不分性别、只重视个人特色的社会角色"，她尽管主张女性自立，但不意味着与男性尽同等的义务，而是将女性视为自由的主体，支持她们选择契合个人认同的社会身份。鉴于清末民初知识精英所憧憬建构的主流民族国家话语从制度设计层面肯定了性别分工的模式，金天翮、秋瑾等人围绕女权的讨论也以尊重性别的二元框架为出发点，作者认为，张竹君这种意图"超越性别束缚"的价值旨趣，则否定了"以性别分工为基础的民族国家体制"，并隐含着"动摇民族国家基础的危险"⑤。其实上述说法对于性别分工论断的阐释稍有偏颇之处。张竹君"中间路径"思想的立足点，固然具有个体化经验的一面，但还蕴含着一定的社会性别特色，意在强调女性于社会性别分工中须充分发挥

---

① 吕碧城：《教育为立国之本》，《大公报》1904年6月18日第2版。
② 陈撷芬：《女子宜讲体育》，《女学报》1902年第2期。
③ 《女子参政同盟会代表唐群英宣言书》，中华全国妇女联合会妇女运动历史研究室编：《中国妇女运动历史资料（1840~1918）》，第595页。
④ 胡彬夏：《基础之基础》，陆阳、胡杰主编：《胡彬夏文集》，第126~129页。
⑤ 〔日〕须藤瑞代：《中国"女权"概念的变迁：清末民初的人权和社会性别》，须藤瑞代、姚毅译，社会科学文献出版社，2010，第96~97页。

主体能动性的优势。也就是说，医师这一职业道路，既适合张竹君的个人本色，又源自她在专业上具备的一技之长，并且以女医诊治女病的意愿及理想，也是她从事医学行业的重要动因。可见，"女医师"这一角色建构体现了女性个体追求主体性身份实践的特征，某种程度上而言，她创造的社会贡献与社会价值也是由女性特定的性别特质所决定，在谋取女性职业独立与人格自主的诉求上，既是"个性的"，也是"女性的"，即"女性"与"个性"虽在概念上是两个不同的范畴，却构成了张竹君女性解放思想的两翼。

第四节 形象的再造：从"女医师"到"女革命家""女权运动者"

按照沃尔特·李普曼的传播学理论，"拟态环境"不是对"真实环境"的完全再现，而是进行了选择性的加工与重构①。随着时代语境的变迁，张竹君在清末民初以"女医师"为角色的形塑也悄然转变。

因五四时期"女子家务劳动社会化""女性独身主义"思潮的兴起，张竹君作为出走的"娜拉"形象被加以强调："男女都有五官四肢，男子能为社会服务，女子何尝不可能？……张竹君女士是一个实行社会服务的医生，素抱独身主义，而毕生尽瘁于为人群服务。"②

至于张竹君在性别解放问题上探索出的"中间路径"模式，也因国民政府政党话语输出的需要，被不断加以淡化。"革命"与"女权"的话语，消解了张竹君在"中间路径"的角色定位，进而成为重构张竹君形象的单一元素。

至20世纪三四十年代，为迎合国民政府"三民主义""总理纪念"等话语，创作者在形塑张竹君这一层面上不断地加入合乎政党话语的元素。1939年，在冯自由《革命逸史》的记述中，张竹君开始被当作"女革命家"加以"含蓄"的诠释：

> 辛亥（1911年）八月，武昌革命军起，革命党首领黄克强在香港闻讯，急挚徐宗汉女士赴上海，谋设法入鄂……以清吏搜索沿江口

---

① 参见〔美〕沃尔特·李普曼《舆论学》，林珊译，华夏出版社，1989，第9～10页。
② 《男女职业平等》，《图画京报》1928年第15期。

岸极严，不易偷渡。知竹君在沪交游至广，爰向竹君求援。竹君乃组织红十字救伤队，以中外人士结队往汉口救伤为名，使黄克强乔装队员，徐宗汉则充看护妇，因得避免各关津骚扰。九月初七日到达汉口，竹君之力也①。

上述文字中提及的徐宗汉，即是在广州时期资助张竹君开办南福医院的徐佩萱，后来成为黄兴的夫人。冯自由要表明的是，若非张竹君施以巧妙之计成功地将黄兴送至战场，似乎很难预料辛亥革命之成败。张竹君的战地日记、黄兴的年谱，均有提及其与徐宗汉同在战场中奔走之事②。同盟会会员黄一欧在《回忆女医师张竹君》中同样呼应了冯自由的说法：

武昌起义后，先君（指黄兴）在香港得到消息，即偕先继母徐宗汉于九月初三日赶到上海……其时武昌虽已发难，沪宁尚未光复，沿江口岸都在清军手中，查缉极严。结果想出办法，由女医师张竹君出面组成红十字救伤队，开往武汉战地服务，先君变服混在其中，先继母则扮作看护妇偕行③。

诚然，徐、张二人的私人交谊确是事实，张竹君在广东亦曾与胡汉民、马君武等革命党人有交游往来，这在 1902 年马君武撰写的《女士张竹君传》中有所印证④，并且《警钟日报》《女子世界》《大陆》《民立报》《神州日报》等明显倾向革命的报刊也不乏对张竹君事迹的报道。然而，并无直接的史料依据表明张竹君是以"女医师"身份参与革命作掩护，更何况"赤十字会"的救护对象不分清军、民军。故而，在冯自由的解释中，张竹君掩护黄兴抵达汉口战场的经历俨然成了一种"革命"实践，即张竹君成立赤十字会的初衷，并非纯粹是女界的慈善行动，而是为响应辛亥革命、支持革命领袖的豪杰壮举，这难免有牵强附会之处。

1943 年，周树三撰文《反女军的张竹君》，将张竹君的行医生涯赋予了"革命"的意义，即将张竹君同孙中山早期的医学活动相提并论。其

---

① 冯自由：《女医师张竹君》，《大风旬刊》1939 年第 43 期。
② 《赤十字会会长张竹君女士演说文（续）》，《神州日报》1912 年 1 月 2 日第 4 版；毛注青编：《黄兴年谱长编》，中华书局，2014，第 207 页。
③ 黄一欧：《辛亥革命杂忆》，中国人民政治协商会议全国委员会文史资料研究委员会编：《辛亥革命回忆录》（七），第 154 页。
④ 马君武：《女士张竹君传》，《新民丛报》1902 年第 7 期。

称:"国父当年就是'借医术为入世之媒',因之张女士在广州、上海皆交游至广,自非无因。"①

1947年,陆曼炎在《张竹君与辛亥武汉赤十字会救伤队》一文中,明确了张竹君作为"女革命家"的历史地位,突破了冯自由"含蓄"的评价。由是,张竹君从广州到上海,从实业之学到从医之业,从战地救护到慈善之举,均被解释成为革命与共和而做出的准备与服务:

> 前清末年,国父孙中山先生倡导革命,一时向风慕义……不仅男同志奋勇争先……便是女同志也同样热烈奋斗……现在我们提到的张竹君女士,便是女同志中的佼佼者。她在当时对革命运动,由宣传而进于实践,直接贡献甚大②。

按照通常的逻辑,女子革命是为了追求民族国家解放话语而服务,"女革命家"应当与"女权运动者"的身份相联系。换言之,"女革命家"的职业既已有之,"女权运动者"的形象即可随而赋之。其时,"女权"一词叠加到张竹君的身上,最早出现于马君武给张竹君的赠诗中:

> 沦胥种国悲贞德,破碎河山识令南。莫怪初逢便倾倒,英雄巾帼古来难。
> 推阐耶仁疗孔疾,娉婷亚魄寄欧魂。女权波浪兼天涌,独立神州树一军③。

在这里,一方面,马君武表达了对张竹君的爱慕之情;另一方面,因西方女杰形象在中国的传入④,使得张竹君兼具了传统中国"巾帼英雄"与法国圣女贞德等双重人格。诚然,此际"女权"作为晚清女界的流行词汇,运用到对张竹君女杰的形塑中间,并不足为奇。

顾颉刚的"层累古史说"在张竹君的形塑中间得到了很好的展现。后人除了以"女革命家"的形象形塑张竹君以外,还赋予其"女权运动

---

① 周树三:《反女军的张竹君》,《妇女共鸣》1943年第12卷第9~10期合刊。
② 陆曼炎:《张竹君与辛亥武汉赤十字会救伤队》,《三民主义半月刊》1947年第10卷第10期。
③ 《附赠竹君诗二首》,莫世祥编:《马君武集》,华中师范大学出版社,2011,第5页。
④ 参见夏晓虹《晚清女性典范的多元景观——从中外女杰传到女报传记栏》,《中国现代文学研究丛刊》2006年第5期。

者"的另一身份。1945年,抗战的胜利,使得妇女解放运动的声浪此起彼伏。张竹君其人其事则被塑造为"女权运动"的激励话语、女性的榜样。陆丹林撰文《女权运动前辈张竹君》:

> 谈到中国的女权运动,和实行争取独立自由、服务社会国家民族的先锋,张竹君女医师,可以当之无愧……她在民国纪元前十二年,已经从事"提倡女权"。

作者称,在"女子无才便是德""三步不出闺门"的年代,张竹君面对他人称其为"男人婆,招摇过市"的诋谤,却不计旁人非议,依旧高呼要做男女平权的运动者:

> 人生要求自由,男子可以梳大松辫……妇女为什么不可以!男子坐藤兜(轿子)……妇女为什么坐不得!……我要做男女平权的运动者……那些头脑冬烘,思想陈腐的礼教奴隶,我要和他们搏斗,替女同胞杀开一条新路!①

陆丹林这篇气势磅礴的文章,影响不亚于冯自由当年之作。1946年,有论者受到启发,复赞张竹君为"海上妇女运动"的"开山始祖"②。次年,该文又以《妇女运动先锋张竹君》为题被《茶语》杂志转载③。进一步而言,基于妇女运动动员的需要,论者需要将张竹君的有关活动,放置在事先预设的语境中加以阐述。这个语境即"女权"与"革命"的合一(陆丹林文):

> 她在博济医院毕业后,除了开业行医之外……常常借着在教堂讲道,连带鼓吹革命……因为既办医院,又在教会担任些义务工作,得了掩护,党人们靠她助助合作活动的事很多。

新中国成立后,全国政治协商会议组织召集辛亥革命的历史记忆者发表相关回忆。对于张竹君在广州行医的经历,他们表示,那只是张竹君从

---

① 陆丹林:《女权运动前辈张竹君》,《三民主义半月刊》1945年第6卷第5期。
② 史鱼:《记妇女运动之开山始祖——张竹君》,《七日谈》1946年第17期。
③ 陆丹林:《妇女解放运动先锋张竹君》,《茶话》1947年第9期。

事革命事业的一个名义罢了，其时她的许多活动在澳门，是因同盟会常派其到澳门为革命筹款①。又有回忆者"讲述"了张竹君与沈警音组织的"上海女子北伐队"之间的密切联系，即其虽以"女医师"身份亮相，但女杰们在北伐、推翻清廷、建立共和的目标上，殊途同归②。

可见，"女权"与"革命"在重构张竹君中间皆得到了充分的展现。但就张竹君本身的形象定位而言，其不仅一直坚守着"女医师"的身份和职业，而且以"中间路径"为社会和国家贡献力量。然而，或因迎合国民政府"政党话语""革命话语""三民主义教育"等立意的需要，张竹君在"拟态环境"的建构中，着实成了一个"任人打扮的小姑娘"（胡适语）。"女革命家""女权运动者"的形象塑造，一方面距离张竹君"女医师"的身份认同渐行渐远，另一方面也使得"中间路径"的性别解放模式更显面目全非。

---

① 赵连成：《同盟会在港澳的活动和广东妇女参加革命的回忆》，中国人民政治协商会议广东委员会文史资料研究委员会编：《广东辛亥革命史料》，第92页。
② 杜伟：《上海女子北伐敢死队》，中国人民政治协商会议全国委员会文史资料研究委员会编：《辛亥革命回忆录》（四），第60页。

第四章 《妇女杂志》主编胡彬夏："改良家庭论"的倡导者

　　民初女子参政运动"昙花一现"，北洋军阀统治时期重新阐扬贤母良妻的复古声浪甚嚣尘上。在共和民主精神被阻抑的同时，"女权论"被专制统治的国家机器所湮没，女子职业与实业教育的发展也受到冲击。一方面，在保守派人士看来，女子若舍弃家政而谈国政，将损本逐末，这与北洋政府政治环境的封建礼教色彩密切相关。另一方面，"家国同构"的中国文化传统表明，"修身齐家治国平天下"的信念在一定程度上也强化了女子家事教育在国民教育中的地位，由此连接了培育"国民之母"与振兴国运之间的纽带，从而深化了近代中国文化知识人"强国保种"的政治理想，这使得贤母良妻的概念被赋予了不同于古代的新内涵。

　　社会各界围绕女子与家庭的关系进行了多重反思，有论者认为家事教育本身即职业教育的一种，且适合女子生理特点与女性气质的构造，同时也与现代民族国家的建设紧密相关。反之，女子盲目追求政治平权及社会职业教育，既会动摇家庭结构的稳定，还将冲破公共空间中"男女大防"的界限，也会加剧两性争夺就业岗位的竞争，并损害男子谋职的利益。与之相比，家事教育看似回归贤母良妻的论述，但却可以成为一种"家庭工业"的设计，即女子通过致力于家庭事务的改良，促进与男子之间内/外角色的分工结合，建立起生活幸福与治家兴国的"生利"基础，内容则涵盖抚养儿童、烹饪煮菜、裁剪服装、安排宴会、摆设家具、通风盥洗等各方面。实际上，家事教育与职业教育两种思想观念的话语博弈，始终贯穿于20世纪上半叶的中国社会。即便是五四时期高扬"娜拉"出走与"家庭革命"的旗帜，也有不少文化知识人坚持表示不可忽视女子的家事教育，要逐渐推进家事教育的理论性与科学性。实际上，这关涉女性生命价值的重要命题：女子主内究竟是否属于职业的范畴，家务整理是否可以成为社会事业的组成部分，女性对于社会的贡献能否通过家庭改良来实现，等等①。

在女子家事教育与职业教育论争的历史情境下，为调和民国初年女子参政失利后女权启蒙与民族国家话语的内在矛盾，"女报人"胡彬夏提出了一套以"改良家庭"为核心的妇女观，重视女性在家庭中创造财富的社会转化，从而为女性在家庭与国家场域中，实现自我价值与社会价值的统一，提供了启发性的路径。胡彬夏（1888～1931），江苏无锡人，中国近代女报人、教育家，清末民初具有留学背景的知识女性，1902～1903年东渡日本，进入实践女子学校求学，成立妇女运动组织"共爱会"②，1907年赴美留学，其间担任《留美学生年报》总主笔③，1913年6月毕业，1914年归国④，1915年底受聘《妇女杂志》主编⑤。

本章拟探讨胡彬夏关于"改良家庭论"的内容、思想资源及其引发的社会讨论，进而阐释"改良家庭论"在近代中国女性启蒙思想史中的独特意义。该论述并非民初社会新旧交替之间产生的"复古"回流，相反为女性打通了"男外/女内"的界限，丰富了清末民初女性启蒙的多元路径。并且，"改良家庭论"不仅作为近代社会思想史中一道独特的风景线，彰显了妇女启蒙思潮的一个侧面，而且隐喻了五四新文化中家庭与妇女、女性与文学、母亲与儿童等观念的源流。若将研究视域扩张看，一方面，可以窥见"改良家庭论"与清末民初妇女启蒙路径的转换、民族国家话语、性别认同、五四新文学书写之间的内在关联；另一方面，胡彬夏从"妇女启蒙"到"发现儿童"这一思想脉络，恰可为我们解读"人的发现"演进轨迹，以及20世纪初期妇女与儿童的教育生态，提供了典型的范本。经此个案考察，可为探讨近代女性与家庭的关系提供一个生动的历史注解。

第一节　胡彬夏关于"改良家庭"的论述

关于女子与家庭的关系，成为晚清以来知识启蒙精英热议的话题。除

---

① 参见王晓慧《近代中国女子教育论争史研究（1895～1949）》，中国社会科学出版社，2015，第183、189页；韩玉婷《清末民国女子家事教育探析》，梁景和主编《婚姻·家庭·性别研究》（第五辑），社会科学文献出版社，2016，第237～238页。
② 胡彬夏：《祝共爱会之前途》，《江苏（东京）》1903年第6期。
③ 《致驻美代表公函》，《江苏教育厅行政月报》1913年第6期。
④ 《谈话会纪事》，《教育研究（上海）》1914年第15期。
⑤ 《妇女杂志大改良广告》，《申报》1915年12月3日第1版。

第四章 《妇女杂志》主编胡彬夏："改良家庭论"的倡导者

了官方教育主持者仍将兴办女学视为"有益家庭"之培育外①，金天翮在《女界钟》中将"家政"分为广义与狭义两个层面，力图以女子的"国民教育"打破狭隘的"家政教育"②。吕碧城亦对"女子只应治理家政，不宜与外事，故只授以应用之技艺可矣"之说，抨击以"不过造成高等奴隶斯已耳"之语③。

针对当时"女学渐兴，女学生负名读书，耻以家事为言"的情形，胡彬夏表示担忧，"他日之结果，必至女子失其天赋，破坏家庭之安乐"④。在胡彬夏看来，改良家庭为女子专属责任，普及教育、振兴教育、扩充军备，"数千年来相习以为男子之事"，唯改良家庭事业"全权操诸于妇女手中"⑤。进而，胡彬夏提出"家庭即主妇，主妇即家庭"的命题：一方面，家庭为主妇发展学识智能之区域，主妇当"视其家庭之污秽，如其自身之污秽；视其家庭之整洁，如其自身之整洁；视其家庭之康乐，为其自身之康乐；视其家庭之贫弱，为其自身之贫弱"；另一方面，主妇既为"家庭之公仆"，家庭又为主妇"自身之转化"⑥。

胡彬夏认为，改良家庭是改良社会的重要途径。1916年7月，孙中山在上海张园茶话会的一次演说中称，发达地方自治机关，以为巩固共和之基础："地方自治者，国之础石也，础不坚则国不固……欲建国基，应着手于地方自治……三千县之自治机关，犹三千块之石础……竭五十年之力，为民国筑此三千之石础，必有可成。"⑦ 对于孙中山以发达自治机关为巩固共和基础的观点，胡彬夏撰文回应："以彬夏一女子之目力，瞩建国之妙技，以为基础之下尚有其基础……非地方自治而为家庭。"

胡彬夏将家庭场域作为共和大业基础，可谓较孙中山的"地方自治"论更进一步。此中缘由实因家庭为"吾人饮食起居之地，最易造成吾人之习惯"的场所，"始落母胎，呱呱坠地，其地即家庭。凡目所先见，耳所先闻，手足所先接触者，为家庭与家庭之事物"。故而，家庭为"躯壳之所寄存，而灵魂之所依附"，家庭污秽与清洁与个人习惯养成有着极为密切的关系。进而，胡彬夏提出一个重要命题，"改良家庭，即整顿社会

---

① 张之洞：《札学务处办敬节育婴学堂》，苑书义等主编：《张之洞全集》（六），河北人民出版社，1998，第4241页。
② 金天翮：《女界钟》，复旦大学出版社，2003，第10～11页。
③ 吕碧城：《兴女学议》，《大公报》1906年2月26日第2版。
④ 胡彬夏：《复杨君白民论美国女子职业书》，《教育杂志》1909年第1卷第6期。
⑤ 胡彬夏：《何者为吾女今后五十年内之职务》，《妇女杂志》1916年第2卷第6期。
⑥ 胡彬夏：《美国家庭》，《妇女杂志》1916年第2卷第2期。
⑦ 《美国最新之地方自治机关》，《申报》1916年7月19日第3版。

也"。其列举社会上诸种陋闻，不唯中国立国四千年，"无一光亮之灯，无一适于饮食之水……街道市镇亦致污秽垢恶、颠倒混乱"，不良之家庭"实负其咎"，而且"钻营、贿赂、欺骗、侥幸、奸诈、妒忌诸罪恶以起"，甚或袁世凯称帝窃国，亦始于"腐败之家族"。而家庭事业唯属女子"分内之事"，故可用五十年时日，"合二万万女子，改良其旧者，建造其新者，举四千万家庭，使皆成良善之家庭"，此一极伟大之社会事业①。

在胡彬夏的笔下，改良家庭还上升至国族论述层面的高度。有论者称，中国家庭在世界之地位，与无国而沙散于全球之犹太齐名。一旦将"卫生"观念注入国族意识，"污秽"与"疾疫"作为孱弱种族的象征元素，成为国耻的一种表现形式。从而，改良家庭与社会，便具有"雪国耻、扬国光"的意义。诚如胡彬夏所言，"吾妇女毋惭恨，盍雪此耻，各自努力，清洁其家庭……一家如是，邻里亲戚必渐继之，不久清洁者众，污秽者寡……身外物质如此，身内之心思观念，必亦渐变清高。昏官污吏、贪夫残贼，从此必亦减少"②。

造就"良善之家庭"的女性，须有"极伟大之能力"，源泉则"全恃乎教育"。胡彬夏给出了指南针，即"教育应极其广，极其高。广指教育普及，高指大学教育。若广与高二者不能兼行，则先广后高，先普及教育，后大学教育"③。

对于"普及教育"，胡彬夏指出，美国各级学校皆采取"先博后专"的教学次序。实际上，晚清以降，绝大多数启蒙者重视女子的"实业教育"，以使其实现经济之独立。而这种以"普通学"，即现代学科的基础知识为根本，突破专修一门学问的狭隘观念，无疑体现了论者的前瞻性认识，因"专而不博，拘谨于一隅，难识天下情势……学识必博硕通达，而后其自身能变化运动"④。关于普通教育先于实业教育，吕碧城亦曾表述，"女子自立之道，以实业为基。实业之学，以普通教育为始"⑤。胡彬夏主持的《妇女杂志》亦援斯义，于家政等门中，"渐添置天文、地质、森林、矿物、铁路、财政、政治、法律、教育、心理、哲学、文学等科，

---

① 朱胡彬夏：《基础之基础》，《妇女杂志》1916年第2卷第8期。
② 胡彬夏：《何者为吾妇女今后五十年内之职务》，《妇女杂志》1916年第2卷第6期。
③ 朱胡彬夏：《基础之基础》，《妇女杂志》1916年第2卷第8期。
④ 朱胡彬夏：《二十世纪之新女子》，《妇女杂志》1916年第2卷第1期。
⑤ 吕碧城：《兴女学议》，《大公报》1906年2月26日第2版。

又新设中外大事记一门，所以广见闻，增学识"①。

至于"大学教育"，在胡彬夏眼中，"能使人见到人所不能见到者，并做到其所见到者……能使人有创作之能力"。如"制帽制菜""抚育婴儿"，普通社会以之为"粗浅简易之事"，然在接受高等教育者观之，"皆极深奥奇妙，耐人思索"。此外，以幼稚教育为例，"蒙得梭利教育法"的问世即高等教育女性发明产物之明证，故而"处理家庭之妇女，最须高等教育"②。

胡彬夏"伟大教育"的论述，实含有家庭与国家两个层次。后者体现在"为人勿为己""博爱无我"的关怀中。其举例美国有姊妹二人，"教养数十聋哑之孩童"；英国女子南丁格尔创办"赤十字军"。由此倡议，女子当以高远之情怀，在个人、家庭以外，将慈善、博爱之精神推己及人，以为民族复兴之预备③。

改良家庭还关乎儿童的成长，胡彬夏指出，"家庭教育之良否，咸视母家之得失……若家庭之自立，则能整理家政，教育子女，斯即自立矣"④。一方面，儿童教育的承担者当为家庭与社会的力谋合作，否则"幼稚园中所受教育，回家后抛弃殆尽，殊难收效"⑤。胡彬夏结合赴美考察"第三次万国儿童幸福研究会"的经历，给出了"扩张家庭势力，使与学校联络"，"运动各地方政府，使设幼稚法庭"，注重儿童公益事业，在大城市中集资建筑儿童游戏场等建议。另一方面，改良家庭是培育优质的新生国民的前提，因男女婚嫁影响胎教及遗传，故禁止近亲结婚者、有癫狂等疾或传染病者生育子女，并"强限制其子女数"，实属必要⑥。

胡彬夏摒弃了传统的育儿观，自西方引进蒙得梭利教育法、海尔佑氏"训练儿童谈"等理论⑦。其主张对儿童施以科学的教育，包括大脑与肌肉训练的配合、寓教育于游戏之方等要素⑧，并表示，"科学昌明，既能助孩儿发达体育，当亦能助孩儿发达智育"，甚至可将"脑力薄弱呆呆无

---

① 朱胡彬夏：《二十世纪之新女子》，《妇女杂志》1916年第2卷第1期。
② 朱胡彬夏：《基础之基础》，《妇女杂志》1916年第2卷第8期。
③ 胡彬夏：《二十世纪之新精神》，《妇女杂志》1916年第2卷第7期。
④ 《无锡胡彬夏女士天足社演说稿》，《女子世界》1907年第2卷第4~5期合刊。
⑤ 《幼稚研究会开会纪事》，《申报》1916年6月26日第10版。
⑥ 胡彬夏：《赴第三次万国儿童幸福研究会报告书》，《教育周报（杭州）》1915年第74~77期连载。
⑦ 《朱胡彬夏女士演说训练儿童法》，《环球》1917年第2卷第4期。
⑧ 胡彬夏：《脑筋与肌肉的教育》，《妇女杂志》1916年第2卷第11期；《脑筋与肌肉的教育（续）》，《妇女杂志》1916年第2卷第12期。

知之孩儿，一变而为伶俐敏锐之学童"①。倘儿童"习惯于独立自助……乃成真能自由之人"，推而广之，"一家与一国之独立，亦不外乎自助焉，必能自助，而后能独立也"②。

胡彬夏不仅"坐而言"，更有"起而行"。除了撰文立说，胡彬夏亦积极投身公共领域，以演说的方式传播"家庭改良论"。如其应基督教"感亲会"之邀，演说女子当谋生计之独立，否则"改良家庭永属无望"③，于"江苏省教育会"演说幼稚园与家庭之关系④，在"寰球中国学生会"演说儿童的家庭教育法等⑤。胡彬夏还被推举为"幼稚研究会"主任⑥，并敦请朱友渔博士演说以改良家庭人种为核心的"生育进化之要旨"等⑦。与此同时，胡彬夏还以身践行家庭会餐方式、饮食卫生的改良行动。其从改进一场"家常宴会"着手，设计了从"选择宾客"到"铺设席面"，从"拟制菜单"到"使用婢仆"的演练⑧。《清稗类钞》亦记载，胡彬夏汲取西餐所长，去除中餐靡费、有妨卫生之弊，别创之食品"视便餐为丰，而较之普通宴会则俭"，广受青睐⑨。

第二节 "改良家庭论"的社会讨论及思想资源

胡彬夏提倡的"改良家庭论"，得到了各界的积极回应。以《妇女杂志》的征文为例，王葆荣对于当时"吾姊嗜学太甚，终日埋头伏案，专以文字为务，而置家事于不理"的现象表示批评⑩。金蕙亦肯定了家庭改良为女子的专属责任，"男子居外，女子居内，此我国国粹之特色，未可以欧化大通泥古鲜通而薄之也"⑪。陈景康称整理家务为改良家庭的核心命题，"家庭之盛衰，全视乎处理家务之奚若，处理而得其当，则虽生活

---

① 胡彬夏：《蒙得梭利教育法》，《妇女杂志》1916年第2卷第3期。
② 胡彬夏：《蒙得梭利教育法（续）》，《妇女杂志》1916年第2卷第4期。
③ 《演说改良家庭问题》，《申报》1916年5月31日第10版。
④ 《幼稚研究会开会纪事》，《申报》1916年6月26日第10版。
⑤ 《学生会欢迎新会员纪事》，《申报》1917年11月5日第10版。
⑥ 《再纪幼稚教育研究会之开会》，《申报》1916年6月27日第11版。
⑦ 《演讲生育进化之要旨》，《申报》1917年11月27日第10版。
⑧ 胡彬夏：《家庭讌会》，《妇女杂志》1916年第2卷第5期。
⑨ 《改良宴会之食品》，徐珂编撰：《清稗类钞》第13册，中华书局，1996，第6295页。
⑩ 王葆荣：《劝友人注意家政书》，《妇女杂志》1916年第2卷第3期。
⑪ 金蕙：《问女子以习家政为先务其节目若何试证之礼经内则一篇而申其义》，《妇女杂志》1916年第2卷第12期。

简陋，亦不失其善良之规范，处理而不得其当，则虽贵显富豪，而腐败恶劣之讥亦难以免于识者之口"①。刘麟生则视家庭为人生幸福所在，"家庭者，人类发电所也"，故欲达幸福之真谛，改良家庭之方"不可以不急讲求"②。对于改良家庭的方法，论者或谓从家庭陈设规划开始③，或从衣类整理入手④，或从采光、换气、洗涤等方面清洁家庭⑤，或研制关乎卫生学、生理学的烹饪诸法⑥。

并且，家庭改良与儿童教育问题亦得到重视。李公耳认为，因家庭为父母、子女的精神交接之域，故家庭教育是学校教育、社会教育的根本，"夫根坚则枝叶繁"，而设法实现家庭与学校的联络，促进二者的合作实为必要⑦。其中，以小说体裁表现女子改良家庭之成绩者亦不为罕见，清芬即在《母教》中塑造了一位母亲佐理父亲治理家事，俾使蒸蒸日上，"一家之兴替关系于妇人者至大且重也"⑧。此外，在改良家庭中间，对于男性角色的探讨亦得到重视，有论者劝为仿效日本家庭，唯"男子不问家事……家内之事，为夫者要宜不加干涉，专委其妻"，夫妻者相互尊重，始成和谐融乐之家庭⑨。

至于改良家庭与改良社会之间的内在关联，亦成为时人的共识。若将胡彬夏的"改良家庭论"返回历史现场，可知其论述是中国社会改良思潮的重要组成部分。受袁世凯复辟潮流的冲击，不少有识之士思考改良社会与政治的关系问题。杨永泰称政治为枝叶，社会为根本⑩。梁启超阐明"政治基础在社会说"，鼓励聪智勇毅之士"共勉力于社会事业，或遂能树若干之基础"⑪。黄远生亦表示"改造社会"必须以"改造个人"为前提⑫。并且，在"新文化运动"前夕，家庭、女德与国民性改造之间的关系，亦成为时论的焦点。社会教育改良会雍涛等人发出"多妻"乃中国

---

① 陈景康：《家庭经验谈》，《妇女杂志》1916 年第 2 卷第 1 期。
② 刘麟生译：《家庭功效论》，《妇女杂志》1916 年第 2 卷第 11 期。
③ 汪集庭：《家庭陈设问题》，《妇女杂志》1917 年第 3 卷第 5 期。
④ 陆咏黄：《家事衣类整理法》，《妇女杂志》1917 年第 2 卷第 9 期。
⑤ 《家事卫生》，《妇女杂志》1916 年第 2 卷第 5 期。
⑥ 朱梦梅：《新烹饪》，《妇女杂志》1916 年第 2 卷第 9 期。
⑦ 李公耳：《育儿要诀》，《妇女杂志》1916 年第 2 卷第 8 期。
⑧ 清芬原稿、寒蕾润辞：《母教（续）》，《妇女杂志》1916 年第 2 卷第 2 期。
⑨ 倚鸾：《夫妻和好之秘诀》，《妇女杂志》1916 年第 2 卷第 2 期。
⑩ 杨永泰：《黑暗政象之前途》，《正谊杂志》1915 年第 7 期。
⑪ 《政治基础与言论家之指针》，张品兴主编：《梁启超全集》（九），北京出版社，1997，第 2793～2797 页。
⑫ 《忏悔录》，王有立主编：《黄远庸遗著》，台湾华文书局，1936，第 103 页。

人之大病之警告①。严琳则将社会之腐败、国家之衰弱，归咎于家庭之蒙昧②。进而，有论者分析，"中国缺少稳练有为之国民者"，实由于"家庭之不良"与"女德之不立"，故陶冶女子"家庭应用之道德"，并"养成其家庭应用之职业"，是为造就"强健之国民"之道③。无疑，社会改良思潮的掀起成为胡彬夏"改良家庭"学说孕育之土壤。

与"改良家庭论"相关的命题是：回家后的贤母良妻，与"妾妇教育"是否等同？"妇德"问题又当如何看待？民初妇女参政运动转瞬即逝，"复古潮流"再度来袭，1914 年 3 月，在北洋政府颁布的《治安警察条例》中，禁止女子"加入政治结社"及"加入政谈集会"。同月制定的《褒扬条例》，亦给予坚守"妇女节烈贞操"者匾额及金质或银质褒章④。即便是男女杂座或互相谈笑的行为，亦被警厅严格取缔⑤。教育总长汤化龙在演说中极力批判"男女同权"的新说，转而强调女子教育的方针"务在使其将来足为良妻贤母，可以维持家庭"⑥。教育司司长史宝安在讲话中特别强调"妇道""母仪"的重要性，并称"古语夫妻相敬如宾"实为男女平权之确解⑦。

对此，施淑仪在致《妇女杂志》的来信中问询，"二年以来，贤母良妻之声，愈唱愈高，激进者至诋之为妾妇教育……而中人以下之女子，以希望贤良之名，不得不求合于妾妇之道"⑧。胡彬夏予以回应，《妇女杂志》所提倡者并非传统观念的贤母良妻，而是一个进化的概念。因"善恶优劣，本为比较的名词，无一定的标准。昔之贤母良妻，今或不复以为贤良"。而将贤母良妻与"妾妇教育"相联系者"舍男子无人焉"⑨。至于破除藩篱，必始于女子自执教育之牛耳，养成"独立精神"与"独立人格"⑩。这种以女子教育为先导的"贤母良妻"进化观赢得了支持。邵

---

① 《中央公园之盛况》，《时事新报》1915 年 5 月 28 日第 3 张第 4 版。
② 严琳：《我之女子教育观》，《妇女杂志》1916 年第 2 卷第 10 期。
③ 《女德与家庭》，《东方杂志》1915 年第 12 卷第 6 期。
④ 《公布治安警察条例令》《公布褒扬条例令》，骆宝善、刘路生主编：《袁世凯全集》（第 25 卷），河南大学出版社，2013，第 396、472 页。
⑤ 《公园迭起风潮》，《申报》1914 年 7 月 21 日第 7 版；《巡警干涉男女谈笑之冲突》，《申报》1914 年 6 月 13 日第 10 版。
⑥ 《教育总长汤化龙谈女子教育》，中华全国妇女联合会妇女运动历史研究室编：《中国妇女运动历史资料（1840～1918）》，中国妇女出版社，1991，第 713 页。
⑦ 史宝安：《河南女子师范学校毕业训词》，《妇女杂志》1916 年第 2 卷第 1 期。
⑧ 《节录施淑仪女士来书》，《妇女杂志》1916 年第 2 卷第 4 期。
⑨ 《节录复施淑仪女士书》，《妇女杂志》1916 年第 2 卷第 4 期。
⑩ 胡彬夏：《美国少年》，《妇女杂志》1916 年第 2 卷第 9 期。

飘萍认为，唯女子有完全自立之人格，对丈夫乃"更能深藏其情，实贵其情"①。另有论者表示，为妻者真正感动夫心之要件，仍是接受教育，在于"如何能聪明，不在如何能亲切"②。

不同于吕碧城对于"妇德"传统的根本否定③，胡彬夏认为不可将女子之"四德"一网打尽。"妇容""妇德""妇工""妇言"尚为美国女子奉行为"最高之标准"，今国人万不能因其是"旧道德"而因噎废食④。实际上，就"女德"层面的理解，体现了社会转型之际的胡彬夏在"新旧地带"徘徊中的困惑，其思想资源中仍烙有深刻的传统印记。据邹韬奋回忆，比起激进的女子嫁后不从夫姓，以示拥有独立的地位，胡彬夏则有所保留，虽然"反抗了家里替她订的旧式婚姻，以致她的顽固的叔父宣言要用手枪打死她"，但她却在自己姓氏的"胡"字上面仍加着丈夫的姓氏"朱"字⑤。这种屈从于男权的认识，也从一定程度上折射出胡彬夏在反传统立场上的保守，以及在接受新文化思潮中不彻底的一面。

若追溯胡彬夏"改良家庭观"的思想源流，实来自其"留美经验"。1907~1914年，胡彬夏游学美国，先后就读于胡桃山女塾、惠尔斯大学，专习文学、哲学⑥。其所识之胡桃山女塾别氏、绔氏两位女校长以及梅夫人、孟夫人、南夫人，既于"普通科"以外，"专修一二科"高等教育，又得心应手于家庭之内的"烹饪""裁缝""治家教子"，及社会之外的"应酬交际""著书立说""集会演讲"⑦。胡彬夏在深入美国家庭生活考察后指出，家庭不仅是个人的安乡乐土，更具社会责任的担当。家庭之于主翁，可以"寄身与托心腹者也"；之于子女，"为一健全境地"；之于社会，"能分劳，并为其代表"⑧。胡彬夏留学生涯中的"欧美镜像"，既为孕育其女学思想的土壤，又是其鹤立鸡群于众多女杰中间的重要原因，其以超凡脱俗的气质在社交中赢得了赞叹之声。胡适称其"聪慧和蔼，读书多所涉猎，议论甚有见地，为新女界不可多得之人物"⑨，更有赞其

---

① 邵飘萍：《女子用情正当之方法》，《妇女杂志》1917年第3卷第2期。
② 倚鸾：《夫妻和好之秘诀》，《妇女杂志》1916年第2卷第2期。
③ 参见夏晓虹《吕碧城的个人完足"女学"论》，《汉语言文学研究》2015年第2期。
④ 胡彬夏：《杂说五章》，《留美学生年报》1911年第1期。
⑤ 邹韬奋：《我的母亲》，徐行等选编：《韬奋散文》，中国广播电视出版社，1997，第373页。
⑥ 胡彬夏：《胡桃山女塾之校长》，《留美学生年报》1911年第1期。
⑦ 朱胡彬夏：《二十世纪之新女子》，《妇女杂志》1916年第2卷第1期。
⑧ 胡彬夏：《美国家庭》，《妇女杂志》1916年第2卷第2期。
⑨ 曹伯言整理：《胡适日记全编》（一），安徽教育出版社，2001，第206页。

"学问经验，贯澈中西"者①。

第三节 "改良家庭论"与五四前夜的女性启蒙

若将研究视域"向前看"，胡彬夏与同时代女性知识精英的论述，一并构成了近代中国女性启蒙话语的多元图景。女权启蒙问题萌发于晚清民族救亡的语境下，最先由西方传教士及维新思想家提出。女界在参与解放的进程中，也开始了性别群体内部的自我反省。胡彬夏即认为，晚清以降中国的衰弱"非独男子之罪也"，女子"眼光如豆""自私自利""涂脂抹粉"同样难辞其咎②。故而，清末民初的女性知识精英围绕如何启蒙及实现自我价值，提出了各自的构想。

秋瑾作为女性解放的先觉者，集教育、女权、革命等主张于一身，以一股令人景仰的侠义风尚，躬行践履女界革命与民族革命的双重志向。吕碧城视女子教育为一国革新第一且要之事③，若"女学校立矣，女学会开矣，女报馆设矣，女子游学之风行矣"，终将"与男子同趋于文明教化之途"④；张竹君以己略知西医，创办"女工学堂""卫生讲习所""女子中西医学堂"等，期辟"数千年女子未开之学业"，此后女子之疾病"可不假手男医"⑤；陈撷芬将女子体育提到空前高度，认为体育是智育、德育之本，唯培养女子健全的体格才能使其脱离"脂粉地狱"⑥；唐群英致力于男女平权事业，以共和的到来使得男女既增同等之智识，"男女之程度，必不至再有轩轾，即法律上之地位，不宜再有异同"，故力争女子参政之资格⑦；而胡彬夏则以改良家庭作为女子践行事业的起点。秋瑾的"革命论"、吕碧城的"兴学论"、张竹君的"实业论"、陈撷芬的"体育论"、唐群英的"参政论"、胡彬夏的"家庭论"，均从不同层面切近了女

---

① 《幼稚研究会定期开会》，《申报》1916年6月24日第10版。
② 胡彬夏：《论中国之衰弱女子不得辞其罪》，陆阳、胡杰主编：《胡彬夏文集》，线装书局，2015，第5页。
③ 吕碧城：《论上海宜设女学报及女学调查会》，夏晓虹编：《中国近代思想家文库·金天翮 吕碧城 秋瑾 何震卷》，中国人民大学出版社，2015，第60页。
④ 吕碧城：《兴女权贵有坚忍之志》，夏晓虹编：《中国近代思想家文库·金天翮 吕碧城 秋瑾 何震卷》，第54~55页。
⑤ 番禺张竹君女士：《感情演说》，《大陆（上海）》1905年第3卷第1期。
⑥ 陈撷芬：《女子宜讲体育》，《女学报》1902年第2期。
⑦ 《女界代表张（唐）群英等上参议院书》，《妇女时报》1912年第6期。

第四章 《妇女杂志》主编胡彬夏："改良家庭论"的倡导者

性启蒙及自我价值实现的路径问题，从而丰富了近代中国知识女性的思想谱系。

然而，女权启蒙与民族国家话语之间存在先天的隐忧。男性启蒙者鼓吹妇女解放，并非首先考虑女性的切身利益，而是动员女性以"国民之母"的身份，协助男性实现民族国家独立的使命①。而女性知识精英则在自我解放的过程中，自觉地充当着"女国民"的角色，如吕碧城认为，"殊不知女子亦国家之一分子，即当尽国民义务，担国家之责任"②。并且，以"合群"观念为动员革命、兴办女学、维持生计、收复女权，一度成为她们的共识。

秋瑾力图以《中国女报》为总枢，启蒙女性同胞，"结二万万大团体于一致，通全国女界声息于朝夕……以速进于大光明之世界"③，并终以"恢复人类应得之权利"、驱除鞑虏为归宿④；吕碧城以女子教育"非个人独力所能成者，是则合群之道，宜急讲矣"⑤，故急呼女子结成一完备坚固之大团体⑥；张竹君亦表示，欲免女子危险之境、维生计之安，"修智育以求自治，习工艺以求自养"，必当"勇于合群"，组成"女子兴学保险会"，为群力相扶⑦；唐群英则成立"女子参政同盟会"，联络全国各女界代表，"组织统一机关部"，助请愿女权之进行⑧。然而，女权启蒙与民族国家话语的暂时性结合，随着共和曙光的来临而结束，女性精英的"合群"之道，在民初迅即幻灭。1913年11月，唐群英领导的"女子参政同盟会"为袁世凯通缉、取缔。

事实上，"改良家庭论"是对"合群"话语的离异，转而重视女性个体生命的价值，即女子接受"广而高"的伟大教育，从家庭到社会，进而振兴国家。此适为我们观察清末民初女性启蒙者从"合群"到"独立"意识的变迁脉络，提供了一个极佳的视角。这种从"群体"到"个体"

---

① 参见刘慧英《女权、启蒙与民族国家话语》，人民文学出版社，2013，第195~201页。
② 吕碧城：《论某督札幼稚园公文》，夏晓虹编：《中国近代思想家文库·金天翮 吕碧城 秋瑾 何震卷》，第58页。
③ 秋瑾：《〈中国女报〉发刊词》，《秋瑾集》，中华书局，1960，第13页。
④ 黄公：《大魂篇》，《中国女报》1907年第1期。
⑤ 吕碧城：《为郑教习开追悼会之演说》，夏晓虹编：《中国近代思想家文库·金天翮 吕碧城 秋瑾 何震卷》，第75页。
⑥ 吕碧城：《女子宜结团体论》，夏晓虹编：《中国近代思想家文库·金天翮 吕碧城 秋瑾 何震卷》，第79页。
⑦ 张竹君女士：《女子兴学保险会序》，《中国新女界杂志》1907年第4期。
⑧ 《女界参政同盟会纪事》，中华全国妇女联合会妇女运动历史研究室编：《中国妇女运动历史资料（1840~1918）》，第577页。

的转向，既是胡彬夏对于此前激进主义女权观的冷静反思，同时也是其在民初贤母良妻论调回潮之际，为寻求自我价值的实现而做出的调和努力。

其时，胡彬夏早年同样以"激烈派"著称，如在拒俄运动中主张女子加入北伐的"义勇队"，支持女子从事军事活动①；辛亥年间，张竹君发起"赤十字会"，为与男性试比高下，遂将抨击的矛头对准了沈敦和主持的"中国红十字会万国董事会"，以致伤害了同盟者的感情②；当参议院讨论《临时约法》之际，唐群英等人擅入议事厅，"坚执议员衣袂"，将议院的"玻璃窗击破"，并把阻拦的警兵踢倒在地③，这种以"暴力"手段争取女子参政的行径，未能赢得有利形势。至于上述情形发生的内在缘由，则与女性在解放进程中激烈的"反传统"造成对于"女德"的偏废，以及女子自身教育能力的不足，导致男性同盟者的反感与女界自身的"分化"，不无关联。

实际上，在"革命""参政"话语的动员面前，绝大部分女性仍表现出一种裹足不前的姿态④。唯有极为少数被冠以"英雌"名义的女性崭露头角，只是她们的"风头"与"表演"，在男性社会的评价体系中则沦为"妖魔化"的面孔。唐群英因大闹《长沙日报》的风波被污名化为"女德"有缺的代表，沈佩贞则被恶意丑诋为"腾笑京内外"的"女流氓"⑤。值得深省的是，除了参政以外，知识女性主持的社会活动也难免受到外界客观环境的制约。《大公报》主编英敛之扶持吕碧城成为近代第一位女编辑，并为助力吕碧城实现开创女学事业的愿望而四处奔走，对于筹划学堂章程、选择课本、聘请教习、校舍选址等项事必躬亲，但随后双方因意见不洽而分道扬镳。失去了英敛之的有力臂膀，吕碧城经营的"天津公立女学堂"终陷孤立无援的停办境地⑥。李平书的离开，则使得

---

① 《胡彬夏在"共爱会"集议拒俄会上的演说》，胡杰、陆阳主编：《胡彬夏文集》，第3~4页。
② 《张竹君致沈仲礼书》《沈仲礼驳张竹君女士书》，《民立报》1911年10月26日、28日第5版。
③ 《女子参政同盟会力争参政权》，中华全国妇女联合会妇女运动历史研究室编：《中国妇女运动历史资料（1840~1918）》，第582~583页。
④ 赵连成：《同盟会在港澳的活动和广东妇女参加革命的回忆》，中国人民政治协商会议广东委员会文史资料研究委员会编：《广东辛亥革命史料》，广东人民出版社，1962，第92页。
⑤ 刘成禺：《世载堂杂忆续篇》，海豚出版社，2013，第33页。
⑥ 《吕碧城女士辞职案》，张玉法、李又宁主编：《近代中国女权运动史料》（下），台北龙文出版社有限公司，1995，第1446页。

第四章 《妇女杂志》主编胡彬夏:"改良家庭论"的倡导者

张竹君主持的"上海医院"无以维系①。在缺乏政治民主化的清末民初时期,有论者表示,在男权尚且无法充分保障的时代,侈谈女权的实现②,或者徒逞女杰豪气,不修家庭常识,在时人眼中确为一种不循实际的远大空想③。

既然男性同盟者以"女德"的缺失以及女性知识水平不足为拒绝拥有参政权利的理由④,胡彬夏则"对症下药",一方面从重构"女德"入手,形塑"新贤母良妻"的道德规训;另一方面则着力于女子教育场域,专注"国民常识"的建构。所谓"国民常识"者,梁启超称"普通学识,人人所必当知者也"⑤。诚然,胡彬夏女学思想的高明之处在于,在"国民常识"的输入外,更以专深的"大学教育"为高瞻远瞩之见。

从既有的研究成果看,王秀田、梁景和表示,胡彬夏主张在不变革固有经济制度的条件下进行家庭的改良,尽管蕴藏着鼓励女性发挥能动性的因素,但仍然使女性角色的伸展受限于"相夫教子"的范畴。这种倡导"改良家庭"的学说,本质上还是"在西方现代性与中国传统之间寻找调和"的一种结果,成为民初新旧过渡时代女性在传统文化因袭力量下妥协的产物,既体现了胡彬夏本人在传统与现代之间徘徊的精神状态,"又是民初知识女性无奈的选择"⑥。不过,这种观点虽揭示出知识女性的个体思想受到时代羁绊的局限性,及其在观念意识形态上积重难返的一面,但关于胡彬夏女性论述的时代价值,以及她为破解当时女性解放困局所探颐的创造性出路,还须给予更充分的注意。对此,刘慧英指出,历史上妇女的家务劳作绝非毫无创见的付出,而是妇女在看似平凡的家政实践中积累了丰硕的劳动成果。与其说早期《妇女杂志》的栏目设计和刊文取向,在于有意识地向妇女传授家政管理的"科学新知",不如视为办刊人将那些被男权本位的历史谱系所遮蔽的"料理家常琐事的经验"重现天日,"使长年看来杂乱无章或不登大雅之堂、实际上则丰富厚实的家政常识及妇女生活庸常琐碎的一面得以进入历史视域"⑦。因而,笔者认为,胡彬

---

① 《张竹君以南市上海医院推归公办通告》,《申报》1916年4月2日第1版。
② 《孙中山先生演说之伟见》,《顺天时报》1912年8月31日第2版。
③ 天武:《女子参政权问题》,《亚细亚日报》1912年8月10日第1版。
④ 孙中山:《复南京参政同盟会女同志函》,中国社会科学院近代史研究所中华民国史研究室等合编:《孙中山全集》(二),中华书局,1982,第438页。
⑤ 参见夏晓虹《梁启超的"常识"观》,《天津社会科学》2014年第1期。
⑥ 王秀田、梁景和:《传统和现代之间的徘徊——以胡彬夏为个案》,《求索》2008年第10期。
⑦ 刘慧英:《女权、启蒙与民族国家话语》,第155~157页。

夏这种针对女性家庭价值重估而做出的工程性探索，值得详细分析，并着力挖掘其理论资源的可贵张力。

进一步而言，胡彬夏关于"改良家庭"的论述，巧妙地解决了女权启蒙与民族国家话语之间的内在矛盾，从而实现了二者在目标上的合流。与其说胡彬夏的论述是在女权启蒙问题上的断裂，不如说是对清末民族国家话语的沿袭。实际上，"国民之母"的形塑乃清末男性关于女性启蒙的主流话语，金天翮在《女界钟》中即将女子对家政的管理同国家的建设相联系①。胡彬夏试图在家庭中构建女子的角色，并力争使其将智慧、才能尽情发挥，从而成为推动社会进步的力量源泉。换句话说，胡彬夏的启蒙策略在于将"家事"纳入国族论述场域，重视女性在家庭中创造财富的社会转化，使女子在家庭中同样成为"生利"之人，与男性在社会中的贡献仅是实现路径的不同而已。这同梁启超等男性关于二万万女子全属"分利者"之说形成了鲜明的比照②。如是，改良家庭与振兴民族、国家之间仍存在一条不可割舍的链条，男"外"女"内"的界限与隔离得以打通，女权启蒙与国族话语之间的内在紧张也渐趋消解。

"改良家庭论"不仅体现了胡彬夏作为女性独特的性别认同，同时其对于女性在营造"家庭融乐"中角色的强调，亦闪烁出智慧的火花。这也为实现男女两性社会的和谐，提供了一种经验与路径。既不同于秋瑾着男装、骑马饮酒、佩剑习武、抛夫弃子等"去性别化"的形象，也不同于张竹君以"女医师"为职业角色而代替二元对立的性别框架③，同时区别于吕碧城重视修饰外部气质为性别角色的扮演④，胡彬夏的"改良家庭论"则立足于女性本位，使女子"回家"，从外在生理及内在道德层面，均注重对于"女质"的保存，从而捍卫了女性的权利，更合乎了两性社会性别角色建构的内在规律，避免了"秋瑾式"的悲剧婚姻⑤。胡彬夏这种将女子安置在改良家庭的坐标，并使之自觉承担起社会性别角色分工的论述，即将"个性"融入"女性"的角色建构中——既保留了传统"相夫教子"的内涵，又超越了女性困守家庭的限界，既是对传统"女子无

---

① 金天翮：《女界钟》，第 10~11 页。
② 梁启超：《变法通议三之四·女学》，《时务报》1897 年第 23 期。
③ 参见〔日〕须藤瑞代《中国"女权"概念的变迁：清末民初的人权和社会性别》，社会科学文献出版社，2010，第 103 页。
④ 吕碧城：《〈摸鱼儿〉题辞注》，李保民编：《吕碧城词笺注》，上海古籍出版社，2001，第 96 页。
⑤ 参见夏晓虹《晚清文人妇女观》，北京大学出版社，2016，第 251~253 页。

才便是德"观念的摒弃,也是建立现代家庭文明话语的努力,从而稳定了男女两性在民族国家话语框架下的合作,同时亦有助于女子自身启蒙与解放目标的迂回实现。

第四节 "改良家庭论"与五四新文学 "家"观念的源流

若将研究视域"向后看",胡彬夏这种将改良家庭与民族国家复兴相联系的认识,像流淌着的河流一样,经过旋转、启迪、消化,作为女性文学的思想艺术资源,在五四新文学的书写中也得到了沿袭和继承,进而演绎出一个新时代女性文学的写作母本。

不同于五四时期将家庭视为罪恶的渊薮,女作家冰心的"家庭本位论"则与以"反传统"为核心的家庭革命思潮形成了鲜明比照。对于那些力谋女子参政、男女开放,否定妇女旧道德,完全仿效欧美女学生的现象,冰心更多表现出的是不屑和批评[①]。怀着特有的诗意柔情,冰心在作品中塑造出了一系列"亚茜式"的家庭淑女形象,这类女性既受过传统教育的熏陶,又接触过西方现代的思想,不仅博学多闻,同时还能够勤俭持家,由此诠释了改良家庭与贤母良妻的篇章。在冰心处女作《两个家庭》中,一个是妻子亚茜既能与三哥"红袖添香对译书",又能把家政治理得井井有条,夫妻和睦,子女伶俐;另一个是陈太太将家政置身事外而沉溺于交际应酬,结果不但无法相夫相子,而且毁掉了原本幸福的家[②]。继之,冰心在《别后》中同样展现了永明的姐姐澜姑、宜姑两位美丽温柔、人情通达的女性之于家庭改良的意义[③];在《悼沈骊英女士》中,冰心明确了一个"极不平常的女子"理应具备的资质:"助夫之事业成功为第一,教养子女成人为第二,自己事业之成功为第三"[④];《关于女人》则凝聚了冰心对于性别认同的集中表达,其核心即坚守女性以作为"丈夫和子女的匡护者"为本职[⑤]。故而,在冰心的笔下,家庭与国家之间、家

---

① 冰心:《"破坏与建设时代"的女学生》,卓如编:《冰心全集》(一),海峡文艺出版社,1994,第5页。
② 冰心:《两个家庭》,卓如编:《冰心全集》(一),第11~19页。
③ 冰心:《别后》,卓如编:《冰心全集》(二),第136~139页。
④ 冰心:《悼沈骊英女士》,卓如编:《冰心全集》(二),第605页。
⑤ 冰心:《关于女人》,卓如编:《冰心全集》(二),第517页。

庭的幸福及痛苦与男子建设事业的能力之间，均存在密不可分的关系①。

不唯如此，家庭中的"母爱"也是其孜孜不倦的书写对象。在《第一次宴会》中，作为新式家庭主妇的瑛，在第一次家宴中用爱心装饰出的"爱巢"②，使其顺利完成了从女儿到妻子的身份转变，维系这种延续的正是没有断裂的"母爱"。区别于冯沅君、庐隐、苏雪林、石评梅等女性的"反叛"与"性爱"，留在冰心创作世界里的，满是"母爱"与家庭的温馨。除此之外，"童真"主题与"母爱"亦互为表里。就《寄小读者》而言，冰心所构建的是"姐姐/母亲的女儿"双重身份的叠加。如果说作为"母亲的女儿"，她期望从母亲的怀中寻求情感的慰藉与依托，那么作为"姐姐"，在同"小读者"的通信中，则建立起了成人与儿童之间平等对话的一种可能性。这种被称作"冰心体"的写作模式，实际上在成年与孩童之间做出了生命的区隔，不仅消解了中国家庭等级秩序中的人伦关系，而且是对"发现儿童"这一文坛主题的隐喻，并引发了对人类生命平等的想象，为五四新文学对于"女性解放"与"儿童的发现"提供了最初的经验③。以上"贤母良妻""母爱""童真"共同构成了冰心文学中"家"观念的主题，这既是基于她的基督教精神与博爱情怀，同时也是对胡彬夏一整套"改良家庭论"的文学写真与实践。为此，冰心站到了五四女性新文学运动的焦点上④。

只是，五四时期并非每一个作家都复制出冰心笔下的"家"，践行胡彬夏的"改良家庭论"。伴随着五四时期"娜拉"出走的浪潮，女子"家务劳动社会化""儿童公育"等学说的出台与尝试，实未能成功解决女性在"家事"与"职业"中的两难困境⑤。作为近代中国女性精神家园的主题，她们在"家庭职业"与"社会职业"之间的抉择，对"国民之母"与"女国民"理想形象的追求，缠绕不断。最普遍的情况，仍旧是女性因家庭角色的回归，而牺牲了对个体生命价值的追求。庐隐的《何处是归程》《胜利之后》，鲁迅的《伤逝》，叶圣陶的《倪焕之》，分别是

---

① 参见刘思谦《"娜拉"言说：中国现代女作家心路纪程》，河南大学出版社，2007，第107～110页；郭冰茹《"新家庭"想象与女性的性别认同——关于现代女性写作的一种考察》，《文学评论》2009年第3期。
② 冰心：《第一次宴会》，卓如编：《冰心全集》（二），第252～260页。
③ 参见颜海平《中国现代女性作家与中国革命：1905～1948》，北京大学出版社，2011，第129～131页。
④ 阿英：《现代中国女作家》，北新书局，1931，第197页。
⑤ 参见余华林《女性的"重塑"——民国城市妇女婚姻问题研究》，商务印书馆，2009，第172～174页。

沙侣、沁芝、子君、金佩璋等女性将曾经的理想、事业、志趣消磨于家事琐碎中的生动写照。区别于鲁迅关于"娜拉"出走后"不是堕落，就是回来"的预言，也有少数女性以牺牲家庭为代价，完成了对社会事功追求，但陷入新的困惑①。凌叔华的《绮霞》即讲述了一位女性为了执着"练琴"的梦想，别夫离家而远赴欧洲求学，学成归来后面临的却是丈夫另有新欢的惆然②；陈衡哲的《洛绮思的故事》则形塑了主人公为学业而割断恋情，在取得成就之后，却常为一个幻想有"家"的梦想而困扰的悖论③。若是"家事"与"职业"的兼顾，则难免使得"娜拉"们疲于奔命。庐隐在《补袜子》中即道出了如是的困惑，"别说我一天到晚都忙着在外面工作，就是有些功夫，与其补那破袜子，我还不如写写文章呢"④。

女作家冰心、庐隐、凌叔华、陈衡哲等从多元的场域与视角，不仅从正、反两面阐释了女性、家庭与社会之间关系⑤，而且某种程度上也是对于胡彬夏"改良家庭论"的一种呼应，即女性与家庭之间仍存在一种无法断裂的纽带。这既是基于传统文化的力量，也是对社会性别分工的自觉规训。除了文学文本，在现实社会中，一经陷入家事琐碎，女性在事业方面的成就，仍不同程度上受到了限制。对冰心而言，"家事"与"职业"的共赢与圆满也仅是一种"想象"的状态，当其与吴文藻结婚并成为母亲之后，精力的分散，使其无形中与文坛拉开了距离；陈衡哲亦因怀孕之故，一度被迫停课。故而，至20世纪30年代，陈衡哲重新打出了"女子回家"的旗帜，此番论述再度回到了胡彬夏"改良家庭论"的原点。她表示，"一个女子是一个家庭的中心点，而家庭又是国家与民族的中心点"⑥。在家务与社会服务何者优先的问题上，陈衡哲明确主张，女性"总应把家庭作为终身努力的基础"，应当减少，甚至抑制女子在母职与家务以外的事业⑦。

---

① 参见余华林《女性的"重塑"——民国城市妇女婚姻问题研究》，商务印书馆，2009，第168~170页。
② 凌叔华：《绮霞》，郑实选编：《凌叔华文集》，北京燕山出版社，1998，第64~78页。
③ 《洛绮思的问题》，陈衡哲：《小雨点》，商务印书馆，1936，第64~83页。
④ 庐隐：《补袜子》，庐隐：《庐隐小说全集》，时代文艺出版社，1997，第685页。
⑤ 参见郭冰茹《"新家庭"想象与女性的性别认同——关于现代女性写作的一种考察》，《文学评论》2009年第3期。
⑥ 陈衡哲：《复古与独裁势力下妇女的立场》，陈衡哲：《衡哲散文集》，河北教育出版社，1995，第74页。
⑦ 陈衡哲：《妇女与职业》，陈衡哲：《衡哲散文集》，第101页。

那么，女性在"家事"与"职业"之间，究竟是否为"单选题"？也有论者提出了一种新的概念，即"新贤良主义"。此中前提是提倡家庭内男女双方的平等，男女两性共同分担家庭责任，或谓不仅要提倡"贤母良妻"，"贤夫良父"同为不容忽视之要义①。诚然，此论较胡彬夏仍将家庭中的责任偏重于女性一方的论述更进一步，甚至可以视为"改良家庭论"理论的巅峰。然而，在以男性为主导的社会性别结构不发生根本改变的前提下，上述观念仍仅能停留在假想的空间中，而反观胡彬夏的"改良家庭论"，尝试完成家庭场域与国族场域的对接，则更合乎、切近于时代语境的内在要求。

值得注意的是，除了重视女子教育与启蒙，胡彬夏对于现代"儿童学"知识的引进，从"传统"的蒙学教育跻进"现代"的科学教育，是为儿童教育的里程碑。20世纪初期至五四前夜，知识界有关如何认识儿童的特质、认识儿童的方法、发展儿童的天性等零星的讨论，亦"浮出历史地表"。在这些论述中，父母亲与孩童之间不再谨守五伦中的"父子"关系，儿童之于成人的尊卑区隔渐趋被打破②。提倡儿童之职务"应由儿童自得自择之，非吾人所当越俎代谋也"，尊重儿童天性、去"成人化"眼光之声不绝于耳③。儿童由成年世界的"从属者"，开始转向"儿童中心""儿童本位"的角色。

如果以周作人对启蒙思想的论述观之，"妇女启蒙"到"发现儿童"——从20世纪之初到五四发生，二十年的历史相隔恰好印证了从"人的发现"到"妇女的发现"，再到"儿童的发现"这一人类启蒙史上的演进轨迹。

---

① 蜀龙：《新贤良主义的基本概念》、峙山：《贤夫贤妻的必要条件》，《妇女共鸣》1935年第4卷第11期。
② 参见柯小菁《塑造新母亲：近代中国育儿知识的建构及实践（1900~1937）》，山西教育出版社，2011，第133~140页。
③〔美〕老莱司攀女士：《儿童之职务与奇珍》，鸳湖寄生译，《妇女杂志》1917年第3卷第5期。

第五章　恪守贞操之马振华：后五四时期自由恋爱悲剧的牺牲者

沐浴着五四新文化的春风，旧式的贞操观遭遇批判，奏响了大学男女同校、社交公开、结婚自由、离婚自由的妇女之声。婚恋问题与贞操问题、男女社交问题与重建性道德问题互相关联、相互交织。一方面，《新青年》杂志刊登了周作人翻译的日本女性主义者与谢野晶子的《贞操论》一文，称贞操只是一种趣味、信仰与洁癖，且是专门为妇女而设的制裁手段。另一方面，《妇女杂志》引介瑞典的爱伦凯主义也带动了五四时期新性道德观念的建构与传播。新文化知识人以此为契机掀起了一场反思性讨论，不约而同地认为，在贞操问题上，儒家礼教的确强加给女性更高的道德标准，面对婚姻以外的性关系或婚前性行为，女性遭受的指责往往较男性更严厉[1]。有论者称，贞操应取决于男女之间建立忠实爱情这一基础，恋爱是贞操的一个前提。但也有人表示，"恋爱自由"与"自由恋爱"其实存在根本立意的不同，前者是基于"灵肉一致"的结合，后者是在"感觉本位"驱使下的本能生理冲动。在深化诠释"恋爱至上"这一概念的基础上，论者称须严格界定肉体之爱与精神之爱的差异，既不能假借爱情为口实而进行发泄性欲的滥交，也不能在情欲之外忽视道德的约束，即爱情是性爱、责任与理想的合一。除此之外，尽管社交公开风气在五四时期的流行，化除了传统性别秩序的畛域，突破了女性深锁于闺门之内的界限，但由于旧式道德毕竟积重难返，因此论说者为避免社交公开沦为一种寻找异性伴侣的交际起见，旨在探讨如何通过从容不迫的方式加以渐进推行，才能更好地增进青年男女的志趣与人格[2]。

---

[1] 参见杨剑利《闺门的退隐：近代中国性别观念的变迁（1860～1925）》，人民出版社，2021，第288～289页。
[2] 相关问题的研究，可参见杨剑利《闺门的退隐：近代中国性别观念的变迁（1860～1925）》，第220～283页。

总的来说，新式婚恋观念与性别话语的现代性转向，在一定程度上消解了女子受传统贞节伦理桎梏的羞耻感，增强了对女性自主恋爱抉择的信念。不过，即使在五四时期高喊响亮的"恋爱神圣"口号，一旦走出新文化的阵营，深入普通社会民众中间，这种女性主义的新思潮看似激荡着"新女性"追赶时代弄潮的生活，但是否已成功内化为国人的共鸣和信仰，究竟从多大程度上促进了两性关系的改善，并提升了女性在性道德层面的弱势地位。

在新性道德观与爱情观转型的视野下，如果评估传统贞操思想的破除与五四时期女性解放向纵深发展的情状，可从1928年发生的女教师马振华自杀案中窥见一二。1928年3月16日夜，马振华女士为向未婚夫汪世昌证实其完璧之身，于黄浦江投水自尽。随着报纸、杂志等媒介的热烈讨论与争相评说，马振华自杀一事逐渐升温，还被搬上了戏剧舞台及电影银幕，以致一时间成为沪上街头巷尾津津乐道的消费话题，演绎了上海滩轰动一时的情死案件。马振华恋爱悲剧的发生，既关涉到五四时期知识精英聚焦的自由恋爱、男女社交公开、封建伦理、女性贞操等重要命题，同时也牵连着近代中国新旧转型之际的性别文化等诸多内涵。各方言说者基于女性启蒙的诉求，将五四新文化运动期间所探讨的性伦文化议题，呈现在公众的视域。由于案发之地系西风东渐的趋新都市上海，故该案恰可作为观察后五四时期女性社会生活的一个侧面，详加释读。

本章拟挖掘鲜有利用的民国时期丰富的报纸、杂志等原始资料，一方面旨在分析马振华、汪世昌、马振华父亲马炎文的人格特征，以及各自在该案件中扮演的角色；另一方面则力图还原马振华之死在舆论层面造成的社会影响，并解读男女两性在追溯案件责任者中，言说立场差异的背后所隐喻的性别权力关系。此外，笔者将探讨马振华因恋爱而死的悲剧以及女性的身体与情感，如何通过报刊的传播、戏剧与电影的渲染，成为市民阶层文化消费的商品化对象。尤为重要的是，重回马振华之死的历史现场，既可瞥见性别、媒介与消费的相互交织及其演绎，同时也有助于我们透视五四时期妇女解放的程度与限度，并反思社会性别制度从传统走向现代过程中遭遇的顿挫与困厄。由此，更深入地理解五四新文化以降女性与婚恋自由之间的多维镜像。

第一节 马振华投江始末及案发人物的出场

1928年3月17日清晨，上海同仁辅元堂救生局发现黄浦江面浮出女尸一具，始知女士于昨夜9时左右投江，并在滩边打捞出一大摞书信，内有署名为马振华、汪世昌的情书120余封及二人照片一张。鉴于情死案之离奇曲折，兼以婚姻问题为各界关注的焦点，《时报》《时事新报》遂于第一时间做出反应，认为"此事可以表现新旧思潮冲突之一斑"，次日即刊发了新闻报道。随后，该两报又四处探访，搜罗马振华自杀案之始末资料，包括梳理马、汪从恋爱到订婚终至决裂的经过，收录二人来往函札20余封，并选用读者来信数十件等，分别命名《马振华女士自杀记》①与《马振华哀史》②，编印单行本销售发行。

3月18日上午，汪世昌的同事手执《时报》，仓皇问及新闻中所称之女尸是否为其未婚妻，汪世昌阅后始知马振华已投江身死。获悉女友死讯后，汪世昌先是缮写书信三封——一致马振华父亲马炎文，一致国民军鲁联军第五师周树人师长，一致报馆记者，继而深夜至黄浦江南码头，并从身边摸出粗绳一根，一端系于胸际，一端缚在江边木排，乃纵身落水。只闻黑暗静寂中水声巨响，巡警急奔岸边，将入水未久的汪世昌送至救生局。获救后的汪世昌谓左右人："日前投江之马振华，是我妻也，吾不愿独生，故亦投江。"③

汪世昌"假投江"事件发生后，复使马振华女士自杀案持续升温，并引发了新闻媒体的跟进追踪。据记者探查得知，比邻而居的马、汪，晨夕相窥，1927年11月28日，汪世昌从窗中向马振华卧室遥掷书信一封。尔后二人鸿雁传书，私下约会，逐生暧昧，遂经由周树人师长做媒，并在征得马炎文同意后，乃于阴历二月初五"小定"，并拟于十月举行婚礼。然而，"小定"过后一星期，二人恋情急转直下：先是3月4日汪世昌在与马振华约会观影时，探其乳头觉与妇人无异，遂疑其非处女，算命先生亦谓之"决非完璧"；继而，3月6日，汪世昌在向马振华求欢之际，竟因平日酗酒而致吐血，马振华以为情真，遂勉强允任，但交合过后，汪世昌见马振华并无处女血流出，心疑更甚；翌日，马振华收到汪世昌信函中的难堪之语，表示"辩亦无益"，后虽屡经汪世昌赔罪，但二人感情裂痕已难以修复；3月14日，即投江前两日，马振华写下血书一封，力图表明心迹；3月16日下午，汪世昌强迫与马振华再次交合遭拒后，以其即随周师长北上出师为名，将此前二人书信悉数退还；当晚，马振华悲恸于

---

① 《时报》馆编：《马振华女士自杀记》，大东书局，1928。
② 《时事新报》馆编：《马振华哀史》，上海群友社，1928。
③ 《汪世昌投江情形》，《时报》馆编：《马振华女士自杀记》，第19页。

未婚夫因疑其非处女而欲解除婚约，羞愤交加之余，投江自尽①。

首先，若分析男主角汪世昌的人格特征，透过遗留的信札可见一个自尊心强烈、封建迷信观念浓厚、处女情结根深蒂固、虚伪自卑的人物形象。

从二人的信札中可以看到，汪世昌出身于贫寒家庭，六岁丧母，升入中学后父亲、祖母又相继去世，此后家中境况益形艰绌，其工作亦频繁更迭，直至"幸遇周师长"，担任国民军鲁联军第五师周树人师长的记室（相当于秘书职务）后，方结束颠沛流离的生活②。家境贫苦不免为恋爱中的汪世昌蒙上了一层自卑的阴影，故在最初数封通信中，其屡次言及家世问题，或称"倘不以酸腐寒贱而不我弃者，愿请订为文字之姻缘，他则未敢稍具非分之妄念，殆以自惭形秽"③，或谓己"严时以苏秦刺股读书相训诫"，或顾虑因其"贫贱之徒，恐令尊未必能见许也"。这种内心深处的自卑感使得汪世昌在异性交往中显露出"低自尊"的消极型人格，其反复向马振华澄明心志，意在将自己形塑为一个前途远大的男子形象："愿亦有一种希望在焉，即周师长已允我将来若然前方顺利，攻克城邑之时，必当呈保昌为代理县长也，此虽不必得之妄想，然平时终可得一相当之职位也。"④显然，这些励志言语赢得了积极回应，马振华表示"贫富贵贱，均注诸天命，非可勉强"，唯欣赏汪世昌"武林名儒，博学宏才"，并以"志向高尚，不失信义，忠实不欺，勤苦勉励"交相勖勉⑤。

与此同时，传统封建迷信的烙印亦在汪世昌身上显露无遗。以"素来不迷信"自我标榜的汪世昌，却在与马振华"小定"前即索要生辰八字，理由则是"精神的冲动"与"期望心太切的驱使"⑥，并称此乃"终身大事，不可草率"⑦。先是经占卜者推算二人八字，称马、汪乃"佳偶"之结合，始为二人"小定"的前提⑧。继而，在影戏院观影情动之际，汪世昌发觉马振华乳头深黑，疑其"与妇人无异"，遂交由算命先生占卜，竟盲信"决非完璧"之说。从某种意义而言，无论是马、汪"小定"的确立，抑或二人裂痕的出现，双方恋爱关系无不以占卜的结果为转移。显

---

① 《马女士自杀原因》，《时报》馆编：《马振华女士自杀记》，第13~16页。
② 《汪世昌致马振华函（其二）》，《时报》馆编：《马振华女士自杀记》，第23~24页。
③ 《汪世昌致马振华函（其一）》，《时报》馆编：《马振华女士自杀记》，第22页。
④ 《汪世昌致马振华函（其二）》，《时报》馆编：《马振华女士自杀记》，第23~24页。
⑤ 《马振华致汪世昌函（其一）》，《时报》馆编：《马振华女士自杀记》，第34页。
⑥ 《汪世昌致马振华函（其三）》，《时报》馆编：《马振华女士自杀记》，第27页。
⑦ 《汪世昌致马振华函（其四）》，《时报》馆编：《马振华女士自杀记》，第27页。
⑧ 《周师长作伐成功》，《时报》馆编：《马振华女士自杀记》，第13页。

第五章 恪守贞操之马振华：后五四时期自由恋爱悲剧的牺牲者

然，五四新文化人倡导破除迷信的思想主张，在当时社会的影响力依旧微弱，相当一部分青年男女的恋爱，仍旧受制于传统封建迷信的禁锢。

此外，汪世昌内心深处还潜藏着深厚的"处女情结"，背后所关涉的是传统男权社会束缚女性的贞操观念。在算命先生断言马振华"决非完璧"后，愈加深了汪世昌对其非处女之身的狐疑，先前二人浓情蜜意一扫而尽。次日，汪世昌便对马振华有意说出自己未曾涉足情场，"姊长我三岁，见闻较广，将来诸事请姊教我"①，此显系非有意调侃之语。由于不明生理学常识，汪世昌的心结实在于初次交合后马振华无处女血流出，这使其陷入思想分裂的境况：一方面，汪世昌事后一再致歉，并以自杀相逼，乞求马振华谅解自己行为的冲动②；另一方面，初夜未能见红，又不合中国传统社会对处女身体的判定，此恰触及汪世昌敏感的伦理底线，故而抛出那些讥讽的言语③，甚至在随军出师北上前夕退还二人先前的情书，以示永诀④。

并且，汪世昌之所以选择"落水假死"这一方式，并在"假死"前遗书三封，则是欲达到为己开脱责任之目的，"以假死求新生"的别有用心，显而易见。然而，"假死"获救后的汪世昌却判若两人，相反表示"决不再死"，理由则是依据其所杜撰的马振华"生前有言"，即"我死之后，君若再死，是绝你汪氏嗣续之大罪"⑤。与此同时，汪世昌在与《时报》记者的谈话中转而大谈续娶问题："振华曾谓生不为汪家妇，死当为汪家鬼，今伊已死，余必抱牌位做亲，不再娶妻，即娶亦必以妾之名义，初生之子，认为振华所有，以示不忘。"⑥ 令人作呕的是，汪世昌还特意为其续娶寻找到一个看似绝佳的借口。在致马炎文的书信中，其称唯有为马振华嗣续，方可延续"振华之精神"，且不背生前彼此约定的"海誓山盟"⑦。此外，汪世昌为逃脱舆情的谴责，不但标榜称"不是个迷信者，而且是极端反对迷信人"，而且编造了大量与实际严重不符的假事实，如称其曾依女友规劝，将吸烟、饮酒等恶习"统统戒绝"。由此不难窥见，上述说辞背后隐藏着汪世昌贪生畏死、矫言伪行的品性。

---

① 《马女士自杀原因》，《时报》馆编：《马振华女士自杀记》，第14页。
② 《汪世昌致马振华函（其四）（其七）（其八）》，《时报》馆编：《马振华女士自杀记》，第28~31页。
③ 《马振华致汪世昌函（其六）》，《时报》馆编：《马振华女士自杀记》，第39页。
④ 《马女士自杀原因》，《时报》馆编：《马振华女士自杀记》，第15页。
⑤ 《致马炎文函》，《时报》馆编：《马振华女士自杀记》，第55页。
⑥ 《汪世昌之自供语》，《时报》馆编：《马振华女士自杀记》，第20页。
⑦ 《致马炎文函》，《时报》馆编：《马振华女士自杀记》，第55页。

汪世昌的虚伪面孔不仅表现在宣扬"娶妾不娶妻"的论调，更为甚者，在致报馆记者的函札中，竟摇身一变为"妇女解放"的提倡者。当谈及女友死因时，其称"大约是为旧礼教所束缚"以及"女子尚未得到充分的解放"之故，因此"让我来说几句奉劝当家长对于子女的束缚要解放的话"①。

其次，若考察女主角马振华，不难知晓，她虽被唤起了自由恋爱的兴趣，但对男女社交公开尚抱有一定的疑虑。她不但是一个"父权至上"的信奉者，而且尤为重视女子的名节与贞操。转型时代"半新半旧"的性别文化特征，在马振华的身上显现得淋漓尽致。

马振华成长于一个新旧参半的家庭环境中，并非传统意义上的旧式女性。父亲马炎文为嘉兴东台县禁烟分局局长兼大通协记轮船公司协理。沐浴着民初新文化的雨露与五四新思潮的春风，马振华先是就读嘉兴德馨女学校，高小毕业后继入南通刺绣专门学校②。除了刺绣等女红技艺外，马振华勤恳好学，文殊通达，"国学甚佳，英文亦娴熟"，并曾担任杭州某校教员③。接受过新式教育，拥有独立的职业，以及一定的经济自主能力，使得马振华具备了新式女性的基本特征。

五四时期倡导的自由恋爱思潮，同样令马振华引首以望。马振华对门当户对、媒妁之言的传统婚姻模式无甚好感，并曾拒绝徐姓大户议婚。收到汪世昌遥掷窗中的第一封书信后，马振华在次日的复信中除附上一张石印名片，并答赠情诗一首："双鸟归巢未值时，双峰对影自相怜，双鱼终久须吉庆，双栖鸳鸯交颈眠。"④ 此后二人坠入爱河，信函皆以"好弟弟、亲弟弟"及"最亲最爱的好姊姊"等暧昧之语相称谓，且每晚饭后"必在卧室，各以白纸写字，对窗张看，以代通话，每于晚间七时写至十二时尚不休"。然而，对于五四学人主张的男女社交公开，马振华则有些徘徊四顾。在未得父亲许可前，其仍将二人的私会视为古代社会"才子佳人"私订终身的后花园。并且，相当一段时间，马、汪秘密交往，如马振华唯恐通信为他人窥见，故以四种记号接洽为盼，"先将各人房中电灯熄灭，然后至门口倾水处相见；时间总在上午八时至九时半；以白卡片贴于各人窗口玻璃边；开放闹钟"；又如二人私会电影戏院观剧有九次，亦用暗号先期表示，等候地点有"菜市路无轨电车站""大世界门口""兆芳照相

---

① 《汪世昌致一报馆记者函》，《时报》馆编：《马振华女士自杀记》，第54~55页。
② 《马女士之履历》，《时报》馆编：《马振华女士自杀记》，第9页。
③ 《马振华与汪世昌之略历》，《时事新报》馆编：《马振华哀史》，第5页。
④ 《致周师长之二函》，《时报》馆编：《马振华女士自杀记》，第52页。

第五章　恪守贞操之马振华：后五四时期自由恋爱悲剧的牺牲者　143

馆前"三处①。值得注意的是，恋爱初期的马振华要求汪世昌须严守秘密，表示寄信只能由一方进行，"我寄你的则可以，你答我则万不能"，除了防止"被旁人接去"，重要的是顾虑"被家父等看见"②。

如果细致考察，可知家父在马振华的择偶观中扮演着举足轻重的角色。由于马炎文"择婿甚苛"，女儿婚事一经蹉跎，致年已三十一岁的马振华犹待字闺中③。与此同时，马振华尤其看重家父对婚事的态度，在首次复信中即谓"君既有意，侬岂无情，但怕老父家规严厉，不得自愿亦徒然"④，或表示称"他日若得成事实，也须得父母之命，媒妁之言，不然宁死勿从"。故而，能否征得家父的同意，成为马振华与汪世昌确立正式恋情的前提。实际上，马振华对于三媒六聘的理解，掺杂着新旧参半的因素，一方面言明二人婚姻的结合"必赖君设法求人介绍"，甚至称若"家君执意不从"，则"惟有老死闺中，以报君之厚意也"；另一方面认为终身大事虽未必非经由父母主婚，但须获得家父首肯。至于亲友中间或有以为轻视者，亦非马振华所介意，唯称"看我们的幸运为标准"。因此，获悉汪世昌请求周师长做媒后，马振华既惊且喜之情溢于言表："伊堂堂师长，岂肯与素不相识者周旋，下顾寒舍说客乎"⑤，即认为若凭借具备资历与地位的周师长出面斡旋，易为家父信服。并且，既闻家父已面允同周师长相见，其在致男友书信中愈加难掩喜出望外："难得周君如此热心，极力的帮助成全我俩的好事，将来你又怎样的报答他的厚恩呢？"⑥可见，尽管在某种程度上接受了自由恋爱的新风尚，但"父权至上"的价值观念依旧根深蒂固地潜藏在马振华的头脑中。除了"上无以对老父"之外，"下无以对自身"的片面贞操观作祟，也构成促使马振华投江自尽的思想因素⑦。

不唯汪世昌将女子的贞操奉为圭臬，马振华更加看重处女之于女子名节的独特意义。实际上，处女膜本身仅作为一种生理性别而存在，只是经由中国传统文化的知识再生产，建构出一种社会性别符号，以及男权社会语境下的性别霸权话语，同时也成为两性双方自觉接受的性别文化认同。

---

① 《汪世昌开始诱惑》，《时报》馆编：《马振华女士自杀记》，第 11～12 页。
② 《马振华致汪世昌函（其一）》，《时报》馆编：《马振华女士自杀记》，第 34 页。
③ 《马女士之履历》，《时报》馆编：《马振华女士自杀记》，第 9 页。
④ 《汪世昌开始诱惑》，《时报》馆编：《马振华女士自杀记》，第 11 页。
⑤ 《马振华致汪世昌函（其一）（其二）》，《时报》馆编：《马振华女士自杀记》，第 34～36 页。
⑥ 《马振华致汪世昌函（其四）》，《时报》馆编：《马振华女士自杀记》，第 37 页。
⑦ 《马女士自杀原因》，《时报》馆编：《马振华女士自杀记》，第 15 页。

鉴于上述性伦文化对传统女性的束缚与戕害，五四时期的思想家在提倡女性解放的同时，开始了对于处女/贞操这一性别知识谱系的重构历程。叶绍钧认为女子贞节这一社会性别观念的形成，乃男子根据自己的"自私心"，以诱惑主义及势力主义欺诳女子，使女子久之遂在"事实所迫"的范围内讨生活①。这种片面的贞操观也是马振华走不出的围城。面对汪世昌援引卜者的"决非完璧"之说，以及初次交合后对其处女之身的怀疑，马振华或自嘲谓"乌鸦岂入凤凰群"，或表示毋宁"愿做一世姑娘"，或请求"从此解约"，甚至以血书盟誓，表明心迹称"此后无论你肯能信任与否，我也惟天可表而已……你能消释与否，也只可由你的心意罢了"②。最终，马振华因悲愧交集而选择投江自尽，这反映出后五四时期女性在两性权力关系中依旧弱势的地位。

另值得注意的是，除了传统道德规范与新型性别观念之间的碰撞附带的尴尬与迷茫，五四以来报刊媒介的迅速发展，致使知识女性的个人遭遇可能被外界曝光，往往在公共舆论的推波助澜下被有意扩大，甚至是被扭曲。在强大的舆情压力面前，一些知识女性会产生一种无所适从的负重感，加剧了在性伦理问题上的耻辱情绪。余华林在研究这一问题时表示，"以前，在资讯手段不发达的情况下，妇女们的恋爱和婚姻遭遇，只在一个很小的范围内传播，她们也比较容易面对。现在，报章杂志动辄将她们的隐私公诸于众……使得悲剧的受害者不得不承受巨大的社会压力"③。而当时的法律对于个体隐私权的保护程度相当缺失，遑论给予妇女权益充分的保障，这迫使马振华只能以封建式的抗争来"自证清白"。

进一步考察，马振华的父亲马炎文在案件中的态度最耐人寻味。不同于传统的封建大家长形象，马炎文在性别解放方面稍具新思想，除了支持女儿接受教育外，在女儿婚姻自主问题上亦未发表反对意见。然而，马炎文之所以同意周师长的提亲，则基于浓厚的门楣观念。

在马炎文看来，汪世昌担任国民军鲁联军第五师周树人师长记室，深受器重，是一位有前途的革命青年。适逢周师长为提亲事宜，先后两次来

---

① 叶绍钧：《女子人格问题》，中华全国妇女联合会妇女历史研究室编：《五四时期妇女问题文选》，第129页。
② 《马振华致汪世昌函（其二）（其三）（其六）（其八）》，《时报》馆编：《马振华女士自杀记》，第34、36、39、44页。
③ 余华林：《20世纪二三十年代知识女性恋爱悲剧原因探析》，李长莉、左玉河主编：《近代中国社会与民国文化》，社会科学文献出版社，2007，第345页。

访，一面赞其"敦品笃学"，一面称马、汪庚帖所示"佳偶"相合①。且依汪世昌本人说辞，有望在周师长帮衬下谋得代理县长及相当职位，此有助于光耀马家门庭。因此，马炎文谓周师长，"贫富不计"，唯以才调与文墨相论②。此外，女儿年过三旬已逾适婚年龄，也是其急于促成女儿婚事的重要考量。

值得分析的是，马炎文并未追究汪世昌在女儿自杀中的责任。初闻死讯，其以为汪世昌为党国沙场阵亡，致女儿以身随殉。后周师长遣营长周士连携汪赴马家往谒，汪世昌执礼甚恭，尊称马炎文"岳父"，马亦呼汪为婿，俨然一份"翁婿团圆"的和解景象。马炎文谓汪世昌："此虽汝之不善，亦我女固执所致，汝只能以后力图上进，好好领柩安葬，我亦不加过问"，甚至为随即北上的汪世昌设宴饯行③。内中缘由实在于周师长从中斡旋。家人中有切齿汪世昌者，亦"以马周情面"不复作声。汪世昌谓记者，"我与岳丈已无间隙，报纸批评，舆论指摘，无所用其顾忌"④。有论者在致《时报》馆的来函中即注意到另有隐情，"马炎文之发此言，不知是何居心，且竟认汪作婿，为其饯行，此中定有他故"⑤。《时报》的一则评论指出了实质："盖马父颇愿汪世昌能得一县长，为其死女撑门面也。"⑥

第二节 舆论的展开及其背后的性别文化内涵

侯艳兴在《上海女性自杀问题研究》一书中虽爬梳过马振华自杀的来龙去脉，是这一问题较早的关注者，具有一定代表性，但作者对于事件的文化解读主要停留在对于贞操观念的分析，研究视野还有拓展空间⑦。事实上，马振华恋爱悲剧发生后舆论的发酵、各方言说者的立场、男女两性在同一案件上的不同态度、男权文化对于女性身体的凝视、知识女性在新旧伦理过渡与赓续之际的彷徨无措，以及文化知识人对于五四以来新性

---

① 《周师长作伐成功》，《时报》馆编：《马振华女士自杀记》，第13页。
② 《马振华致汪世昌函（其四）》，《时报》馆编：《马振华女士自杀记》，第37页。
③ 《马炎文勉认其婿》，《时报》馆编：《马振华女士自杀记》，第20页。
④ 《汪世昌临行数言》，《时报》馆编：《马振华女士自杀记》，第21页。
⑤ 《陈志远君来函》，《时报》馆编：《马振华女士自杀记》，第59页。
⑥ 《马女士出殡一瞥》，《时报》馆编：《马振华女士自杀记》，第21页。
⑦ 参见侯艳兴《上海女性自杀问题研究（1927～1937）》，上海辞书出版社，2008，第106～125页。

道德的重申等议题，还值得从多维的视角进行逐层探究。

马振华投江自尽案发生后，各种报纸、杂志的报道及评论，一时间铺天盖地。对于案件的责任者，汪世昌固然首当其冲，但也有论者认为马振华自身也难辞其咎，同时还有记者论及了家长应在子女恋爱中扮演的角色。

署名"慎予"的作者在《青年妇女》杂志撰文批判称，汪世昌只是因为"性的苦闷"而结识马振华，"知有肉欲，而不知有爱情"，既疑心非处女，"索性从此隔绝，也算了却一件心事"，但偏又"再三求恳，言归于好"①。天津《大公报》记者则认为，在汪世昌追问"是否处女"的背后，其实是"觉得她年华老大，才生了厌弃之心"，故以其非贞节之身为离弃口实②。姚赓夔在致《时报》的投稿中特别指出了汪世昌的"假自杀"，称其既故意预先使人知晓自杀，"死时从容不迫，居然预备下牵绳索系腰，入水之后，不到五分钟即遇救"，又于获救后即刻"放弃他自杀的心"，甚至还在马振华尸骨未寒之际竟大谈娶妾，不啻一场自编自导的滑稽闹剧③。汪世昌的上述种种引起了关注者的公愤，3月23日下午，排字房工人望见汪世昌前往《时事新报》报馆编辑部，遂"一呼百应，奔出来要群起而攻之"，致其"只得抱头鼠窜"④。鉴于汪世昌在国民军鲁联军第五师任职，故有论者从时下盛行的"革命"新潮话语出发，痛斥汪世昌的"反革命"行径，称革命者本应"解放人类的一切，为民众谋利益"，但其公然违背青天白日旗下"男女平等"之立意，竟成为混迹革命队伍中间的"黑暗之爪"⑤。何双璧考察了汪世昌的住所，只见室中"破桌上乱放着三小册紫罗兰丛书，其中有一册是香艳词集"，最引人注目的还有"窗子的背面贴着一大张红纸黑字的'开窗大吉'"，一看便知此乃"一个没出息的思想落伍的青年卧室"⑥。陈冷僧在致函《时报》馆中建议，周师长应严肃风化与军纪，"捆送汪世昌于法庭，依法惩办"⑦。颇有趣味的是，数日后汪世昌果因"冒充军官"之罪被捕，3月31日，徐州方面传来报道，周师长、汪世昌乃系"冒充国民军联军鲁军总指挥梅均

---

① 慎予：《评马振华投江事》，《青年妇女》1928年第19期。
② 《最近上海发生的情死案（十二）》，《大公报》1928年4月11日第8版。
③ 《姚赓夔君之批评》，《时报》馆编：《马振华女士自杀记》，第60页。
④ 落霞：《为马振华女士自尽惨剧敬告青年与家长》，《生活（上海1925）》1928年第3卷第20期。
⑤ 伊伦：《为振华之魂慰》，《新女性》1928年第3卷第4期。
⑥ 《何双璧君来函》，《时报》馆编：《马振华女士自杀记》，第56页。
⑦ 《陈冷僧君来函》，《时报》馆编：《马振华女士自杀记》，第57页。

第五章　恪守贞操之马振华：后五四时期自由恋爱悲剧的牺牲者　147

命令，来徐扰乱直鲁前方"，均为卫戍司令部拿获①，并且还在汪世昌衣袋中凑巧搜出了马振华女士遗像一张，以及二人情书数通，始知此人便是"引起上海女界所公愤的汪世昌"，随即交由县署狱中收押②。《小日报》记者借机讽刺谓，汪世昌"做县长"，以及娶"年轻貌美"女子的美梦将就此破碎③。

在对汪世昌口诛笔伐的同时，也有一部分文章讨论了马振华本人在恋爱悲剧中咎由自取的一面。署名"落霞"的论者表示，马振华实死于"始乱终弃"。其认为女子结交男朋友应审慎考量，或须"有很可信的人介绍"，或"当预先详察对方的品性、行为、学识等"，马振华却因鲁莽之至而误将"衣冠禽兽当人看"，尤其是轻易以身相许，以致"始乱"为"终弃"张本，故劝诫女性同胞"在未正式结婚以前，绝对不该答应对方男子不正当的要求"，并以此申明反对婚前性行为的立场④。与此相呼应的是，《小情海》在推出的文章中指出，马振华先前仅凭着"汪世昌的一封信和几首诗，便和他相交了"，失察之罪亦在所难免⑤。《大公报》记者则撰文分析了马振华之所以急不可耐地同汪世昌订立"白头之约"，乃因其孤独的性情、寂寞的性苦闷所致⑥。正如《新女性》杂志所评论，马、汪二人交往百余天后便闹出了情死案，无异于"爱情亢进"酿成"爱情毁灭的先声"的典型⑦。

与此同时，马炎文也成为报纸杂志等媒体众矢之的的对象。一方面，论说者指摘马炎文所秉持"门楣至上"的婚配观念。针对汪世昌随周师长离沪赴前敌前夜，马炎文为之置酒饯别这一做法，《小日报》指出其不过是欲图借此免受"社会人士之冷嘲热讽"，同时寄望汪世昌"果得实任县长，亦能为其死女增光"⑧。有记者喟叹汪世昌被拘的消息，"设令马炎文闻之，当叹佳婿不能为其死女撑门面也"⑨。面对全国妇女协会请将"马振华案始末详加搜求"，并将汪世昌"冒充军官"一并治罪的要求，

---

①《汪世昌在徐州被拘》，《大公报》1928年4月10日第2版。
②《汪世昌被捕》，《中央日报》1928年4月5日第7版。
③《哀汪世昌徐州被捕》，《小日报》1928年4月6日第2版。
④ 落霞：《为马振华女士自尽惨剧敬告青年与家长》，《生活（上海1925）》1928年第3卷第20期。
⑤《马振华女士自杀之又一谈》，《小情海》1928年4月19日第2版。
⑥ 洗月：《碰着算数的婚姻》，《大公报》1928年5月3日第9版。
⑦ 黎丽：《马振华女士的死》，《新女性》1928年第3卷第4期。
⑧ 心琴：《哀汪世昌徐州被捕》，《小日报》1928年4月6日第2版。
⑨《最近上海发生的情死案（十二）》，《大公报》1928年4月11日第8版。

马炎文则"颇不愿有所举动"①。联系前述的"翁婿和解",不难看出案件前后马炎文思想逻辑的内在一致性。另一方面,还有论说者从马振华所谓的"但怕老父家规严厉"出发,谈及了对"家长在子女恋爱中的责任"这一问题的思考。《大公报》记者认为马炎文对于女儿婚姻的态度是"完全取不合作主义",致使女儿对终身大事"像做贼一样,私自一人暗中乱撞",假使马振华拥有一位贤明的家长做恋爱的指导与顾问,或能防止此次悲剧的发生,由此呼吁"如今做父母的人,要使子女明白择配是光明正大的,可以得到父母的同情与协助,可以公开地与父母商量"②。

值得一提的是,马炎文在答《时报》记者访问中谈论了对女儿之死的看法,称马振华恋爱悲剧的根源在于"新思想"与"旧道德"的矛盾及冲撞:"我女死矣,我女之死,可谓死于新文化旧道德相混之中,盖我女所受之文化系新,而新得不彻底,苟新得彻底,不致于死,所守之道德依旧,而旧得不彻底,苟旧得彻底,亦不致于死,而今新旧相混,遂酿此剧变。"③ 这一评价引发了关注、回应与争议,时人在报刊上也各抒己见,掀起了对于新旧文化问题的辩论。《亦报》表示认同,倘"完全旧了,就没有自由恋爱,那就不会自杀",或"完全新了,说怎么处女不处女,只要两相爱护……也就谈不到自杀"④。也有论者对于马炎文的说辞并不表苟同,如果谓马振华"死于不彻底的旧礼教尚可",但因其"死于因失身而追悔莫及",仍旧是受旧式贞操观念与旧礼教的毒害所致,这绝对称不上"死于不彻底的新文化"⑤。还有论者进一步表示,不能视马、汪二人的恋爱为"新文化"发端的产物,因青年男女恋爱"是人类的本能,自周公孔子以前就存在的"⑥。

对于这种过渡时代中新旧文化的交叠与马振华自杀的关系,余华林曾做出过评述,指出马振华"接受了新式教育、新式学说、新式思想,其行为也带有浓厚的新式色彩",然而"正是这种新旧思想的矛盾与共存,导致她们在恋爱失败后或自杀或郁郁终生的悲惨命运"⑦。不过,马振华个体生命中附带的新旧因素,还要进行更具体的分析,应从不同的范畴加

---

① 《报告》,《小日报》1928年4月16日第3版。
② 《青年女子的"恋爱"与"婚姻"》,《大公报》1928年4月19日第9版。
③ 《马炎文勉认其婿》,《时报》馆编:《马振华女士自杀记》,第20~21页。
④ 蒿剑:《马振华情死感言》,《亦报(1928)》1928年3月29日第2版。
⑤ 《陈志远君来函》,《时报》馆编:《马振华女士自杀记》,第59页。
⑥ 岂凡:《马振华的自杀及世评》,《新女性》1928年第3卷第4期。
⑦ 余华林:《20世纪二三十年代知识女性恋爱悲剧原因探析》,李长莉、左玉河主编:《近代中国社会与民国文化》,第339页。

以区别看待。其实，马振华所具备的"新"，主要还是她作为知识女性的"新身份"，以及她拥有小学教师的"新职业"。至于导致她自杀的原因，与五四新文化思潮的影响促使她萌生新式的价值观念之间，并无实质性关联，核心症结还应当归咎于旧道德与旧伦理的思想禁锢。换言之，马振华恋爱的悲剧根植于所谓的"旧"，即封建保守的贞操观这一"传统"滞留下酿成的恶果。海青的研究持不同看法，认为马振华死于"无法忍受童贞支付的失败"，至于这种"童贞"支配权意指发生性关系的权利从家长的控制领地转移到女性自己的手中，"换取更优越更有情趣的生活"，称马振华羞愤于交付"童贞"后的挫败感，而非基于旧式贞操观的束缚①。但就笔者看来，从本质上而言，马振华对"童贞"的过度看重，仍只是旧式贞操观的另一种表现形式。

性别伦理重建过程中的困窘成为五四以降女性解放进程中普遍存在的现象。在传统与现代转型之间的知识女性，无论是道德观念还是思想意识，无不徘徊在冲突与分裂的地带。知识女性的精神世界充满着复杂的纠葛，一方面受到新兴事物与现代文明的牵引，另一方面来自传统文化因袭的困扰，新旧杂糅的文化特征，既相互排斥又交织在同一时空。正是这种传统与现代性的混同，兼具并存于某一知识女性的主体人格中，在她身上成为一种"同时的在场"。也就是说，女性既被"现代"所改造，又被"传统"所规制，而这种未尽的现代性注定了现实生活中的部分知识女性在价值伦理层面不免陷入难以挣脱的困境。

实际上，关于"新旧思想道德"的讨论，触发了"回看五四"这一命题，关涉到五四时期性伦文化的变革。论说者经由马振华自杀案出发，进而探讨了诸如自由恋爱、社交公开以及贞操观念等与五四新文化运动密切相关的历史问题。诚如《新评论》杂志刊载的一则题为《马振华的自杀》的文章所归纳者，以下三类性别议题有必要加以重新审视：一是"没有基础的恋爱"，二是"畸形的男女社交"，三是"贞操观念"②。

首先，马、汪的恋爱并无友谊作为前期基础，更无思想的交换，起因其实是互相之间爱慕异性的冲动。《革命》杂志发表评论称，女子应在恋爱方面谋解放的真谛，至于瞎子算命择吉日，或是名士主婚，或是教堂牧师证婚，或是依法律程序在县署签字，均非恋爱的真义，须知爱情不仅应

---

① 海青：《"自杀时代"的来临？——二十世纪早期中国知识群体的激烈行为和价值选择》，中国人民大学出版社，2010，第162页。
② 乃器：《马振华的自杀》，《新评论》1928年第8期。

为"男女间情感、意志和习惯都相投合",而且还应以"实行互助的、自由的共同生活"为基础,并且是日积月累"相互发动和相互被动"的产物①。至于马、汪从通信伊始到悲剧发生,仅历经三个半月,就该意义而言,二人之间很难说已构成了恋爱关系,"不过是他们的身体已经发育成熟,禁不住狂热的性欲,遂藉口恋爱而急求一泄"②。

其次,五四时期有关男女社交公开的学说开始盛行,论说者认为"社会本来是男女共同组织的",且"交际本来是个人的自由",故提倡"解放女子性的桎梏",实现男女同工同酬、教育平权,使女子拥有财产权,以创造出男女社交公开的环境③。照此来看,"合理的公开社交至今还未实现",马、汪之间依旧是一种绝对的秘密社交,交往异性朋友时因"恐被人讪笑",以致这种隐秘的方式"使她们颠倒于情欲中",无法获得清醒旁观者的建议,假使实现了完全意义的男女社交公开,"马女士能设法多交几个公开的男友,那么就不至于如此不知选择了",更不会遭遇汪世昌虚伪人格的欺骗④。诚然,也有人在阐释男女社交公开问题上存在"过犹不及"的认识,提议称"社交愈公开,觅得新的情人愈容易,所以可以减少情死的数目",甚至表示如果马振华能在失恋后"马上有一个顶替的恋人来给她一点诚意的安慰,她就自然不至于死",这显然大大超越了当时社会的恋爱风尚⑤。

最后,五四时期激烈批判的贞操问题再度成为此间言说者的热点话题。《新女性》杂志以组稿的形式编发《关于马汪事件》的讨论专栏,希冀借此发起社员和读者的争鸣⑥。有论者认为,其实处女与否,经由五四新文化的洗礼,本来"似乎也没有什么辩白的必要",且"非处女并不是一种丢脸的事",但在马振华心中却是"天大的了不得的事",被疑为非处女,竟如同对名誉与权利进行了"极大的剥夺",甚至以死捍卫名节⑦。故而,遭遇攻评最力者乃是片面的贞操观对女子人格的极大损害。署名"德民"的作者在《大公报》刊文称,如今社会上只闻"非处女"冷遭白眼,而从未闻"非处男"受任何奚落,何况马振华"只声声替自己辩

---

① 《从马振华自杀说到女子在恋爱上应解放》,《革命》1928 年第 47 期。
② 焦颂周:《对于马振华投江事件的批判》,《新女性》1928 年第 3 卷第 4 期。
③ 李汉俊:《男女社交应该怎样解决》,中华全国妇女联合会妇女历史研究室编:《五四时期妇女问题文选》,第 188～189 页。
④ 洗月:《碰着算数的婚姻》,《大公报》1928 年 5 月 3 日第 9 版。
⑤ 章乃器:《马振华的自杀》,《新评论》1928 年第 8 期。
⑥ 《关于马汪事件》,《新女性》1928 年第 3 卷第 4 期。
⑦ 居甸:《几句投机话》,《新女性》1928 年第 3 卷第 4 期。

护非'非处女',没有反诘汪世昌究竟是否'处男'",可见在单方面强调女性贞操的背后,隐喻的是两性权力关系中的不平等,这还体现在现行婚姻制所代表的经济权与父权的权威①。并且,这种从一而终"崇尚处女"贞操观的本质,其实是男性对女性如同私有财产一般的占有。章乃器对此评论称,此不仅是"一种侮辱女性的旧思想",男子将女子在新婚初夜的流血痛楚引"以为快意,以为荣耀",同时还深含有"浓厚的残忍的意义",即为满足男性自私的"占有欲"起见,不惜此后使女性在地狱里过着"青春的寡妇生活"。由此可见,自五四新文化运动倡议的男女平权,至今十余年已逝,崇尚"处女美"这一思想尚未革除②。

早在1920年罗素来华讲学之际,即提出了新性道德主张③。即应以个人自由为出发点,认定两性关系出于自由,法律和舆论都不应过分干预,"传统的道德,专注重于不应当发生的事情,而不注重于应该发生的事情,这是错误的。重要的是,男女之间迟早应该找到他们本性上可能有的最好的关系"④。"反对旧性道德,建设新性道德"的论点此间再次得到了重申。焦颂周在《新女性》杂志撰文表示,不仅汪世昌以处女为结婚的标准,而且马振华亦视处女为第二生命,可见社会对于以男权为中心的旧思想并未根本割除。故而,为防止类似悲剧的再次发生,唯有竭力建设新性道德的坚垒,即应当认为"贞与不贞,不能认为是道德与不道德",甚至须容许"一个女子可以恋爱几个男子,一个男子也可以恋爱几个女子",若使两性同居实现自由,自杀、卖淫、通奸等问题或可"完全消灭"⑤。进而言之,强调"爱情与性的合一",也应成为建构新性道德观念的重要基础。至于马、汪二人因"处女问题"而起冲突,无不是"重视'性'高于'爱'的表现"。对此有论者称,不能因由"性的问题"泯灭"神圣的爱","既经发生恋爱,决不能因已'非处女'而改变恋爱的程度",并可以通过"改除婚姻制,试行试婚制"消解目下荒谬的"处女观"⑥。

如果细致考察女性同人在马振华自杀案中的表现,既可以窥见两性言

---

① 德民:《处女问题》,《大公报》1928年4月13日第8版。
② 章乃器:《马振华的自杀》,《新评论》1928年第8期。
③ 参见顾秀莲主编《20世纪中国妇女运动史》(上卷),中国妇女出版社,2008,第141页。
④ 瑟庐:《罗素与妇女问题》,《妇女杂志》1920年第6卷第11期。
⑤ 焦颂周:《对于马振华投江事件的批判》,《新女性》1928年第3卷第4期。
⑥ 德民:《处女问题(续)》,《大公报》1928年4月14日第8版。

说立场的差异，同时也可知女性发声力量的有限性。

3月20日，上海中华妇女同志会等女子团体组织集会。经众议决，会议通过如下事宜："（一）发表对此案质问；（二）请各界注意此案，并加以公正之批评；（三）警告汪某，揭破其假面具；（四）派代表安慰家属；（五）请法律顾问提出刑事诉讼，为死者雪冤。"① 值得推敲的是，上海中华妇女同志会更多的是从女性遇害者的体验出发，称马振华悲剧的产生"既非旧礼教思想之束缚，亦非旧家庭家长之阻梗"，完全因由汪世昌"用种种不正当手段，勾引良家闺女"②，甚至认为媒介各方所讨论的有关自由恋爱、社交公开等，颇为可疑，即对汪世昌卑鄙的人格批判不足，其实是在规避问题的实质③。该会归纳了汪世昌须承担"强奸罪""二次逼奸罪""因奸未遂逼死罪""破坏名誉罪""见死不殉情，反行假投江"等多项法律责任④。除此之外，还有数位女性在致《时报》与《时事新报》馆来函中，结合切身感悟表达了相关意见，但发声的力度颇显微弱。如一位自称"被侮辱的女子"吐露苦闷的心迹，其与马振华同样有被男子玩弄、侮辱与抛弃的相似经历，故见《时报》刊登的新闻，便"胸口中热血涌了上来，像沸了一样"，一面痛斥汪世昌在"满足肉欲和冲破处女膜的目的达到"后即欲抛弃女友的做法，另一面将矛头直指"抱牌位做亲"说辞的居心⑤。恽兰英女士向《时事新报》投稿，借此案呼吁女子起而研究自身解放问题，"为死者雪恨，为女界吐气"⑥。

然而，从言说群体来看，男性知识分子依旧占据着主导者的地位，并与女性在表达立场方面形成了明显的缝隙。实际上，无论是倡导自由恋爱，还是男女社交公开，抑或批判贞操观念，男性无不凭借启蒙者的姿态，依照其所认同的性别规范，形塑并训导"新女性"，并且背后还隐藏着维护以男性为中心的社会性别秩序这一深意，从而体现出在两性权力关系中男权的霸权话语地位。

署名"蒿剑"的论者虽然对马振华为旧礼教而牺牲给予了同情，但字里行间依旧透露出盲目的"处女崇拜"，竟然将论说建立在其"决非完璧"的前提下，一面表示"就是马女士以前有怎么不名誉的事情，也须

---

① 《马振华女士的自杀问题》，《中央日报》1928年3月21日第7版。
② 《妇女会之宣言》，《时事新报》馆编：《马振华哀史》，第34~35页。
③ 《妇女同志会为马振华案又发表宣言》，《中央日报》1928年3月30日第7版。
④ 《中华妇女同志会对马振华案提出五项意见》，《中央日报》1928年3月28日第7版。
⑤ 《被侮辱的女子来函》，《时报》馆编：《马振华女士自杀记》，第56~57页。
⑥ 《恽兰英》，《时事新报》馆编：《马振华哀史》，第32页。

第五章　恪守贞操之马振华：后五四时期自由恋爱悲剧的牺牲者

放她道门，勉之于将来，这才是真情真义"，另一面猜测其先前因遭遇感情刺激过甚，"难免有厌世观念"，言外之意即申饬汪世昌应当"宽恕"已非处女之身的马振华①。另有论者尽管表面上声援马振华遭遇的不幸，但仅将对于汪世昌的批斥控制在适度的范围，如称上海中华妇女同志会控诉汪世昌"罪大恶极"，实在"有点过分了"，认为二人发生性关系是在一种"干柴烈火"的情景下，类似案件每日报纸"社会琐闻"栏中随处可见，甚至为汪世昌"假投江"翻案，"那假装跳黄浦江是不必要的，那黑夜里浸到冷冷的江流中去喝黄浊的盐水，未见得什么好味道"，并且还称汪世昌能"坦然说要再婚"，恰从侧面说明其并非"假仁假义"之人②。由此可见，上述话语中间为汪世昌辩护开脱的深意，不言自明。更有甚者，有论者采取完全"中立"的评说立场，称虽然"汪世昌是杀马女士的间接有形的金刀"，但"胡乱用情是杀马女士的直接的无形的长枪"，既告诫女性同胞在恋爱中须以马振华为"前车之鉴"，切勿"误用真情"，同时规劝男性同胞要从为女性幸福着想，"用情时也须寸步留意"③。这种"各打五十大板"的话语逻辑，意在为性的占有以及男权的至尊地位寻求合理性，彰显出性别秩序建构中"男性本位"的固有观念。

进一步而言，马振华对于处女身份与名节的重视，既无法突破旧式伦理的桎梏，还成了封建礼教的牺牲者。就该意义而言，男权社会不仅是男性一方的聚合，同时也包括自觉地将贞操等内涵纳入男权话语体系的女性一方。充满悖论的是，那些甘愿接受男尊女卑思想的女性，无意间竟充当了男权秩序的守护者，马振华即其中一例。如有论者遗恨于"振华无罪，但也无能，她不但不能挣脱黑暗，反被黑暗之势所包围——封建之液弥布脑袋"④。

如果借助"物化理论"进行分析，男权文化作为某种权威的存在，为规训一些女性的意识有意制造了误区与陷阱，并且这种物化是对于女性生理的"性物化"，致使女性从"个体"沦为"身体"，成为男权文化打量女性身体后的一种冷漠的愉悦和欢腾⑤。这导致在男性文化权力机制的运作下，女性不免在两性关系中丧失了作为主体的社会价值，完全沦落为一种满足男性欲望的身体工具，不过只是男性凝视下被贬低的"他者"，

---

① 蒿剑：《马振华情死感言》，《亦报（1928）》1928年3月29日第2版。
② 《四区党部妇女部为马振华女士自杀宣言》，《新女性》1928年第3卷第4期。
③ 《马振华女士自杀之又一说》，《小情海》1928年4月19日第2版。
④ 伊伦：《为振华之魂慰》，《新女性》1928年第3卷第4期。
⑤ 参见沈奕斐《透过性别看世界》，上海人民出版社，2019，第194~195页。

她们自身情欲释放的合理性诉求被剥夺，自主的生存空间也一再受到压缩。这意味着，在汪世昌的眼中，除了性关系以外，他与马振华之间并无精神层面的爱情可言。与此同时，受到男性精神控制的马振华，既无法挣脱男权压迫与男权统治的桎梏，更与知识女性主体身份的建构之间相疏离。杨联芬在论及这一时期的女性逆境时认为，马振华自杀这一沉重的代价，揭示了"男权社会对女性身体的主宰，使女性在社交公开的时代，遭遇更多的痛苦"以及"男权专制借社交公开而对女性的双重伤害"①。进而，这则案例也从侧面反映出，在社交公开与恋爱自由这一新式社会环境中，男性依然是主要的受益者，这一新兴风尚的推动，也为男性在异性求偶方面提供了一种泛滥化的借口。

如果追根溯源马振华的恋爱悲剧，则在于并未动摇的传统社会性别秩序，以及万恶的社会制度，至于五四时期呐喊的女子解放历程，依旧步履蹒跚。姚赓夔一针见血地指出了马振华之死的时代意义，不啻"一个旧家庭制度下的牺牲者"，"旧家庭的囹圄必须打破，旧礼教的压迫必须反抗"②。并且，有论者呼吁为从根本上解决性别权力建构中的不平等关系，除了生理性别的职分不同外，须实现女子和男子在经济、教育、社会等方面的完全同一③。

除此之外，近代生理学知识谱系的缺失，则体现了各方讨论者在卫生及医学问题上的局限性认知。其实在当时社会，将处女膜视为鉴定处女的唯一标准，大有人在。有论者谈及了造成未婚女子非处女的三种可能情境，或"性的冲动不能克制，致于失身"，或"情爱弥笃，而结婚则又受事实限止，未能即达目的"，或"受一方强迫执行"④，但却未能注意到女子自身生理因素或因洗浴、运动等外部条件导致的处女膜破裂⑤。大部分论者回避了"处女膜与处女的关系"这一问题，唯见性学博士张竞生等少数者谈论了对该问题的看法，指出处女膜之有无，"于生理上实在不能证明是否处女，而于情爱上更毫不关系"⑥。然而，张竞生所刊文章一经发行，即刻引发了部分守旧人士的激烈反应，上海某老闸捕房视此为秽亵

---

① 杨联芬：《浪漫的中国：性别视角下激进主义思潮与文学（1890~1940）》，人民文学出版社，2016，第77~79页。
② 《姚赓夔君之批评》，《时报》馆编：《马振华女士自杀记》，第60页。
③ 焦颂周：《对于马振华投江事件的批判》，《新女性》1928年第3卷第4期。
④ 德民：《处女问题》，《大公报》1928年4月13日第8版。
⑤ 谢筠寿：《马振华女士自杀案之医学上研究》，《社会医报》1933年第183期。
⑥ 张竞生：《马振华与处女膜》，《情化》1928年第1卷第1期。

文字，竟先后两次向当地法院起诉①。可见在五四新文化运动后的相当一段时间内，社会风气依旧保守，处女膜仍作为贞节的象征。

第三节　戏剧舞台与电影银幕上的马振华之死

值得一提的是，基于盈利的诉求和功能，马振华投江案除了作为女性解放的话题被品头论足外，新闻媒介亦对其加以戏说与渲染，以满足大众的窥探欲。更有甚者，马振华与汪世昌的恋爱悲剧，还随之搬上了戏剧舞台及电影银幕。由此，女性之死、女性的情感、女性的身体与贞操，不仅卷入"商品化"的范畴，而且成为市民阶层的消费对象，这展现了20世纪20年代光怪陆离大上海文化生态的一个侧面。

五四新文化运动后，在"十里洋场"的摩登都市上海，一些名称各异的报刊如春笋般崛起，同时伴随着鸳鸯蝴蝶派这一文学流派的盛行，涌现出一股谐趣化的叙事现象，并且对于男女私奔、流氓拆梢等小事亦多有记载。《小日报》观察称，"凡是看报的，总没有不知道汪、马二人这件事"，一时间可谓满城风雨，路人皆知，尤其是一般男女青年学子，都引以为课余谈话的消遣资料②。马振华自杀案或是作为"迩来男女社交公开、自由恋爱之事"③，或是作为一种被讲述的"情史"或"哀史"，以各种文艺形式登场④。《噜里噜苏》的记者调侃谓，鉴于马振华为情牺牲后"名已传遍海上"，将来或可在情场失意的青年子弟中，形成一种以自杀为增长名声的风气⑤。

舆论将该案件视为"大好资料"，其传播超出上海一隅，甚至远在哈尔滨的新闻报刊亦有闻必录。据《小日报》某记者透露，"有客自哈尔滨来，谈及马振华案，余讶询曰：贵地亦知之乎？客曰：知之。言时，即出一报示余，视之则哈省日报也"⑥。群友社应读者之请，特编印《马振华哀史》单行本，在发行的预售宣传中称，预购者已有三千余册之多，"欲知马振华与汪世昌之经过及始末者，不可不读，欲对马、汪下一公评者，

---

① 《张竞生吃处女膜亏》，《大晶报》1928年7月12日第2版。
② 《马振华与汪世昌》，《小日报》1928年3月25日第3版。
③ 春树：《一个马振华后车》，《笑报》1928年5月9日第2版。
④ 廖落生：《吊马振华》，《情绵》1928年6月9日第2版。
⑤ 走马灯：《马振华之死》，《噜里噜苏》1928年4月19日第2版。
⑥ 婴婴：《马振华案之各地舆论》，《小日报》1928年4月6日第2版。

更不可不读，至于史中文辞之香艳旖旎，悲哀怒愤，尤足使阅读者倾倒，而印制之精良，纸张之洁白，犹其余事"①。《语丝》杂志刊登广告表示，乐意无条件地赠送《马振华哀史》，再版一万部，只需"附邮票六分"②。与此同时，社会新闻社也将该案资料汇集出版，"封面有马振华女士之血书，制版刊出，仿佛先总理之遗嘱"③，又期以通过《马振华女士特刊》打造品牌效应，借机兜售该社的其他出版物，如《玉兰花》《新有鬼论》《处女时代》等鸳鸯蝴蝶派作品④。并且，《小友报》也另外分为"马振华自杀始末记""马振华是否处女""汪、马惨案后之种种感想""汪世昌之性的问题"等四部专题，组合而成《马振华特刊》⑤。据报道者称，在来往沪宁之间的火车里，穿着号衣叫卖《马振华自尽记》的穿梭者，比比皆是，可见其销售热度⑥。然而，这种以马振华之死为"消费资料"的商业投机行为，亦引发了沪上各大报业阵营的分化。其中，《时报》《时事新报》《民国日报》对此进行了连篇累牍的报道，至于《申报》《新闻报》却记载寥寥，只发表了一些隔靴搔痒之论，对各报上市的《马振华哀史》等单行本表示异议，认为纯属"荒谬至极"，且无异于一种"投机事业"⑦，可见双方在经营理念方面各持己见。

不唯如此，天韵楼之柳社、神仙世界之爱华社、新新花园之钟社等海上各大戏班也纷纷投入紧锣密鼓的排演筹备中。一方面，《小日报》记者戏谑谓，马振华可谓"死得其所"，因其"第一造成了许多文人笔头的渲染，第二造成了舞台上一个好剧本"，特别是令那些舞台老板"背地里在那里感激你"，故对于戏剧界而言，马振华可九泉瞑目矣⑧。另一方面，《罗宾汉》报记者评论称，凭借排演新戏的炒作，本是"败类"的汪世昌，却反倒获得了"一个成名的机会"，其此生"总算得不虚此一行了"⑨。

其中，《噜里噜苏》报社记者观看了天韵柳社开演的《马振华女士投江记》，并记录了各演员的神态表情，称主演汪世昌的演员王少白"身穿中山装，举动极肖军人，于求欢一幕，演来出神入化"，主演马振华的金

---

① 《马振华哀史出版》，《新闻报·本埠附刊》1928 年 3 月 26 日第 1 版。
② 《无条件的赠送马振华哀史》，《语丝》1928 年第 4 卷第 37 期。
③ 《马振华女士自杀事》，《小日报》1928 年 3 月 27 日第 2 版。
④ 《新出品》，《大晶报》1928 年 7 月 30 日第 2 版。
⑤ 《小友报马振华特刊》，《时报》1928 年 4 月 4 日第 4 版。
⑥ 庵平：《马振华有益社会》，《小日报》1928 年 5 月 5 日第 2 版。
⑦ 《马振华投江后之各大报》，《上海玫瑰》1928 年 3 月 28 日第 2 版。
⑧ 言敬：《慰马振华女士泉下》，《小日报》1928 年 3 月 25 日第 2 版。
⑨ 《对于排演马振华者进一忠告》，《罗宾汉》1928 年 4 月 5 日第 2 版。

第五章　恪守贞操之马振华：后五四时期自由恋爱悲剧的牺牲者　157

玉如"在投江时之一幕，演来声泪俱下"，主演周师长的张四维"几句革命言论，亦博得彩声不少"，无不令记者赞叹称该社演员"天才济济，表演此剧，可称珠璧联合"①。由于马振华乃南通籍贯，故尤其为南通各界所注意。南通通俗剧场闻此亦拟演出此剧，"遂驰函沪上，向天韵楼柳社主任徐寒梅，商借脚本"，徐寒梅应允后将柳社脚本寄往南通，并表明戏剧界同人互相支持的态度②。《美的明星》报社记者因与马振华家庭有邻居及世交的关系，遂约同友人，赴神仙世界爱华社剧场观看了名为《马振华女士自杀记》的演出，并称许爱华社将此案如此复杂、曲折的情节，能在短短的四小时内，清晰分成"钟情、作伐、嘱女、相约、密谈、问卜、交信、留书、投江、殉情、承婿"等十四幕，不可不谓"描摹得淋漓尽致"，难得之至③。

不过，新新花园之钟社在排演《马振华哀史》的过程中，却遭遇了来自马炎文与马振华胞兄马则民的力阻抗议，甚至为此还酿成了一场官司。据知情者透露，钟社编剧主任董天民为编写新剧剧本，"不惜功夫，东奔西走，把各种关于马振华和汪世昌的轶事小史，搜罗殆尽"。然而就在预备布景就位之际，钟社收到了一封来自马炎文委托王开强律师的致信，要求停止编排，理由则是若"在大庭广众之间，开演起来，妨害他女儿的名誉"。但钟社同人并未就此应允，相反宣称马振华为汪世昌投江自尽，正是"玉洁冰清""贞节可风"的体现，复信马炎文谓"给大家瞻仰你千金小姐的贞操，何必还要小题大做……况且这件事已经登报出特刊，谁人不知"，并表示因准备就绪，故唯有"依旧进行，要履行观众的要求"④。

显然，钟社言辞背后的用意在于通过演剧达到盈利的目的，这与马炎文作为父亲本能的爱女诉求形成了鲜明的反差。马炎文力图阻止钟社将女儿之死暴露在光天化日之下，与其"翁婿和解"之间有着一脉相承的关系，均是希冀降低此案在社会造成的负面影响，并消解各方围绕女儿之死的议论纷纷。《福尔摩斯》记者探闻称，救生局打捞马振华尸体后，在江边搜救时发现的120余份情书，曾被《时报》馆记者取走。获知消息后的马炎文，即刻向报馆当局索回了情书原件，并将之"悉数付之一炬"。此即为《时报》馆印行《马振华女士自杀记》单行本之际，何以仅收录

---

① 别立白：《记天韵柳社之马振华》，《噜里噜苏》1928年5月7日第2版。
② 燕白：《马振华与汪优游》，《笑报》1928年4月6日第2版。
③ 《看爱华社的马振华女士自杀记后》，《美的明星》1928年4月10日第2版。
④ 花笔：《钟社排演马振华新剧之波折》，《罗宾汉》1928年3月30日第3版。

二人函札 20 封的原因①。其实，此前王开强律师曾致函《时报》《时事新报》等，请勿将马振华自杀事件扩大传播，但各报"置若罔闻"②。并且，鉴于新新花园之钟社戏班继续开演的行径，马炎文又请马振华胞兄马则民出面发表《告国人书》通告各方，内称亡妹既由父命，许婚汪氏，名分上已为汪氏之妇并为法律所赋予："尤可痛者，遂逐者流，方且勾心编剧，资为利薮，违背法理，亦害人情……吾不能塞悠悠之口，岂容粉饰扮演，自有其法律对待……是故亡妹之死，实有评论之价值，无演剧之可能，有功罪之辩护，无鼓励之可能，有人道之悲悯，无讥讽之可能。"③从"翁婿和解"，到索回情书，从委托王开强律师致函，到马则民出面辩护，戏剧舞台上对马振华情感的消费，与马炎文的亲属关怀之间所构成的裂痕缝隙，由是可见。换言之，街头巷尾的观看者只眷注于对马振华之死的情欲化体验，至于其家庭悲剧的本体则处于被忽视的地位。

20 世纪 20 年代上海的电影界为迎合观众的娱乐趣味，爱情片、色情片、武侠片、神怪片、恐怖片、探险片等一度占据大上海影视文化中流行的气候，影院中弥漫着"欲的高潮""肉的昏乱"④，除了千篇一律的爱情故事，影片中到处穿插着"肉体展露和接吻拥抱"的镜头⑤，尤其是以现实热点为题材拍摄电影，成为各大影视公司追求高卖座的逐利手段。

大中华百合影片公司认为，舆论各界对于马振华自杀案议论纷纷，各具理解，但唯独担负改良社会、指导人生责任的电影界尚"一无表示"。有鉴于此，大中华百合影片公司聘请朱瘦菊等出任导演，且在开启拍摄以前曾赴《时报》馆接洽搜罗各类与案件相关的第一手资料⑥，同时标榜拍摄影片绝非投机或意图渔利，"盖愿借题发挥，抉发恋爱的真谛"，尤其强调不同于其他肉欲片的性质，其中一切情形"均以写实的手腕书之，不涉秽亵"⑦。《新银星》杂志还特意先行刊登了分别饰演马振华与汪世昌的演员周文珠与王次龙的照片，以博得观众的期待⑧。《福尔摩斯》报料秘闻，之所以选择以上二位为主演，其中缘由实在于"周、王两人，情丝缠绵已久，爱情热度，似漆如胶，实行同居之爱，已非一日"，故若以

---

① 龙辰：《马振华情书销毁记》，《福尔摩斯》1928 年 4 月 8 日第 2 版。
② 《王开强律师代表马振华父致函》，《小日报》1928 年 4 月 1 日第 3 版。
③ 《马则民告国人书》，《新闻报》1928 年 4 月 11 日第 15 版。
④ 蔚蒨：《提倡儿童电影》，《上海商报（1932~1937）》1933 年 10 月 14 日第 4 版。
⑤ 伯珩：《电影与儿童》，《东方杂志》1933 年第 30 卷第 1 期。
⑥ 碧梧：《马振华案将上银幕》，《骆驼画报》1928 年第 18 期。
⑦ 《摄制马振华影片之琐录》，《电影月报》1928 年第 3 期。
⑧ 《生前死后之马振华》，《新银星》1928 年第 1 期。

周、王之恋爱关系，表演马、汪之情爱故事，即"以个中人表演个中事"，"自能曲曲传出，体贴入微"①。为使影片演艺达到逼真的效果，大中华百合影视公司以高价赎回了马振华投江时身穿之旗袍及棉裤，命周文珠穿上，不仅至西门里内马振华生前所住房子实地取景，而且往投江处及南市救生局等地实地拍摄②，至于汪世昌"假自杀"时所立之木排等，"亦系特别搭造，与真者无异"③。并且该公司在影片制作的前期宣传方面更是不遗余力，如专门为来宾介绍了影院拟提供的两副观影眼镜，"一为有边近视，一为无边远光，观看近处之物，戴以近视者，若视远处，则易远光，两者不时互换，即与客谈话"④。为将炒作与宣传进一步推向高潮，大中华百合影视公司复请戏剧家孙泉唐编辑独幕的"独角舞台剧"《汪世昌之死》，届时与电影同步加演，以期增加首映之日的票房数量⑤。至于全剧的登场人物，仅有汪世昌一角，"偏重于怯弱的性格之描写，其心理变化之过程，自杀者立于生死线上之徘徊，均有极精细与诙谐的写法"，属于一部别开生面的"自杀的喜剧"⑥。5月17日，在上海市民的翘首企足下，电影《马振华》于中央公园如期公映。《时报》报道了卖座极佳的盛况："日夜三场，楼上下均告满座，第一场未完，第二场之观客，已来购票，因无座可得，皆在走廊中等候，以致第一场散时，进进出出，拥挤状况，前所未有。"⑦并且观众好评如潮，无不以此为"不可多得之写实影片"⑧，特别是影片结尾中汪世昌入狱后失声痛哭，遭遇一顿毒打，高呼"我负振华不已"一幕，引来台下掌声雷动⑨。

除此之外，借助同时期电影《白云塔》取得的轰动效果，周剑云遂向明星公司租赁在杭州开映之权，并趁著名导演郑正秋与演员胡蝶赴杭州春游之便，拟邀其二人"登台三日"，以为助阵。因郑正秋与周剑云本系故交，胡蝶女士亦"盛情难却"，二人均表"欣然能之"，并自编自导《马振华哀史》之新剧⑩。《上海画报》评论称，"明星公司导演郑君正

---

① 龙辰：《马振华与汪世昌行将结婚》，《福尔摩斯》1928年4月23日第3版。
② 子滴血：《周文珠与马振华》，《罗宾汉》1928年4月20日第2版。
③ 《〈马振华〉片这种新旧势力的表现》，《新闻报·本埠附刊》1928年4月26日第3版。
④ 《〈马振华〉片中眼镜问题》，《新闻报·本埠附刊》1928年5月11日第1版。
⑤ 《〈马振华〉〈汪世昌之死〉同时表映》，《新闻报·本埠附刊》1928年5月13日第1版。
⑥ 《开映马振华影片加演舞台剧》，《新闻报·本埠附刊》1928年5月15日第1版。
⑦ 《〈马振华〉公演盛况》，《时报》1928年5月19日第7版。
⑧ 《新中央今日映马振华》，《时报》1928年5月20日第7版。
⑨ 《马振华（大中华百合出品）》，《电影本事》1931年第1期。
⑩ 为恒：《马振华将随白云塔赴杭》，《上海画报》1928年第346期。

秋，对于此类新剧研究有素"，加之饰演马振华者又系"久负盛名善演悲剧之胡蝶女士"，虽该案件离奇曲折，但"一经正秋措置，自必更有可观"①。

巧合的是，就在马振华投江过后的一月有余，又发生了余美颜女士的投海事件，两人均死于为情自杀，但后者却自诩"与全世界男子交，达三千人"，终因情人受旧礼教压迫，未能与其结婚，而结束了"她一生的浪漫生涯"②。有论者将上述两案联系比较，认为前者只是误解了贞操观念，后者则无疑系女子失节的行为③。或有意戏拟谐文揶揄谓，马、余二女士昨日在水晶宫相遇，"预备在阴间开一情死学校，现正在招生"④。新闻媒介对于马振华的历史记忆并未随着时间的流逝而淡忘，直至1947年8月，名为李芳菲的女士因未婚夫乔奇对其贞节的怀疑，而自甘请验处女膜，这使人犹忆及"殆非当年之马振华抱同一心理乎"？五四新文化运动至此已逾三十年之久，而素有"十里洋场"之誉的上海，"对于两性问题，实并不较风气闭塞之乡村为开明也"⑤，女性解放的程度与限度可见一斑，女性解放的道路依旧艰巨而漫长。

五四前后新式性别观念的输入与社会性别关系的重建，带动了知识女性角色的变动与调整。"新女性"成为当时接受新式教育、具备新式职业的知识女性的一种流行称谓，展现出她们在时代变革的浪潮中追求自食其力的向上精神⑥。例如，胡适在1918年《美国的妇人》的演讲中提及了相关话语的论述⑦，1923年《时报》发起了题为"我所理想的新女性"的征文活动⑧，陈学昭在发表的《我所希望的新妇女》一文中提出人格的自立、学识的增进、社会上事业的贡献是衡量新女性的重要条件⑨，章锡琛在上海创办了题名为《新女性》的月刊杂志，则有意识地引导读者开

---

① 为恒：《马振华将现身银幕》，《上海画报》1928年第342期。
② 《天宵地壤之马振华、余美颜》，《大上海（1928）》1928年5月1日第2版。
③ 《两个情死女子》，《情》1928年5月5日第2版。
④ 《滑稽报告》，《情》1928年5月5日第3版。
⑤ 《由李芳菲想到马振华》，《上海人报》1947年8月11日第3版。
⑥ 参见杜芳琴、王政主编《中国历史中的妇女与性别》，天津人民出版社，2004，第422~423页；杭苏红《独立与归属：民国新女性的精神史》，商务印书馆，2022，第2页。
⑦ 胡适：《美国的妇人》，《新青年》1918年第5卷第3号。
⑧ 陈伯良编：《陈学昭年谱》，上海鲁迅纪念馆编：《陈学昭纪念集》，上海文艺出版社，2006，第367页。
⑨ 陈学昭：《我所希望的新妇女》，陈亚男编：《陈学昭文集》（第五卷），浙江文艺出版社，1998，第460~461页。

第五章　恪守贞操之马振华：后五四时期自由恋爱悲剧的牺牲者

展对于女界解放前途的讨论①。现代性的元素逐渐渗入知识女性的生活空间，使她们有别于传统家庭主妇"主内"的特质。

身为知识女性中的"新女性"，马振华生前是一位小学女教师，对于恋爱自由等时代新潮也表现出趋新的取向。马振华受到关注的特殊性在于，在案发伊始便是以一位爱情悲剧与封建礼教牺牲者的身份出场。作为案件中的女主角，尽管她未能有任何为自我发声的余地，只能卷入舆论建构中"被言说""被阐释"的旋涡，但她的个体生命中却浓缩了同时代的"新女性"在新旧思潮摆荡中的困境表征。现代教育文化的普及和新的知识结构的形成，并不意味着知识女性能够在短时间内摆脱旧的道德和旧的文化的困扰。马振华悲剧个案的意义在于，可为理解知识女性在现代性解放层面所面临的局限性提供一种重要启示。

综上所述，1928年马振华自杀案并非一个孤立的历史事件，应当将其放置在后五四时代的性别文化转型这一大背景下详加审视。一方面，透过案件所建构的各方人物性格谱系，可以观察五四时期新旧观念错综交织的思想生态；另一方面，在舆论媒介推动的背后，还牵连着五四新文化运动后期上海的女性解放与摩登都市消费生活等丰富多元的面相。

如果考察案发所涉人物之间的关系网络，应当认为马振华女士的恋爱悲剧是三方共同酿就的产物。其中，崇尚旧道德、矫言伪行的汪世昌，毋庸置疑负有不可推卸的责任，但旧式的封建伦理、片面的贞操观念，同样成为束缚马振华思想的紧箍咒，至于马炎文在子女婚姻问题上的"不合作"也是不容忽视的对象。

与此同时，在舆论讨论者各方看来，秘密的男女社交是导致马、汪沉溺于"爱情亢进"的先声，缺乏必要的恋爱基础是促使双方感情破裂的内在原因，而畸形的处女贞操观念则是导致马振华自杀悲剧的直接因素。值得观照的是，男女两性在言说立场方面存在的差异性倾向。对于女性论说者而言，获得一种自身的感同身受，是她们发声的重要目标。男性知识精英则乐意站在启蒙者的立场，试图以马振华自杀案为契机，再度掀起一场呼吁社交公开、建立现代恋爱观念、抨击封建伦理的浪潮，期以形塑合乎"新女性"形象的规范话语，为五四时期妇女解放各项未竟之命题寻求解决的出路，从而构建出以五四新文化为基础的性伦文化秩序。只是，在传统社会性别制度未能发生根本改变的前提下，如何通过一些枝节性的变革即促使女性获得完全意义上的解放，并实现两性权力关系上的平等，

---

① 妇女问题研究会主编：《新女性》1926年第1卷第1期，新女性社发行1926年1月。

依旧是一个无解的命题。

除了报刊上连帙累牍的追踪评论,在各方媒介的炒作下,马振华之死还成了书商、戏剧界、电影公司投机牟利的工具,以致作为一个商品化的特别符号,被赋予了娱乐消遣的文化功能。女性的身体与情感暴露在消费者的天堂,经历着为戏剧与电影加工或改编的命运。由此,性别、媒体与消费的纵横交错,共同演绎了马振华自杀案中精彩纷呈的多重变奏。

第六章 "左联五烈士"之冯铿：从"国民革命"到"苏维埃革命"的疾风骤雨

五四新文化运动以来，中国妇女解放的进路上呈现出两条主线交织并进的思想景观，一是自由主义女性主义的启蒙话语，促使"女性本位"意识的阐扬成为至上追求；二是马克思主义妇女理论的引介和传播，发掘了本土资源中妇女运动的阶级性与民族性。20世纪20年代，既是国民党"革命再起"的年代，也是中国共产党"大革命"的时代，"阶级革命"的概念风靡于知识青年中间，空前高涨的革命空气弥漫于大江南北，并将中国思想界划分出了"个人主义"与"集团主义"的分水岭。与此同时，伴随着国民革命军打倒列强、除军阀的向前推进，各阶级各阶层的妇女探索建立联合统一战线，纷纷自觉响应在国民革命中实现妇女解放的感召，一些知识女青年记录了迈向战火纷飞北伐战场的生活点滴，成为革命文学创作热潮的组成部分。第二次国内革命战争时期，从五四走来的知识女性转而将主要精力放在探寻社会矛盾的根源，搁置了女性主义叙事的书写与建构，使女性解放与个性解放融入民族社会革命的历史主潮，得以与劳动妇女共同构成妇女运动的主体力量。

知识女性投笔从戎，一方面缘于抗争原生家庭的封建压迫，另一方面基于改造人生与改造社会的强烈动机。她们将军旅生活及献身革命风潮看成是冲破传统社会血缘、地缘、亲缘的旧式桎梏的重要途径。在不断向革命道路靠拢的过程中，女青年找寻新的价值归属，形塑新的政治生命，确立了与时代同向同行的人生信仰，旨在践行革命共同体中的自我身份与政治身份的双重体认。不过，在革命战争的环境下，爱情婚姻与事业理想，生育后代与革命工作之间产生的碰撞，也难免促使女性的自然属性与社会属性存在某种不相适应的情况。

在这些走向革命征途的知识女性中间，"女作家"冯铿（1907～

1931）是"左联五烈士"中唯一的知识女性，被左联誉为"中国新诞生的最出色的和最有希望的女作家之一"①。她出生于广东潮汕地区，一度栖身在爱情诗与田园诗的创作园地，见证了中共早期的农民运动，大革命失败后转向革命的熔炉，迈向现实主义文学道路，并于 1930 年作为"左联"代表出席全国苏维埃区域大会，创作的《红的日记》是现代女性文学史上最早书写红军与苏维埃革命根据地斗争的小说之一。

本章拟从"国民革命"到"苏维埃革命"疾风骤雨的背景下，从文学、性别与历史三个维度，解读冯铿的生命世界。一方面，分析"新女性"的精神困境与文学突围之路，如何促使她走上"革命女作家"的职业生涯。另一方面，就性别身体栖居在革命大家庭这一问题，探讨左翼女性的革命想象。在此基础上，揭示以"忘记性别身体"的方式跻身革命，究竟意味着否认社会性别差异、放弃生育责任，还是可以从抹除性别刻板印象的意识论域，认定这也属于她们之于性别气质、性别底色、性别认同的自我抉择；在女性权利保障缺失的年代，性别政治议题还会附带怎样的窘境与迷惘，又在革命队伍中隐藏着哪些性别身体的冲突；阶级解放、民族解放是否意味着性别解放的完成；由此，阐发女性在革命镜像"他者"与"自我"的分殊中如何实现主体性身份的建构。除此之外，冯铿的文学遗产如何反映出早期苏维埃革命的战斗经验，以及理想激情与流血现实之间的变奏。

通过对左联女烈士冯铿的研究，探讨历史转向宏观视野下的女性历程与女性经验，由此管中窥豹 20 世纪二三十年代，其在特定年代兼具"女作家"与"革命者"双重身份的心灵成长史，尤其是讨论其关涉到革命队伍中的性别政治、早期无产阶级文学运动的挫折、白区与红区苏维埃战斗的精神风貌。

第一节 "新女性"的"情感烦闷"及文学突围

五四时期是"叛逆女儿"群体觉醒的年代。冰心、庐隐、陈衡哲、冯沅君等第一代现代女作家开始"浮出历史地表"，关注女性在家庭中的命运，旧的家庭制度破坏后，新性道德、两性关系、新型家庭伦理观念的

---

① 《中国左翼作家联盟为国民党屠杀大批革命作家寄给高尔基的呼吁书》，转引自姚辛《左联史》，光明日报出版社，2006，第 102 页。

第六章 "左联五烈士"之冯铿：从"国民革命"到"苏维埃革命"的疾风骤雨

建立，家庭改良与改造社会之间的关系等问题展开讨论，构成了五四时期妇女思潮与女性文学书写的母题。

然而，冯铿不属于最早的这一批梦醒者。冯铿，1907年农历十月初十生于广东潮州，因有唐人樊晃"十月先开岭上梅"诗句，故得名冯岭梅（冯铿早期作品署名为冯岭梅）①。与五四女作家擅长的"家庭小说"不同，冯铿的笔下既缺少"妖魔化"的封建父亲，也没有懦弱的母亲；既找不到追求自由恋爱的爱歌与悲海，对社会政治的批判力度也相对有限；当论及妇女解放问题的阶级指向，伸张女权、革除礼教、婚姻自主的呼声，也仅是五四妇女问题论述的"留声机"。冯铿缺乏父权制压迫的记忆，源自浓厚的家学氛围和相对开明的父母。父亲系粤东"古文名宿"，兄长冯印月、冯瘦菊，姐姐冯素秋创办过"火焰社"等白话文学社团②。

不过，作为"大革命"策源地的广东地区，赋予她见证妇女运动风云变幻的机遇。五卅惨案与省港大罢工的爆发，推动着中共广东区委领导的"广东妇女解放协会"妇女运动的蓬勃发展。该会反对资本家压制妇女，将"保护母性""男女工资平等""男女平等之宪法及选举法"等保障劳动女工权益的要求写进纲领，明显表现出对于妇女作为被压迫阶级问题的关注③，同时注意在各学校中吸收女会员④。冯铿身体力行，不仅为声援上海"五卅"罢工募捐，编写排练了一场话剧，还以汕头学联会学生干部的身份，赴揭阳出席汕头总工会大会⑤。国民革命军两次胜利东征之际，冯铿或热忱地"参加了欢迎、欢送北伐军的工作"⑥，或与学联会的干部同学组织慰劳小分队，"到近郊农村慰劳驻军"，并见到了周恩来⑦。据冯铿当时的恋人许美勋回忆称，"革命军一到，工人、农民、知识分子、妇女们都活跃起来……'妇女解放协会'的一个会员，把虐待

---

① 《附录：冯铿年谱》，鲁迅博物馆文物资料部整理：《晨光——柔石、冯铿遗稿》，书目文献出版社，1986，第383页。
② 《冯铿之兄冯瘦菊的三本书》，黄树雄：《潮人旧书》，暨南大学出版社，2016，第97页。
③ 《广东妇女解放协会宣言及纲领》，中华全国妇女联合会妇女运动历史研究室编：《中国妇女运动历史资料（1921～1927）》，人民出版社，1986，第395～397页。
④ 《广东妇女解放协会第二次改选大会纪》，中华全国妇女联合会妇女运动历史研究室编：《中国妇女运动历史资料（1921～1927）》，第400～402页。
⑤ 刘文菊：《冯铿简谱》，刘文菊、许再佳编：《海滨杂记：冯铿作品及研究》，花城出版社，2019，第388页。
⑥ 丁景唐：《冯铿烈士和她的作品》，丁景唐、瞿光熙编：《左联五烈士研究资料编目》，上海文艺出版社，1981，第242页。
⑦ 《附录：冯铿年谱》，鲁迅博物馆文物资料部整理：《晨光——柔石、冯铿遗稿》，第385页。

她、压迫她的丈夫牵着游街示众",男女政工队员"除军阀……革命成功……齐欢唱"的歌声震动潮汕乡野内外①。

因此,1925年成为冯铿早期作品集中涌现的时间节点,并非偶然。在小说《月下》《一个可怜的女子》中,她勾连了家庭、婚姻与社会改造的关系。前者讲述了一个新婚媳妇被夫家勒令不得跨出家门半步,"说话高声些,走路行速些,粉抹得不白",便被斥责为"轻佻,没规矩"②;后者塑造了无辜的童养媳香姑,白天有做不完的农活,晚上继续纺纱,还遭遇婆婆的羞辱及毒打,昏倒不省人事也无人知晓,最终跳河自尽③。政论文《破坏与建设》《妇女运动底我见》初步表现出男女平权意识的萌芽及观察社会问题的能动性,揭露逊清皇室在故宫照常接受遗老朝拜等荒诞现象,疾呼社会改造须医治病根④,认为"妇女运动的目的,一方是要解除一切不平等的压迫,一方应该保存自己固有的德性……达到和男子同样,成功为有用的一个'人'的地步,来努力于社会的改造和人类幸福的增进"⑤。

1926年夏天,冯铿从友联中学高中部毕业后,先是留任该校女子部短期教员,次年春便至潮安县宏安乡宏南小学任教,并协助当地农会办理农民夜校识字班⑥,但在思想和情绪上却遁入困顿与迷惘。据许美勋回忆称:"二人开始同居后,对生活感到一面虽是满足,但一面又是缺少了什么更重要的东西似的……与其说是教书,勿宁说是闲居",现实生活却令她感到"二人好象是仅存的战友,没有援军"⑦。有学者将这一时期"新女性"的思想境遇解释为"烦闷的本质",不仅来自恋爱、婚姻、家庭,而且源于读书、学校、出路,"苦闷"成为青年文学中的高频用语⑧。

为此,处于"烦闷人生"的知识女青年,也纷纷呈现成长烦恼倾轧的痕迹。国民革命前后,庐隐、冰心、苏雪林、丁玲等书写了"新女性"空虚乏味的情感面相:小说《前尘》探讨了一位遁入婚姻大门的女子面对友人质疑,"女孩子何必读书?只要学学煮饭、保育婴儿就够了",虽

---

① 许美勋:《冯铿烈士》,花城出版社,1957,第19~21页。
② 冯岭梅:《月下》(1925年9月),冯铿:《重新起来》,花城出版社,1986,第7~9页。
③ 冯岭梅:《一个可怜的女子》(1925年9月),冯铿:《重新起来》,第4~6页。
④ 冯岭梅:《破坏和建设》(1925年12月),《友联期刊》1925年第5期。
⑤ 冯岭梅:《妇女运动底我见》(1925年12月),《友联期刊》1925年第5期。
⑥ 刘文菊:《冯铿简谱》,刘文菊、许再佳编:《海滨杂记:冯铿作品及研究》,第389页。
⑦ 许美勋:《冯铿烈士》,第37~39页。
⑧ 参见王汎森《思想是生活的一种方式——中国近代思想史的再思考》,北京大学出版社,2018,第123~130页。

第六章 "左联五烈士"之冯铿：从"国民革命"到"苏维埃革命"的疾风骤雨

不想陷入堕落的境地，但麻般的思绪却越理越乱①；小说《胜利之后》通过几位已婚女性互通信函，道出了她们本以为能"出尘洒脱"，但回家后依然"碌碌困人"的困顿②。五四时期以"问题小说"著称的冰心搁置了对社会政治的关怀，转向对大自然的描摹，《寄小读者》则通过变换儿童的视角看世界，报告着"幼稚的欢乐，天真的眼泪"③。苏雪林探索心灵皈依的"绿天深处"④，笔触所及远离人间烟火的流泉、瀑布与小溪⑤，意在通过唯美的意境抒写，隐匿婚姻的不幸与无奈。丁玲在《莎菲女士的日记》中充斥着"颓废、迷茫气息的疑虑与自责"，无法逸离政治风潮裹挟下的寂寞感，迫切希望自己的创作能够追赶进步与光明的旋律⑥。"新女性"贡献着个性化的女性经验，但这种无所适从的漂泊感表明她们还未能找寻到女性独立的精神归属。

冯铿将文学创作的地理空间安放至海滨与乡村，表面上布满了世外桃源的意境，实则是精神困厄的写照。主人公假期既没有兴趣读书，开学也烦闷"室内外嘈杂的人声"，唯觉周围同学滑稽和无聊，毋宁独自对着海水出神⑦，牵着小侄子在海边捉蟹嬉戏⑧，与他沉醉于夜晚赏花，感受着"爱美与好奇心的引诱"⑨。作为女中学生，毕业后的理想只是稍具自立能力后去乡间教书⑩。同时，她想起了温情的母爱，"在童年的一个月夜的庭中／我想母亲的怀里／头儿倚在她胸前／仰望月亮却躲在白云的怀里"⑪。她又感怀大自然的本色，在《月儿半圆的秋夜》《印象》《幻》等诗歌集合一些日常性的观察，以或长或短的白话小诗作为零碎体悟的载体，"我坐在小草上／对着月亮出神"⑫，"仰卧舟中／听着波涛触到船棹和船底的水

---

① 庐隐：《前尘》，王国栋编：《庐隐全集》（卷二），福建教育出版社，2015，第67~68页。
② 庐隐：《胜利之后》，王国栋编：《庐隐全集》（卷二），第122页。
③ 冰心：《〈寄小读者〉四版自序》，卓如编：《冰心全集》（第二卷），海峡文艺出版社，1994，第337页。
④ 沈晖编著：《苏雪林年谱长编》，安徽文艺出版社，2017，第29页。
⑤ 苏雪林：《绿天》，陈昌明编：《苏雪林散文精选》，长江文艺出版社，2013，第6页。
⑥ 参见杭苏红《"人生向上"：新女性爱情观中的信仰——社会史视野下的〈莎菲女士的日记〉及其他》，《社会学评论》2021年第1期。
⑦ 冯岭梅：《开学日》（1926年7月），冯铿：《重新起来》，第22~26页。
⑧ 冯岭梅：《海滨》（1925年12月），《友联期刊》1925年第5期。
⑨ 冯岭梅：《夏夜的玫瑰》（1926年8月），冯铿：《重新起来》，第27~31页。
⑩ 冯岭梅：《默思》（1925年12月），《友联期刊》1925年第5期。
⑪ 冯岭梅：《深意（三五）》（1925），冯铿：《重新起来》，第368页。
⑫ 冯岭梅：《月儿半圆的秋夜》（1925年12月），《友联期刊》1925年第5期。

声"①,"起伏的远山/在晚烟弥漫里静止着……红血的太阳/在天末的那一边远山上/慢慢下沉"②。她还沉浸于爱情幻想的进行曲与少女多情的旋律,《暗红的小花》《凄凉的黄昏》《听,听这夜雨》等诗歌充满幽境的色彩,表达青春生命的感怀③。上述作品恰寄寓了冯铿矛盾交织的情感状态,"追求光明幸福的美好理想,有时又夹杂着寻找美好理想不得的苦闷心理"④。

在现实中,这种隐逸和逃遁表现在她离开校园后,想通过组建小家庭,经营狭小的新村和田园慰藉心灵。国民革命前后,中国的思想界正处于风云变幻的过渡阶段,旧的道德观念尚未完全崩解,新的价值体系亟待建立。以往研究者指出,该时期冯铿的作品弥漫着"一种小资产阶级的思想情调"⑤。但当"新女性"精神成长只是无所依傍的孤军奋战,缺少志趣投合的政治伙伴与集体联盟,往往被解读为"小资产阶级"的病态人生⑥。如果个人无法被整合进更大的政治共同体,反革命的暴风雨势必导致"新女性"情感筑家历程的中断。

轰轰烈烈的大革命宣告破产,从悲痛中走过的"新女性"见证了血腥风雨,在哀鸣中开始行动。石评梅为悼念李大钊而作《断头台畔》,发出呐喊和嘶吼,"怕那鲜血已沐浴了千万人的灵魂/烧不尽斩不断你墓头的芳草如茵"⑦。面对前途崎岖漫漫,她抹去泪水潸潸,"挥剑斩断了烦恼爱恋"⑧。战鼓正在催行之际,她呼唤请战,"母亲你让我去吧……燃我火把重兴我中华"⑨。

与此同时,潮汕地区笼罩着白色恐怖的沉闷,《岭东民国日报》社长

---

① 冯岭梅:《印象》(1925年12月),《友联期刊》1925年第5期。
② 冯岭梅:《幻》(1925年12月),《友联期刊》1925年第5期。
③ 冯岭梅:《暗红的小花》(1926年7月)、《凄凉的黄昏》(1926年10月)、《听,听这夜雨》(1926年12月),冯铿:《重新起来》,第381、386、393~394页。
④ 丁景唐:《冯铿烈士和她的作品》,丁景唐、瞿光熙编:《左联五烈士研究资料编目》,第243页。
⑤ 参见杜丽秋《冯铿小论》,《中国现代文学研究丛刊》1981年第1期;《一九六一年初版本序》,丁景唐、瞿光熙编:《左联五烈士研究资料编目》,第8页。
⑥ 参见张念《性别政治与国家——论中国妇女解放》,商务印书馆,2014,第131~139页。
⑦ 《断头台畔》,山西省地方志办公室编:《石评梅全集》,山西人民出版社,2014,第423页。
⑧ 《这悠悠相思我与谁弹》,山西省地方志办公室编:《石评梅全集》,第424页。
⑨ 《我告诉你,母亲》,山西省地方志办公室编:《石评梅全集》,第426~427页。

第六章 "左联五烈士"之冯铿：从"国民革命"到"苏维埃革命"的疾风骤雨

李春涛等亲共同志、革命战士、工农群众惨遭杀戮①。冯铿女扮男装，从横陇乡旗地村出逃，隐藏在邻村金砂乡、桑浦山里的新寮村，又冒险折回汕头避难，度过了一段居无定所的流亡时光。1928 年春，冯铿与恋人前往澄海县立小学任教，兼任县立女校教员②，又因反对女校校长"只会陪官僚吃酒抽大烟"，被污蔑"赤化"，被迫辞职③。随后，她与恋人许美勋等在澄海开办的"东方学校"也遭遇反动势力的解散，唯有重回汕头，匿居城区以北二十多里的庵埠村镇友人陈若水家"亦园"书斋从事写作④。

冯铿暂时摸不清通往光明的出路，悲凉无法排遣，甚至"患了严重的精神衰弱症，常常整夜睡不着觉"⑤。她创作的《莫再矜持》《待——》《春宵》《高举杯儿》《这帘纤的雨儿》等爱情诗，梦幻色彩的背后难掩黯淡忧伤，成为现实空虚感的精神隐遁："这细雨也纷洒上你的脸儿……他凄凉的形态真使我心伤"⑥，"这春宵呵，无端惹起我的泪零"⑦，"荣华的幻梦只余虚空/让我们痛饮这最后的一盅"⑧。《C 女士的日记》中女主人公面对海归男子的狂热追求，虽鄙夷"一卷大而腐烂的钞票"，却仍然"腼颜把它装进钱袋里去了"⑨。《最后的出路》中女子郑若莲无法割舍资产阶级小姐的优越感，将与依靠教会教书为生的老师秘密相恋视为"破坏了处女的纯洁和尊严"，而后许慕鸥女士的信件带来了政局突变的消息和革命的真理⑩。以上两部小说的结局尽管皆挣脱了情感锁链，或称"找求光明的前路"，或决心"为自己为群众努力奋斗"，但思想转折不免突兀，侧重于前期的沉沦，在后期"新生"的刻画方面稍显草率，缺少渐变成长的过程。

冯铿在彷徨中挣扎，从关注社会政治问题的"自发"，走向契合阶级

---

① 许美勋：《冯铿烈士》，第 43 页。
② 刘文菊：《冯铿简谱》，刘文菊、许再佳编：《海滨杂记：冯铿作品及研究》，第 389～390 页。
③ 许美勋：《冯铿烈士》，第 59～60 页。
④ 《附录：冯铿年谱》，鲁迅博物馆文物资料部整理：《晨光——柔石、冯铿遗稿》，第 388 页。
⑤ 许美勋：《冯铿烈士》，第 62 页。
⑥ 岭梅女士：《这帘纤的雨儿》(1928 春)，《白露月刊》1929 年第 1 卷第 1 期（原刊注："十七年春—汕"）。
⑦ 岭梅女士：《春宵》(1928 秋)，《白露月刊》1929 年第 1 卷第 2 期。
⑧ 岭梅女士：《高举杯儿》(1928)，《北新》1929 年第 3 卷第 16 期。
⑨ 绿萼：《C 女士的日记》(1928 夏)，冯铿：《重新起来》，第 46～54 页。
⑩ 冯占春：《最后的出路》(1928 年冬)，冯铿：《重新起来》，第 150～272 页。

革命书写的"自觉"。国民革命以来，中国共产党在潮汕地区注重组织和发动群众，毕竟增进了她的阶级意识。1927年9月23日至30日，南昌起义军南下带来了"潮汕七日红"①。12月叶挺、贺龙率领的广州起义军也途经潮汕②。在此期间，冯铿投身慰劳红军的活动，再次遇见周恩来及两年前相识的女政工同志。在诗歌《晨光辐辏的曙天时分》中，她以苦工与武器的意象暗示了斗争性与革命性的出路："在黑暗里憔悴之兄弟们呀/……用力吧，我们锄成尖的匕首/用力吧，我们炼成利的钢刀/……我们要立即杀出一条坦道。"③

理想激情与革命机缘相遇，1929年2月24日元宵节，冯铿与恋人许美勋乘船抵达了上海。日记体小说《遇合》带有部分纪实性质，上海之于她是充满刺激的国际大都会，"不知不觉我那消沉下去的热情，又在心头激荡着了"④。她先后进入持志大学英语系、复旦大学英语系攻读学位，但皆因资金拮据或反感学校腐败等问题而中途辍学。在此期间，她阅读了马克思主义经典著作，结识了一批进步的青年学生与文艺爱好者，参观"五卅惨案"的历史遗址，参加游行活动，写标语，发传单，深入工厂从事群众动员等⑤，"她在队伍中，觉得力量强大无比，这队伍就是一支铁流，足以冲毁一切前进的障碍"⑥。同年5月，经由杜国庠的介绍，冯铿加入中国共产党。1930年3月2日，她作为唯一的知识女性列名"中国左翼作家联盟"的50位发起人之一。此后数月间穿梭于"左联"各类会议，研究文艺运动的方针、策略问题⑦，"她超努力，工作越多，有时忙得连吃饭的功夫都没有"⑧。

加入中国共产党及"左联"是冯铿创作史上最重要的转折。告别了五四与国民革命时期"新女性"的身份标识，她成长为"革命女作家"，确立起新的性别认同、身份认同、政治认同。据称，她的组织关系在上海

---

① 苏文钦：《潮汕作战失败纪实》，中共江西省委党史研究室编：《亲历南昌起义》，江西人民出版社，2007，第360~365页。
② 叶剑英：《大革命失败与广州起义》，广东革命历史博物馆编：《广州起义资料》（下），人民出版社，1985，第10~18页。
③ 雷若：《晨光辐辏的曙天时分》（1928），《白露月刊》1929年第1卷第3期。
④ 岭梅女士：《遇合》（1929年夏），《北新》1929年第3卷第20~21期合刊。
⑤ 刘文菊：《冯铿简谱》，刘文菊、许再佳：《海滨杂记：冯铿作品及研究》，第390~391页。
⑥ 许美勋：《冯铿烈士》，第66页。
⑦ 刘文菊：《冯铿简谱》，刘文菊、许再佳：《海滨杂记：冯铿作品及研究》，第391~393页。
⑧ 《被难同志传略：冯铿》，《前哨》1931年第1卷第1期。

第六章 "左联五烈士"之冯铿：从"国民革命"到"苏维埃革命"的疾风骤雨

闸北区委第三街道，所在支部代号"贾珊小姐"①。她以笔名"冯铿"出席"左联"成立大会，表明不再是革命洪流面前裹足不前的"冯岭梅"，取而代之的是"以笔为枪"，先后创作了《无着落的心》《乐园的幻灭》《贩卖婴儿的妇人》《突变》《重新起来》等小说。其内容主要涉及入党前的人生经历及见闻，但明显表现出她入党后向现实主义文学道路的迈进，由潮汕时期女性主义的叙事转向阶级革命的视野。

冯铿丢掉了罗曼蒂克的幻想，挣脱了大革命失败后知识女性的思想苦闷。她感到所谓"高等教育"不过是女同学"裹在艳丽单薄的旗袍子里所突出来的肉感丰富高耸着的臀部的摆动"，猛然意识到要追赶时代前进的步伐，集合无产阶级的同志"起来干着根本的社会改造事业"②。与此同时，她回顾了1927～1928年乡村任教的经历，反思军阀的驱赶导致隐匿田园生活的幻想以及新村主义试验迷梦的破灭，感慨"这样优美的乐园在此刻已没有我再事贪求的可能了"③。

鲜明的阶级指引，透视不合理的阶级压迫，成为冯铿通向革命道路的思想表达。基于中共在劳动妇女斗争纲领中明确提出禁止"买卖妇女儿童"④，她塑造了为生存而贩卖婴儿的妇人，遭受富人之于穷人身体和经济的双重剥削，鞭挞了资产者对无产者身体权的任意滥用，揭示出女性问题关联着阶级问题⑤。在资本主义条件下，生活在底层的劳动者，劳动产品被掠夺，生产资料被资产阶级占有。冯铿以女工阿娥从基督教天国的神话中清醒，转而参加工人阶级斗争思想蜕变的故事⑥，生动阐释了劳动者与资本的关系，以及中共领导的女工运动的根本任务："女工已成为工人斗争的一支主力军"，女工的各种斗争不应是孤立的，必须与男工联合起来，"才更加能得到胜利的保障"⑦。

在国民革命挫败之际，青年男女思想的离异、革命同志的分流，显示了在历史关头的挣扎与摇摆，以及资产阶级残余色彩与无产阶级革命观念的冲突与碰撞。中篇小说《重新起来》手稿没有署名，冯铿生前未有机

---

① 许其武：《十月先开岭上梅——冯铿传奇》，中国文联出版社，2000，第187～188页。
② 冯铿：《无着落的心》（1929年5月），冯铿：《重新起来》，第55～69页。
③ 冯铿：《乐园的幻灭》（1929年冬），《拓荒者》1930年第1卷第2期。
④ 《中央关于劳动妇女斗争的纲领》，中华全国妇女联合会妇女运动历史研究室编：《中国妇女运动历史资料（1927～1937）》，中国妇女出版社，1991，第77页。
⑤ 岭梅女士：《贩卖婴儿的妇人》，《妇女杂志》1931年第17卷第1期。
⑥ 冯铿：《突变》（1929年12月），《拓荒者》1930年第4～5期合刊。
⑦ 《中央通告第五十八号——关于女工农妇运动的工作路线》，中华全国妇女联合会妇女运动历史研究室编：《中国妇女运动历史资料（1927～1937）》，第29～31页。

会刊出，新中国成立后，经鲁迅博物馆发现，是洞察转折时代女青年觉醒出路的重要文献。女主人公小蘋是 G 村妇女协会的领袖，义无反顾地"追求着时代的热烈的、群众的爱情"，在"火的光辉与热力"的农运想象中，看到了"一轮重新升上来的红日"①。不同的阶级身份决定不同的人生道路，文本回答了一些小资产阶级知识分子何以从革命的"领导者"堕落为革命的"背叛者"这一命题，为中共的阶级革命学说以及妇女运动决议案贡献了鲜活的注脚②。

"新女性"的出走最初没有方向，原本"无家可归"的她，最终融入"革命之家"，成为"新女性"的精神庇护与理想的人生归宿。个人成为组织的一员，向党组织交心，如冯铿在小说中所言："她的生命现在不是属于她自己所有，但也不是属于任何一个谁！那是已经交给了伟大的群众。"③ 于是，下一个问题便是，从军也好，成为作家也罢，参加革命后的知识女性究竟应当如何在革命队伍中安放性别身体。

第二节 革命队伍中的性别政治与"战斗的苏维埃"

以冯铿为研究个案，从更广阔的历史情境中讨论以下几个论题，具体包括：革命女作家外在形象的塑造，究竟属于女性个体本身的性别气质，还是根据革命斗争需要而被迫做出男性化的抉择？革命战争环境下的女性，必然面临着一些生理性别/社会性别的尴尬与窘境。女性之于革命，究竟从属于革命队伍眼中的"他者"，还是更大程度上完成着女性对于主体性身份的建构？

（一）男性化的质疑：基于解放观念的性别认同

在旁人看来，冯铿是一位具有明显"男子气"的女性。"左联"机关杂志《前哨》在《被难同志传略》中的描述是："状貌如男子，浓眉巨眼，不喜修饰。"④ 1930 年春，"左联"作家马宁与冯铿第一次见面时，也注意到她气质的男性化："她并不像一位女子，她有男性的风度"，且

---

① 《重新起来！》（1930 年 5 月），冯铿：《重新起来》，第 273～347 页。
② 《中共江苏省第二次代表大会妇女运动决议草案》，中华全国妇女联合会妇女运动历史研究室编：《中国妇女运动历史资料（1927～1937）》，第 50、53 页。
③ 《重新起来！》（1930 年 5 月），冯铿：《重新起来》，第 345 页。
④ 《被难同志传略：冯铿》，《前哨》1931 年第 1 卷第 1 期。

第六章 "左联五烈士"之冯铿：从"国民革命"到"苏维埃革命"的疾风骤雨

不修边幅，"时常只穿着紧身内衣和短裤坐在家里，客人到了也不管……使人觉得有些肉麻，但冯铿不以为意，还是极其自然"①。冯铿被捕后，曾受柔石狱中委托营救的王育和回忆称，"冯的脸儿略带红褐色，镶着一只金牙，态度大方，有男子气"②。还有一些排斥革命的记者虽赞许她"天资却还聪颖"，但稍觉面孔不免"有点丑陋"③。至于鲁迅与冯铿交往几面后，评价她"也并不美丽"④。这显然是基于传统文化对女性阴柔美特质的固有定义。

对于男性化气质的问题，有学者认为这是冯铿等一代左翼从军女性的集体性想象，她们唯有通过刻意模仿男性气质，达到"像男人"的模样，才能闯入男权社会的领地，跻身历史舞台，但其实"这是在对传统性别规定的反叛中以另一种形式失落自己"⑤；被誉为中国女性批评理论话语的开山之作《浮出历史地表》指出，女性通过抹杀性别差异走向战场，"流血牺牲而后不复成为自我，这也正是我们历史向女人这个性别索取的代价"⑥；还有论者称，革命组织需要限制投身革命"桀骜不驯的女人"的任性，必须"贬斥矫正'女儿态'——羞涩、打扮、传统意义的女性的美"，成为男权话语渗透于性别政治的产物⑦。

近代中国知识女性参与民族国家解放进程中确实不乏男性化的女性人物：晚清"鉴湖女侠"秋瑾佩剑持刀，喜着男装，召集越中绿林豪杰创设"大通学堂"，满是"杀尽胡虏方罢手"的男子气概⑧；民初唐群英、沈佩贞大闹参议院，掌掴宋教仁，以暴力化方式争取女子参政权⑨；辛亥

---

① 马宁：《冯铿活着的时候》，《艺文线》1937年第1期。
② 王育和：《柔石烈士被捕、营救及牺牲经过》，赵帝江、姚锡佩编：《柔石日记》，山西教育出版社，1998，第242页。
③ 次郎：《女作家冯铿之死》，《社会日报》1934年12月8日第2版。
④ 《为了忘却的记念》，《鲁迅全集（编年版）》（第七卷），人民文学出版社，2014，第44页。
⑤ 常彬：《"忘记自己是女性"——从谢冰莹、冯铿创作看1930年代左翼女性的从军想象》，《吉林大学社会科学学报》2008年第2期。
⑥ 孟悦、戴锦华：《浮出历史地表：现代妇女文学研究》，北京大学出版社，2018，第168页。
⑦ 张念：《性别政治与国家——论中国妇女解放》，第185页。
⑧ 秋高：《秋瑾轶事——瑾侄秋高致孙伏园信》，郭延礼编：《解读秋瑾》（上），山东教育出版社，2013，第139~140页。
⑨ 《女子要求参政权》《国民党成立大会纪事》，中华全国妇女联合会妇女运动历史研究室编：《中国妇女运动历史资料（1840~1918）》，中国妇女出版社，1991，第591~592页。

鼎革之际有知识女性决心一扫先前柔弱女子气，请愿参加女子北伐队①；大革命时期中共于黄埔军校第五期培育女生队，组建第一代女兵团体，在北伐战争中展示"血染的风采"②；抗战时期有跟随"西北战地服务团"从事战地采访、演讲歌咏等宣传工作③，被毛泽东称赞为"昨日文小姐，今日武将军"的丁玲，等等。

问题在于，男性化的姿态是否意味着革命女性在性别认同问题上被动卷入"反本质主义"，还是在某种程度上也属于她们向往男性化的本色建构？如果后者成为一种理解的维度，则须打破性别刻板印象，重新释读冯铿等革命女作家之于性别气质的特殊体验。20世纪以来，中西方关于性别气质的论争分为"本质主义""反本质主义""策略的反本质主义"三种立场，区分焦点在于是否承认/解构女性这一生理及社会身份④。波伏瓦在《第二性》中提出敏锐的判断，"女人不是天生的，而是后天形成的"⑤，即所谓男性气质/女性气质并非与生俱来，而是由不同的文化、传统、习俗所决定，并随着历史语境的变迁而有所变化。传统中国女性文化习惯赋予少女纯洁化、母性浪漫化的色彩，将温柔/娇羞/阴柔之美视为女性的专属，而将雄心/勇敢/阳刚之气定义为男性的必备，大胆、风趣、爱演讲、从军/革命的女性，便被视为男性化的气质。实际上，这既是对女性外在气质的固化认知，也无意间泄露着弱化女性与男性具备相等能力的意图，隐秘地表达出男权文化中性别不平等的观念。

对于冯铿而言，早在她1925年升入友联中学高中部读书期间，就立下过"从来不把自己当作女人"的誓言⑥。从她的作品中，可明显看出对"姨太太"式花枝招展、阴柔娇弱之美的不屑与鄙夷。例如，散文《海滨杂记》中，或讽刺只顾出风头、醉心物质享乐的堕落少妇，或批评所谓的"时代女性"，逢人高谈阔论"妇女问题、社会制度"⑦。小说《遇合》

---

① 《吴淑卿女士投军文》，中华全国妇女联合会妇女运动历史研究室编：《中国妇女运动历史资料（1840～1918）》，第448～449页。
② 钟复光口述、张金喜整理：《黄埔军校女生队的一段回忆》，《春秋》2014年第1期。
③ 丁玲：《冀村之夜》，刘屏编：《东方赤子·大家丛书：丁玲卷》，华文出版社，1999，第342～346页。
④ 参见李银河《女性主义》，上海文化出版社，2018，第183～187、196页。
⑤ 〔法〕西蒙娜·德·波伏瓦：《第二性》（第二册），郑克鲁译，上海译文出版社，2011，第9页。
⑥ 刘文菊：《冯铿简谱》，刘文菊、许再佳编：《海滨杂记：冯铿作品及研究》，第388页。
⑦ 岭梅：《海滨杂记（四）》（1928年7月），《白露》1928年第3卷第11～12期合刊。

中，她看了"同居者们满涂脂粉的脸",感到"真作恶不堪"①。随笔《一团肉》将矛头对准了以美貌取悦男性的女子,"只会把男性的精血吸收来滋润自己的肉体",讥讽她们不过以肉体供给充当男性的玩偶②。小说《重新起来》中小蘋反感"长筒的肉色丝袜,闪光的高跟皮鞋,软红浅碧的丝织品",只满足朴素的本色,"拖着褐色乱发编成的辫子,上衣襟上插了一根旧的自来水笔……系上了一条短的蓝布裙子……穿的是短筒袜子"③。

"去胭脂化"是冯铿标榜的"真正的新妇女"自立的第一步。她向往"雄性化"的英姿样貌,"洗掉她们唇上的胭脂,举起利刃来参进伟大的革命高潮,做成一个铮铮锵锵,推进时代进展的整个集团里的一分子,烈火中的斗士"④。经典的论述体现在日记体小说《红的日记》,初以《女同志马英日记》为题,刊于北新书局主办的《现代文学》第四期(1930年10月16日)⑤,后用《红的日记》之名,刊于左翼机关杂志《前哨》(1931年4月25日)⑥。两个版本互校后,"具体文字有异的地方达六十处",前者更忠实于冯铿的手稿⑦:

> 真的,现在的我简直完全忘掉了自己是个女人,我跟同志们一道过着这顶有意义的红军生活已经快满一年零五个月了!我是一个人,一个完完全全的顶天立地的X军兵士!别有什么男人、女人这些鸟分别谁耐烦打理他!⑧

基于革命激情斗志,冯铿说出了"忘记我自己是个女人"。除冯铿之外,年长一岁于她的谢冰莹,也在军旅生活中享受着这种性别气质。1926年,谢冰莹考取武汉中央军事政治学校,"四一二"反革命政变发生后,中共将军校女生编入由叶挺率领的中央独立师政治连,随军参加北伐战

---

① 岭梅女士:《遇合》(1929年夏),《北新》1929年第3卷第20~21期合刊。
② 冯铿:《一团肉》(1930年4月),冯铿:《重新起来》,第426~427页。
③ 《重新起来!》(1930年5月),冯铿:《重新起来》,第306、285~286页。
④ 冯铿:《一团肉》(1930年4月),冯铿:《重新起来》,第428~429页。
⑤ 冯铿:《女同志马英的日记》(1930年5月),《现代文学》1930年第1卷第4期。
⑥ 冯铿:《红的日记》(1930年5月),《前哨》1931年第1卷第1期(《重新起来》收录时采用的是《前哨》版,当时并未发现更早刊发此文的《现代文学》,误以为属于冯铿生前未能发表的作品)。
⑦ 马文飞:《冯铿〈红的日记〉研究及其他》,《文艺报》2018年11月19日第6版。
⑧ 冯铿:《女同志马英的日记》(1930年5月),《现代文学》1930年第1卷第4期。

争。她以膝为桌,利用零散时间,将战地随笔、散文邮寄给武汉孙伏园主编的《中央日报》文艺副刊①,不仅在国内引发热烈反响,还成为世界文坛的焦点。《从军日记》吸引读者的重要因素,便是以女兵的视角观察革命风云。谢冰莹表示敷胭脂"终究是女子的耻辱",不喜欢学校对于女性的放松/照顾优待,唯有"除去浪漫性,服从纪律""去女子习性",才能"做个完全的模范革命女军人"②。她试图将"旧我"置换成"新我",既是从军女性之于形象气质的革新,同时也暗含性别平等的诉求。对于革命女性而言,选择一种适合个人本色的社会性别认同,并非赋予男性化的标识。

与之相对应,冰心、陈衡哲等女作家倡导的"改良家庭论",赞美母性的力量,崇尚"新贤妻良母"主义的家庭观,也是理想的性别认同。冰心以母亲为榜样,做最"无我"的人,没有疾言厉色,充分尊重信任孩子,巧手织线缝衣③;陈衡哲的《一支扣针的故事》塑造出一位兼具才女角色,又尽瘁于母职的女性形象④。

以上她们各自偏好的气质选项,与其说是女性的,毋宁说是个性的,女性的身体无须经由男权道德的评判,或根据父权制话语的规训。这种开放化的性别认同将具有多元的风格与气派,至于建构怎样的女性/男性气质可以随心所欲,并成为性别解放进程中重要的组成部分。实际上,抹除"男性凝视"中刻板印象的女性气质⑤,也会消解男性在二元化性别形象中的情感/身份焦虑。就此意义而言,女性的解放也无形中推动着男性的解放,从而实现两性共同解放的终极目标⑥。

(二)革命镜像中的"他者"与"自我"

然而,不可回避的一个问题是,革命女性在重塑女体的同时,仍然伴随着匿名的男权/父权之于女性身体的权力规训。一方面,女性在革命中实现主体性意识的突围;另一方面,她们无法避免男性对女性身体的"他者"凝视,造成了革命实践的镜像中暴露一些女性生理性别问题的尴尬。波伏

---

① 钟复光口述,张金喜整理:《黄埔军校女生队的一段回忆》,《春秋》2014年第1期。
② 谢冰莹:《从军日记》,中国现代文学馆编:《谢冰莹代表作》,华夏出版社,2011,第39~40页。
③ 冰心:《冰心自传》,江苏文艺出版社,1995,第19页。
④ 《一支扣针的故事》,朱维之编:《陈衡哲散文选集》,百花文艺出版社,2004,第61页。
⑤ 参见佟新《社会性别研究导论》,北京大学出版社,2011,第240页。
⑥ 参见李银河《女性主义》,第219~221页。

第六章 "左联五烈士"之冯铿：从"国民革命"到"苏维埃革命"的疾风骤雨

瓦在《第二性》中称，"在男性看来，女性本质上是有性别的、生殖的人：对男性而言，女人是 sexe……男人是主体，是绝对；女人是他者"①。

"红的女人"试图泯除性别差异，自觉地将性别认同统合到革命同志这一身份认同中来，理论上可以消解差异化的性别身体。然而，革命队伍中男性的在场，便会产生冯铿在《红的日记》中"假设"／"料想"的困惑：

> 昨晚上睡去的时候不晓得谁个压在我的身上，却把我弄醒了！
> "不能，不能，同志兄弟……"我叫喊着！一翻身把他滚下到地上去。"记着我们都是红军的同志兄弟，同志！……把同志的资格遏下你冲动的念头！"②

以上文字也为研究者注意引用，认为这是以冯铿为代表的革命女性在超越自我的同时，依旧遭遇性别凝视的局限，"冯铿也十分困惑，尽管她一厢情愿地编织着'忘记'的训语，可现实又偏偏提醒着她的'红的女人'无法抹掉、'红的男人'无法忘记的性别身体"③。

问题的实质关涉性别视域的不同，难免衍生出两性在理解女人参加革命问题上的错位心态。"投身革命"之于女人具有身体解放与精神解放的意义，从晚清时期"国民之母"的启蒙教育，到民国初年"女国民"的参政运动，从五四时期的"新女性"的"娜拉出走"，到革命年代的"左翼女作家"，从缠足到放足，从争取男女平权到家庭革命，从投笔从戎到加入革命，她们与男性一道结成所谓同志/兄弟，将个体的价值追求迎向与国家政治、政党意志的同构，凭借对身体自由、精神自主与民族解放的多重信仰，无所畏惧付出宝贵的生命。

至于冯铿，更希望自己在政治身份上成为一个与男性同等的"人"／"红军战士"，并非"女人"／"女红军战士"，这样更有利于男女两性／红军战士一道投身革命战斗。她尤其反感以革命/同志称谓的男女由于沉溺于肉体的恋爱而影响革命实践工作。她后期与柔石建立爱情的基础是精神至上的革命理想，只为了"互相搀扶着走上创造和寻求真理的道路"④。

---

① 〔法〕西蒙娜·德·波伏瓦：《第二性》（第一册），第9页。
② 冯铿：《女同志马英的日记》（1930年5月），《现代文学》1930年第1卷第4期。
③ 常彬：《"忘记自己是女性"——从谢冰莹、冯铿创作看1930年代左翼女性的从军想象》，《吉林大学社会科学学报》2008年第2期。
④ 《冯铿致柔石之一》，赵帝江、姚锡佩编：《柔石日记》，第172页。

回到《红的日记》，她反复告诫一些革命女性"不要给男同志们睒眼睛"，并说出了在两性问题上的原则和态度：

> 听说在别的部队里女兵们总爱和异性扭揽，以致弄出许多纠纷！这真是可痛恨的一回事！这不妨碍了战斗的进展么？！……女人呀，红的女人呀！我希望你们都暂时把自己是女人这一回事忘掉干净罢！……我们只是一个红军，一个要努力进展革命势力的红军同志兄弟！！①

但在男性看来，一方面，女性对于身体秩序的反叛，在当时的男权制社会还未形成公共意志，这决定了在"他者"的眼中位于"离经叛道"的境地；另一方面，他们拥有对女性身体欲望的统治/占有心态，又包含着物化女性的危险。这种革命镜像中"他者"与"自我"的落差，正如有学者评价的"冯铿也是一位抉择历史而又被历史抉择的女性"②。

基于此，一旦"红的男人"超越了革命同志的范畴，越轨现象便成为潜在风险。在革命环境中被压抑的性欲望，导致少数男性产生不合道德的冲动。诚然，这种基于生理的情欲化想象，是针对具体的异性，抑或界限模糊的性爱范畴，在冯铿《红的日记》中尚不清晰，只是想象式的"估计"：

> 你这个不懂事的家伙！而且我简直看不见你到底是谁！快滚吧！……他没有做声，在黑魆魆里悄悄地溜去了！于是我重新睡下去。③

需要说明的是，《红的日记》作为文学作品，具体情节不免带有一定的虚构性。冯铿在上海从事革命工作，始终未曾亲自来到过中央苏区革命根据地④。这是她作为女性革命者/革命女作家，凭借女性意识的本能、自觉和敏感，对于她们在革命苏区可能面临的性别身体冲突，所进行的一种预测。

冯铿在现实中接触到的性别尴尬，在一些回忆录中可瞥见一二。因白

---

① 冯铿：《女同志马英的日记》（1930年5月），《现代文学》1930年第1卷第4期。
② 孟悦、戴锦华：《浮出历史地表：现代妇女文学研究》，第169页。
③ 冯铿：《女同志马英的日记》（1930年5月），《现代文学》1930年第1卷第4期。
④ 《一九六一年初版本序》，丁景唐、瞿光熙编：《左联五烈士研究资料编目》，第9页。

第六章 "左联五烈士"之冯铿：从"国民革命"到"苏维埃革命"的疾风骤雨

区地下工作斗争形势严峻，"非眷莫问"是争取租屋联络点的重要前提，冯铿"好几次被同志们借去暂当爱人"①。诚然，冯铿在《红的日记》中对性别伦理问题做出的文学化表达，则与俄国十月革命胜利初期女性主义者柯伦泰主张的"杯水主义"相似，即宣称满足性欲如同饮一杯水一样容易，导致一度出现了性生活混乱的现象。但这种所谓"同志式"的平等爱情，空想色彩不言自明。

须进一步分析的是，女性在革命队伍中的身体支配权问题，即女性的身体本质上属于女性自己所有，还是从属于革命，是私有的范畴，还是可以成为被革命话语"公共化"的领域。

同时期庐隐、白薇、丁玲等女作家也提供了重要的经验表达。1927年，庐隐在小说《何处是归程》中安排了一个致力于妇女运动"新女性"姑姑，意在阐发出走后的"娜拉"成为革命者眼中的"另类"。轻者赠给她"准政客"的刻薄名词，恶者造谣她高攀官员订婚成了"姨太太"②。随后，她于1933年发表散文《花瓶时代》称，那些"从奴隶阶级中解放了出来"的"现代的妇女"，随时可能被喜好/嫌恶的男性如对待花瓶一样"摔得粉碎"③。

这种"自我"与"他者"的错位，在白薇的作品中也明显可见。1928~1929年，长篇小说《炸弹与征鸟》塑造了余彬和余玥这一对自诩为"炸弹""征鸟"的姊妹，骑马开枪，响应过国民革命的风云，鞭挞过资本主义和压迫阶级的统治，见证过大革命失败后的血腥屠杀，但依然难以摆脱"交际花"的尴尬命运④。作者不免质疑革命舞台上的女性到底能否成为主体，还是更多地充当革命队伍里的"点缀"？对此，有研究者推测：女性"既无法成为革命者，又无法成为女人……她们不过是些非标准的'革命者'和非标准的'女人'"⑤。

除此之外，1927年以《梦珂》处女作出场的丁玲，并没有刻意规避男权社会物化女性的命题，相反描写了男性用"天香国色"的标尺打量女性的同时，处于"被观看者"的女性自我欲望的激发⑥。随后《莎菲女

---

① 许美勋：《冯铿烈士》，第72页。
② 庐隐：《何处是归程》，凡尼、郁苇编：《庐隐作品集》，现代出版社，2016，第164页。
③ 庐隐：《花瓶时代》，凡尼、郁苇编：《庐隐作品集》，第60页。
④ 白薇：《炸弹与征鸟》，白薇：《白薇作品选》，湖南人民出版社，1985，第32、38、116、152页。
⑤ 孟悦、戴锦华：《浮出历史地表：现代妇女文学研究》，第189~190页。
⑥ 丁玲：《梦珂》，刘屏编：《东方赤子·大家丛书：丁玲卷》，第126~127页。

士的日记》中，为夺取凌吉士的吻以及"爱情表白的肉麻话"，她不惜"振起我的自尊心"，暗暗捉弄并点燃他情欲的火焰，尽管是"给一个如此我看不起的男人接吻"①。莎菲留下的精神馈赠绝非只是饱受争议"玩弄男性"的恋爱至上者②。在丁玲看来，女性的主体性体验不可或缺，不仅关涉性权利的解放，也是对整套传统性体制的解构与重建。

还需辨析讨论的是，除了在白区从事革命活动的冯铿外，苏区革命根据地的女工与农妇等，她们的女性权益保障、女性群体的特殊诉求、女性主体性身份的建构，在革命运动中是否位于缺席的地带。

（三）革命中女性主体性地位的建构

对于苏维埃革命时期的妇女运动，有学者认为中国共产党领导下的妇女解放是一场自上而下的运动，由于男权力量的主导，导致妇女的利益被悬置于民族的利益以外，妇女解放从属于民族解放与阶级解放③。然而，立足近代中国妇女解放的本土语境与本土实践，联系冯铿及同时代女性的共时情形，不难洞见，近代中国政治转型、社会思潮流变、民族革命战争与女性解放的进程是同频共振的关系，阶级解放与女性解放形成普遍性与特殊性的辩证统一④。

根据马克思主义妇女理论，占有财富的经济基础决定了女性在生产关系和财产权利问题上的不平等⑤。不同于西方世界"娜拉"的出走只囿于夫权的束缚，中国的"娜拉"同时面临三重困局：一是父权制的铁网，二是男权制"他者"的物化，三是缺乏经济自主的阶级枷锁。因而，女性拒斥父权、男权/夫权的牢笼，与反抗阶级的诉求达成一致。马克思主义妇女理论囊括了"女人的解放"/"人的解放"/"人类的解放"三个层次，核心在于将生产资料转归社会所有，将家务劳动变为社会事业/公共劳动，赋予两性平等的经济地位。这明喻了妇女解放的逻辑指向，即走出家庭、参加劳动生产、投身革命实践的合一。

---

① 丁玲：《莎菲女士的日记》，刘屏编：《东方赤子·大家丛书：丁玲卷》，第158~159页。
② 袁良骏：《褒贬毁誉之间——谈谈〈莎菲女士的日记〉》，袁良骏编：《丁玲研究资料》，天津人民出版社，1982，第472~478页。
③ 参见胡军华《异军与正道：对中央苏区妇女解放运动的历史考察》，中国社会科学出版社，2016，第226~230页。
④ 参见魏国英《建党百年与妇运百年的理论化探究》，《中国妇女报》2021年1月5日第5版。
⑤ 相关理论可参见仝华、康沛竹主编《马克思主义妇女理论发展史》，北京大学出版社，2018，第192~197页。

第六章 "左联五烈士"之冯铿：从"国民革命"到"苏维埃革命"的疾风骤雨

由冯铿从潮汕至上海的成长历程，以及通向现实主义文学道路的历时嬗递，可以看到一位女作家在时代成长中，不断完成着对自我的超越。如果将《重新起来》看作冯铿忠实于革命的宣言，小蘋既具有"狂热的革命情绪"，也融入了"中国的革命高潮"；来到摩登都市大上海，纪念五卅惨案游行的群众队伍，震颤着她的热血，那"血红的、一别三年而现在像碰了爱人似的可爱的旗帜"，像喻着温暖的党组织，"在这江流上面被高高地撑起"，这是个人之于革命组织同频共振的誓言；当她服从党组织的安排，返回C江从事农妇运动时①，女人之于历史的参与感，是居于主体的位置，实现了革命者的政治生命与生命政治的互相体认。

进步的阶级政治观，孕育着现代女性文坛黑马的胎动。谢冰莹从闺阁、乡邑迈向北伐战场之际，与阶级革命的高潮达成共识效应，秉持着女性解放与劳动者解放合一"往血路去"的信仰②。在《匹马嘶风录》中，石评梅将生命的底色、女作家成长的醒觉、革命+恋爱的变奏、身份政治的认同，交融连片，从"深林幽啸，河水呜咽"的话语情势中析微着女性在革命上的光影③。

除了女性文学母本中以革命表现主体性价值的情感外，苏维埃革命政权体制下性别政治与女性主体性身份的建构，也是重要的考察维度。有学者指出，中国共产党将农妇作为革命的主体，确立了"农妇需要革命，革命也需要农妇"的指导方针，增进了妇女的革命认同、政党认同、领袖认同④。李小江主编的《让女人自己说话——亲历战争》收录了妇女亲历者的口述。据称，妇女教育掀起新变化，婚姻生活移风易俗，生产资料实现男女平权⑤，两性共享婚姻自主权、经济独立权、文化教育权、参政议政权⑥。在苏维埃政权生活中，妇女对投身经济建设、参与社会管理、参加民主政权充满喜悦。

这也就不难理解冯铿《红的日记》充盈着火一般的话语。要看到她在"革命文学"激情的背后，对于性别政治平等的希冀，以及合力构建两性政治共同体的传达：

---

① 《重新起来!》（1930年5月），冯铿：《重新起来》，第305、335、346~347页。
② 谢冰莹：《从军日记》，中国现代文学馆编：《谢冰莹代表作》，第36~41页。
③ 石评梅：《匹马嘶风录》，山西省地方志办公室编：《石评梅全集》，第495、501页。
④ 参见张文灿《解放的限界——中国共产党的妇女运动（1921~1949）》，中国政法大学出版社，2013，第99~156页。
⑤ 林颂华访谈、整理：《妇女主任危秀英》，李小江主编：《让女人自己说话——亲历战争》，生活·读书·新知三联书店，2003，第47页。
⑥ 《苏区：翻身闹革命》，李小江主编：《让女人自己说话——亲历战争》，第14页。

> 我们是铁和火的集团，我们红军的脑袋，眼睛里面只有一件东西：溅着鲜红的热血和一切压榨阶级，统治阶级拼个他死我活……
> 可是千年多的老城墙依然还是老东西，一切都还照旧！但，是人的脑袋已经换上了新的，社会上的一切制度也都改成新鲜不过的！这是什么呢？就是布尔希维克革命的伟大的力量！①

另一个需要析微察异的问题是，革命斗争时期的冯铿在抵临女性生育问题上的立场，进而解释革命可能对女性主体性价值造成损害。《前哨》杂志在追悼冯铿烈士之际刊文称，她"平日虽与同志同居，但誓不生育，用各种方法避免怀孕，恐妨革命工作，这到她死为止，是成功了的"②。《红的日记》中有两个细节值得揣摩，一是她将"步枪"和"日记本"比喻为"我的铁情人"与"我的小孩子宝宝"；二是她表达了身为女性的自己，在当前残酷的革命形势下，"还应该负着停止生产的责任"③。以往研究者对此也多有援引，认为冯铿"在潜意识中泄露性别意识"，"放弃生育责任"实属被迫无奈，这是革命之于女性生理代价的索取④。张念则指出，分娩的女革命者在"身体解放与身体囚禁的两难中进行"，缘于"生育的自然性最终也成了阻碍革命的一种'病'"⑤。

女性主义的性别解读固然展现了女人在"成为革命者"与"成为母亲"之间的矛盾抉择，但并非每一位女性革命者必须履行生育的责任，还需发掘"被遮蔽"的女性个体化的意向。作为知识女性的冯铿，究竟是在革命斗争形势酷烈的条件下，缺乏生育环境的保障，还是基于革命事业的无我的投入，而搁置生育选择。这与她垂青、酷爱独特的性别气质相似，皆是女性对身体所有权、身体支配权使用的自主，而非抹杀其在革命队伍性别政治中的主体地位。

基于此，研究近代中国妇女史与女性文学，从社会性别、意识形态、文本结构等三个方位，发覆抉微女性与婚姻、女性与家庭、女性与教育、女性与职业、女性与社会、女性与政治、女性与革命的诸种关系。由此，

---

① 冯铿：《女同志马英的日记》（1930年5月），《现代文学》1930年第1卷第4期。
② 《被难同志传略：冯铿》，《前哨》1931年第1卷第1期。
③ 冯铿：《女同志马英的日记》（1930年5月），《现代文学》1930年第1卷第4期。
④ 常彬：《"忘记自己是女性"——从谢冰莹、冯铿创作看1930年代左翼女性的从军想象》，《吉林大学社会科学学报》2008年第2期。
⑤ 张念：《性别政治与国家——论中国妇女解放》，第176页。

探赜现代女性文学书写的思想底色,挖掘中国妇女解放与阶级解放、民族解放之间的共同指归,并对近代女性主义问题作出符合性别平权、社会镜像与历史逻辑的科学阐释。

第三节 烈士的遗产与早期苏维埃文学的经验

作为"左联五烈士"之一的冯铿,她的牺牲,在"墨写的光明"与"血写的黑暗"背后,反映出历史视野下的早期苏维埃革命,以及文学情势下的无产阶级左翼文学运动,演绎出革命激情理想与残酷斗争现实。

论及冯铿在现代文学史上的地位,需要注意鲁迅之于她创作水准的看法。鲁迅在《为了忘却的记念》一文中提到:

> 其时他(柔石)曾经带了一个朋友来访我,那就是冯铿女士。谈了一些天,我对于她终于很隔膜,我疑心她有点罗曼蒂克,急于事功;我又疑心柔石的近来要做大部的小说,是发源于她的主张的。但我又疑心我自己,也许是柔石的先前的斩钉截铁的回答,正中了我那其实是偷懒的主张的伤疤,所以不自觉地迁怒到她身上去了——我其实也并不比我所怕见的神经过敏而自尊的文学青年高明。[1]

鲁迅的上述评价显露出一种相对保留的态度。引文中所称柔石"近来要做大部的小说",是他拟就的《长工阿和传》长篇小说提纲[2]。自然,这里涉及三对人物关系,一是冯铿与柔石的关系,二是柔石与鲁迅的关系,三是鲁迅与冯铿的关系。

首先,追溯冯铿与柔石的关系。1929年春冯铿来到上海后,曾与冯铿同居的许美勋供职于南强书局,二人因革命工作需要开始分居,"有时一二星期,有时整个月,彼此不知住处,不通信息"[3]。此时,柔石在她

---

[1]《为了忘却的记念》,《鲁迅全集(编年版)》(第七卷),第44页。
[2]《编者后记》,鲁迅博物馆文物资料部整理:《晨光——柔石、冯铿遗稿》,第394~395页。
[3] 许美勋:《冯铿烈士》,第74页。

的生命中出现。11 月 22 日，柔石小说《二月》由春潮书局出版后①，触动了冯铿，她致信柔石称："你把我的精神占领了去！坦白地告诉你：十天以来，不，自看了你的《二月》以后，一种神秘的，温馨的情绪萦绕着我，差不多每一件事物，每一个时间空间我的心里总是充塞了这样不可救药的情绪。"②

这份情书寄出于 1930 年 10 月 14 日，但需注意的是，早在前一年秋冬之交，二人已萌生爱恋，不过并未对外公开。在外界看来，冯铿与许美勋仍旧是同居恋人关系。1930 年 2 月，马宁的小说《铁恋》还经由冯铿推荐，在许美勋担任编辑的南强书局出版③。3 月 2 日出席"左联"成立大会，则冯铿是与许美勋偕同而来，这时二人同时宣布使用新名字"冯铿""许娥"④——尽管半月前《拓荒者》上刊发的《乐园的幻灭》已署名"冯铿"，但对读者还是陌生的⑤。然而，3 月至 5 月召开的"左联"成立大会、"左联"第一次代表大会、中国苏维埃区域代表大会、"左联"第二次全体大会等，柔石始终与冯铿成为"同时的在场"⑥。无独有偶，"左联"50 位发起人中，冯铿、柔石、许美勋三人的署名并列出现⑦。

10 月 18 日柔石生日那天，他在复信冯铿中透露出爱情的动力，称"真是二十九年来惟一的日子"⑧。二人情愫的萌动，受到这一时期流行的"革命＋恋爱"模式的影响⑨。一方面，正如冯铿所言，她要战胜"可耻的情绪"并努力克服人性，"我们是同学……可敬爱的同学呀！在这里我和你紧紧地握着手掌……希望你帮助我勇气！"⑩另一方面，也如柔石所称，他们的共鸣在于讨论革命"真理是只有一条路"，并且"我们有明天，后天，永远的将来的晚上"⑪。10 月 20 日，柔石给许美勋的信笺中也

---

① 《日记——上海时期》（1929 年 11 月 22 日），赵帝江、姚锡佩编：《柔石日记》，第 120 页。
② 《冯铿致柔石之一》，赵帝江、姚锡佩编：《柔石日记》，第 171 页。
③ 《附录：冯铿年谱》，鲁迅博物馆文物资料部整理：《晨光——柔石、冯铿遗稿》，第 390 页。
④ 刘文菊：《冯铿简谱》，刘文菊、许再佳编：《海滨杂记：冯铿作品及研究》，第 391 页。
⑤ 冯铿：《乐园的幻灭》，《拓荒者》1930 年第 1 卷第 2 期（1930 年 2 月 10 日出版）。
⑥ 刘文菊：《冯铿简谱》，刘文菊、许再佳编：《海滨杂记：冯铿作品及研究》，第 391~392 页。
⑦ 参见姚辛《左联史》，第 6 页。
⑧ 《致冯铿（1930 年生日）》，赵帝江、姚锡佩编：《柔石日记》，第 170 页。
⑨ 《冯铿致柔石之二》，赵帝江、姚锡佩编：《柔石日记》，第 173 页。
⑩ 《冯铿致柔石之一》，赵帝江、姚锡佩编：《柔石日记》，第 172 页。
⑪ 《致冯铿（1930 年生日）》，赵帝江、姚锡佩编：《柔石日记》，第 170 页。

第六章 "左联五烈士"之冯铿：从"国民革命"到"苏维埃革命"的疾风骤雨

"坦诚交待"了他和冯铿陷入恋爱胶葛的心境，一面表明前提仍是革命事业，一面希望化解三角恋爱的抵牾，"有了纠纷便一定妨害事业"，一面剖明对待爱情的立场，那就是"若于事业有帮助，有鼓励，我接受；否则，拒绝"①。

其次，左联成立前后柔石之于鲁迅的密切关系，如出行的卫护及代理人。1925年，他曾至北京大学旁听过鲁迅的课程，既是鲁迅最信任的学生，同时也是中共党员，由此成为"党和鲁迅先生之间的桥梁"。鲁迅频繁提及他到自己的住所吃饭、聊天等②，并且"所有出版、送稿以及银钱收支等等，也往往交由柔石代理"③。

其实，鲁迅对冯铿并不陌生，二人交集不止一次。从鲁迅日记中可以查阅一些踪迹，如1929年12月31日"上午寄还岭梅诗稿"④，1930年11月22日"晚密斯冯邀往兴雅晚饭"⑤，1931年1月12日"晚平甫（柔石）及密斯冯来"，1月17日"下午冯梅君来"⑥。同时，据柔石所称，鲁迅支持他与冯铿之间的恋爱，并建议他们将爱情与事业理想融为一体⑦。除此之外，冯铿还曾以左联作家的身份参加鲁迅五十寿辰庆祝会⑧，同去者有胡也频、潘汉年等党内重要人物⑨。鲁迅对冯铿的批评并非基于私人感情，主要是创作理念的分歧，同时敏锐地指出了她的思想症结。那些富于虚构色彩的性别政治书写，不少属道听途说"辗转引袭"，在某种程度上暴露出在无产阶级革命文学的创作上存在"左"的稚嫩⑩。

有必要强调的是，冯铿从未到达过苏区，但却以局外人的身份创作了《红的日记》《小阿强》这两篇聚焦苏维埃革命根据地斗争题材的小说。《红的日记》成为现代中国女性文学史上书写红军作战、苏维埃政权统治下的劳动人民生活，以及苏区斗争经验的重要作品，且以独特的女性视角

---

① 《致许娥（1930年10月20日）》，赵帝江、姚锡佩编：《柔石日记》，第174页。
② 《附录：柔石年谱》，鲁迅博物馆文物资料部整理：《晨光——柔石、冯铿遗稿》，第154~171页。
③ 魏金枝：《柔石传略》，赵帝江、姚锡佩编：《柔石日记》，第188~189页。
④ 《日记十八（1929年）》，《鲁迅全集》（第十六卷），第165页。
⑤ 《日记十九（1930年）》，《鲁迅全集》（第十六卷），第220页。
⑥ 《日记二十（1931年）》，《鲁迅全集》（第十六卷），第240页。
⑦ 《致冯铿（1930年生日）》，赵帝江、姚锡佩编：《柔石日记》，第170页。
⑧ 刘文菊：《冯铿简谱》，刘文菊、许再佳编：《海滨杂记：冯铿作品及研究》，第387、392页。
⑨ 《鲁迅先生于我》，黄一心编：《丁玲写作生涯》，百花文艺出版社，1984，第200页。
⑩ 《一九六一年初版本序》，丁景唐、瞿光熙编：《左联五烈士研究资料编目》，第8~9页。

解说、诠释了中共早期工农革命运动的精神风貌。由此，冯铿被称誉为中国"新进的稀少的妇女作家"①。两部作品创作灵感，则是1930年5月，冯铿与柔石、胡也频等一同参加全国苏维埃区域代表大会时，听闻来自革命根据地的红军、赤卫军革命战士，以及工农大众代表的演讲及报告②。颇受震撼的她，决定亲自访谈那些来自苏区的红军、妇女、少年儿童等各界代表，寻找创作素材，并尝试从文学的见地来窥察苏维埃政权中的革命者与工农群众的形象③。

《红的日记》在勾勒苏维埃政权建立场景方面的描写，略显突兀。例如，作品中映现出她对革命胜利过度乐观的心态，以为不流一滴血便可攻占城池，"只有拼命地飘荡我们红的旗帜"，所消耗的不过"嗓子只喊得哑了，肿了而已"；获取革命果实不费吹灰之力，反动派敌人逃遁时，子弹成箱成堆地遗留在原地；解决战斗更是手到擒来，"我们是弹不虚发的"，单凭呼喊声便吓得国民党敌人"手足颤动起来拿不上枪支"；消灭阶级矛盾畅通无阻，土豪劣绅无不狼狈地望风而逃，其余被抓去者接受群众的审判；群众基础如铜墙铁壁般稳固，"把我们看成神兵下凡似的"，阶级觉醒与生俱来；共产主义社会不难实现，"任务只有很麻烦地登记着一切可以分配给大众吃用的东西"；建立无产阶级政权分秒必争，"只昨天一天的工夫我们便把这周围十多里的T城全体搽上了鲜红的胭脂"；工农群众改变落后面貌风驰电掣，"我们的队伍里不论是挑水烧饭的兄弟们，目不识丁的同志们，最低限度他们也学会了一两句笔划简省的标语"。④

不难想见，冯铿笔下的苏维埃文学，沉浸在虚幻的"布尔什维克的伟大胜利"，是个人构建的"乌托邦"的革命政权图景，是想象中的"苏维埃"。她对于革命环境的严峻、革命斗争的经验、革命胜利的形势还缺少必要的思想认识，未免作出简单化的判断。这也是鲁迅所忧虑的"罗曼蒂克""急于事功"，以及与她谈论文学与政治的关系时感到"隔膜"⑤。有学者指出冯铿"宣传的文学"作品意义的背后，未能充分理解

---

① 《中国左翼作家联盟为国民党屠杀同志致各国革命文学和文化团体及一切为人类进步而工作的著作家思想家们》，丁景唐、瞿光熙编：《左联五烈士研究资料编目》，第188页。
② 丁景唐：《冯铿烈士和她的作品》，丁景唐、瞿光熙编：《左联五烈士研究资料编目》，第244页。
③ 刘文菊：《冯铿简谱》，刘文菊、许再佳编：《海滨杂记：冯铿作品及研究》，第392页。
④ 冯铿：《女同志马英的日记》（1930年5月），《现代文学》1930年第1卷第4期。
⑤ 《为了忘却的记念》，《鲁迅全集（编年版）》（第七卷），第44页。

第六章 "左联五烈士"之冯铿：从"国民革命"到"苏维埃革命"的疾风骤雨

"意识形态与现实的差距"，还无法通晓"想象的明天与历史现实间的分别"①。诚然，冯铿当时仅23岁，毕竟缺乏丰富的斗争经验与资深的革命阅历，导致作品的创作视野与思想深度方面存在一些局限性，在所难免。

至于冯铿"传奇式的苏维埃"，在《红的日记》中还可见她之于革命女性身体窘迫的想象。由于她们具备男人化的外在气质，导致"妇女们都躲在门后门前纷纭的议论着"，走去解释时吓得姑娘们"眼泪直流"，只能主动"解开前胸给她看我是她们的同性"②。然而，这些是她本人未曾经历过的，一些研究者"人云亦云，甚至根据不确实的资料"③。

再者，《小阿强》讲述了一个生长于贫苦农村家庭的十二岁少年成长为革命小战士的故事。主人公小阿强一家曾饱受地主阶级的压榨，因无法偿还地瓜，与父亲一同遭受地主的毒打。他苦等寻觅着反抗的机会，当红军即将进村解放的时候，自告奋勇送信和侦查，最终配合红军赶走或枪杀了地主劣绅，"英勇的阿强高高地撑起一面血红的旗帜"，走在群众前面引路④。冯铿力图通过展示小阿强担任村里的少年先锋队队长这一角色，虽生动注解了革命战争中少年儿童卓然不凡的主体性贡献，但跨越式地构造出十二岁的主人公便已是"万能的小战士"⑤，却显机械。可见，冯铿这些小说在语言锤炼、篇章构思、人物塑造、情节冲突、主题思想等方面，存在概念化、公式化、模糊化的倾向，"实际上也是初期无产阶级文学的共同弱点"⑥。

简要爬梳一下冯铿及"左联五烈士"遇难的经过：由于叛徒告密，1931年1月17日下午，他们在上海公共租界六马路东方旅社31号房间开会时，被国民党特务跟踪，遭遇逮捕⑦；迟至18日晨，时在上海从事地下党工作的柯柏年始从英文《密勒氏评论报》获悉这一动向⑧；19日，英租界法庭开庭，律师张横海援引"凡在租界内发生案件应由地方法院

---

① 参见孟悦、戴锦华《浮出历史地表：现代妇女文学研究》，第170页。
② 冯铿：《女同志马英的日记》（1930年5月），《现代文学》1930年第1卷第4期。
③ 《一九六一年初版本序》，丁景唐、瞿光熙编：《左联五烈士研究资料编目》，第9页。
④ 冯铿：《小阿强》（1930年6月），《大众文艺（上海1928）》1930年第2卷第5~6期合刊。
⑤ 冯铿：《小阿强》（1930年6月），《大众文艺（上海1928）》1930年第2卷第5~6期合刊。
⑥ 《编者后记》，鲁迅博物馆文物资料部整理：《晨光——柔石、冯铿遗稿》，第398页。
⑦ 许其武：《十月先开岭上梅——冯铿传奇》，第3页。
⑧ 许美勋：《冯铿烈士》，第82~83页。

审讯处理，不得随意引渡"，次日遭强行判决①；23 日，押解至龙华看守所，备受严刑拷打；24 日，柔石狱中致信冯雪峰称，"昨夜上了镣铐，开政治犯从未上镣之纪录。此案累及太大，我一时恐难出狱"②；2 月 5 日，致信王育和设法解救，"冯妹脸膛青肿，使我每见心酸！望你们极力为我俩设法"③；7 日晚 8 时秘密遇害，"集体枪杀于龙华警备司令部内之荒地上，尸体就地掩埋，不留痕迹"④，据称冯铿身上被打穿了十三个洞⑤；12 日，中共中央机关报《红旗日报》对外披露烈士牺牲的消息⑥。左联发表《中国左翼作家联盟为国民党屠杀大批革命作家》宣言，指控这是国民党当局黑暗末日前夜的乱舞⑦。

2 月 7 日在中国革命史中尤为特殊，恰是京汉铁路大罢工的纪念日。"左联五烈士"之死是中国左翼作家联盟重大的损失，是"国际革命文学家联盟"的一次挫败，反映了中共早期领导的无产阶级文学运动是"血的运动"⑧。但辩证地看，也表明国民党右派难以肃清国统区的苏维埃革命文学思想，20 世纪 20 年代后期至 30 年代初期已孕育出"无产阶级文学兴旺发达的曙光"⑨。

历史的变动之中，还夹杂着国际国内形势，即"左"倾冒险主义及"左"倾教条主义错误。1930 年 6 月，共产国际与主持中共中央工作的李立三批评以毛泽东为代表的囿于苏维埃区域斗争的"保守观念"，提出"饮马长江，会师武汉"的口号，随时准备掀起中心城市的武装暴动，促使中共革命蒙受重大挫折。冯铿《红的日记》《小阿强》写作恰发生于"立三路线"时期，她在白区接触工人、上街游行、贴墙报、散传单⑩，参加"飞行集会"活动，也受到"左"倾冒险主义的影响，导致作品满溢着盲从乐观主义的情绪。

尽管"立三路线"存在的时间只有三个月，但 1931 年 1 月中共六届

---

① 王育和：《柔石烈士被捕、营救及牺牲经过》，赵帝江、姚锡佩编：《柔石日记》，第 244 页。
② 《致冯雪峰》（1931 年 1 月 24 日），赵帝江、姚锡佩编：《柔石日记》，第 175 页。
③ 《致王清溪》（1931 年 2 月 5 日），赵帝江、姚锡佩编：《柔石日记》，第 176 页。
④ 王育和：《柔石烈士被捕、营救及牺牲经过》，赵帝江、姚锡佩编：《柔石日记》，第 244～245 页。
⑤ 《二月七号·龙华》，许杨清、宗诚编：《丁玲自传》，江苏人民出版社，1996，第 85 页。
⑥ 刘文菊：《冯铿简谱》，刘文菊、许再佳编：《海滨杂记：冯铿作品及研究》，第 404 页。
⑦ 《中国左翼作家联盟为国民党屠杀大批革命作家宣言》，《前哨》1931 年第 1 卷第 1 期。
⑧ 梅孙：《血的教训——悼二月七日的我们的死者》，《前哨》1931 年第 1 卷第 1 期。
⑨ 《编者后记》，鲁迅博物馆文物资料部整理：《晨光——柔石、冯铿遗稿》，第 398 页。
⑩ 许美勋：《冯铿烈士》，第 63～73 页。

四中全会上,在共产国际的扶持下,确立了以王明为代表的领导集体,又执行"左"倾教条主义错误①。1931年1月17日被捕之际,冯铿与其他左联进步作家赴公共租界东方旅社出席秘密会议,一面确定去苏区实际调研考察的具体日期,联络筹备"全国苏维埃代表大会"②,另一面即研究如何反对王明集团的负面影响③。其实,除冯铿以外,丁玲等左翼作家也或多或少被泛滥的"左"倾思潮反噬④,由此折射出早期苏维埃战斗经验不成熟的面相,以及马克思主义中国化与中共早期革命运动的艰巨性、复杂性、曲折性。

冯铿并非孤立的历史人物,可以通过个案的生命解读,借以洞察"冯铿与她的时代",厘定从"国民革命"至"苏维埃革命"时期的性别政治与性别文化。这需要从女性的主体成长出发,发掘她们渴望的政治关怀,进而在女性主义与革命史学的视野下作出文化批评与价值重估,还原她们的性别本色与话语表达。

从友联中学毕业后,不足一年的时间拐角,冯铿还未来得及从迷惘和张望中恍悟,便发生了"四一二"反革命政变。她原本栖居的乡村被白色恐怖所掩埋,任教的学校也充斥着反动的气味,物质与精神的"乐园"被迫幻灭。她一度通过爱情诗、"轻故事"散文等书写方式,试图解决"新女性"的精神烦闷,并在文学创作中建构一种独特的生命抗争机制,但这一切在缺少政治安全的保障、友爱团结的阶级环境下,免不了遁入失意的空想。

冯铿从"新女性"转向"革命女作家"的性别政治身份,源于离别故土奔向闪烁着马克思主义真理光辉的上海。她找到了党组织,从一个困顿的"小家"来到了盈溢着平等话语的革命"大家",女性从个体的"小我"成为政治共同体中的"大我",催醒了现代女性从"自发"走向"自觉"的蜕变。1930年前后冯铿的创作显示出突变,作品不再局限于家庭内部的婆媳矛盾、男权文化伦理之于女性命运的戕害,社会批评的意识和阶级革命学说的色彩愈加浓烈:她或基于自身阅历指控土豪劣绅与军阀政治,盘踞侵占田园的乐土;或聚焦贩卖婴儿的妇人背后底层民众的无奈

---

① 参见中共中央党史研究室编《中国共产党历史——第一卷(1921~1949·上册)》,中共党史出版社,2011,第299~313页。
② 《关于左联的片段回忆》,黄一心编:《丁玲写作生涯》,第160页。
③ 许其武:《十月先开岭上梅——冯铿传奇》,第3~6页。
④ 《入党前后》,许杨清、宗诚编:《丁玲自传》,第96页。

和苦难；或告慰那些迷信宗教的普罗大众丢弃幻想，准备斗争，或否定"新女性"小资产阶级浪漫情调的人生，暗示她们唯有融入正在蓬勃生长的工人阶级队伍，挣脱阶级压迫的锁链，才是女性彻底解放的归途，并以女性特有的敏锐窥探着无产阶级联盟的力量。这些兼具女性视角与阶级关怀的双重视点，体现了她试图打通一条通向女性解放与解放人类的道路的努力。

女性革命者之于性别政治是共识性与历时性的议题。在革命队伍中间，她们究竟选择一种怎样的性别气质出场，方能更适合个人本色的经验，进而参与历史的缔造。在性别刻板印象的影响下，阴柔娇羞的气质通常成为人们对于女性身份与女性形象的固有认知。然而，冯铿浑身上下雄化阳刚的风格，以男性化的气质出场，既是她走出闺阁的情感宣泄，"忘记自己是个女人"，还成为心灵成长史上独特的留白，这其实是本质主义的女性体验，绝非"女人"的，而是"个人"的性别认同。

作为革命者的女性一定程度上遭遇男权世界物化的审视。女性之于"自我"，捕捉到了革命影像中内心世界的描摹，她们无不希冀借助参与革命，呐喊出历史上不复下沉的缄默。然而，女性之于男性，在革命镜像中却映射为"他者"，女性这一生理/社会性别无意间隐喻着，她们可能沦为革命政治文化的点缀。这种两性视点错位的"自我"与"他者"，促使女性意识中隐藏着一份令人窒息的尴尬。她们编织了革命大家庭中可能出现的性别身体冲突，甚至基于想象绘制出一份心境体验，但这仅是冯铿个人的估算，并非女性集体经验化的表达。

革命队伍中的女性解放，意义并非止于追求婚姻自主、挣脱封建礼教、逃逸旧式家庭，而是要阔步走向广大的社会空间，接受革命熔炉的锻造，进而成为历史的主体。这不仅在于摆脱被男权物化、被父权奴役的困厄，更要从"成为女性"进而"成为自我"，且消解着性别分野的身份认同，这就是她们嵌入历史，所争取建构的主体性身份。从唯物史观出发，联结性别、历史与文学的多重维度，不难知晓冯铿及其同时代的知识女性、工农女性在革命斗争实践中的参与感、成就感、荣誉感，她们讴歌革命、歌颂根据地生活的文学作品，表达了对于苏维埃政权自由、民主、平等、幸福生活的美好愿望，这意味着女性解放、阶级解放、民族解放三者之间是彼此依存的关系。

除此之外，冯铿在左翼文学上列名左联的发起人之一，成为"左联五烈士"中唯一的女性，其家人还因此在新中国成立后得到过毛泽东

1952年4月5日签发的《革命牺牲工作人员家属光荣纪念证》①。诚然，对于革命迅速胜利，她也存在过度乐观主义的心态，缺少对国际国内严峻形势的判断，不仅血写了早期苏维埃革命进路中的"左"倾意识根源的某种缺陷，也是无产阶级文学运动史上不可忘却纪念的遗痕。

---

① 原件收藏于汕头市档案馆，转引自刘文菊《冯铿简谱》，刘文菊、许再佳编：《海滨杂记：冯铿作品及研究》，第396页。

第七章　女影星王人美：银幕内外的歌舞、演艺与健美

　　与知识女性走向沙场与革命阵营这一历史主潮同时，还有女性现代化社会生活进程的扑面而来。伴随着大众休闲与娱乐生活的转型，20世纪二三十年代上海催生了一批混迹于酒吧、舞场、咖啡馆之间的"摩登女郎"，她们热衷于纸醉金迷的社交活动，在此期间涌现了以殷明珠、杨耐梅、王汉伦、阮玲玉、胡蝶、陈云裳、王人美、黎莉莉、黎明晖、徐来、白虹、周璇等代表的电影女明星。作为新兴的艺术媒介，电影工业为知识女性创造了个性化的职业发展机缘，扭转了她们原先在社会阶层中边际化的地位，促成了其在大众传媒产业的文化生产机制下跻身都市中产阶级的主体性实践。女演员在公共空间与消费空间的频繁"出镜"，凭借银幕上"新女性"的身份认同融入摩登都市的生活，既改变着现代城市民众的价值观念和品位取向，也促使她们具备了挑战传统性别制度的新意味，以至被赋予时代"新娜拉"的称誉。

　　女明星以一种身体话语重建的方式投入公共场域，演绎着都市中暧昧的光影。而近代女性审美风尚的变革恰为女明星追求健美运动提供了重要动力，成为民国妇女运动进路上一道不可遮蔽的历史景观。女明星以健美身体在动态的社会空间中彰显出对现代性文化的欲望与想象，并不断进行着女性气质与民族主义、消费主义之间的协商。她们并非完全沦为男性凝视的"他者"，而是开始关注女性主义范畴的"自我"，以身体行动力来表达知识女性掌握历史主动的诉求。从这个意义而言，女明星看似通过有声有色的时尚话语建构，书写着与革命战争主潮叙事相疏离的人生风景，这既是一个女性本身赋权的过程，也是一个开拓全新社会生活方式的过程，更是一个为女权代言以及持续进展的女性解放的过程。不过，遗憾的是，在多事之秋的民国社会，这些女明星无法超然于她们所生活的时代，动荡时局的波及不免构成了对女性发展的限制，她们的生存境况仍受到政

治经济环境的牵累,知识女性个体生命的遭遇无法被隔绝在时代之外。

基于上述情境种种,王人美在银幕内外的歌舞、演艺与健美等活动,及其在影坛上面对艺术与政治之间的纠葛,尤为值得关注。王人美(1914~1987),湖南长沙人,是20世纪30年代著名的女影星,早年师从黎锦晖,作为"明月歌舞团"的"四大天王"之一,凭借嘹亮的歌喉、健美的身材、流利的国语,被吸纳进入联华影业公司,成为专业女演员。其最初在孙瑜导演的《野玫瑰》中以活泼、粗犷的形象为影迷酷爱追捧,随后扮演《渔光曲》的女主角,该剧系蔡楚生导演的作品,荣获了1935年莫斯科国际电影节"荣誉奖",成为中国第一部获得国际奖项的影片。拥有上述成就的王人美,得以奠定了在民国电影史中的地位。

本章通过整理考订民国时期影视杂志中的王人美史料,并结合王人美的自述《我的成名与不幸》,一方面旨在系统考察王人美在"无声电影"向"有声电影"的过渡时代,如何凭借个人的才艺、导演的赏识、报刊的推动,完成了从歌舞走向影坛的角色转型,并独领风骚,成功在大众文艺与公众媒介的制造下形塑出"野玫瑰"与"野猫"的经典影视形象,从而建构出区别于同时期的"摩登女郎"为公众喜爱的女性姿态;另一方面侧重挖掘银幕以外王人美的私生活领域与情感生活的"暴露",探讨女演员在公共话语审视下的自我呈现,如何塑造出健美风尚的引领者、擅长游泳等体育运动的性感女性,契合了当时兴起的女性健美风潮对于"自然美""健康美"的诉求,从而满足城市小资产阶级"反都市化"的乡野想象。并且,她热爱读书,追求进步,还与具有"电影皇帝"之誉的金焰喜结连理,由此实现了"歌舞明星""电影明星""健美明星""影坛伉俪"四者形象的合流。需要说明的是,王人美在影片的角色表演中或契合南京国民政府新生活运动理念,或顺应左翼文艺话语潮流的女性形象,尽管其在20世纪30年代对于演出影片的抉择并没有附带明显的政治立场,却意外地卷入艺术与政治论争的漩涡。此外重要的是,战争的来临也悄然影响着她原先安逸的生活,透过其职业危机、婚姻挫折的背后,可以窥见时代风云的流转对近代女影星生存命运的改变。经此议题,探究民国时期女性与健美、女性与艺术等摩登生活的多重维度。

第一节 从歌舞到影坛:"野玫瑰""野猫"形象的建构

1931年,王人美以上海联华影业公司新近签约的女明星这一身份,以独立的写真形象，两度登上了《影戏杂志》的画栏。其中一幅梳着短辫，展现着中国女性恬静、端庄的传统风格①。另一幅烫发蓬松，又流露出"新女性"开放、灿烂的现代化形象，这是较早可见的王人美跻身电影专业杂志封面人物的影像②。继而，王人美又以"影界的歌舞明星"这一身份，与黎莉莉合影刊载于享誉上海滩的《玲珑》杂志明星专栏③。其与著名影星阮玲玉在沪江照相馆的摄影还展示在《电影月刊》④。此后，王人美的写真频繁现身于联华影业公司专刊《联华画报》的封面，被誉为"人间的仙子""黑暗中的星珠""雪玉的白洁"⑤。她开始与胡蝶等人并称"中国几个最有希望的女明星"⑥。

王人美之所以能够成为联华影业公司培育的新星，首先，这与她早年受教于黎锦晖的"中华歌舞团"的生涯有着密不可分的关联。大革命失败后，二哥王人路借助与黎锦晖在中华书局从事儿童文学编辑工作的同事情谊，将辍学的王人美送进黎锦晖在上海创办的"美美女校"，这成为她结缘歌舞的开端⑦。1928年5月，王人美跟随黎锦晖组织的"中华歌舞团"远赴南洋巡回演出，进一步激发了她歌舞学习的志向。次年返沪后，王人美进入南洋女子英文专修学校，在此期间以自编自导儿童歌舞剧《小小画家》的影响力，被校方聘为歌唱教员暨"南洋校后"候选人⑧。是年冬，王人美加盟由"中华歌舞团"改组而来的"明月歌舞团"，北上表演儿童歌舞剧，足迹遍及平津与东三省，一度风靡北国，为各大画报竞相报道⑨，并与黎莉莉、薛玲仙、胡笳膺歌舞"四大天王"的美誉。她们四人分别扮演的"可怜的秋香""天鹅舞""忧愁的公主""桃花"都成为"观众的最爱"⑩。由此可见，"黎氏歌舞"的熏陶，以及在少女歌舞时代表演技艺的锤炼，为王人美日后走向银幕积累了必备的舞台经验。《世界晨报》对此评价称，如果没有黎锦晖，电影界"至少要少掉很多个成名的女子"，其夫人徐来、女儿黎明晖，以及周璇、黎莉莉、胡笳、薛

---

① 参见《影戏杂志》1931年第1卷第11~12期合刊。
② 参见《影戏杂志》1931年第2卷第1期。
③ 参见《玲珑》1932年第2卷第71期。
④ 参见《电影月刊》1933年第26期。
⑤ 参见《联华画报》1933年第1卷第6期。
⑥ 参见《读书顾问》1934年第1期。
⑦ 《王人美湘水归帆记》，《时代日报》1933年2月28日第2版。
⑧ 《王人美将选为南洋校后》，《针报》1930年2月10日第3版。
⑨ 《明月团员》，《民言画刊》1930年第44期。
⑩ 黎遂：《民国风华——我的父亲黎锦晖》，团结出版社，2011，第111~112页。

第七章　女影星王人美：银幕内外的歌舞、演艺与健美　195

玲仙、王人美等，均为黎锦晖的门生，电影界可谓拥有一部分"黎民天下"的势力①。

其次，王人美的成名顺应了联华影业公司在"无声电影"向"有声电影"过渡时代的改革趋势及其对于人才的需求。20世纪20年代，有不少女演员未曾接受过专业正规的戏剧训练，如王汉伦、杨耐梅、阮玲玉等以业务演员的身份走进电影界，这一状况到了20世纪30年代初期发生了转变。对此，张勉治指出，电影制片公司开始从歌舞剧团中寻找电影人才，在有声片电影技术潮流的裹挟下，"那些能说国语且具有舞台表演技巧的人得到了特殊的礼遇。在中国最早的歌舞剧团接受训练的女孩子们刚好符合这个要求"②。而来自歌舞团的王人美，便成为有声片时代来临的受益者。1930年"中原大战"的爆发，以及在哈尔滨演出之际遭遇戏院经理勾结地痞流氓的蒙骗，致使"明月歌舞团"陷入经济困窘，王人美亦随之结束北上行程③。此际正逢中国电影界掀起拍摄国产有声片的热潮，联华影业公司虽持观望态度，但也想通过插播歌舞短片的方式进行试验。于是，总经理罗明佑看中了"明月歌舞团"的儿童歌舞，并于次年协商接手承办，改造成立"联华歌舞班"，将王人美等歌舞明星全盘吸收④。王人美通过《新婚之夜》《蝴蝶姑娘》歌舞片段的表演，在联华影业公司拍摄的《银汉双星》等影片中崭露头角⑤。除了优美的舞姿以外，她能讲出流利的国语，拥有嘹亮的歌喉，如她演唱的《桃花江》《特别快车》《舞伴之歌》录成唱片后，大为畅销，甚至远销日本，⑥这合乎了有声片时代来临对于演员素质提出的新要求，具备足以"把电影界的目为皇后的一班女星都压了下去"的艺术潜力⑦。正如《东方日报》所称，王人美等女明星的特长"实在不仅仅是静默的表情而已，她们都能唱，婉转的唱，在银色的幕上，或者祇有有声片才能充分发挥她们的天才"⑧。然而一年过后，罗明佑以经济困难为借口，解散"联华歌舞班"，黎锦晖

---

① 《两年后的王人美、黎莉莉》，《世界晨报》1935年9月24日第5版。
② 〔美〕张勉治：《善良、堕落、美丽：20世纪二三十年代的电影女明星和上海公共话语》，〔美〕张英进主编：《民国时期的上海电影与城市文化》，苏涛译，北京大学出版社，2011，第153~154页。
③ 黎遂：《民国风华——我的父亲黎锦晖》，第114~115页。
④ 王人美：《我的成名与不幸》，江苏文艺出版社，2011，第90~92页。
⑤ 参见《图画周刊》1931年第11卷第8期。
⑥ 陈钢等：《上海留声》，文汇出版社，2010，第136页。
⑦ 《美人王的王人美》，《女朋友》1932年第1卷第7期。
⑧ 《在天一摄影场景》，《东方日报》1932年7月17日第1版。

唯有将之恢复从前之旧名为"明月歌剧社"维持生计①。直到1932年7月"黑天使"事件发生，左翼音乐家聂耳化名"黑天使"在《时报》《电影艺术》上分别刊发了《黎锦晖的〈芭蕉叶上诗〉》《中国歌舞短论》两篇评论，向黎锦晖的"明月歌剧社"发起批判，指出"黎氏歌舞"虽有反封建的意义，但弥漫着"香感肉艳"的氛围，缺少对"民间疾苦"及"国难临头"的暗示，与时代局势的发展严重脱节，上述抨击导致剧社出现了"分崩离析的征兆"②。在此情况下，王人美决计受邀以个人身份正式加盟联华影业公司。

再次，导演孙瑜的扶持和揄扬也是助力王人美成就明星之路的关键要素。1931年冬，初入联华影业公司之际，导演孙瑜计划拍摄电影《野玫瑰》，因欣赏王人美个性中健康、活泼、纯洁的因子，特意以她为原型，塑造了女主人公小凤这一角色，邀请其前来试镜③。《野玫瑰》主要讲述了渔家女子小凤与出身于富家的艺专学生江波相恋，在无法获得江家承认的情形下，同居于上海鸽笼式阁楼，然而失业、饥饿与牢狱导致二人被迫分离，最终在唱响东北抗日义勇军歌声的队伍中间，重逢并携手奋勇直前的故事。果不其然，王人美发挥出意想不到的表演力，尤其是天真烂漫的本色，达到了一种其他演员无可代替的效果。为了帮助王人美更好地形塑小凤这一乡间女子的形象，在服装造型方面，孙瑜特意将王人美衣服的补丁设计成花朵形状，又"亲自动手把裤腿拉几个口子，弄得像锦旗下面的流苏"，确保"烂衣破衫"足够体现诗意的美感；在演技和细节刻画方面，孙瑜同样事必躬亲，如在拍摄小凤和穷孩子们争抢水果时，其坚持应当表现出淘气和可爱，而非王人美展示的"惊慌不安"，认为"小孩子们不懂得抢、偷，这是闹着玩"④。由《野玫瑰》而一举成名的王人美，被誉为"打开中国电影界的新方向"，奠定了她与阮玲玉、胡蝶齐肩的影坛地位⑤。

"野玫瑰"既是王人美在银幕上与公众见面的第一个经典形象，也成为她名字的一个代号，建构出中国女明星天真无邪的典型⑥。总的说来，王人美所展现出的"野玫瑰"，拥有康健的身体，"满呈着生命力"，皮肤

---

① 《王人美、黎莉莉脱离联华之经过》，《电影时报》1932年5月26日第1版。
② 黎遂：《民国风华——我的父亲黎锦晖》，第136~139页。
③ 《影场消息》，《银幕周报》1931年第12期。
④ 王人美：《我的成名与不幸》，第85~89页。
⑤ 《王人美与联华公司》，《社会日报》1933年4月1日第2版。
⑥ 梦：《"卡德"戏院里的一场没趣》，《妇女生活（上海1932）》1932年第1卷第7期。

黝黑，身姿轻盈曼妙，走起路来"活泼而不可捉摸"，浑身上下具有强烈的乡土般的"野"气质①。有观影者从王人美的表演中，寻找到了中国女性美的"真实点"，既有别于阮玲玉的"丝绸和胭脂的美"，也不再是胡蝶"木乃伊的美人"，而是恰如其分地发挥出了"自然美"的青春和魅力②。有影迷来函表示，这种造型摒弃了"摩登女郎"的浓妆艳抹与矫揉造作，如同"新潮流底安琪儿……永远地放着晶莹底光芒在人世间"，给予了那些沉醉于纸醉金迷生活中的人们一种超拔出来精神自新的动力③。另有论者认为，一般女演员"祇在那儿出卖她们底柔弱的笑和悲伤的眼泪"，王人美的出场，使"我们的秘密的感伤，完全被消灭了"，那"晨露之中的野玫瑰的气息"，仿佛将人们带到了"青山绿水的乡村"，感受到了人间的真美④。一位画报记者记录了他与王人美偶遇之际的兴奋心情，"这是某一个西北风吹得不甚利害的傍晚，雪怀照相室的扶梯上……她还是和野孩子一样的跳出来了，黑黑圆圆的脸，一点粉脂也没有，充分表现出现代姑娘的健美，不长不短，不瘦不肥"，不禁感喟"一朵伟大的玫瑰花"⑤。

健康美与自然美的女性形象登上电影银幕，展示青春洋溢、朝气蓬勃的女性角色，成为20世纪30年代电影界突出的一种文化风格。无论是身处都市流离的窘境，还是走向时代的战场，电影中所建构的这类女性无不具有善良、乐观与天真的品格。"野玫瑰"所代表的健美气质除了符合大众文艺之于女影星的审美品位外，实际上还是左翼电影人将女体改造作为强身健国重要途径的一种欲望投射和文化实践。在影片拍摄中，孙瑜有意强化了这种倡导女影星本色化表演的艺术理想，并将之视为革除社会中暮气沉沉风气的文艺指向，"有了健全的身体，然后才有奋斗的精神，和向上的朝气……他们走在人生崎岖不平的路上，仍旧是欢天喜地的，表现出一种难得的勇气"⑥。这意味着，王人美在银幕上所呈现的视觉张力，与观众渴求振刷精神的诉求之间达成了某种程度的心理共鸣。与此相似，与王人美一同从歌舞团走出的黎莉莉，在孙瑜导演的《体育皇后》等影片

---

① 天鹅：《被当作"野玫瑰"的王人美》，《女朋友》1932年第1卷第2期。
② 郝丽娉女士：《一九三二年中国健美女性之典型》，《妇女生活（上海1932）》1932年第1卷第11期。
③ 郑坚德：《献在王人美座下》，《开麦拉》1932年第134期。
④ 老曼：《我们的王人美》，《上海商报（1932~1937）》1933年10月14日第2版。
⑤ 沈中：《在弄堂里碰见王人美》，《开麦拉电影图画杂志》1932年第1卷第8期。
⑥ 孙瑜：《导演"野玫瑰"》，《电影艺术（上海1932）》1932年第1卷第1期。

中也以运动、自信、洒脱的面貌示人，同样旨在"追觅那生命的活力和青春的朝气……给病态民众一剂有力的药汤"①。

最后，联华影业公司的另一位导演蔡楚生的推动，则是促成王人美的银幕形象从中国走向世界的起点。"联华歌舞班"解散之际，鉴于王人美主演《野玫瑰》的热烈反响，左翼电影导演蔡楚生邀请她连续担任《都会的早晨》《春潮》两部电影的女主角②。如果说《野玫瑰》的成功，主要缘于脚本里的角色与王人美活泼开朗的个性相契合③，那么自1933年开机的《渔光曲》则塑造出"反个性"的"哭戏"和哀伤的"小猫"形象④。《渔光曲》讲述了渔民女儿徐小猫早年丧父，长大后靠打鱼为生，却因盗匪横行而失业，流落到都市，又先后遭遇被捕入狱以及亲人葬身火灾的厄运，在孪生兄弟徐小猴于捕鱼的风浪中负伤致死后，更陷入孤苦伶仃悲惨境地的故事⑤。《渔光曲》中的小猫是一个赤着脚丫、穿着破衣、饥饿拾荒、以山薯皮勉强果腹，并在街头唱小曲的苦孩子⑥。起初，王人美略有疑虑能否胜任女主角，蔡楚生则耐心疏导，或以关进小黑屋并故意气她的办法，确保其顺利进入情境⑦。为了帮助王人美理解小猫的性格，蔡楚生还亲自带队赴浙江石埔，时值九月骤起"临时狂风暴雨，将江水捲得波浪滔天"⑧，陪同她听渔民们诉说悲惨的生活，品尝海风的滋味，体会摇橹的辛劳，目睹穷人的遭遇⑨，并为适应角色逼真的需要，将王人美"面孔用烂泥涂污"⑩，这促使王人美俨然"真把自己当成小猫，当成渔民中的一员"⑪。她一边含着眼泪，一边唱起了哀伤的《渔光曲》⑫："鱼儿难捕租税重，捕鱼人儿世世穷……腰已酸，手也肿，捕得了鱼儿腹内空。"⑬ 1934年，《渔光曲》问世并连映84天，同时唱片销路畅旺⑭，

---

① 《体育皇后》，《联华月刊》1933年第7期。
② 反第因：《高占非给〈天明〉的孙瑜拖了去》，《影戏生活》1932年12月17日第1版。
③ 白帝：《王人美跳得要命》，《妇女生活（上海1932）》1933年第2卷第10期。
④ 蒋涵扬：《〈渔光曲〉中拾垃圾》，《联华画报》1933年第2卷第10期。
⑤ 《渔光曲》，《蔡楚生文集》第一卷（剧本卷），中国广播电视出版社，2006，第56~93页。
⑥ 《渔光曲中的王人美》，《社会新闻》1934年第7卷第28期；《进行捕鱼〈渔光曲〉王人美韩兰根》，《联华画报》1933年第2卷第16期。
⑦ 《电影演员印象记·王人美》，《铁报》1937年4月1日第3版。
⑧ 《怒吼吧，中国》，《电声日报》1933年9月22日第1版。
⑨ 王人美：《我的成名与不幸》，第110~112页。
⑩ 《王人美变了》，《新闻报·本埠附刊》1933年9月6日第6版。
⑪ 王人美：《我的成名与不幸》，第115页。
⑫ 《王人美含着眼泪》，《联华画报》1933年第2卷第25期。
⑬ 王人美：《渔光曲》，《娓娓集》1934年第4期。
⑭ 麦格尔风：《〈渔光曲〉唱片之秘密内幕》，《电声（上海）》1934年第3卷第35期。

第七章　女影星王人美：银幕内外的歌舞、演艺与健美

打破了国产电影开映空前的纪录，迎来了"放映国产影片戏院的黄金时代"，次年又斩获了莫斯科国际电影节"荣誉奖"，王人美本人也由此名声骤增，"跨上了一流大明星的宝座"①。

周夏在研究中表示，20世纪30年代左翼电影界转向关注社会底层的劳动人民，"女主人公大部分是处于社会底层的劳动女性"，在女性形象的塑造方面，除了注重呈现活泼灵动的健康美气质外，还将女性作为表达苦难的代言人②。王人美的角色扮演恰好契合了左翼影人这种价值取向的两个侧面。《渔光曲》真切地描摹出时代滞重的画卷，既有下层民众劳作的辛酸，也演绎了人世间的悲欢离合。"小猫"这一苦情角色自然易于唤起观众的同情心，产生了强烈的共情力，因之贴切地反映出社会的不公与悲愤，以及劳动妇女倔强的意志与苦斗的决心。女性娇羞柔弱的身躯成为电影创作者表现中华民族屡弱受辱的特定意象，以"小猫"为代表的底层妇女形象，连接了女性悲苦命运和不合理的社会制度之间的纽带。尽管她们蒙受着沉重的生存压力，但不变的是劳动者纯真质朴的内心、健康的体魄、向上求生的愿望，这种在挣扎中奋斗的强大生命力，无疑合乎了当时国人对苦难不屈抗争的信念。诚如影评者所言，"当以王人美的小猫，最为成功。你看她那么样地天真那么样地活泼！又讨人喜，又讨人怜！在极端的痛苦里，再勉强地装出笑容来，够多么深刻，够多么自然！"③。

继"野玫瑰"这一绰号后，王人美又拥有了"野猫"这一新的称谓④。从此，"野丫头"这一形象更加深入人心，给人以"永远是十五六岁"的印象，并且"这个孩子是在穷苦的家庭里生长起来的"⑤。她梳起两条左右分开的小辫子，身着褴褛的短衫裤，赤着脚，在街头跳跃着，欢喜时放开嗓子，动气时翘起嘴巴，淘气时扭转颈头，"那种活泼天真的少女的表情，最使人心喜了"⑥。有观众表示，如果失去了王人美性情之本色，"要她穿上一身旗袍，改演太太、小姐之类的角色"，那将委实为"不成模样"的滑稽表演⑦。20世纪30年代"反摩登"话语的流行，不

---

① 《王人美女士》，《艺声》1936年第2卷第2期；《王人美》，《电影画报（上海1933）》1935年第19期。
② 周夏：《拯救与困惑：中国早期电影中的女性悲剧（1905~1949）》，中国电影出版社，2021，第88~93页。
③ 柏岩：《看了"渔光曲"》，《世界快报》1935年4月10日第5版。
④ 《王人美下"野"》，《电声日报》1933年10月1日第1版。
⑤ 《电影演员印象记·王人美》，《铁报》1937年4月1日第3版。
⑥ 《王人美十足大姐气》，《新闻报·本埠附刊》1935年4月8日第5版。
⑦ 老宗：《王人美不穿旗袍》，《电声（上海）》1938年第7卷第33期。

少时人认为都市女性沉溺于"人为的病态的压制",而从事劳动的乡村女性则"能有天然之发育"①。故有记者特意采写了赴乡村写真的王人美,提着藤包,戴着草帽②,仿佛"她感到都市生活的厌腻",自由自在地观赏着乡村景物的有趣,"抱起那洁白的小羊,对围着她邻家姑嫂姊妹们发出憨态的微笑"③。一次,王人美与黎莉莉来到苏州大戏院观影,只见路上一群中学生"抢上前去替她们拎小提包",不假思索地取过纸笔请求签名留念,可谓"永久的迷醉了苏州的少年朋友"④。此外,王人美还作为卡通漫画形象刊载,其中一幅上题"米老鼠巴结我们的野猫——王人美",颇具喜感⑤。

上述两位"伯乐"导演的鼎力相助,在王人美从歌舞走向影坛之路上发挥了重要作用。《玲珑》杂志刊登了一幅孙瑜、蔡楚生、王人美三人的合影,上题"野玫瑰、野猫和她的爱护者"⑥。正如王人美在回应记者有关是否作传的问询中所言,"我无传,我传于影片中求之可也"⑦。

第二节　银幕之外:健美运动与日常生活的追踪

除了在银幕之上被大众媒介成功地制造出消费文化的符号意象,在银幕以外,王人美还通过健美运动的开展与日常生活场域的呈现,实现了"歌舞明星""影视明星"与"健美明星""影坛伉俪"四者形象的融合,诚与 20 世纪 30 年代女界健美风尚的兴起与大众文化的流变之间存在一定关联。

有学者指出,晚清女子的不缠足运动是改造"弱种"隐喻的女性,民初女性的"剪辫易服"是打造"进化"象征的女性,五四新文化以后流行的女性烫发、旗袍与高跟鞋是塑造"摩登"符号的女性,构成了近

---

① 寅:《健康美》,《社会新闻》1933 年第 3 卷第 1 期。
② 参见《联华画报》1937 年第 9 卷第 6 期。
③ 《王人美归来》,《戏世界》1935 年 5 月 6 日第 3 版。
④ 双燕:《黎莉莉和王人美》,《大亚画报》1933 年总第 365 期。
⑤ 《米老鼠巴结我们的野猫——王人美》,《联华画报》1935 年第 5 卷第 11 期。
⑥ 《野玫瑰、野猫和她的爱护者》,《玲珑》1933 年第 3 卷第 13 期。
⑦ 《王人美来京后》,《晶报》1933 年 7 月 15 日第 3 版。

代中国女子身体解放历史的三部曲①。然而,"摩登女郎"浓妆艳抹,追逐新奇刺激、物质至上的享乐主义,以咖啡馆、酒吧、舞场为社交平台,倡导着婚姻自由,不仅违反了新生活运动有关女性承担家庭主妇角色的倡导,而且与中国传统文化中对于妇德伦理的规训也并不吻合,故遭遇了来自各方的检讨和批判②。与此同时,社会上兴起了一场反对粉饰的"人工美",抵制女性"病态美"的思潮,由此,找寻健美女性的典范,以崇尚健康、自然、阳光、活泼为目标的中国女性健美运动随之蓬勃开展③。健美运动的引领者形成了对"摩登"姿态的超越,重释了现代化城市生活中女性身体的新要义,试图扭转社会大众对于"摩登女郎"徒具外表、糜烂堕落的偏见,并借以抹除充满轻侮色彩的"东亚病妇"等负面印象,并为民族主义与女性气质的协商创造了更广阔的空间④。王人美身材匀称、天然朴素、热爱运动、读书上进等素质,契合了民国时期的审美标准,并合乎此际女子新式健美风尚的诉求。

报刊通过大量刊载王人美的照片,精心将之包装成为"健美健将",这既包含着媒介以营利为目标的经营策略,也少不了王人美本人为提升知名度而频繁出镜的主动配合。笔者收集了各报刊登载的一些王人美的写真,择取部分经典照片进行解读。

首先,作为黎氏歌舞的"四大天王"之一,引人注目的便是王人美凭借曼妙的舞蹈尽情展露着她那颀长的大腿。在《千秋》杂志上,王人美与胡笳在"双人舞"的演出中穿着紧身短裤,单腿站立⑤;在《玲珑》杂志上,她头部微斜,双臂张开,一副沉醉模样⑥;《商报画刊》侧重呈现王人美的曲线美,只见她从背面"宛颈折腰"地矗立于地面,宛如一个拱形艺术品⑦。

其次,作为体育爱好者的王人美,活跃在运动场的内外,并在都市与

---

① 参见姚霏《中国女性的身体形塑研究(1870~1950)——以"身体的近代化"为中心》,《甘肃社会科学》2012年第3期。
② 参见唐姆嘉《20世纪30年代社会媒介的"摩登女郎"想象》,《妇女研究论丛》2017年第5期。
③ 参见游鉴明《近代中国女子健美的论述(1920~1940年代)》,李贞德主编:《性别、身体与医疗》,中华书局,2012,第245~278页。
④ 参见蔡洁《摩登与弄潮:近代中国的文化与社会》,北京出版社,2022,第186~194页。
⑤ 参见《千秋(上海)1933》1933年第3期。
⑥ 参见《玲珑》1933年第3卷第7期。
⑦ 参见《商报画刊》(1933年汇编),第42页。

乡间生活中，透露着亲近自然的渴望。在《玲珑》杂志上，王人美与胡笳在运动操场上敞开双臂，手拉着手，蓬松的马尾与白色的裙摆，在和煦的微风中，轻盈起舞，匀称的双腿彰显出阳光少女的爽朗与自信[1]；《妇人画报》则刊登着她或静坐在体育场的观礼台前，或轻松自在地摇荡着秋千的写真[2]；《联华画报》抓拍到了身着轻薄长裙的王人美正在打排球的模样[3]；《天津商报画刊》则专门特写了早晨七时王人美在健身室中练习体操的镜头，一套简单朴素的格子衬衫，配着包臀的短裤，夺人眼球[4]；即使在怀孕期间，王人美仍不忘以运动为乐趣的休闲，《唯美》杂志则展示了大腹便便的她，正努力地"牵丝攀藤"，并全身向上的姿态[5]。还有记者报道王人美在民众运动会上，"她的乱跳，她的胡闹，吸引去观众的灵魂，好极了"，宛如"一只美丽的小鸟，一朵艳丽的野玫瑰花"[6]。《电影月刊》重点描绘了她的臂力，双眼迷离的王人美在百花丛中，仰着头，踮起脚尖，专注地采摘着树枝上的野花，宛如一朵绽放的"野玫瑰"，融入了山花烂漫的大自然，"真可说是巧合了，你看这一团团逐队成球的花儿，得到了这一位美人王的怜惜，是多么的有幸。花儿有知当不致如林黛玉所谓'草木也知愁，韶华竟白头，叹今生，谁舍谁收'"，可以凭借她的双臂，直送上云霄[7]。由此，王人美在运动场呈现的"健美健将"，与银幕上的"野玫瑰"形象，达到了合流与统一，引领着"健康美"的新时尚。有评论者指出，"女性美"的印象因人而异，而女性美的标准也随着时代的发展而变化着，林黛玉与西施的"病态美"一去不复返，取而代之的是王人美式活泼矫健的"自然美"。至于增加美的方法，除了食品的选择外，更须加强锻炼身体，确保"身体各部得到平均的发展"[8]。

综观报刊媒体上纷呈各异的"王人美图像"，表面上与"摩登女郎"的"裸露"有着相似气息，投射着男性欲望，但实际上，与"摩登女郎"刻意暴露性感元素，勾起异性"性的欲望"完全不同，"王人美式"的"裸露"意在提倡人体原初、自然、健康、饱满等生理特征。这种"反摩

---

[1] 参见《玲珑》1934年第4卷第31期。
[2] 参见《妇人画报》1935年第33期。
[3] 参见《联华画报》1935年第6卷第9期。
[4] 参见《天津商报画刊》1935年第14卷第23期。
[5] 参见《唯美》1935年第3期。
[6] 《王人美在民众运动会》，《女朋友》1932年第1卷第14期。
[7] 老藤：《王人美》，《电影月刊》1933年第24期。
[8] 黄嘉德：《谈女性美》，《妇人画报》1934年第24期。

第七章 女影星王人美：银幕内外的歌舞、演艺与健美 203

登"姿态的出场，激发了观者对于自然、本真、和谐的想象，尤其令都市人憧憬建构"田园城市"模式的寄望。如同"乡下人"羡慕着城市的繁花似锦，城市人却也渴望"乡下人"拥有"世外桃源"的清幽浪漫①。

再次，游泳作为一种增强体格与健美的运动，也彰显出王人美解放女性身体桎梏的愿望和信念。在近代民族主义话语的形塑下，女子游泳之风的兴盛，以及在体育竞技中的积极参与，还关联着20世纪30年代知识界精英呼吁的民族复兴观念。尤其在"体育救国"口号的感召下，王人美等女明星酷爱游泳的"健美浴影"进入公众品评的视域，构成了摩登都市大众休闲一道独特的风景线，引领着女性解放身体的新潮。近代中国健美运动的思想资源中相当一部分取经自西方体能运动的女将，除了希腊塑造了竞技体育女性"人体美"的艺术品，德国则强调女性健美品质的养成，离不开阳光、空气与天然的补益，"皮肤之黧黑，肌肉之丰硕，行动之敏捷"实为从事健美女性的标签②。显而易见，王人美、黎莉莉与生俱来的黝黑肤色，无疑是中国健美女性效仿的典范③。

与此同时，男性的"凝视"与女性的"被看"成为值得注意的现象。在这种以游泳展示女性美的时尚潮流中，黎明晖、黎莉莉、胡笳、徐来、李丽、胡萍、谈瑛、朱秋痕、白虹等健美女星们也纷纷身着性感的泳装，融入夏日以游泳为乐趣的万种风情。这意味着女明星的身体不再隐秘化，而是将身体各部位显露的健美气质公开呈现在公众场合，蕴含着休闲娱乐大众化的趋向④。每逢周末来临，离开了麻醉灵魂的酒吧与舞场，抛却了浪漫的私生活，人们来到上海的虹口游泳池，水中成群成对儿的男女们嬉戏打闹，随处映入大众的眼球，勾动着少男少女们的心弦。他们挣脱了束缚身体的牢笼，摘除了日常交际的面具，情感纠葛尽情释放，其间热闹非凡，"八月的夏，是电影明星游水的季节"⑤。诚然，难以避免的是，女性以健美为名义的"身体解放"，其实在某种程度上也无法脱离隐含着"消费身体"的本质，即给予了观者"一个欣赏肉感的机会"⑥，但也从某种层面上为大众传媒之于女明星形象的制造提供了素材和契机。

---

① 参见蔡勤禹《民国时期国人对"田园城市"的理论认知与实践探索》，《兰州学刊》2017年第2期。
② 游鉴明：《近代中国女子健美的论述（1920~1940年代）》，李贞德主编：《性别、身体与医疗》，第256页。
③ 《国片界花絮》，《玲珑》1933年第3卷第34~35期合刊。
④ 《女明星游泳热》，《玲珑》1934年第4卷第22期。
⑤ 白丁：《前天的虹口游泳池》，《立报》1936年8月10日第6版。
⑥ 秋：《虹口游泳池中银星闪烁着光芒》，《新闻报·本埠附刊》1934年7月10日第5版。

值得一提的是,在游泳池这一特定的空间场域,免不了"醉翁之意不在酒"的男性,对于女性身体充满着情欲化的诱惑、窥探与想象。有一次,王人美在泳池中遭遇潜水者的"碰撞"与"暴击",忽然"一声大叫,引得游人都为注目",被观看者调侃如同"野猫碰到了翻江鼠"①。据称,有人对王人美咸猪手②。女明星的身体仍是旧男权文化关注和打量的对象,这些活跃于公共舞台上的女明星在其间遭遇被物化的羞耻感,却往往被外界所漠视。

进而言之,男性观众被王人美等女明星美丽大方的外表、能歌善舞的表演和健美运动的气质所吸引,借助对于女明星私生活的追踪,集中投射出自身的欲望与快感。当时盛行的明星选举活动便是男性凝视下的产物。1934年,在《大晚报》《电声》《明星日报》、中国福新烟草公司等发起的"电影皇后"选拔赛事中,王人美多次入围前十名,或当选"最健美的明星"③,或摘冠"皇帝爱后"的称号④。不过,在评选场上,王人美等女明星成为被遴选的客体,女明星的身体处于被观看者的位置,无论是"电影皇后"还是"标准美人",都是由男性审美话语所决定,并通过男性文化权力的运作机制加以展现。此外,选举中还存在贿选及买卖等暗箱操作,甚至出现了妓女夺冠的怪现象,导致失信于众,一时间,王人美、胡蝶等当选者不约而同地拒绝出席某烟草公司举办的加冕典礼⑤。因而,在一些特定的情境下,女明星选举不免成为企业商家营销牟利的噱头,满足的是男性围观者的猎奇心态,并充斥着物化女性的色彩。《福尔摩斯》报称,1934年所谓的"电影皇后年","因为选举的既烦且多……其结果就东产一个皇后,西出一个皇后,闹得乌烟瘴气"⑥。也就是说,与女明星公众可见度不断增加的同时,还不能忽视她们被观赏的性质和被男性窥视的尴尬。

随着名声的暴涨,王人美等女明星所附带的商业价值也为商家充分挖掘,一些广告商注重运用灵活的市场销售策略,利用女明星的影响力来进行商品的宣传和炒作。王人美不仅为商品代言,同时还参加广告推销活

---

① 《王人美游泳池遇暴》,《社会日报》1933年7月22日第2版。
② 《王人美水中遇暴》,《大亚画报》1933年总第391期。
③ 参见侯凯《上海早期影迷文化史(1897~1937)》,中国电影出版社,2020,第113~116页。
④ 《皇后年》,《现代电影》1934年第7期。
⑤ 《去年产生了有多少我们的皇后》,《大美晚报》1935年1月24日第2版。
⑥ 《电影皇后年的开始》,《福尔摩斯》1934年4月3日第2版。

动，成为引领流行时尚的风向标，影响着社会大众的消费取向。商家追求明星广告效应的意图较为明显，旨在通过女明星在观众中的影响力实现获取经济利益的目标。而王人美等女明星之所以成为摩登都市商业符号的化身，在于消费者对跟风模仿女明星的从众心理。正如侯凯所言，"只有影迷的存在以及对明星的崇拜，才使得明星具备了商业的价值……而影迷们也借此将置身于影院中的观看快感延伸至日常生活。在某种程度上来说，影迷影响着商品的生产和传播"①。耐人寻味的是，王人美等女明星在着装打扮、装饰搭配上的选择，对于社会上的女性产生了示范作用，刺激了女性消费者的购买欲，促使不少女性竞相模仿，掀起了都市时尚的热浪与现代性的风潮。

最后，与当时不少女明星崇尚奢华生活，混迹于酒馆、舞厅、跑马场不同的是，王人美在从事健美运动之外，还形塑出了一个热爱书籍、追求进步的知识女性形象。《电声日报》报道，王人美在未入歌舞界之前，曾在南洋高商读书，学习努力，成绩优异②；《国际现象画报》刊登出一幅王人美正在窗边专心致志于阅读的照片，阳光洒到书桌之上，映着她勤恳、安静、甜美的面庞，显示出回归书斋后知性感性的一面③；《联华画报》则特写了王人美静坐在钢琴前，"弹琴对知音"，回眸一笑充满魅力的镜头④。每逢拍戏闲暇之际，记者总能捕捉到她"忙里偷闲"的一面，如在赴石浦拍摄《渔光曲》外景之际，为了做到拍戏与读书两不相误，王人美坚持阅读的习惯，"一方面继续探求她需要的学问，一方面照旧拍戏，虽然两者的时间有时会冲突"⑤。另有一次记者在中外书店门口与王人美"偶遇"，只见玻璃窗内的她，痴迷于琳琅满目的书籍，书店"中央的大桌子上满布着各色的画刊，一时竟吸引住了王人美……很用心在注视着"⑥。可见，王人美在银幕内外既拥有"野孩子"一样的健美体格，又绝无摩登女子的浮华恶习，温柔得像一只乖顺的"小猫"，待人接物彬彬有礼，似符合时人对于建构"现代标准女性"的规训与期待，全能式的"女神"形象跃然纸上。

照此看来，王人美并未完全回避男性凝视的目光，而是借助着被大众

---

① 侯凯：《上海早期影迷文化史（1897～1937）》，第135～136页。
② 《王人美读书的地方》，《电声日报》1933年10月18日第2版。
③ 《野玫瑰王人美》，《国际现象画报》1933年第2卷第8期。
④ 《静动人影》，《联华画报》1935年第5卷第10期。
⑤ 《王人美不忘读书》，《金刚钻》1933年10月1日第1版。
⑥ 《王人美》，《电影时报》1933年5月23日第2版。

文化观看的过程，将她在公共生活领域的魅力转化为在影坛上的影响力，从而提升她在明星职场中的竞争资本。这意味着王人美开始有意识地驾驭女明星身份建构中的主体角色，促使她个人形象的塑造超越了中国电影业初兴之际男性将女演员与名妓文化相混同的流弊。某种意义上讲，王人美的成名轨迹是同时代女演员职业发展道路的一个缩影。张勉治认为，"20世纪30年代不仅是那些才华横溢的艺术家的时代，也是'善良女孩'的时代"①。而银幕内外的王人美便具有这种"善良女孩"的特质，她凭借知识、才艺、单纯、美德，破除了20世纪20年代文化知识人将女演员视为腐化、堕落等刻板化的印象，得以成为社会正能量的一种文化隐喻，由此为观看者提供了大众休闲与娱乐生活方式的正当性引导。王人美在银幕之外还拥有与丈夫金焰积极向上的婚姻生活，一同热衷于积极向上的健美运动，被时人视为恋爱与事业双重成就的典范。

1934年1月1日凌晨1时，"野猫"王人美与"皇帝"金焰结婚的消息一经"官宣"，成为上海电影界轰动一时的事件，被《时报》誉为"1934年第一句钟，全世界第一桩新鲜事"②。二人在《结婚启事》中称："我们定于国历廿三年一月一日上午一时结婚，导演孙瑜先生是我们的证婚人。为要避免一切不必需的消耗，我们不预备喜酒，也不收任何礼物，仅仅的藉新年第一日的第一时，极简单的来完成这个'婚礼进行曲'。"③婚礼在联华一厂俱乐部举办，从《良友》画报上刊登的照片看，公司及影界同人孙瑜、蔡楚生、吴永刚、聂耳、白虹、胡笳等纷纷参加祝贺④。金焰在20世纪30年代的电影界享有"电影皇帝"的美誉，与王人美同为联华影业公司的演员，因在《野玫瑰》中扮演江波一角，与扮演小凤的王人美首次合作⑤，促使二人从"友谊踏上恋爱的途径上去"⑥。不少影迷为之欣喜，为之流泪，也有一些"非议之声"，认为金焰乃高丽人，实为无国籍者。王人美的二哥王人路一度以法定保护人的身份，登报表示公开反对，甚至扬言断绝兄妹关系⑦。但王、金二人之所以力排众议，则

---

① 〔美〕张勉治：《善良、堕落、美丽：20世纪二三十年代的电影女明星和上海公共话语》，〔美〕张英进主编：《民国时期的上海电影与城市文化》，第160页。
② 《金焰、王人美破题儿第一遭》，《电影时报》1934年1月1日第2版。
③ 凡：《金焰、王人美举行婚礼》，《电声（上海）》1934年第3卷第1期。
④ 参见《良友》1934年第85期。
⑤ 王人美：《我的成名与不幸》，第81~85页。
⑥ 《恋爱产生在男女明星间的金焰、王人美》，《开麦拉电影图画杂志》1932年第1卷第2期。
⑦ 《新婚后王人美跟她哥哥的答辩》，《玲珑》1934年第4卷第5期。

源于他们志同道合、互相欣赏。金焰对外接受采访称，王人美既能为他织衣补袜，同时具备现代女性气质，完全符合了他理想中的择偶标准①；王人美则认为金焰崇尚健美，长相俊秀，落落大方②，既是银坛的霸星，也是"有希望的青年，实在是世界上第一个完整无缺的男子了"③。

王人美与金焰为观众呈现出一个"影坛伉俪"的形象。王、金二人在影坛名气虽大，但薪水并不丰硕④，与当代好莱坞影星相差甚远，更毋论"游艇""别墅""牛奶浴"式的豪华奢侈⑤。二人勤俭持家，以节省储蓄的方式，勉强购买了一辆半新半旧的汽车，并乔迁至小洋房⑥。《玲珑》杂志特意刊登一张王人美身着旗袍，戴着丝巾，与汽车开心合影的照片⑦。王人美夫妇为节约开支，与胡笳夫妇、刘琼夫妇尝试"集体的家庭生活"，除去各自的卧室以外，还有三个家庭公有的餐室和会客厅，日常消费则"平均分担"，形成和睦的邻里关系，营造出影坛同人互助合作的新风尚⑧。

王人美结婚怀孕后一度鲜少接手新戏，尤其是谢绝外界的酬酢，引来了影迷们的质疑⑨。有人担忧称，婚后的"野猫"早已失去了"野性"，看起来"常常是静到像一位旧式女子一样"⑩，更仿佛摇身一变为一只"家猫"，"影国皇帝金焰做着她的主人，他走到什么地方，她也跟到什么地方"⑪。婚前，王人美多以单人写真出镜，婚后，转而侧重拍摄与金焰合照健美的形象，如一张照片上突出展现金焰双臂强壮的肌肉，而她紧拥躲在身后，双手抱住他的脖子⑫。并且，她开始经营家务劳作，"躬自料理柴米琐屑"⑬，闭门烧饭，还将"房间布置得简单而富有生气：书桌，钢琴，立地镜，两人的照片，红色的窗帘，中间是一只西式的木床"，床上放着一对"野猫亲自为皇帝绣的"贴着红花英文字的枕头，不禁令人

---

① 《金焰和王人美订婚》，《社会日报》1933年11月20日第2版。
② 王人美：《我的成名与不幸》，第81~82页。
③ 《王人美与王人路》，《上海报》1938年8月20日第3张第1版。
④ 《金焰、王人美之家庭生活》，《电声（上海）》1934年第3卷第46期。
⑤ 《金焰、王人美之俭约》，《金刚钻》1934年9月28日第1版。
⑥ 浮萍：《金焰、王人美买汽车、造洋房》，《影戏年鉴》，1934，第251页。
⑦ 参见《玲珑》1935年第5卷第2期。
⑧ 俞治成：《两位电影界明星金焰、王人美家庭访问记》，《健康家庭》1939年第4期。
⑨ 夏士莲：《女星散记（十四）》，《戏世界》1935年10月23日第3版。
⑩ 《王人美有喜》，《玲珑》1934年第4卷第13期。
⑪ 《陈波儿摄王人美两幅》，《电影生活（上海1935）》1935年第4期。
⑫ 《金焰、王人美之私生活》，《影与戏》1936年第1卷第2期。
⑬ 《金焰、王人美购车之波折》，《影戏年鉴》，1934，第158页。

喟叹"别看野猫那么野,也会捉针呢"①。并且,由于金焰从不跳舞,也不许王人美参加歌舞表演,王人美即"夫唱妇随",能够约束自己,且拒绝进入舞场,成为一个在影迷眼中"有良好性情的姑娘"②。她婚后唯一一次公开参加的歌舞活动,还是1936年4月3日明月歌舞社为庆祝成立十五周年的邀请演出,此际黎锦晖的《桃花江》《毛毛雨》等流行歌曲被斥为"黄色爱情"遭遇批判③,但王人美此番登台,只为回报黎锦晖早年栽培的"知遇之恩"④。

实际上,婚后的王人美也并非如影迷们所臆断的"回归家庭"后的沉寂。在王人美婚后的五个月,《渔光曲》的公映"竟压倒了她婚前一切片子卖座的纪录",实并未给人以"明星一嫁人就失去地位"的印象⑤。她还于1934年底至1937年全面抗战爆发以前,接连参加了联华影业公司的《小天使》、电通影片公司的《风云儿女》、新华影业公司的《离恨天》《黄海大盗》,以及国防影片《壮志凌云》等影片的拍摄⑥。可见,王人美在"家事"与"职业"之间"两不相误",为20世纪30年代的女界树立了一个符合"现代女性"标准的典范。

除了在家庭内部呈现出"贤良淑德"的形象以外,王人美还与金焰走向户外,以篮球、打猎、旅行等娱乐方式,践行着健美风尚的生活志趣。20世纪20年代末30年代初,上海电影界弥漫着颓废、没落的气氛,许多电影明星沉溺在夜总会、鸦片烟馆,过着"今朝有酒今朝醉"的生活。与此相反的是,王人美夫妇热衷于各类体育活动,锻炼强壮的体格,既是对"糜烂的夜生活"的抵制,也是提升演员身体素质,适应高强度拍戏生活的有效途径⑦。例如,参加"未名篮球队"是王人美夫妇追求健美人生的一种方式⑧。1934年,金焰将"联华篮球队"改名为"未名篮球队",王人美也成立了"未名篮球女队",亲自领队,受邀参加各类赛事,结交运动健将,相互切磋球艺⑨。

---

① 《金焰、王人美的"蜜月"》,《电声(上海)》1934年第3卷第5期。
② 松木:《金焰、王人美是怎样生活着的?》,《女同学》1935年第2卷第1期。
③ 《〈桃花江〉有问题》,《影画》1934年创刊号,第7页。
④ 《黎莉莉、胡萍、袁美云大批女明星登台表演》,《电声(上海)》1936年第5卷第13期。
⑤ 陈嘉震:《王人美做了母亲》,《电影画报(上海1933)》1934年第14期。
⑥ 《王人美年表》,王人美:《我的成名与不幸》,第217~218页。
⑦ 王人美:《我的成名与不幸》,第132~135页。
⑧ 王人美:《我的成名与不幸》,第139~140页。
⑨ 俞洽成:《两位电影明星金焰、王人美家庭访问记》,《健康家庭》1939年第4期。

第七章 女影星王人美：银幕内外的歌舞、演艺与健美

与此同时，打猎也是他们休闲的常态。王人美夫妇居住在靠近联华总厂的一座独立小洋房内，她家中的四周墙壁上挂满了"大小粗细长的短的十来枝猎枪"①，还有各式各样的打猎用具，以及皮鞭、军装、范朋克式的兵剑，宛如一个"军器库"，充满"一派英雄之气"②。至于每次外出的收获，或是几只山鸡、白兔，间或亦有"空手而归"时③。《新华画报》还拍摄一张王人美在山坡上手持长枪瞄准猎物，金焰站在一旁细心指导并小心保护的相片④。有人绘制了一幅夫妇二人行猎的漫画：金焰头上戴着闪闪发光的皇冠，抱着比他瘦小柔弱的王人美，他们手握两根粗木棒作工具，奔跑在野森林里，各种小动物环绕周围，配着跳动的音符，旁署解说"小鹿小鸟们说：'先生！太太！请你们留个名儿纪念纪念'"⑤。有评论者称羡，总能在山色湖光里看见王人美夫妇酷爱打猎的芳踪，"接近这伟美的大自然，多情的明月，寒冷的秋风……永远是新鲜的颜色，永远是美的花样"⑥。

1936年9月下旬至10月初，王人美夫妇赴北平旅行观光，也为各大媒体争相报道⑦。在从上海出发的邮轮上，这对"影坛伉俪"矗立在甲板之上，王人美戴着遮阳帽，身着白布短衫与包臀黑色短裙，与双手掐腰且英姿飒爽的金焰紧靠一起，享受着扑面而来的凉爽海风⑧。抵达北平以后，他们下榻于中央饭店，连日游山玩水，饱览古迹名胜⑨。联华影业公司总经理罗明佑在来今雨轩宴请王人美夫妇⑩。此外，二人还游览了颐和园风光，影迷闻之，纷辄求王人美签名。野餐于湖上舟中时，有客邀她请作歌者，然"王惟含笑，不肯启喉"⑪。无怪乎，当时影坛内外高度评价王人美夫妇前进式的结合，"是充满着人生的甜蜜，好像是一首美丽的诗，一幅潇洒的画"⑫。

---

① 《金焰、王人美闹穷》，《电声（上海）》1936年第5卷第44期。
② 银铃：《金焰、王人美在小洋房里》，《世界晨报》1937年4月20日第4版。
③ 《金焰、王人美出猎——结果每空手而归》，《铁报》1936年3月8日第3版。
④ 《金焰、王人美狩猎生活》，《新华画报》1937年第2卷第4期。
⑤ 《金焰、王人美行猎图》，《联华画报》1937年第2卷第5期。
⑥ 《金焰、王人美夫唱妇随》，《电影周刊（上海1938）》1938年第16期。
⑦ 香波：《王人美秘密抵平》，《戏世界》1936年9月24日第2版。
⑧ 《甲板上金焰、王人美》，《新华画报》1936年第1卷第3期。
⑨ 大王：《金焰、王人美游故都记》，《新春秋》1936年10月4日第2版。
⑩ 《罗明佑在北平欢宴金焰、王人美》，《电声（上海）》1936年第5卷第40期。
⑪ 崔光泗：《王人美菰平小记》，《北洋画报》1936年第30卷总1462期。
⑫ 《金焰、王人美夫唱妇随》，《电影周刊（上海1938）》1938年第16期。

第三节　女艺人的"困惑"：时代风潮的裹挟

如果将王人美的演艺生涯放置在20世纪三四十年代电影界视角下进一步观察和讨论，可知以王人美为代表的相当一批女艺人在艺术与政治之间的冲突及挣扎，并且其赖以生存的演艺空间，也随着战时变幻的局势悄然改变，这显得尤为耐人寻味。

自1932年底《三个摩登女性》上映后，左翼电影界凭借现实主义的艺术成就，成为中国影坛上一支"异军突起"的力量。这些电影批评者具有专业化的理论修养，开始有意识地掌握电影媒体在意识形态领域的工具化效应，这明显区别于一些小报记者只偏重于娱乐化、趣味性的新闻报道取向，而是将电影艺术看成一种严肃的事业，在公共文化领域"迅速展开了关于电影和民族文化尖锐的论争"。有研究者表示，左翼文化人经常聚集于茶馆或饭店，借助"电茶会"的形式，在集体观影后围绕讨论的话题对象展开针锋相对的辩论，使得上海电影工业的氛围发生了变革，创造了"丰富可贵而又问题重重的文化传统"①。这些左翼文化人通过为影业公司提供剧本，发表影评，动员进步导演和制片人加盟等方式，引导舆论。他们普遍坚持认为，电影艺术须为现实政治与阶级斗争而服务②。《中国左翼戏剧家联盟最近行动纲领》明确指出，电影剧本的内容应当指示出"在资产阶级与无产阶级底尖锐化的斗争过程中，中间阶级之没落底必然与其出路"③，应将电影作为反帝反封建运动中"政治性""宣传性""社会性"的重要武器④。在此影响下，蔡楚生、史东山、孙瑜等导演、编剧的创作取向发生"向左转"，1933年也由此赢得了"中国电影年"这一美誉⑤。

左翼文化人对于电影演员提出了更高层次的要求。沈西苓在《现代

---

① 张真：《银幕艳史：都市文化与上海电影（1896~1937）》，沙丹、赵晓兰、高丹译，上海书店出版社，2019，第363、374~375页。
② 夏衍：《新的跋涉》，中国电影艺术研究中心等编：《中国左翼电影运动》，中国电影出版社，1993，第9~14页。
③ 《中国左翼戏剧家联盟最近行动纲领》，文化部党史资料征集工作委员会编：《中国左翼戏剧家联盟史料集》，中国戏剧出版社，1991，第17~18页。
④ 参见吴海勇《"电影小组"与左翼电影运动》，上海人民出版社，2014，第75页。
⑤ 洪深：《一九三三年的中国电影》，《文学（上海1933）》1934年第2卷第1期。

电影》刊文指出，怎样才算真正具备"演员资格"，这需要建构演员的主体能动性，不仅要透彻地了解剧本、领悟剧中角色的个性，而且能"在拍戏之先，与导演商酌"，成为辅助导演贯彻创作理念的重要合作者，绝非只是先前的"衣架子"或"导演的工具"①。在这种价值评判的语境下，政治话语审视下的"进步"或"保守"，又无形中使得影人被赋予相对应的"左"或"右"的标签化人格，政治标准成为衡量其艺术水准的重要尺度。至于演员本人则不断"游移"在这种政治空间的坐标之间，面对电影艺术与政治气候的流转、时代的变迁之间的关系以及在此基础上引发的各类论争，不免显示出迷惘与无所适从的一面。

有学者探讨过同时期著名影星胡蝶、阮玲玉在拍摄影片中主动选择权利的有限性。胡蝶在接受访谈中表示，她参演的影片类型及男主角搭档均"由公司指配"。阮玲玉既做过《神女》《三个摩登女性》《新女性》等进步电影的主角，也主演过宣传国民党党化教育的《国风》等影片。她们与左翼导演的合作，并不意味着思想和政治倾向的"向左转"②。与之相似，王人美既参演过左翼进步电影《风云儿女》及《渔光曲》，也在国防影片《壮志凌云》《长空万里》中出镜，还参与了国民党为推行新生活运动而拍摄的《小天使》。并且，在与王人美合作的导演群体中，既有左翼导演蔡楚生、许幸之、孙瑜等，也有"被指责"为思想保守的导演吴永刚等。然而，对于她本人而言，主要是致力于一个演员的本职工作，主演大多数影片的动机只是由于导演的邀请，以及他们为塑造人物形象而对演员专心培育的机缘。面对电影界思想阵营的分野，王人美并不敏感。

1935年，田汉创作、许幸之导演的左翼电影《风云儿女》一经上映，爱国青年热血沸腾。影片主要讲述了从东北流亡到上海的青年诗人辛白华和好友梁质甫，曾帮助楼上居住的贫苦少女阿凤至歌舞班读书，后梁质甫参加革命且牺牲，辛白华却一度坠入情网，直到偶遇阿凤并听到她演唱的《铁骑下的歌女》时深为震撼，转而投身抗战前线的故事。其中，阿凤一角由王人美扮演，也为观众赞誉不止③。编剧田汉指出，这部影片揭示出"革命知识分子在深重的政治压迫和民族危机前面，从苦闷、彷徨奔向民

---

① 沈西苓：《一九三二年中国电影界的总结账与一九三三年的新期望》，《现代电影》1933年第1期。
② 参见刘磊《性别·媒介·符号：公共话语中的阮玲玉》，《山东女子学院学报》2017年第3期。
③ 《风云儿女》，中国电影艺术研究中心等编：《中国左翼电影运动》，第283~285页。

族民主革命的明确过程"①；导演许幸之也表示，"这故事的形成，正和它的名字一样，是风云变幻中的儿女长情……他们为了正义感的被激动而从戎抗敌"②；女主演王人美虽然也沉浸在聂耳作曲的《义勇军进行曲》激昂慷慨的情绪里，仿佛真实地来到了华北民族解放运动的炮火中③，她坚信"跟着田老大（田汉），走的路决不会错"，将出演《风云儿女》视为追求进步的表现④；但她更侧重于在角色表演中挖掘自己的人生体验，认为扮演的"穷苦女孩子阿凤，单纯、善良，在生活的颠簸中逐渐成熟"，表示"对这种女孩子太熟悉了"，尤其是阿凤唱的《铁骑下的歌女》，简直就是明月歌舞社中女孩们"生活的真实写照"。可见，王人美很大程度上将她本人的经历和痕迹带到了银幕上，表现的依然是如主演"野玫瑰"时代的自己，这是她作为表演者自觉的认同。

随后，王人美出演由吴永刚导演的《小天使》。出乎意料的是，由于这部影片特定的政治属性，促使王人美遭遇了影评人褒贬不一的评价。1935年8月，南京国民政府兴起了一场以谋求儿童启蒙、儿童福利为主旨的"儿童年"运动⑤，《小天使》的剧本正是此间在江苏省教育厅的主题首次征稿中摘冠的作品。联华影业公司总经理罗明佑为迎合国民党当局关于儿童在新生活运动中"幸福成长"的宣传话语，指定曾凭借导演阮玲玉主演的《神女》而扬名影界的吴永刚担任导演⑥，同时邀请当时享有"第一流的演员"美誉的王人美、林楚楚、汤天绣以及著名男童星葛佐治等人组成庞大的演员阵容⑦。影片对比了两个经济实力与教育理念全然相反的家庭，揭示在新生活运动理念的指引下，国民党所规范的父母与儿童的关系、家庭环境与儿童健全成长的关系⑧。王人美在影片中扮演姐姐一角，且演唱主题曲。南京国民政府还专门为女主演王人美，以及担负"复兴国片"重任的影片《小天使》颁发褒奖令，"以示政府重视影

---

① 田汉：《〈风云儿女〉和〈义勇军进行曲〉》，中国电影艺术研究中心等编：《中国左翼电影运动》，第367~368页。
② 许幸之：《〈风云儿女〉的自我批评》，中国电影艺术研究中心等编：《中国左翼电影运动》，第370页。
③ 《王人美痛哭流涕》，《时报》1935年1月30日第8版。
④ 王人美：《我的成名与不幸》，第124~131页。
⑤ 全国儿童年实施委员会：《儿童年宣言》，《江西地方教育》1935年第16期。
⑥ 吴永刚：《〈小天使〉导演者感言》，《电影时报》1935年8月7日第1版。
⑦ 《〈小天使〉巨片之标记》，《申报》1935年8月6日第20版。
⑧ 《小天使》，中国儿童少年电影学会编：《中国儿童电影80年（资料汇编）》，远方出版社，2003，第8页。

业……俾各制片公司同谋改进，竞入正轨之意也"①。可以见得，《小天使》之所以能够在"儿童年"众多献礼影片的剧本征稿中夺取皇冠，则源于该影片契合了南京国民政府在新生活运动中对于家庭伦理观念的重塑与规制，即营造出母子关系、姊弟关系和谐融乐的氛围，并将家庭改良作为改造社会与振兴民族的起点。

然而，由于《小天使》是一部具有浓厚官方教育色彩的儿童电影②，左翼影评界对于导演吴永刚及影片发出质疑的声音，称吴永刚缺乏必要的阶级斗争理论以及阶级革命学说，对于社会矛盾根源的理解不免存在理想化的判断，未能贯彻左翼文化人倡导的艺术为社会现实服务的意志。也就是说，《小天使》这一影片将人物角色理想化，一味地弘扬道德教化的意义，其实抹杀了阶级冲突，消解了贫富悬殊导致的资产阶级与无产阶级的对立，忽视了教育资源的不平衡所造成两者之间的分化③，缺少对于广大幸福圈外儿童的观照，更毋论考虑到流浪儿童这一群体，并片面地强调女性在家庭中的无偿付出，甚至是主张女性做无谓的牺牲，这些无疑是对于改造社会问题的避重就轻。

继之，由金焰出任主演，吴永刚编剧并导演的另一部《浪淘沙》也遭到了来自左翼话语的批评。《浪淘沙》讲述的是一位侦探在追捕逃犯水手的过程中因船只沉没而被冲到了荒岛，为求生存二人结为朋友，但当看到远方有轮船驶过时，出于立功欲望的侦探又铐住了水手，最终因互相争吵导致他们无法获得拯救而同归于尽④。接踵而至的两次批判，不仅使得自以为"追求进步"的吴永刚颇感震惊，而且也令王人美困惑不已。一方面，她认为在《小天使》中担任的姐姐一角"拍得很细腻，很抒情"，侧重表演姐姐为父母主动操持家务，为弟弟日夜编织毛衣，为家庭心甘情愿地服务、让步与牺牲，荣获了南京国民政府的褒奖令。另一方面，她也颇为赞赏吴永刚在影片中所推崇的"应该爱孩子，应该发扬孩子们的精神美，这才是改造社会的力量"，以及"人与人之间应该有爱和同情，不应该有追逐和仇杀"等理念，并表示"吴永刚是从善良的愿望出发来编导"，其接手该片的导演工作，只因认同改编自意大利作家亚米契斯的儿童文学《爱的教育》的剧本原著中的思想内涵，因此觉得部分左翼影评

---

① 《中央嘉奖女明星王人美等》，《妇女月报》1936年第2卷第7期。
② 参见李少白主编《中国电影史》，高等教育出版社，2006，第55~56页。
③ 参见郭海燕《联华影业公司探析》，东方出版中心，2017，第152、283页。
④ 君良：《记〈浪淘沙〉》，陈多绯编：《中国电影文献史料选编·电影评论卷（1921~1949）》，中国电影出版社，2014，第592页。

难免有"过于严厉"的一面①。

　　遭遇批判的吴永刚在颇感委屈的同时,为了急于表明自己是"一个站在时代的前线的艺术家",与王人美、金焰由联华影业公司转入新华影业公司后②,又"煞费斟酌",于1936年完成了国防题材影片《壮志凌云》的剧本,并特意吸收了田汉、夏衍、阳翰笙对剧本的修改意见,再度邀请王人美夫妇担任主演③。新华影业公司总经理张善琨基于赚取票房与迎合抗战主题的双重考虑,为这部影片的拍摄投入相当资本,准备制成一部气势恢宏的"大片子","有几百匹马的场面,有几千人军队的场面"④。影片将时代背景置于20世纪20年代初军阀统治时期,讲述了村民们在匪徒来犯之际,化解了嫌隙,共同投身抗敌的"农民血泪史",塑造了一群在青纱帐里或冰天雪地血战的民族英雄⑤。影片一经上映,果不其然在左翼文化界赢得了广泛的赞誉。有论者称内中实蕴藏着一个千古不灭的真理:"要生存唯有战",掌声最热烈的地方,是"剿匪将士的出现和朝前冲的时候",这明白而真切地反映出在抗战的洪流中观众"需要怎样的东西",并认为王人美、金焰等的表演"也给了我们极好的印象",这在国片中拥有罕见的成就⑥。导演吴永刚从艺术要为政治服务的现实需求出发,检讨了先前创作编导的狭隘性,"小天使只为着家庭教育做了一次说教;浪淘沙呢?想把人与人之间的冲突启示出来,但是这个企图是失败了,我承认我太怯懦了,尤其是站在这充满火药和血腥气的非常时期,我们应该自省,我们应该贡献点什么给观众"⑦。但作为演员的王人美,除了沉浸在影片中呐喊的民族主义之声外,更主要的还是从表演者的角度感受扮演的角色,她尤其满意自己出演的黑妞:一边拉犁开荒,一边唱着《拉犁歌》,自然贴切地表现出劳动的艰辛。其实,这恰是王人美努力找寻早年演艺生涯中"野孩子"痕迹的某种自我呈现⑧。

---

① 王人美:《我的成名与不幸》,第144~146页。
② 《吴永刚秘密加入新华公司》,《电声(上海)》1936年第5卷第16期。
③ 吴永刚:《〈壮志凌云〉导演者言》,陈多绯编:《中国电影文献史料选编·电影评论卷(1921~1949)》,第672~673页。
④ 《国防电影〈壮志凌云〉将开拍》,《大晶报》1936年7月6日第3版。
⑤ 《壮志凌云》,中国电影艺术研究中心等编:《中国左翼电影运动》,第322~323页。
⑥ 《时事新报李一先生评〈壮志凌云〉》,陈多绯编:《中国电影文献史料选编·电影评论卷(1921~1949)》,第676~678页。
⑦ 吴永刚:《写壮志凌云的动机及其他》,陈多绯编:《中国电影文献史料选编·电影评论卷(1921~1949)》,第674页。
⑧ 王人美:《我的成名与不幸》,第146~150页。

继而，1937年5月底，新华影业公司邀请由王人美出演、吴永刚导演的《黄海大盗》在青岛崂山开机。影片主要围绕一个大学生因失业没有出路，沦为海盗，在海上抢劫，并遭遇乘客集体抵抗的故事①。吴永刚的初衷是欲将"黄海大盗"喻指为"日本海盗"②。影片中王人美头戴草帽，身着雪白色的连衣裙，倚靠在栏杆，露齿微笑③。可是，对于这种抒情、清新、淡雅的素描风格，左翼文化人认为吴永刚是"向左转"得不彻底，致使他在战争题材的阐释层面受限，仍未能展现"血和火的斗争"。在这种价值评判的影响下，作为演员的王人美同样遭遇了冷落，其在《黄海大盗》的表演也因此未能赢得观众广泛的好评，影片在匆匆上映后草草收场④。左翼文化人"唯有将演艺与现实斗争相结合"这一影评标准，不可避免地影响到各方对于演员本人"左"或"右"的看法，这是王人美始料未及的，致使她陷入艺术、政治与时代三者之间复杂的关系中间。

在政治话语的干预、道德标准的规训、国难形势的演进等因素的影响下，女演员或意外地获得了声名鹊起的历史机遇，赢得社会大众的推崇与赞美，甚至"红极一时"，或遭遇污名化的指摘、攻讦，陷入尴尬与落寞的境地，这也是在动荡的时局下谋生的代价。

除了党派关系及政治气候影响着女艺人的形象塑造外，战争时空下，王人美的情感生活也经历着不同程度的改变，经济的困顿与前途的迷惘，致使她与金焰美满的婚姻逐渐遭遇瓦解。上海"八一三"事变的发生，使得影星们失去了以往平静的生活。在左翼文化界关于"电影界起来救亡"的感召下，王人美也参与了一些抗日救亡活动，如与胡萍、袁美云等友人参加了援助难民的"播音募款"等⑤，还萌生过与陈波儿一行偕同北上赴绥远前线从事慰劳的想法⑥，又曾准备随孙瑜赴四川灾区进行演出⑦。与王人美夫妇同住的田方、王滨、于民则纷纷在时代洪流的召唤下，加入演剧队，奔赴延安，投身到中国共产党领导的抗日救亡运动。但思虑再三，王人美与金焰"有些犹豫"，而错失了参加革命的机

---

① 奔波：《王人美、吴永刚等莅青》，《戏世界》1937年7月13日第3版。
② 王人美：《我的成名与不幸》，第150页。
③ 参见《新华画报》1937年第2卷第8期。
④ 王人美：《我的成名与不幸》，第151页。
⑤ 《电影界起来救亡》，《血战画报》1937年第6期。
⑥ 《王人美亦将北上》，《电声（上海）》1937年第6卷第5期。
⑦ 《王人美到四川去》，《影与戏》1937年第1卷第30期。

会。对此，王人美回忆称，之所以在历史的"十字街头"徘徊不前，实则与"留恋电影明星的优裕生活"之间不无关系，"失去了搏击和闯荡的勇气"①。

然而，随着战争时空的日益扩大化，加之不愿配合日本侵略者拍摄电影，王人美与金焰无法再沉溺于安逸的想象中，从先前联华影业公司附近的小洋房搬出来，住进了"一所小小的亭子间里"②。不少媒体颇为感喟，王人美夫妇的影星"黄金时代"今非昔比③，他们不再外出打猎，没有了旅行观光的休闲以及篮球等娱乐④。二人的演艺生涯一度中断，金焰开始兼营建筑设计，练就着建筑行业设计画图的本领，王人美也来到一所打字学校，练习打字的技能。⑤ 1939 年 8 月，二人在友人的掩护下秘密离沪赴港⑥，又于两月过后应国民政府下属的"中电"摄影队之邀，奔赴昆明大后方，拍摄空军题材的爱国电影《长空万里》⑦。

电影《长空万里》拍摄结束后，1940 年，王人美回港闲居于九龙近一年之久。1941 年，她本拟参演新民影业公司拍摄的《春回大地》，但由于太平洋战争的爆发又不幸中断。在香港沦陷期间里，王人美与金焰饥肠辘辘，居无定所，有一次金焰冒险外出觅食又意外遭遇日本宪兵的逮捕，被强制挑水烧火，所幸绝处逢生。1942 年春，他们逃离香港，辗转到桂林，途中与难民混在一起，目睹饥饿、流离、奴役、死伤。居留桂林期间，寄住友人家中的王人美一度陷入失业危机，唯以学习裁缝手艺勉强维持生计，同时金焰从商的计划也很快破产。次年，王人美来到重庆，投靠大哥王人璇，金焰则改赴成都，参加剧社⑧。随后，王人美赴昆明参加"大鹏剧社"，以及报考美军总部物资供应处昆明基地的英文打字员，接连遭到了来自金焰的反对与指责。他认为丈夫应该养活妻子，而王人美则认为："烽烟遍地，哀鸿遍野，我怎么能安心当一只家猫？……我能够做一些工作，做一些自以为对抗战有益的工作，心里面才觉得安稳、踏实。但是他不理解我，认为我伤害了他的自尊心。"⑨ 表面上看，这场婚姻危

---

① 王人美：《我的成名与不幸》，第 164~165 页。
② 《金焰、王人美战后生活》，《锡报》1938 年 7 月 6 日第 3 版。
③ 《金焰、王人美准备兼营副业》，《电影（上海1938）》1939 年第 30 期。
④ 俞治成：《两位电影界明星金焰、王人美家庭访问记》，《健康家庭》1939 年第 4 期。
⑤ 《为未来出路打算》，《电声（上海）》1939 年第 8 卷第 17 期。
⑥ 《金焰、王人美抵港前的一桩壮举》，《晶报》1939 年 8 月 18 日第 8 版。
⑦ 《金焰、王人美抵昆明》，《力报（1937~1945）》1939 年 11 月 13 日第 2 版。
⑧ 王人美：《我的成名与不幸》，第 171~176 页。
⑨ 王人美：《我的成名与不幸》，第 176~189 页。

机源于二人价值观的分歧，但其实是战乱期间长期分居导致的沟通不畅，致使他们陷入感情危机，最终走向了离婚的结局。曾经一度风靡上海电影界为人称羡的"影坛伉俪"，其分手着实令人扼腕叹息。

诚然，值得欣慰的是，经过战争洗礼与生活磨砺的王人美，在抗战胜利后又重返影坛，再次登上银幕，在拍摄《关不住的春光》等系列影片中"飞着投入到抗战胜利后的新生活中去"[①]，并在新中国成立后以更为积极向上的姿态，全身心汇进了社会主义文艺事业的建设中，绽放出崭新、璀璨的光芒。

20世纪二三十年代，"十里洋场"的上海充满了摩登都市的热闹与繁华，女演员群体的诞生，成为上海滩一道亮丽的风景线。电影这一新兴的艺术媒介，为出身贫寒或普通社会阶层的女演员创造了一个现身公众的机会，在提供自主择业新机遇的同时，也给予了她们展示个人才艺的平台。成长于"明月歌舞团"的王人美，凭借曾在黎氏歌舞训练中锤炼出的技艺，发挥了有声电影时代赋予她的一切优势，以本色的出演，在电影银幕上呈现出活泼、天真、纯净的女性形象，满足了时人"反都市化"的乡野想象。

然而，一个重要的问题是，舆论媒介围绕包括健美在内的女性身体问题展开论说，以及影迷追捧王人美的背后，无不隐藏着男性将女演员物化的企图。他们希望通过借助王人美身上具有的"自然美""健康美"气质，建构出一种符合大众文化心理的审美观念，从而引领女性健美新风尚的潮流。与此同时，为拓展个人的演艺空间，获得更出色的事业成就，并满足大众之于女演员"美丽"的期待与想象，银幕以外的王人美也注重公共领域自我形象的塑造与视觉呈现。她不仅投身于游泳、打猎等具有现代气息的运动，而且显示出热爱读书、追求上进的一面，力图消解"摩登女郎"沉溺于享乐与交际的负面元素。除此之外，王人美还选择与"电影皇帝"金焰结为连理，并着力向外界打造出二人拥有共同的志向以及婚后健康美满的生活态度，意在冲破社会媒介对于女演员将婚姻作为物质与金钱交换的固有偏见。

至于王人美究竟在多大程度上实现了主体性身份的建构，也是一个需要考量的范畴。一方面，由于当时的电影界还是由男性文人掌握着话语的主导权，女演员尽管成为直面观众的舞台主角，明星这一文化标签与耀眼的光环，促使她们外表上风光无限，但实际上所承载的依然是男性精英的

---

① 王人美：《我的成名与不幸》，第180页。

表现意图、价值观念与意识形态。就此看来，作为表演者的她们，不过是"被凝视的他者"，并在影迷的评头论足下强化着客体化的边际地位。这些女明星为维护公众媒介赋予的"人物设定"，不免存在自我物化的一面。如她们为商业广告代言，利用明星效应来赚取消费主义市场的情感卖点，在健美风潮中过度进行自我身体的改造，日常生活中的言行也渗入了包装和炒作的成分，这无意中消耗了过多的心力资源和经济资本，从而导致与女性主体性地位的话语相疏离。另一方面，女明星也注重自我诉求的伸展，通过对身体自主的掌控，引领摩登都市时尚的新潮，并投射出自身之于现代性文化的欲望，同时确认她们对于多元开放的女性气质的认同与向往。从性别权力关系的维度看，这并不能抹杀女明星在探索自我价值方面的追求，她们不尽然是男权文化中被动的客体，也具备了再造女性主体的能动意识与为自身赋权的行动力。

诚然，在各界看来，女演员理所应当肩负起改良社会、振兴教育的责任，认为她们可以通过各类人物角色的表演，参与到民族复兴事业的建设中，甚至能够为提供正当的、进步的价值导向指引出路，并自觉地将电影艺术服务于社会改造。因此，以王人美为代表的女影星寄托着知识界各思想派别所赋予的不同程度的政治期待。至于20世纪30年代中国影坛上触发的软性电影与左翼电影之争，以及关涉国共政争的"左""右"话语的分歧与博弈，促使这些女明星不经意间卷入艺术与政治之间的纷争。在时局风云的裹挟下，女演员被视为社会政治文化一种功利化的工具，由此她们面临着来自政治与道德的考验与风险，并在彷徨中显示出力不从心的困斗挣扎。从这个角度而言，王人美在晚年回忆中所称"我的成名与不幸"，前者可谓变动时代的履记，为其走上银幕创造的巧合与机缘，后者则流露出她身处乱世红尘的被迫与无奈。

第八章　红色"女间谍"关露：性别、战争与国族主义的书写及变奏

战争对于女性角色的重塑是理解近代中国妇女运动主潮的一个关键维度。女性的活动踪迹遍布了战场内外的情势危局，革命与战争的记忆也随之嵌入了女性争取解放的历史。战争在为知识女性与劳动妇女突破传统性别秩序的规范提供机遇的同时，也深刻改变了女性的社会生活。对于女性而言，战争具有灾难和解放的双重性，如李小江所称，"战争是残酷的，女人是战争的主要受害者；但战争却可能为参战妇女走出传统性别角色和性别屏蔽打通道路"①。战争中的女性爱国者将自我意识、启蒙精神融进阶级论述，国难环境催生的女性话语成为民族主义与国家复兴的重要主题。

抗日战争时期，国统区、解放区、沦陷区共同构成中国的政治版图。妇女解放与女性文学的意识形态，也在不同的文化地理空间呈现出不同的特色。在国统区，知识文化人充满对于民族危机的焦虑感，仍旧发出"铁屋子"中觉醒者的呐喊。与描写国统区政治黑暗形成鲜明的比照，解放区被视为一个象征光明的新世界，女性以经济权的翻身作为起点，实现了经济自主与恋爱自由的双重解放，但这种以"民族本位""集体主义"为驱动力改变父权统治结构顽疾的路径，在某种程度上突破了五四时期倡导的"女性本位"与个性主义。与此同时，物质生活大幅度地改善提升了女性在家庭与社会中的地位，她们对于"女性主体"追求的高度也进入了新的阶段，发生了有别于五四一代"娜拉"神话的转向，进而更加关注自身成长与国运兴衰之间的脉动。然而，沦陷区的女性文化生态则是一种戴着镣铐式"牢狱中的自由"，即殖民统

---

① 李小江主编：《让女人自己说话——亲历战争》，生活·读书·新知三联书店，2003，第4～5页。

治的爱国话语禁区与汉奸文学以外，还存在一席空隙，"周围不再有代表国家、大众或民族主体的主导意识形态性的女性规范和女性要求"①。除此之外，中国共产党在沦陷区组建起另一条隐蔽斗争的战线，在艰难抗战的形势下继续推进妇女解放事业，包括创办女工夜校，开展职业女性训练，创办妇女刊物，派遣间谍打入日伪内部侦探敌情，以及从事暗杀日本要员及汉奸等活动。

战时不少知识女性将投身救亡运动视为建构女性主体性身份的重要路径，由此女性解放与民族国家解放呈现出同构性的关系。然而，关露作为"女间谍"从事中共地下党工作，一度被误认为"女汉奸"，这不免与同时期女性解放集体性叙事之间出现了错位的悖论形态。关露（1907～1982），原名胡寿楣，早年以叛逆者的姿态践行了从"离家"到"离校"出走的"娜拉"式轨迹，1932年加入中国共产党及"中国左翼作家联盟"，成为享誉上海文坛的女诗人，以及中国现代文学史上不容忽视的"左翼"女作家。1939～1945年，关露受中共地下党的派遣，作为"女特工"先后潜伏进入汪伪特工总部"76号魔窟"，担任由日本大使馆与海军报道部主办的《女声》杂志编辑兼主笔，并曾为收集情报起见，赴日参加第二届"大东亚文学者大会"，为中共在沦陷区领导的抗日民族解放运动作出了不可磨灭的贡献。

本章重点聚焦于战时沦陷区特定的政治区域，旨在观照女性与战争的风貌，并从女性个案的生命历程出发，切入现代中国女性解放与国族解放关系这一重要命题。一方面，笔者拟解读关露对于性别解放与国族主义话语变奏的认知，深度发掘其在潜伏期间承受精神重负之际的心理活动。另一方面，阐释关露在此前后书写的有关性别问题、战争叙事以及"疾病"隐喻等文本，揭示了她个人怎样的独特生命记忆与人生体验，又如何生动而真实地展现了抗日战争时期性别、战争与国族之间内在纠葛的历史影像。尤为值得注意的是，作为"女特工"的关露对于一度被误认为"女汉奸"而进行无声的"告白"。由此，建构"女汉奸"话语、性别意识、政党意志、民族解放之间相互交织、内在紧张与冲突的纷繁图景，以及内中隐喻的现代中国性别实践与抗日救亡、政党政治、革命道路的分歧与错位。

---

① 孟悦、戴锦华：《浮出历史地表：现代妇女文学研究》，北京大学出版社，2018，第225～237页。

第一节 从"娜拉出走"到战争叙事

晚清以降,基于民族国家话语动员的内在需要,女性最初在男性精英的协助下,接受启蒙教育,一批如秋瑾、唐群英、吕碧城等女性精英开始"浮出历史地表",这使得"妇女的发现"成为20世纪初叶思想文化领域的重要变革。至五四时期,随着"易卜生主义"向中国的传播,"娜拉"作为反叛者与"新女性"形象的代言人,激励了一批女性反抗封建包办婚姻,离开传统旧式家庭,走进校园接受新式教育,构成了"娜拉出走"的历史图景。

关露出生于山西右玉县的书香之家,成长于晚清传统与新式教育并存的时代,父亲相对开明,尤其是母亲徐绣风教诲其"一个女孩子一定要学点本领,长大后才能够自谋生活,否则将一辈子受气,一辈子抬不起头来做人",这使得关露渐而萌生了女性启蒙思想①。然而,父母于其十岁、十五岁相继去世,其被迫寄人篱下。据关露的妹妹胡绣枫回忆,在外祖母、姨母的认知中,"女孩子惟一的出路就是结婚,找一个家道富裕的丈夫,就可以过一辈子幸福生活",并且"不停地为我们俩找一个'好婆家'……关露长于我,自然首当其冲",但她极力反抗,视"学有所成,自食其力"乃建立平等、自由婚姻的前提,却惹来亲友的责骂②。

在自传体小说《新旧时代》中,关露结合早年的人生体验及实践,采用第一人称,叙述了一个出身于封建家庭的女青年,逐渐转变成为"一个有思想、有独立精神"的叛逆者,系统诠释了五四时期的"娜拉"精神③。在作品中,唯一与现实生活迥然不同的是,关露的笔下塑造了一个"妖魔化""封建大家长"的父亲形象,即勒令母亲管教女儿"做一个好的女孩子";然而,母亲则并未遵循父亲的意思培养女儿贤母良妻的角色,相反,严厉斥责起初反感读书的关露,并令其下跪反省,"一个没有知识的女人,她一生的生活就等于下跪……要独立和自由就要有知识,要有知识就得念书",这使得关露萌生了通过求学改造人生的意识,"母亲

---

① 关露母亲徐绣风,生于福建福州,祖籍江苏六合县,曾就读于旅宁中学(20世纪30年代改名为南京师范学校)。参见丁言昭《关露传》,上海文化出版社,2009,第3~5页。
② 胡绣枫:《回忆我的姐姐关露》,丁言昭选编:《关露啊,关露》,人民文学出版社,2001,第3~5页。
③ 蒋玲玲:《关露和她的〈新旧时代〉》,丁言昭选编:《关露啊,关露》,第237~242页。

底言语像时钟底摆动一样催促着我要追赶的那路程"。随之,在姨母家中寄人篱下的日子里,关露厌恶包办婚姻,并见证了周遭的悲剧,"我觉得我没有说话和行动底自由。我每天都得被迫着去听许多不愿听的话,看许多不爱看的行动和表情"。于是关露转向了"逃离叙事",感觉"周围有着一种什么引诱的力量……叫我去破坏我旧有的生活……我爱运动,我底姨母却告诉我那是一种粗野的行为。我爱唱歌,她说那是一种优娼的专技……我要上学校去念书,她说上学堂,特别是上男女同学的学堂底意义,就是送去给那些男教员和男学生们去欣赏和消遣"。于是,"我"选择了"出走",来到了大都市上海①。《新旧时代》至此搁笔,原本三部曲的叙事②,却仅完稿了第一部③,但恰可作为关露早年伴随着"娜拉出走"浪潮,追求性别解放这一原初动力的经典文本加以释读。

如果说《新旧时代》所表现的是逃离家庭的往事④,关露创作的另一部自传体小说《黎明》则聚焦于校园求学、恋爱及蜕变成长这一话题。小说中的杜菱,在初恋男友凌青的启蒙下,逐渐产生了改造人生与社会的朦胧意识,却盲目崇拜男友的华丽辞藻,随着凌青的出国,及其隐瞒家室的谎言被拆穿,这段虚幻的爱情成为泡影。继之,妹妹大学同学饶恕的出现,再度为她打开了一片风光无限的世界,促使她走出个人主义的狭小空间,成长为一位充满批判与战斗情怀的左翼女作家⑤。投射到关露现实生活的是,她与留苏归国的沈志远由于在"家事"与"职业"角色认知的分歧,而匆匆结束了三年的同居恋爱关系。前者力求在革命的浪潮中实现女性的价值,后者则仅希望将配偶定位在贤母良妻的坐标上。

1926年,一次机缘巧合,关露赴上海结识了中共地下党员刘道衡,并得到了求学上海法科大学的资助。1928年5月,在教务长沈钧儒的启发下,关露参加了控诉"济南惨案"的游行,接受了爱国主义的洗礼。

---

① 关露:《新旧时代》,柯灵主编:《关露小说:仲夏夜之梦》,上海古籍出版社,1999,第63、73~75、106~107、110~113页。
② 《关露的〈新旧时代〉第一部脱稿》,《文艺新闻》1939年10月1日第1版。
③ 对于关露自传体的"三部曲"问题,张伟认为仅完成了《新旧时代》所谓的"第一部"是不确的说法,他指出:1943年10月起,关露在《女声》连载的长篇小说《黎明》即"三部曲的第二部",1944年4月《杂志》上则刊登过关露所作《虹》的连载预告;尽管最终并未如期刊出,但可断定为"三部曲的最后一部"。参见张伟《关露自传体三部曲》,《中国现代文学研究丛刊》1985年第4期。
④ 《新旧时代》创作始于1938年,完成于1939年除夕,1940年3月出版,应为关露打入敌伪之前的作品。
⑤ 芳君:《长篇小说:黎明(连载)》,《女声》1943年第2卷第6期至1945年第3卷第12期。

第八章 红色"女间谍"关露：性别、战争与国族主义的书写及变奏

同年，关露考入南京中央大学文学系①。这一方面成为她成功走向文学创作征途的起点，另一方面则为她接触张天翼、胡风、欧阳山等"进步青年"提供了契机，其间她还阅读了马克思主义的经典著作。1931年初，关露因参加驱逐压制女性个性自由、强迫信奉天主教的女生宿舍指导员李玛丽，遭遇了学校的开除处分，遂返沪并于次年春加入中国共产党，同时在张天翼和彭慧的介绍下加入"中国左翼作家联盟"②。由此，关露走出校园，迈上革命的道路，担任"左联"领导下的中国诗歌会机关刊物《新诗歌》编辑，且于1933年接替丁玲主持的"左联创作委员会"工作，负责"左联"党团书记周扬的"交通"任务③。

关露早年从"离家"到"离校"，再到投身革命这一轨迹，也是近代中国"新女性"确立自我认同的方式。与关露同为"左翼"女作家的丁玲，在早期创作的《莎菲女士的日记》中肯定了五四新文化对于女性解放的积极能动性，以及女性在婚恋中的欲望与诉求。然而，在大革命风潮的裹挟下，作品中的莎菲与现实生活中的丁玲均陷入孤独与迷惘。丁玲表示，"中国轰轰烈烈的大革命运动在南方如火如荼，而我们却蛰居北京，无所事事"④。为此，冯雪峰替她指明了出路，即接近青年革命的力量，进而追赶时代前进的步伐⑤。诚然，对于同时期脱离了旧式家庭羁绊，由校园走向社会的部分女青年而言，仍旧难以避免鲁迅所预言的"不是堕落，就是回来"的命运，然而无论是关露还是丁玲，则通过追求"身体国家化"，顺应时代的洪流，从而实现女性在现代民族国家转型进程中的身体价值⑥。由此，关露与丁玲转向了革命文学的阵营，一路凯歌，冲向"左翼"文坛的高峰，写作使她们获得了空前的自我认同。在1936年丁玲奔赴延安的同时，关露于同年11月结集出版了诗歌集《太平洋上的歌声》，在上海文坛激发了巨大反响，成为"上海滩"风靡一时的女诗人。

---

① 胡绣枫：《回忆我的姐姐关露》，丁言昭选编：《关露啊，关露》，第5~6页。
② 丁言昭：《关露传》，上海文化出版社，2009，第14~18页。
③ 《关露生平年表》，丁言昭：《关露传》，第180页。
④ 丁玲：《一个真实人的一生——记胡也频》，《丁玲文集》（第五卷），湖南人民出版社，1984，第149~150页。
⑤ 参见郭冰茹《20世纪中国小说史中的性别建构》，华东师范大学出版社，2013，第84页。
⑥ "身体国家化"这一概念，主要是指以国家存亡作为身体开发的取向，如放足运动并非以美学的标准作为反省的基点，而以国族的兴亡作为唯一的考量，妇女智识的开启关联着国家的命运，妇女参与政治与社会活动，则是基于为国保种的政治目的。参见黄金麟《历史、身体、国家：近代中国的身体形成（1895~1937）》，新星出版社，2006，第40~41页。

《太平洋上的歌声》写于1934~1936年，主题集中在对于战争的控诉，以及国族的殇逝和歌咏。伴随着"九一八事变""一·二八事变""华北事变"等民族危机相继发生，"战争"叙事成为关露书写的主题。易青在《读了〈太平洋上的歌声〉以后》一文中给予了高度评价，甚至认为关露足以取代冰心在诗界的地位："虽然在某些词句上它犯了感伤的、恋情的、女性的柔弱的色彩，然而绝不是冰心式的，因为冰心的诗是个人的、享乐的、幻想的，而《太平洋上的歌声》是社会的、抗争的、现实的……也的确是一本一九三六年代的作品。"① 王天马亦表示，关露是"一个救国族的歌手，一个自由的热烈的追求者……是国族解放运动的先锋。她的这一本诗集——太平洋上的歌声——是充满了殖民地的奴隶的吼声！有屠宰的血腥！有挣扎的惨影！有战地的烽烟，有四月的麦田……创造新中国的青年们，请你们看一看这用血和泪写成的诗集吧！"②

例如，在《战地》一诗中，关露书写了故土沦亡以及异族侵略者剥削、奴役中华民族的现实，在诗中既有"尸体掩没了艳绿的村庄"，也有"被马蹄践踏的四月的秧田"，还有"失去了家乡的男女"③。在散文诗《悲剧之夜》中，这种爱国的声音同样得到了强化，她歌颂十九路军在"一·二八事变"期间为捍卫国土的英勇事迹：他们"不愿意丧去自己的土地和自由，不愿作敌人的奴隶……用他们不投降的抗御的精神，向敌人鼓起了武勇的战争"④。

在《太平洋上的歌声》一诗中，"太平洋"意指中华大地，既有着"衣衫褴褛的奴隶""失了家邦的夜行的乞者"，还有着"受着帝国主义鞭挞的殖民地的幼小的孩提"，他们在战争席卷而来之际，"捧着空的饭碗，啼泣"：

> 暴风来了/被风吹散了的水面的浪圈变了图形/太平洋上的画面变了风景……在你的镜子里……衣衫褴褛的奴隶/失了家邦的夜行的乞者/受着帝国主义鞭挞的殖民地的幼小的孩提/做了十四小时工作/得了乾血痨的东方的少女/四时耕耘的工作者/缴了地租/纳了官税/捧着

---

① 易青：《读了〈太平洋上的歌声〉以后》，《妇女生活（上海1935）》1937年第4卷第1期。
② 王天马：《关露与太平洋上的歌声》，《青年中国》1937年第1卷第16期。
③ 《战地》，关露：《太平洋上的歌声》，上海生活书店，1936，第67~71页。
④ 《悲剧之夜》，关露：《太平洋上的歌声》，第79~82页。

第八章 红色"女间谍"关露：性别、战争与国族主义的书写及变奏

空的饭碗/啼泣①

在《风波亭》一诗中，关露呼唤民族英雄的再现，通过对于岳飞历史记忆的重构，与鞭挞秦桧之间形成了鲜明的对照，由此发出控诉"汉奸"的呐喊。在她的笔下，岳飞展现了"血染英雄的背影"，秦桧是"屈膝谄笑的奸臣"，岳飞之死乃是"绞刑架赛过十字架的光荣"，至于"卖国求荣"的秦桧"还在岳王墓上，跪到如今"：

> 你有亡国的惊心/你有江山的遗恨……这公庭/它的主人/为着要"卖国求荣"/违反了民心/挟了天子的命令……在皮鞭和火练的下面/施展了"爱国有罪"的审问……风波亭……我看见血染的英雄的背影/看见屈膝而谄笑的奸臣/知道绞刑架赛过十字架的光荣/知道曾经在敌人面前跪过的秦桧/还在岳王墓上/跪到如今②

在《故乡，我不能让你沦亡》一诗中，关露阐发了对于战争灾难的悲痛，她仿佛听到了祖国"待救的呼声，已经把四万万同胞振响"，并称"我愿意以我的热血和体温，做你战斗的刀枪，我不能在这破碎的河山里，重听那'后庭花'隔江歌唱"，表达了投身救亡洪流的激情和澎湃，并动员海内外爱国同胞的同仇敌忾：

> 我时常梦见你……你古旧的城堡/飘过敌人的旗帜/你苍绿的原野/捲过战地的烽烟……你说你的外患无疆/你说你历受异族的侵辱……你将要死去昔日的言语，文章/孩提，少壮/换一个统制你的异种的新王……有多少我们的同胞/流离，饥饿，奴隶，死伤/在敌人的走马灰尘里/已象征了祖国的垂亡/但是，在我的梦中/我也看见你挣扎的情况/你待救的呼声/已经把四万万同胞振响/故乡，我曾在你怀中长成……我愿意以我的热血和体温/做你战斗的刀枪/我不能在这破碎的河山里，重听那"后庭花"隔江歌唱③

由此可见，救亡图存的使命，使得五四新文学在20世纪30年代发生

---

① 《太平洋上的歌声》，关露：《太平洋上的歌声》，第4~7页。
② 《风波亭》，关露：《太平洋上的歌声》，第10~14页。
③ 《故乡，我不能让你沦亡》，关露：《太平洋上的歌声》，第73~78页。

了转向,在革命与战争的历史语境下,性别建构与民族国家叙事呈现出了一种同构性关系,五四时期的个性解放已逐渐让位于国族解放,尤其是接踵而来的战争动员,愈加使得文学的书写饱含着国族的苦难与抗争。相反,那些游离于民族国家主流叙事以外的作品,表现出与文学主潮格格不入的一面。故而,与关露的"社会的、抗争的、现实的"昂扬旋律相比照,冰心的"改良家庭论"则被视为"个人的、享乐的、幻想的"。这也成为关露占据上海"左翼"文坛一席之地的重要凭借。无独有偶,同出自萧红笔下的《生死场》与《呼兰河传》在"左翼文学"话语中遭遇了截然不同的评价:前者经由鲁迅作序推广,被誉为"反日的文艺作品"之代表[1];后者在茅盾看来,呼兰河人民的生活是宁静的,缺乏对封建剥削以及日本帝国主义血腥侵略的控诉[2]。换言之,女作家书写的主题是否合乎"国防文学"的标准,以及民族国家解放的宏大叙事,成为当时衡量作品价值的一个重要尺码[3]。

自1935年"一二·九运动"兴起始,关露与马相伯、沈钧儒、邹韬奋、陶行知、李公朴等人联合发表了《上海文化界救国运动宣言》,次年2月与张天翼、白薇等参加"国防文学问题座谈会",1937年"七七事变"后,复加入"上海文化界救亡协会""上海战时文艺协会"等组织[4],同时与郭沫若、艾思奇、夏衍等人成立"战时服务团",从事战地采访、街头演讲、出版小报、生活救济等活动[5],以文艺宣传的形式践行民族救亡使命。

1937年"七七事变"全面抗战爆发后,11月12日,上海沦陷。大部分"左翼"作家相继撤离,但关露依旧坚守于"孤岛"。在送别"战友"的演讲会上关露致辞:"上海失了,我们要走,并非是我们不爱上海,也不是与'上海共存亡'这句话失约",而是"用我们民众组织和宣传,以及各种对于抗战有利和对于敌人有打击的行动和言论,并不是用我们的身体死死地睡在这里"[6]。1938年,关露在中共南方局情报工作者王炳南的安排下,留驻上海启秀女中担任高中语文教习[7],次年春,与"上

---

[1] 周扬:《从民族解放运动中来看新文学的发展》,《周扬文集》(第一卷),人民文学出版社,1984,第271页。
[2] 茅盾:《〈呼兰河传〉序》,萧红:《呼兰河传》,崇文书局,2013,第6~10页。
[3] 参见郭冰茹《20世纪中国小说史中的性别建构》,第106~109页。
[4] 《关露生平年表》,丁言昭:《关露传》,第180~181页。
[5] 《文艺界组织战时服务团》,《大公报》1937年8月17日第4版。
[6] 关露:《送〈战时妇女〉和她的努力的朋友们》,《战时妇女》1938年第11期。
[7] 《关露生平年表》,丁言昭:《关露传》,第181页。

海诗歌座谈会"同人一道为国族救亡奔走，创作了《夜莺》等作品，以文艺的形式传递了国难的感怀，诠释了与敌伪斗争到底的使命和决心：

> 夜莺，你飞，也在歌唱/你飞得那样勇敢/但是歌唱得那样悲哀/从你那歌唱的声音里/我辨别出来你在报告我些苦难和秋色……你不是在悲哀/也不是逃亡/你是在把消息告诉我/并且要让我知道你是在战斗中飞着①

关露之所以视诗歌为留守"孤岛"作战的工具，缘于对于诗歌作为抗战精神动员纽带的认识。其认为一个具有真正民族情怀的诗人，应当从"民族革命解放斗争里"这一现实生活中找寻创作素材，并且国民政府提倡"国民精神总动员"的政治口号，"同时也应该是诗的口号"②。

其间，关露在发表的《战斗的妇女》一诗中，明确提出了"妇女的解放和自由，要在民族解放后"这一论断，诠释并奠定了对性别与国族关系的基本认知："妇女们，从来想自由/为着自由不怕生死的决斗/现在，正是生死存亡的秋/敌人的强盗军/逼我们把自由出售……妇女的解放和自由/要在民族解放后。"③并且，关露的这首经典的诗歌被谱成曲，广为传唱④。又，关露在阐述"性别解放服从于国族话语"的看法以外，还论及了"民族解放与性别平等"的关系问题，认为前者乃后者的前提。这体现在其创作的《女国民》一诗中："旧时代说我们是无用的妇女/新时代认我们是民族的子民/现在，我们眼前已开始了民族的战争/……只有民族解放才有自由和平等。"⑤故而，关露在评论文章《妇女从军的历史剧》中，提倡战时京剧改良应当以民族抗战为题材，要彰显时代性与民族性的双重特征，且高度评价了欧阳予倩对于《梁红玉》这一传统经典文本的再造⑥。

事实上，关露提倡的性别解放服从于国族解放这一命题，不仅是对于女性与革命之间同构关系的理论规训，同时也道出了近代知识女性为寻求获得主体性方式的一种转向。谢冰莹笔下的《从军日记》，视唯有迈上革

---

① 关露：《夜莺》，《文艺新潮》1939 年第 2 卷第 2 期。
② 关露：《诗歌的精神动员》，《诗人丛刊（我歌唱专刊）》，1939，第 58~62 页。
③ 关露：《战斗的妇女》，《战时妇女》1937 年第 3 期。
④ 律成作曲，关露作词：《战斗妇女歌》，《战时妇女》1937 年第 5 期。
⑤ 关露：《女国民》，《抗战三日刊（上海）》1937 年第 3 期。
⑥ 关露：《妇女从军的历史剧》，《妇女生活（上海 1935）》1937 年第 5 卷第 5 期。

命的征途，推翻旧有的封建堡垒，才是女性实现解放的前提和保障①。丁玲奔赴延安后，放弃了早期书写的"modern girl"，转而在战争与国族话语的感召下，自觉地悬置了"小我"，甚至逐渐忽略了性别角色。服从"大我"、革命/战争的需要，以及政党意志的安排，构成了抗战时期女性确立自我认同的重要方式。同时，这也反映出近代中国妇女在谋求性别解放进程中，女性价值的坐标与民族国家话语之间呈现的同构性关系。

第二节 《女声》与"孤岛"沦陷后 文化空间的重塑

1939 年秋，八路军驻上海办事处负责人刘少文向关露转寄的一则赴港"密电"，成为改变关露人生轨迹的转折点。据与关露同在"孤岛"的中共地下党员丁景唐的女儿丁言昭披露，在香港接见关露者乃是负责中共在沦陷区情报系统的潘汉年，其递交给关露一项隐秘而特殊的任务：潜伏上海极斯菲尔路 76 号——汪伪政府特工总部，了解副主任李士群的政治动向，并于恰当时机加以"策反"，以期获取日伪情报②。汪伪特工总部又被称为"76 号魔窟"，内中设有监狱和各种刑具，迫害抗日爱国人士之恶劣行径令人发指，"自从它出现以来，上海租界成了人人自危的恐怖世界"。其幕后主使为周佛海，正主任为丁默邨，副主任为李士群、汪曼云，李士群兼任政治保卫局局长，后又取得警政部长之权力，因而得以脱离周、丁而自成一系，逐渐掌握实权③。

早在大革命前，李士群曾加入中国共产党，1932 年被国民党"中统"特务逮捕后叛变，官至国民党中央组织部党务调查科上海工作区情报员，1938 年投靠日伪政权，出任汪伪"中央执行委员会特务委员会"秘书长等职④。李士群游移于日伪、国民党、中共各方之间，欲图"多方讨好"。由此，潘汉年认为将李士群作为利用对象或有一定意义，但基于其"朝三暮四"的变节行为，亟须派遣一位"中间人"试探其对待中共方面的

---

① 谢冰莹：《〈从军日记〉和〈女兵自传〉》，《谢冰莹作品选》，湖南人民出版社，1985，第 717~722 页。
② 丁言昭：《关露传》，第 84~85 页。
③ 陶菊隐：《大上海的孤岛岁月》，中华书局，2005，第 67 页。
④ 丁言昭：《关露传》，第 86~87 页。

第八章 红色"女间谍"关露：性别、战争与国族主义的书写及变奏

真实用意①。故而，潘汉年委任的特工人选，须具备中共党员以及与李士群相交"熟悉"的双重条件。

起初潘汉年拟定的对象为关露的妹妹胡绣枫。因早年双方有情感基础，1933 年李士群曾对胡绣枫的丈夫李剑华有"救命之恩"，且次年胡绣枫对李士群夫人叶吉卿亦有"照顾之情"。然而，胡绣枫于湖北另有任用，加之怀有身孕，暂不适于从事间谍工作，故潘汉年转由关露代行该任务。关露此前与李士群有过交往经历存在一定关联：在李剑华遭遇逮捕之际，关露亦在国民党特务秘密通缉之列，李士群曾利用职务之便助其脱险，并于"八·一三事变"爆发后邀请关露担任外国使馆的英文秘书，虽为关露所坚拒，但仍旧流露出"欣赏"之意②。基于此，关露得以成为潘汉年择选承担"策反李士群"任务的最佳对象。

1939 年冬，关露接受潘汉年的指示潜入"76 号魔窟"，先是以失业、生活拮据，欲寻求"救济"或"谋职"为由，尝试"恢复"与李士群之间失散数年的联络③。经李士群"默许"，关露顺利进入日伪特工总部，其间借助"打麻将"等途径以及"参观"总部之契机，暗中观察李士群的思想动向，并将相关情况秘密向中共党组织汇报④。关露斡旋于"76 号魔窟"的活动属于中共地下党工作，囿于史料的有限性，尚有诸多内幕鲜为人知。据称，1941 年夏，经一年余的探察与接触，中共上海地下党员张大江向关露传达了最新指示："现在我们对李士群要改变工作方式了。最近我们从其他方面了解到，李士群的思想很苦闷，想找我们。现在，托派想拉他，'蓝衣社'也想拉他。如果我们不把他争取过来，就要被别人争取过去。现在党给你一个新的任务，让你代表党到李士群家去和他谈一次话，对他说党很关心他，想和他取得联系，希望他能为党工作。如果他能为我们做一些工作，我们将保证他的政治前途。"关露遂以"隐语"试探："妹妹有信来，让我来看你，还说老朋友很想念你，想和你取得联系，不知你愿意不愿意？"内中"老朋友"即指李士群早年加入的中国共产党。接收了这一"暗语"后，李士群回应称："现在老朋友不忘记我，我当然还是要找老朋友的。"⑤ 1942 年 4 月，潘汉年秘密赴沪"会

---

① 柯兴：《魂归京都：关露传》，金城出版社，2010，第 137～139 页。
② 萧阳、广群：《一个女作家的遭遇——记关露一生》，北方文艺出版社，1988，第 131～135 页。
③ 丁言昭：《关露传》，第 87～88 页。
④ 尹骐：《潘汉年的情报生涯》，人民出版社，2011，第 123 页。
⑤ 萧阳：《特殊的使命》，丁言昭编选：《关露啊，关露》，第 47 页。

见"李士群,获悉了与日伪相关的诸多情报,其中包括敌伪将"扫荡"苏北根据地的军事计划①。

除此之外,值得特别关注的是关露于1942~1945年担任《女声》杂志编辑兼主笔这一经历。《女声》杂志创刊于1942年5月15日,系日本驻华大使馆与海军报道部联合主管,也是日本在华沦陷区创办的中文刊物,以宣传"大东亚共荣"以及"中日妇女解放"为宗旨。在"策反李士群"任务结束后,关露并未奔向延安革命根据地,而是收到组织委派的新任务:通过日本"左翼"分子中西功,接洽佐藤俊子,出任《女声》杂志编辑②。内中缘由,除了潜入"76号魔窟"的特工经验外,关露此前作为"中国左翼作家联盟"的骨干成员,曾于上海参与编辑《新诗歌》,协助创办刊物《高射炮》,在《生活知识》《文艺新潮》等报刊上刊发作品,拥有丰富的创作和编辑经历,也是中共党组织考虑的重点③。

《女声》杂志的主编佐藤俊子系日本女权主义者,对中日妇女相似的生存命运流露出同情的姿态,且将谋求两国女性的解放作为赴华的使命,并多次表示"中国的妇女痛苦得很。因为她们的知识太浅。我们应该多多帮助她们"④。同时,佐藤俊子还有一定"左倾"倾向,尤为崇拜鲁迅的文笔,佩服斯大林、毛泽东、新四军、八路军,鄙夷希特勒、蒋介石、国民党军队。⑤

鉴于日方禁止刊载破坏"中日亲善"的言论,关露通过与主编佐藤俊子建立"信任"关系,并利用佐藤俊子"亲共"的一面,以及《女声》杂志相对"中立"的立场——只谈性别,不涉政治这一媒介平台,斡旋其间。

除了使用关露这个名字外,1942~1945年,她还以"芳君""兰"等笔名,在《女声》杂志上刊发了数十篇有关性别问题的专稿,并且协助中共在沪地下党员丁景唐、杨志诚、鲍士、陈新华、杜淑贞、李祖良、陈嬗忱等发表文章⑥。此间,关露借助担任《女声》杂志编辑这一职务上的便利,尝试收集日方情报。例如,在与汪伪控制下的"太平洋出版社"

---

① 张云:《潘汉年的一生》,上海人民出版社,2008,第159~161页。
② 萧阳、广群:《一个女作家的遭遇——记关露一生》,第153页。
③ 胡绣枫:《回忆我的姐姐关露》,丁言昭编选:《关露啊,关露》,第7~11页。
④ 关露:《我和佐藤俊子女士》,《女声》1945年第4卷第1期。
⑤ 柯兴:《魂归京都:关露传》,第190页。
⑥ 萧阳、广群:《一个女作家的遭遇——记关露一生》,第169~177页。丁景唐使用笔名歌青春、辛夕照、乐未央等,杨志诚使用笔名陆洋、陆以真等,鲍士使用席名,陈新华使用笔名陈联,杜淑贞使用笔名李璇,李祖良使用笔名方晓,陈嬗忱使用笔名凯勒。

第八章　红色"女间谍"关露：性别、战争与国族主义的书写及变奏　231

的业务往来中，关露影响并争取了该社的卢潇与杨丰：卢潇调任汪伪政府物资统计委员会后，提供了日本在华军用物资的品种、质量、数量的统计表①；杨丰则于1944年赴延安参加革命工作②。据中共地下工作者丁景唐所述：关露担任《女声》编辑期间配合中共地下党的工作，被誉为"孤岛"沦陷后的"散兵作战"③。

表8-1　关露在担任《女声》杂志编辑期间刊发的有关妇女问题的代表性文章

姓名/笔名	文章题目	刊期
关露	《怎么样做一个新妇女》	1942年第3期
关露	《长篇小说：黎明（连载）》	1943年第2卷第6期至1945年第3卷第12期
芳君	《中国妇女求学问题》	1942年第1期
芳君	《青年妇女的缺点》	1942年第1期
芳君	《一个伟大的妇人——武则天》	1942年第3期
芳君	《妇女与职业：回到舞台以后的陆露明》	1942年第6期
芳君	《结婚以后妇女与社会的关系》	1942年第7期
芳君	《生活与感想：从娼妓说起》	1942年第7期
芳君	《贞操与恋爱至上》	1942年第8期
芳君	《职业妇女与无职业妇女》	1943年第2卷第1期
芳君	《收回租界与上海妇女》	1943年第2卷第4期
芳君	《再论女性的文艺跟妇女》	1943年第2卷第5期
芳君	《贞操和一杯水的恋爱》	1943年第2卷第8期
芳君	《托尔斯泰宗教艺术与妇女》	1943年第9期
芳君	《从关于女性的文艺讲到妇女》	1943年第12期
芳君	《林黛玉和她的悲剧：红楼梦以外的事》	1944年第2卷第9期
芳君	《节约和青年妇女》	1944年第2卷第10期
芳君	《潘金莲与"武松杀嫂"》	1944年第2卷第11期
芳君	《关于两周年的感想》	1944年第3卷第1期
芳君	《女人和写作》	1944年第3卷第2期
芳君	《从"中国的女人道"到"男人烦恼"》	1944年第3卷第4期

---

① 萧阳、广群：《一个女作家的遭遇——记关露一生》，第163页。
② 《关露生平年表》，丁言昭：《关露传》，第182页。
③ 丁景唐：《关露同志与〈女声〉》，丁景唐：《犹恋风流纸墨香：六十年文集》，上海文艺出版社，2004，第511~513页。

续表

姓名/笔名	文章题目	刊期
芳君	《论离婚》	1944 年第 3 卷第 7 期
芳君	《摩登妇女》	1945 年第 3 卷第 9 期
兰	《看过辣斐戏院的"王熙凤"以后》	1942 年第 3 期
兰	《剧评:梁山伯与祝英台》	1942 年第 6 期
兰	《剧评:两代女性、乱世风光》	1943 年第 12 期
兰	《剧评:哑妻、门当户对、新女性》	1944 年第 3 卷第 3 期
兰	《剧评:倾城之恋》	1945 年第 3 卷第 9 期

表 8-2　关露协助中共地下党员在《女声》杂志上刊发的有关妇女问题的代表性文章

笔名	真名	文章题目	刊期
辛夕照	丁景唐	《阿秀》	1944 年第 3 卷第 4 期
乐未央	丁景唐	《她的一生》	1943 年第 2 卷第 1 期
乐未央	丁景唐	《她的一生(续)》	1943 年第 2 卷第 3 期
陆洋	杨志诚	《舟山群岛的渔盐农妇们》	1943 年第 9 期
陆洋	杨志诚	《秋潮》(连载)	1943 年第 10 期、11 期、12 期、1943 年第 2 卷第 1 期
席明	鲍士	《一个新女性的归宿》	1943 年第 2 卷第 6 期
陈联	陈新华	《冲喜》	1944 年第 2 卷第 12 期
陈联	陈新华	《活埋》	1944 年第 3 卷第 2 期
陈联	陈新华	《羊之哀鸣》	1944 年第 3 卷第 6 期
李璈	杜淑贞	《娄江畔》	1945 年第 3 卷第 11 期
方晓	李祖良	《母亲的再嫁》	1945 年第 3 卷第 9 期

首先,关露在《女声》杂志刊发有关妇女解放问题的论说文章,大体而言,主要涵盖了以下几个方面。

其一,关注下层妇女的生存境遇,如女工、妓女、舞女、无业女性等弱势群体①。其二,呼吁从事文艺创作的知识女性深入现实生活,探索解决深陷民间底层妇女的出路,认为女性精英不能仅停留在理论的空谈层

---

① 芳君:《职业妇女与无职业妇女》,《女声》1943 年第 2 卷第 1 期。

第八章 红色"女间谍"关露:性别、战争与国族主义的书写及变奏

面,应以实际的行动帮助、教育、启蒙她们①。其三,对于封建贞操观念展开批判,指出此系男权社会不平等的产物,本质上是男性对女性肉体和生殖能力的占用与奴役,主张不能以贞节作为衡量女性价值的标准②。其四,强调平等与自由的恋爱观,但坚持以严肃的态度对待爱情,反对滥交的性关系③。其五,批判具有享乐主义倾向的"摩登女郎",认为"摩登妇女不但不能独立自由和进步,反倒更落伍,更依靠,作了完完全全的寄生虫",倡导"能向家庭社会负责,要有新知识新思想,新技能,能够独立起来的新的'现代妇女'"④。其六,视造成中国妇女解放困境的现实问题,根源于不合理的社会制度,关键在于社会问题之解决⑤。

其次,关露还通过撰写"剧评",重评古代戏剧中的女性人物,揭露传统社会的礼教、伪善,以及旧式伦理对于女性的戕害,控诉封建制度下女性的爱情悲剧。

例如,关露否定了潘金莲"荒淫无道"这一固有的评价,认为潘金莲亦有值得"原谅"之处,她不仅缺乏婚姻自主权,被迫嫁给相貌与才能皆难以与她匹配的武大郎,而且私通西门庆,也是人性的本能,称前人以"野蛮"批判潘金莲杀夫,以"正义"颂扬武松杀嫂,乃是建立在男女不平等这一封建论说的基础上⑥。又如,关露分析构成林黛玉的五大悲剧,包括:作为"情人"的贾宝玉对其寄于情却又不专情、作为"情敌"的薛宝钗最终取而代之、作为"保护者"与"伤害者"双重角色的贾母将家族延绵置于林黛玉的生死之上、作为"刽子手"的王熙凤为侵占财产而不择手段,以及林黛玉自身寄人篱下、体弱多病、多愁善感同样难辞其咎⑦。再如,关露表达了对于梁祝殉情悲剧的同情,认为封建礼教不能容纳自由恋爱,鉴于祝英台以死抗争包办婚姻仍然是一种"隐忍"的方式,那么王熙凤表现出来的聪明、泼辣、强势,在提倡女性挣脱传统伦理束缚的解放时代,也是值得借鉴的对象⑧。

最后,从某种意义而言,关露编辑的《女声》杂志为沦陷后的上海

---

① 芳君:《再论女性的文艺跟妇女》,《女声》1943年第2卷第5期。
② 芳君:《从"中国的女人道"到"男人烦恼"》,《女声》1944年第3卷第4期。
③ 芳君:《贞操和一杯水的恋爱》,《女声》1943年第2卷第8期。
④ 芳君:《摩登妇女》,《女声》1945年第3卷第9期。
⑤ 芳君:《托尔斯泰宗教艺术与妇女》,《女声》1943年第9期。
⑥ 芳君:《潘金莲与"武松杀嫂"》,《女声》1944年第2卷第11期。
⑦ 芳君:《林黛玉和她的悲剧:红楼梦以外的事》,《女声》1944年第2卷第9期。
⑧ 兰:《剧评:梁山伯与祝英台》,《女声》1942年第6期;兰:《看过辣斐戏院的"王熙凤"以后》,《女声》1942年第3期。

开辟了相对特殊的文化空间，其中既有对于战时上海女性职业危机的指向性论述，同时也展现了沦陷区通俗文学一度繁盛的文坛生态，并区别于国统区、解放区以国族话语为中心的叙事与书写。

一方面，《女声》杂志聚焦于论述战时上海女性的生存困境，并阐释了谋求经济、人格层面的独立对于妇女解放的重要意义，这成为关露与佐藤俊子关注的首要命题。对此，《女声》杂志在发刊词中称："我们的'女声'就是中国妇女界的声。"① 李晓红将《女声》杂志关于女性主题刊文概括为"为妇女发声""由妇女发声"两类，称刊物的编者能够切实地从妇女现实境地出发，"极力为当时生活于战争环境中的女性营造一个宣泄苦闷的声道，也为战时女性所遭逢的极端痛苦而发出正义的呼声"②。进而，还需要具体结合沦陷前后上海的社会环境以及其对于女性社会生活的影响这一背景，考察《女声》杂志所贡献的时代价值。

事实上，早在上海沦陷前国民政府开展的新生活运动中，"妇女回家"的论调甚嚣尘上，随之涌现了一股"新贤妻良母"重塑与回归的潮流。1935 年 1 月，南京磨风艺社王光珍因公演《娜拉》，旨在唤醒时人对五四女性启蒙话语的记忆，遭遇了"失业""失家""失誉"的困境，造成轰动一时的"娜拉事件"③。《娜拉》本是挪威戏剧家易卜生的名剧，五四时期引介到中国，用以表现妇女冲破封建家庭牢笼与争取独立自由的思想主题，"娜拉"也因此成为"新女性"形象的代言人④。随后的 3～4 月，《申报》连载了关露的小说《姨太太日记》，讲述了一个妓女嫁人后，因爱慕虚荣宁愿忍受丈夫的辱骂和背叛，却因怀孕而被丈夫抛弃，这使其重新思考女性的价值："在有一种社会里，女人不靠男人可以在社会里生活，替社会做事，要恋爱的话也随时有她的自由"⑤，以此呼应了"娜拉"出走的历史阐释，高举性别解放旗帜，告诫女性"不要迷醉在那享乐的

---

① 《我们的第一声》，《女声》1942 年第 1 卷第 1 期。
② 李晓红：《女性的声音——民国时期上海知识女性与大众传媒》，学林出版社，2008，第 242 页。
③ 参见蔡洁《性别解放与政治话语的双重变奏：1935 年"娜拉事件"的多元观照》，《妇女研究论丛》2017 年第 1 期；《何日才有光明之路，娜拉为演话剧而失业》，《新民报》1935 年 2 月 3 日第 4 版。
④ 宋昭：《妈妈的一生：王莘传》，中国电影出版社，2006，第 8 页。
⑤ 关露：《姨太太的日记》，《申报》1935 年 3 月 24 日、31 日，4 月 7 日、14 日、28 日连载。

第八章 红色"女间谍"关露：性别、战争与国族主义的书写及变奏

圈子里面"①，不要再做"小松鼠"和"不懂事的孩子"②。

然而，淞沪会战爆发后，上海职业女性则遭遇了前所未有的冲击。据《上海妇女》报道，各机关实行裁员，女职员首当其冲，"许多职业妇女失了业……回到了家乡，又被×（日本）人毁了，幸而不被侮辱的也做了难民……有许多更在炮火下做了牺牲者"。并且，1939年上海妇女界还引发了一场因上海邮政局不招女性职员、拒用已婚女职员问题的论争，矛头直指战时职业女性的生存危机③。为解决这一困难，关露在《女声》杂志担任编辑期间则通过鼓励职业女性寻求独立自主的勇气与意志，批判封建制度，动员妇女解放，重提"娜拉"精神，力图打通性别解放与国族话语之间的内在通道，进而实现二者的合流与统一。也就是说，关露在潜伏过一特定的环境下，注重挖掘女性主义与爱国主义的某种相合资源，最大限度地将《女声》杂志打造成为宣传中国妇女解放的舆论阵地。进言之，《女声》杂志呈现性别话语的论说，得以淡化了战争时期敌我对立的绝对冲突，这也为佐藤俊子与关露这两位不同国度与民族的女权作家之间的对话提供了可能性。对此，陈雁给予过关注和评述，称"在这个团结女性作者与读者的公共空间里，她们不再各自困守于'一个人的房间'，而是藉由《女声》的写与读、来信与评论，在两国交战时期，构建了中日两国女性的跨国协商空间"④。

另一方面，《女声》杂志在战时上海的畅销与繁荣，展现了沦陷时期的上海这一特定的地缘政治空间下，不同政治力量的角逐被表面的、暂时的太平景象所遮蔽的历史特征。与此同时，在"大东亚共荣"的背景下，战争成为一种缺席的在场，沦陷区的日常生活书写则构成了区别于民族国家叙事以外的另一条路径⑤。女作家张爱玲、苏青、潘柳黛、施济美等人通过对于日常生活中凡俗性，甚至是柴米油盐故事的描述，在新文学传统所赋予的宏大主题以外，使上海的市民阶层成为通俗文学消费的重要对象。《女声》杂志实际上正是在这种背景下应运而生，若系统检阅此间《女声》的刊文，可知除了着力于探讨女性与职业、女性与婚姻等话题外，还有不少谈论花草、蔬菜、飞鸟虫鱼、女明星、家政学、女人的护肤

---

① 猛亚：《谈中国娜拉》，《妇女月报》1935年第1卷第1~2期合刊。
② 兹九：《娜拉在中国》，《申报》1935年2月24日第17版。
③ 参见陈雁《性别与战争：上海（1932~1945）》，社会科学文献出版社，2014，第96~107、129页。
④ 陈雁：《性别与战争：上海（1932~1945）》，第87~88页。
⑤ 参见郭冰茹《20世纪中国小说史中的性别建构》，第120~121页。

美容、儿童的新潮衣装等游离于政治话语之外的篇章，这些无不为读者提供了一份沦陷区生活的文化想象①。

只是，不可避免的是，关露在国族话语的审视下陷入了困境与尴尬。随着中共"女特工"生涯的开启，关露作为左翼文坛上呼吁妇女解放与民族解放的先锋者形象迅速"销声匿迹"，加之往来于汪伪政权与《女声》杂志之间，难以避免地背负起了"女汉奸"的历史污名。

第三节　疾病的隐喻与"女汉奸"话语的形成

关露早在涉足间谍活动初期，即引来了上海各界进步人士的非议与排挤。一方面，"上海诗歌座谈会"暗自取缔了关露继续参会的资格，并与之"形同路人"②；另一方面，由于刘王立明与王伊蔚等曾于1932年创办过名为《女声》的杂志，故而对于佐藤俊子使用《女声》作为同名刊物耿耿于怀，更不满关露参与其中，认为此有损《女声》名誉，特别是助日宣扬"大东亚共荣圈"，无异于"向中国灌输投降立场，企图消灭中华民族和种族"的卖国主义行径③。

最为时人诟病的是，关露作为《女声》杂志编辑代表赴日参加第二届"大东亚文学者大会"这一问题。1943年8月，关露赴日游览长崎、唐津、下关、东京等处④，除了游览，还肩负着留意日本政界各派势力分野及动向的特殊使命。由于此前关露在国内试图接近日本"左翼"人士，获取情报渠道的种种计划均不幸流产，故此次赴日期间，其以收集创作素材及"邀稿"的名义，通过佐藤俊子的私人关系，结识了日本"左翼"

---

① 参见绿萍《异乡草》，《女声》1942年第2期；高桥敬三《南洋的海底动物》，《女声》1945年第3卷第11期；关露《闲谈菊花》，《女声》1942年第6期；菡《几种美丽的飞鸟》，《女声》1943年第2卷第2期；《这是罗兰，她在"倾城之恋"里饰演白流苏》，《女声》1945年第3卷第9期；《最近在银幕上红起来的周曼华》，《女声》1942年第6期；方媚《家政：时代化的家庭布置》，《女声》1942年第1期；纯璨《家政：炸酱打卤面》，《女声》1942年第3期；衡《家政：几样不需用油的蔬菜》，《女声》1942年第2卷第1期；叶芝《节约前提下的美容术：献给时代的姐妹们》，《女声》1943年第11期；《小宝宝的新夏装》，《女声》1942年第2期等。
② 锡金：《悼关露》，丁言昭编选：《关露啊，关露》，第94~95页。
③ 王伊蔚口述访谈，Wang Zhen, Women in the Chinese Enlightenment: Oral and Textual Histories, pp. 233~242。转引自陈雁《性别与战争：上海（1932~1945）》，第92~93页。
④ 关露：《东京寄语（一）》，《女声》1943年第2卷第5期。

第八章 红色"女间谍"关露：性别、战争与国族主义的书写及变奏 237

骨干村山谦、东京大学历史学教授及部分中国留日学生①。除此之外，囿于高压的政治环境，关露此际私下撰写过《留学生的日记》《滑稽的代表》《秋雨的声音》等或涉及"开会期间会场上和宴会上敌人的各种丑态"，或关于"侵华战争中日本人民的痛苦生活和在法西斯统治下文化人对'大东亚共荣'这个反动口号的蔑视"等题材的作品，随后"用油纸严严实实包起来，藏在《女声》社办公室卫生间的澡盆下面"，秘密交由张大江转寄至根据地发表，煽动日本国内的反战情绪②。不过，陈雁在研究中则持另一种看法，称关露赴日参会实带有不得已的性质，应归于佐藤俊子的安排，且"这个推荐使关露欲罢不能……但拒绝参会又可能引起日本人的猜忌"③。

然而，大会邀请关露作一场有关《大东亚共荣》的主题报告，她并未正面予以回应，表示不谙政治，最终演讲了中日"妇女文化之交流"的议题，仅谈论了两国女性在性别解放问题上的共通性④，并同日本女性文学界相关人士略有接触⑤。至归国后，关露复受"中日文化协会"之邀，赴上海市立第一女子中学等校演说，述及了中日文学交流的最新动态⑥。自1939年冬关露潜伏进入汪伪政权"76号魔窟"后，便于上海"左翼"文坛一夜间"蒸发"，不仅陷入了终止用文字为国族救亡"呐喊"的"失语"状态，甚至以"女汉奸"的面相粉墨登场。这种"反常性"行径，显然招致诗界同人的非议与孤立，认为关露"态度一变，最初与汉奸文人往来，后来竟公然参加'大东亚'文艺阵营，并曾一度东渡扶桑"⑦。与此同时，关露转变了先前奔放、激进、昂扬的文风，取而代之的是"疾病"的叙事。

在日本参加第二届"大东亚文学者大会"期间，关露创作的《神经病态的日子》一文，通过对于"疾病"的隐喻，淋漓尽致地展现了其内心的纠结、挣扎、痛苦、斗争等复杂情绪。

在最初抵达日本之际，关露即表示"头痛不已"，称往常有缓解头疼作用的药粉，也完全失去了效果：

---

① 萧阳、广群：《一个女作家的遭遇——记关露一生》，第156~161页。
② 萧阳、广群：《一个女作家的遭遇——记关露一生》，第162~163页。
③ 陈雁：《性别与战争：上海（1932~1945）》，第298页。
④ 关露：《东京寄语（二）》，《女声》1943年第2卷第5期。
⑤ 关露：《日本女作家印象》，《杂志》1943年第12卷第1期。
⑥ 《中日文协昨开文艺座谈会》，《申报》1943年10月21日第3版。
⑦ 行者：《打入汉奸阵容》，《海风（上海1945）》1946年第18期。

在上海的时候我也时常头痛，每当头痛的时候我就吃一包老虎粉……我临走之前就买了十二包……到了唐津我开始头痛，从唐津到下关的一段旅程中我吃了三包药粉，到东京后又吃了三包，到开大会的那天我只剩了六包药粉了……谁知道药粉到了日本就不大起作用，到了东京简直就完全失了效果……

继之在会场中，关露已从起初的"头痛"，演变成"神经失常"的状态，甚至出现了精神幻觉、错乱，以及身体发热的异常现象：

大会的第二部……是完全包括娱乐的节目……对于每一个音乐家的表情和歌曲的内容我都会发生许多幻想。并且在每一种幻想之后我都想哭。缓慢的调子，使我感到抑郁和凄楚，悲壮的调子使我感到神经上发生颤动……因为我原来的头痛现在剧烈得将要到麻木的程度，我的身体发着热，神志感到昏乱……我越要抑止自己的想象，却幻想得越多……我流出眼泪来了……

在日本特意布置的音乐演奏会上，关露听到的并非歌颂日本的"强大"与"崛起"，相反联想到的是隔洋相望祖国山河的"支离破碎"：

比方听了《明治颂歌》……然后我立刻就想到中国，从岳飞想到崇祯皇帝，从崇祯皇帝又想到（慈）禧太后，然后想到光绪，想到鸦片战争，最后想到袁世凯和我父母之邦的一大片混乱的土地。从这里我又想到历史的兴亡和山河的变改，想到战乱的凄怆……我想抑止住我的思想，不使它往下发挥。我感到这种想象的方式有一些带着病态……

随之而至的是，关露对于死亡的"惧怕"，尤其是"苟活于世"后的"死去"：

"我病了！如果我病得利害，同伴们将扔下我，我要回不去了"……"死"是一件可怕的事，但是，我又想"更可怕的是在偷偷地活了之后又偷偷地死去……在我死了之后，人们立刻就忘记我，好像我没有来过这世界……这是多么悲哀呀！"于是我的眼前感到一片漆黑，黑得像一片雨夜里的荒原……于是我还是要活，我要用往后的"活"

第八章 红色"女间谍"关露：性别、战争与国族主义的书写及变奏

填补我过去那些在死后不使人悲哀的日子……①

日本学者岸阳子同样注意到了关露创作的《神经病态的日子》这一文本，侧重于认为该作品是关露为掩人耳目所蕴藏的一种夸张与戏剧化的手法：

> 既然作为"大东亚文学者大会"的代表出席大会，不可能一句话也不涉及"大东亚共荣圈"或"大东亚文学"。惟一的办法，装自己发作剧烈的头痛和由此而引起的精神异常的状态来写报告……对她来说，大会的三天，必须是"神经病态的日子"。为了使自己不至于沦为大会的同犯，惟有通过一个彻头彻尾患有精神异常的人的眼光来看大会，使它戏曲化。②

实际上，这种疾病叙事除了作为文学艺术场域的一种呈现外，还隐喻了关露对于"女特工"使命与"女汉奸"形象相悖论的忍辱负重心境。关露所谓的在上海即"头痛"，意指在日伪机关担任"女特工"的"如履薄冰"，作为未曾接受过专业训练的女作家，自然背负着沉重的精神压力。然而，到达日本这一充满仇视的国度，中日文化"共荣"的交流日程使其愈觉"度日如年"，致使平日缓解压力的"老虎粉"似再难"生效"。为了防止间谍身份的暴露，关露唯以"麻木"的姿态示人，竭力克制国族的情感。这种徘徊于"真我"与"假我"之间的人格冲突与分裂令关露产生神志昏乱，在所难免。关露"想到中国"以及"历史的兴亡"，既有着对于民族屡弱的悲情，也有着国人寻求复兴的诉求，但这一切却不能"自由言说"，仅能当作一种"病态"的呈现，甚至被迫在文字中间加以"埋葬"。并且，在"死"与"活"之间的纠葛，成为关露内心世界直接的映射：一方面，伪装成"女汉奸"的形象，背负着民族的谩骂与声讨；另一方面，"死中求生"的强烈欲望，承载着对于民族复兴的希冀，即认为唯有使衰败的国运转兴，国民始能获得救赎与新生。由是，在关露的"疾病"叙事场域，"国"与"民"之命运息息相关，相辅相成。"活"——不仅是国家命脉的延续，更象征着中华未来的崛起。

---

① 关露：《神经病态的日子》，《女声》1943年第2卷第6期。
② 〔日〕岸阳子：《为了忘却的纪念——"大东亚文学者大会"与一位中国女作家关露》，丁言昭编选：《关露啊，关露》，第78页。

1944 年，关露创作的《一个失眠的夜里》再度将"疾病"的叙事以更情境化的形式推向了高潮。她写道，在一个失眠的夜晚，安眠药并不能使她安静：

> 在平常的时候，药饼对我是有效的……昨天的情形却是意外，安眠药饼不但不能使我安静……我感到一种危机在威胁我，我害怕。我所害怕的不是我底身体麻痹和心脉底震荡，而是怕心脉底震荡会要停止，脑子会像我底身体一样地麻痹……没有感情，没有思想，像一个木偶，像一座长着花草的假山……

为了避免沉沦，保持独立思想和认知，她走到了镜子跟前：

> 混乱的思想支配着我；为着要看清楚自己，我站到镜子跟前。灯光通过蓝色的纱罩映到我底身上……我看到了自己底影子……我又想到我底生命；我曾经把它当作战场，我在上面展开过战斗的生命！于是我仿佛看见我底头上有一道光辉，光辉里有着刀枪和血印，那就是我底灵魂……

继之，她又来到了"窗子面前"，并从"黑夜"的恐慌，转而看到了"黎明"的曙光，两次"吹着凉风"意象的呈现，形成了鲜明反差：

> 站到窗子面前……没有星星，没有月亮，也没有从别人底窗户里面透出来的灯光……我不敢去向窗外呼吸。我战败了，安眠药饼和黑夜都是我强劲的敌人……
>
> 这时夜已经深沉，四周寂静。突然间从辽远的寂静里……我又听见了一种声音，这是人们在黑暗中呼唤黎明的声音……在黑夜和静寂里我发现在我底窗户外边，在我不曾注视到的遥远的地方有一盏明亮的路灯……我站起来，打开窗户，丢掷了安眠药片。然后把我底头伸到窗子外面，望着有灯光的黑夜作我深长的呼吸。于是，黎明来到了！①

若解读上述文本，"镜子"实意指对自我灵魂的拷问以及自我形象的

---

① 关露：《一个失眠的夜里》，《文协》1944 年第 2 卷第 1 期。

第八章 红色"女间谍"关露：性别、战争与国族主义的书写及变奏

审视，通过"影子"的追忆，关露旨在唤醒此前充满锐利、批判与战斗的"真我"，并以"刀枪和血印"这一特定的意象，诠释了为振兴国族而不畏牺牲的勇敢，以及超越性别与身体的生命真谛。至于两次"开窗"及"看夜"，何以呈现迥然不同的景象？

一种理解可以是，前者系全面抗战初期接连溃败、国土沦丧，无法望见"星星"与"月亮"的绝望追忆，后者系太平洋战争爆发后中国战场形势的逆转，胜利希望渐而萌生的写照。内中既饱含了国人在抗战期间充满屈辱与奋斗的历史进程，以及在复兴民族征途上的"步履蹒跚"，又彰显了"黎明"与"新生"将近的征兆。

另一种理解则是，没有星星和月亮的"黑夜"，实际上是关露所处的恶劣战争环境以及严酷潜伏工作的映射。她的精神和生理承受着双重压力，以致"安眠药饼"一度成为她赖以支撑的唯一凭借。然而，关露对于民族复兴的信念犹如"一盏明亮的路灯"，始终没有熄灭。经过反复的挣扎和斗争，她最终克服了内心的恐惧。"丢掷了安眠药片"这一动作，也是关露战胜自我的某种呈现。渴望黎明，饱含着关露对顺利完成潜伏使命，以及抗战必胜的双重期许。

由此，透过上述有关疾病叙事的两篇经典文本，可知关露从"我歌唱"的"左翼"斗士，在政党话语、国族使命的召唤下，由"激进"转向"失语"——这种"无处安放"的创作生态。在潜入敌伪的前夜，关露曾大声地告白："歌唱是我底生命，不歌唱我便会死亡……我歌唱，我歌唱死，我歌唱牺牲。"[①] 然而，从"女作家"向"女特工"的身份置换，使其无奈地压抑在"左翼"文坛上公开呐喊抗日救亡的诉求，故而"失眠"与"疾病"成为萦绕心头挥之不去的阴影。关露所深陷的"病痛"实为身体与精神双重层面的困境，前者为"汉奸"身份的乔装与"耻辱"，后者系与敌伪的斡旋与"煎熬"。正如她自己所写："他们讥笑人类间的屈膝和投降，颓唐和怯懦……但是我感到羞愧和侮辱。"[②] 实际上，关露早已将个人的利益置于民族大义之后，其所在意的并非仅是名节，而是掩埋了为国族救亡吹响先锋号角的"自由声音"，特别是潜伏期内不仅要对日本侵略行径"若无其事"的伪装，而且还须在"刀光剑影"以外与之"觥筹交错"。这种独特的人生经历以及从"战争"叙事向"疾病"书写的流变，隐喻了其不能言说的身份"秘密"与情感体验。

---

① 关露：《我歌唱》，《诗人丛刊（我歌唱专刊）》，1939，第30~33页。
② 关露：《一个失眠的夜里》，《文协》1944年第2卷第1期。

充满悖论的是，关露潜伏汪伪"76号魔窟"，编辑《女声》杂志等地下党活动，并未如期为其赋予"女英雄"的角色定位，相反在战后惩办"女汉奸"的话语行列中遭遇了攻讦。

1945年8月15日，日本战败投降后国民政府接管上海，掀起了一场惩治"汉奸"政治话语的声浪，而关露也出现在国民党通缉的名册上①，但关露一夜间从上海消失②。次年有记者报道关露于苏北根据地"现身"，特别是从"女汉奸"形象"摇身一变"为"女英雄"，引发不明真相的各方的猜测与质疑。尽管关露抵达苏北根据地后，潘汉年作为当年的"公证人"，已证实其"清白"，并公开了其"中共地下党员"以及"女间谍"这一秘密身份③。但已任职于新四军的关露，因编辑《女声》这一经历，仍招致外界批评："她的好友为之惊异，就是内地的作家，也个个咬牙切齿，表示恨透……一个有前途的女诗人，竟不能使自己向光明的路上走，真是相当可惜，也相当可耻。"④ 女作家白薇等人痛斥关露于抗战期间难免涉嫌"投机"与"变节"，勾结敌伪之"无耻作风"，无疑等同于女子"失节"⑤。署名"陈彪"的作者讽刺关露为迎合日本而"整容"，甚至嘲弄其为"塌鼻关露"，称其"鼻子曾经过美容医院的修改，但是很不幸，她的鼻子改坏了，竟把额角头也填高了"⑥。还有人借此发挥批判之议："敌伪时期的女作家都是'才貌不全'，不是肥肿如猪便是妖形怪状，尤其是关露，长得更是'惊人'，她的鼻梁好像被人切过一刀，半个鼻子陷在面部里面。"他们担忧关露赴根据地后，或引来"附逆文人"，将"过去在沪活动的敌伪时期'作家们'，提到共产区域里去"，这将玷污革命队伍的纯洁性⑦。此外，还有人编造关露攀附高官的"桃色新闻"，称其欲做"省主席的太太"⑧。上述种种批判之辞皆指向关露的"女汉奸"身份。在"汉奸"话语形成逻辑的背后，乃"非黑即白"且无"中间地带"。换言之，与敌伪接触，即等同于"汉奸"，尤其与女性相关联者，即为"丑陋面孔""品德有缺""桃色新闻"等"妖魔化"的形塑。

---

① 《女作家关露》，《新上海》1947年第52期。
② 〔日〕岸阳子：《为了忘却的纪念——"大东亚文学者大会"与一位中国女作家关露》，丁言昭编选：《关露啊，关露》，第80页。
③ 行者：《女作家关露担任新四军要职》，《海风（上海1945）》1946年第18期。
④ 青唐：《上海一带附逆女汉奸》，《上海滩（上海1946）》1946年第13期。
⑤ 马乡：《两个女作家之间隔着一道鸿沟》，《一周间（上海1946）》1946年第11期。
⑥ 陈彪：《我所知道的关露》，《东南风》1946年第20期。
⑦ 庐风：《"塌鼻"关露是共产党的地下工作者？》，《说话》1946年第1卷第1期。
⑧ 《女作家关露》，《新上海》1947年第52期。

第八章 红色"女间谍"关露:性别、战争与国族主义的书写及变奏

与关露被误认为"女汉奸"命运相似,这种女性解放在国族话语的审视下导致二者关系的错位,也显现在丁玲创作的《我在霞村的时候》这部小说中间①。主人公"贞贞"这一名字实际上隐喻了双重的内涵,既指涉对于革命事业的忠贞,同时也暗指身体的贞洁。为革命事业失去了贞洁的贞贞,尽管逃离了乡邻们异样的眼光,但奔赴延安究竟是否意味着,"解放区的天是一个明朗的天"?丁玲并未给出明确的答案,却有意回避了女性爱欲、身体与革命之间的内在冲突与紧张这一敏感话题。随之,丁玲在散文《三八节有感》中大胆地道出了她个人对性别、革命与国族三者之间关系的看法,即女性被视为革命的"他者",而非革命的"主体"②。这不仅从侧面暗示了贞贞到达延安后的困境,而且凸显了女性在追求性别解放进程中,遭遇国族话语规训的尴尬与无奈。但贞贞的故事只是个体化的经历,而非典型性的经验。

换言之,女性将投身战争与革命事业视为实现自我价值并获得主体性身份的道路,所构建的是性别解放与国族话语之间的同构性图景。只是,"女特工"身份的特殊性和复杂性使得关露陷入困境,长期背负"女汉奸"的污名,为外界所误解,并在特定时空下呈现出女性解放与民族解放错位关系的悖论形态,即女性从属于革命队伍,唯有无条件地服从政党话语,并自觉将身体皈依国家化。抗战胜利后,苏青、潘柳黛、李青萍等不再拥有战时文坛上的风光无限,而是在清算"女汉奸"之列中或遭遇审讯或是被点名,而昔日沦陷区的日常生活书写亦迅速被主流的政党政治话语所覆盖③。反观关露在战后的境遇,非但未能赢得"女英雄"形象,相反在国人误解之际无力反抗,并以"无声"的方式告白④。

新中国成立后,关露因潘汉年遭迫害而受牵连,先后于1955~1957年以及1967~1975年入狱。在狱中含冤之际,关露非但没有任何怨言之词,还撰写了《告诉党》《我和党》《祖国》等诗歌,内中满溢着对于党的感情,且称当时在上海从事的"女间谍"活动,皆系服从革命的需要,并"以诗明志",为自我真实的"女英雄"形象"正名"⑤。在两次入狱期间,关露创作了《党的女儿刘丽姗》,以刘道衡的女儿为原型,塑造了一个由革命家庭成长起来,并在日伪严刑拷打下宁死不做亡国奴,为国族

---

① 参见陈雁《性别与战争:上海(1932~1945)》,第307~311页。
② 参见郭冰茹《20世纪中国小说史中的性别建构》,第102~103页。
③ 参见陈雁《性别与战争:上海(1932~1945)》,第311~340页。
④ 萧阳、广群:《一个女作家的遭遇——记关露一生》,第180~182、187~191页。
⑤ 丁言昭:《关露传》,第142~158页。

解放献出年轻生命的"中共女战士"①。直至1982年3月23日中央组织部作出《关于关露同志平反的决定》，始彻底洗刷了关露"女汉奸"这一"污名"。同年12月5日，关露离世。12月18日，文化部和中国作家协会召开了悼念关露的座谈会②。12月29日，《人民日报》刊发了《纪念左翼女作家关露》的文章，高度评价其为20世纪30年代"中国前进的女诗人"③。

在关露个人记忆与同时期女性集体叙事的逻辑中，女性解放这一使命，在特定形势下为配合政党意志与服务于国族话语的需要而存在。透过关露"女作家"书写与"女特工"生涯的历史考察，不难知晓内中性别、战争与国族三者的交织碰撞，以及女性解放与国族解放之间的潜在逻辑。这既可作为观察关露独特人生轨迹的切入点，同时更隐喻了现代中国性别实践中间——"娜拉"精神、政党话语、国族复兴、革命道路之间同构与错位的关系，由此亦可窥见民族国家转型进程中女性解放的曲折性与复杂性面相。

成长于五四时期妇女解放思潮下的关露，在《新旧时代》《黎明》两部自传体小说中先后诠释了"娜拉"从"离家"到"离校"这一轨迹，以及在婚恋中的体悟与蜕变，内中蕴含了近代中国女性在新旧交替的时代里探索并确立价值认同的过程。融入"左翼"阵营，尝试以民族国家话语统合女性解放道路，爱欲、身体与革命三者的结合，成为以关露为代表的进步女青年普遍的人生抉择。故而，经由女作家的文学书写，关露为诸多女性代言"娜拉"精神，彰显出她们将性别解放与国族解放融合起来的诉求。

维护党和人民的利益，将个人的名誉与荣辱置身事外，实为一名中共党员自觉的规训。在接受中共党组织的派遣，秘密潜伏至日伪机关期间，关露利用《女声》杂志"不涉政治"这一相对中立的平台，一方面撰写了一系列有关性别问题讨论的篇章，继续为女性解放问题"发声"，意在寻求女权主义与民族主义之间的某种暗合与关联；另一方面通过"疾病"叙事与书写，希冀获得自我言说的空间，从而委婉地表明自我形象裂变的抑郁、苦楚与无奈，以及忠诚于党与民族这一矢志不渝的立场。这些文字

---

① 萧阳、广群：《一个女作家的遭遇——记关露一生》，第202~209页。
② 《关露生平生表》，丁言昭：《关露传》，第185页。
③ 《首都文艺界人士集会，纪念左翼女作家关露》，《人民日报》1982年12月29日第5版。

既是关露对于国族忠诚的自我表述,也是其澄清心志的另类书写。

　　救亡压倒启蒙,集体主义与民族国家利益至上,牺牲个人主义的"小我",在某种程度上成为近代中国战争与革命时代环境下,女性解放与国族解放之间特定关系的写照,也暗示了关露个体生命的命运归属。诚然,囿于"女特工"角色的特殊性、经历的复杂性,关露一度在对"汉奸"的"审判"中陷入了困境。关露独特的人生轨迹,与同时期投身民族国家救亡的女性精英一起,共同构成了近代中国女性解放千回百转的历史画卷。

补论 "合群"与近代中国妇女解放的历史进路

如果说近代中国女性文化的思想谱系，贯穿着从"妇女解放"到"妇女运动"，从"妇女事业"到"妇女发展"全方位的历史进程，那么女性走出闺阁，跨越一百余年黑暗长夜的版图，从男权文化幽闭与传统家族禁锢中完成自我的突围，将以何种姿态和面貌成就一种历史书写的独特方式？

"解放妇女"向"妇女解放"话语的流变，知识女性与劳动妇女的结合，怎样蕴含着近代中国妇女解放道路的历史逻辑？女性主体性地位是如何被建构起来的？阶级解放的叙事如何伴随着女性建立共同体与重铸身份体认的过程？在近代民族革命战争的历史语境下，党派组织在妇女"合群"中扮演着怎样的角色，"姐妹情"与"阶级情"之间发生着怎样的变奏，"妇女主义"与"阶级革命"之间存在何种整合与重构的关系？不同历史阶段、不同成长环境、不同职业群体、不同身份阶层、不同遭遇个案的女性们，她们所处的历史方位、面临的历史任务、贡献的历史经验、占据的历史地位，浓缩出怎样的历史景观，并呈现出何种特色？"合群"这一概念成为阐释近代中国女性解放历史进路的核心命题，既是立足于本土语境的理论构造，也是中华民族的精神赓续与社会实践。

"合群"思潮兴起于晚清时期，这一概念可溯源自严复翻译《原强》与《天演论》等西方社会学经典时采用的"群学"论述。与此同时，康有为、梁启超等文化知识人提出"合群立会"之说，倡导以报章为媒介，依托学会、学校为载体，推动近代中国政治变革。由此，"合群"被视为挽救国族危亡、寻求富强的重要途径[①]。女界在"合群"观念的影响下登

[①] 有学者考察过"合群"思潮的嬗递与清末民初政治转型的关系，以及"合群"的诉求如何成为推动晚清"思想界"形成的助力。相关研究可参见庞振宇《清末民初合群思潮的兴起与演进》，《江西社会科学》2019年第5期；章清《清季民国时期的"思想界"》，社会科学文献出版社，2021，第35～46页。

上历史舞台，并以"界"为名，借助国家民族主义为自我赋权①。近代中国妇女问题与社会政治议题具有高度的契合度，"合群"推动着妇女解放从思想启蒙走向行动实践，促使参与中国革命的妇女由知识精英转向与普罗大众相结合，具体表现为妇女通过结成团体，形成阶级联盟，融入近代中国民族社会革命的全过程。

首先，女性作为"被解放"的一方，从属于男性启蒙者救亡图存的诉求而觉醒，妇女启蒙的先声在一定程度上显示出男性主导的特征，这是中国妇女运动"合群"本土经验的第一个阶段。其次，女性充当解放自己的主角，从"自发"开始走向"自觉"，进行性别内部的自我反省，发表女性论说、创办女性报刊、组织女子团体，形成理论上的群言与行动上的联络，成为中国妇女运动"合群"进程的第二个阶段。再次，随着辛亥革命后的政治重建与五四新文化运动的社会转型，资产阶级女权运动思潮逐渐退却。最后，马克思主义妇女理论的引介及实践，使得妇女运动具有了明确的阶级指向，知识女性与劳动妇女相结合，逐渐完成"民众大联合"的转向，探索出妇女解放与民族社会革命相互交织的道路，实现了女性历史地位从客体向主体身份的转换，此为女性建构近代中国政治文化"合群"书写的第三个阶段。由此，演绎了近代中国妇女解放的三重变奏曲。

第一节 "合群"意识的萌生：妇女启蒙与"群言之合"

（一）"解放妇女"与"妇女解放"的变奏

"解放"作为一个动词，同时隐含着一种动作的形象与动态的过程，既存在主动的实施者，也还有被动的接受者。王绯定义了"解放妇女"与"妇女解放"这两个词汇相近却意义迥异的概念：前者"妇女是解放的客体或对象，即是被动的、被男性当权者解放的角色"；后者"妇女是作为主词出现的，是实施解放的主体"②。

---

① 参见秦方《新词汇、新世界：清末民初"女界"一词探析》，《清史研究》2014年第4期。
② 王绯：《空前之迹：中国妇女思想与文学发展史论（1851~1930）》，商务印书馆，2004，第11页。

"解放妇女"的最早倡导者除了西方来华的传教士，还有男性精英的启蒙先行者。早期维新派与戊戌维新时期的男性思想家，忖量改变积贫积弱历史情状的多重路径。基于"强国保种"的政治理想，他们将作为四万万同胞另一半的中国妇女，视为亟须拯救的对象，主张通过"废缠足"与"兴女学"，使得女性从"分利者"转为"生利者"，成为男性挽救颓废国族命运的辅助角色，从而达到"男女通"与"内外通"，"上下通"与"人我通"的思想远谋①。这种由男性"解放妇女"的期许，决定了近代中国妇女启蒙的开端染上政治功利化色彩。

不得不归功的是，先有男性知识人为女性挣脱锁链的"代言"，才有了女性作为主体的自我解放，达成了"男女合力"革新性别政治议题的理论共识。这一时期女性自觉启蒙的先行者，呈现的是"踏着父兄的思想足迹言说"②。妇女发声的内容大体上离不开男性启蒙者既定的论述框架，但毕竟超越了传统社会女性被压抑的"万马齐喑"的时代。康有为长女康同薇显现出与父亲的女性论述互为呼应之势。康有为以欧美"其母不裹足，传种易强"为镜像，在家乡创办"不缠足会"，允许女儿放足③。康同薇不仅参与"废缠足"的实践，还积极"兴女学"，主张效法西方文明以达兴女学之志，"小如瑞典、挪威，女子百人中不识字者一人耳。日本新树小邦，前十年间，女学生徒二百余万，教习千余人，学校三百余所"④。康有为次女康同璧组织"女保皇会"的活动尤为值得关注。康有为流亡海外后，康同璧为追随父亲的君主宪政事业，相继与父亲"居南洋，走印度，漫游欧美"。1899年，康有为召集的保皇会在加拿大成立，拟在南北美洲、澳洲二百余埠组建分会，康同璧称其"为中国未有之大政党"。1902年，康同璧受康有为之命，"往欧美演说国事，为提倡女权之先声"⑤。1903年，康同璧先后在维多利亚、温哥华、新威斯敏斯特等地的华人社区中发起女保皇会，提出"国家兴亡，男女同责"等具有女性主义性质的政治口号，在当地反响热烈⑥。陈雁在研究中指出，

---

① 谭嗣同：《仁学》，《清议报》1898年第2期。
② 王绯：《空前之迹：中国妇女思想与文学发展史论（1851~1930）》，第169页。
③ 康有为：《请禁妇女裹足折》，汤志钧编：《康有为政论集》（上），中华书局，1981，第335~337页。
④ 南海康同薇：《女学利弊说》，《知新报》1898年第52期。
⑤ 康同璧编：《南海康先生年谱续编》，楼宇烈整理：《康南海自编年谱（外二种）》，中华书局，1992，第69、72、107页。
⑥ 参见陈忠平《保皇会在加拿大的创立、发展及跨国活动（1899~1905）》，《近代史研究》2015年第2期。

康同璧同年赴美各埠宣传保皇思想，"俨然成为康有为在美的代言人"①。《中国维新报》称其演说"议论宏富，谓当今竞争激烈之世，非合大群，结团体，不能救中国……诚二十世纪女杰之先河也。当为我中国女权界馨香视之"②。也就是说，康同璧此时即明确提及"合群"论述，意识到"合群"是保国保种与解放妇女的重要途径。除此之外，从朵云轩2014秋季艺术品拍卖会披露的"康同璧旧藏康有为与保皇会文献"看，此际，女保皇会使得康同璧在美国华侨妇女中间产生一定号召力。如1905年，纽约保皇女会对她来访的欢迎程度甚至胜过康有为③。康有为门生谭良之妻冰壶赞赏康同璧的学业、事迹与志向，"诚为我女界放大光明也。我女界从此亦可以扬眉吐气矣"④。透过康有为两个女儿的案例中可以看出，她们的相关活动主要为配合父亲的事业而展开，形成了知识女性追寻男性启蒙者言说踪迹的叙事，催化出一股以男性思想家牵动知识女性、关怀妇女生命的"合群"力量。

戊戌维新时期，女学堂、女学会、《女学报》三举并行的历史景观为女性自我启蒙先觉者的集合提供了精神原动力。中国女学堂最初创设的倡议虽源自男性维新派，但知识女性开始充任女学的管理者。梁启超在1897年12月4日的开办章程中称，"堂中一切捐助创始，及提调教习，皆用妇女为之"⑤。次年诞生的中国女学会书塾，教习皆有鲜明的性别特色，"聘请名门贤淑闺秀……专教吾华女子中西书史"⑥。《女学报》主笔为清一色的女性群体，由薛绍徽、裘毓芳、潘道芳、沈和卿、蒋畹芳等志同道合的女学倡议者轮流担任刊物编辑⑦。正如潘璇所言："女学会是个根本，女学堂是个果子，《女学报》是个叶，是朵花。"女学会搭建起妇女"合群"的成长平台，"无论富贵贫贱，可以会在一块儿，阐扬这女学的宗旨"；女学堂可使"朝夕互相切磋，容易长进功夫"；《女学报》有效

---

① 陈雁：《"戊戌变法"失败后的康家女人》，《团结报》2015年1月12日。
② 《中国维新报》第1册第10版，转引自秦素菡《清末康梁改良派在美国活动研究》，光明日报出版社，2022，第83页。
③ 《纽约保皇女会同人致康同璧（1905年5月20日）》，第623号拍品"北美保皇会同人致康同璧信札二十通"，《康同璧旧藏康有为与保皇会文献专场》，朵云轩2014秋季艺术品拍卖会。
④ 《冰壶致康同璧之一（1905年7月15日）》，第604号拍品"冰壶致康同璧二通"，《康同璧旧藏康有为与保皇会文献专场》，朵云轩2014秋季艺术品拍卖会。
⑤ 《上海新设中国女学堂章程》，《时务报》1897年第47期。
⑥ 沈和卿、赖妈懿：《中国女学会书塾章程》，《湘报》1898年第64期。
⑦ 《〈女学报〉主笔》，中华全国妇女联合会妇女运动历史研究室编：《中国妇女运动历史资料（1840~1918）》，中国妇女出版社，1991，第137~138页。

连接"女学会内的消息,女学堂内的章程,与关系女学会、女学堂的一切情形"①。自此,报纸名称公开有了"女"字,发挥了"姊妹"式的互助,"见路上有两人挑担,一是外人,一是姊妹,两人都弱了,我不当帮助我姊妹么……况且挑的不是他姊妹一人的东西,也是我们各人的东西"②。"三位一体"构建的新格局,成为女界从"分群"走向"合群"的重要里程碑。

(二) 女子论说、报刊、团体的"群言合声"

辛亥革命时期,各种女子论说、女子报刊、女子团体等纷纷兴起,以知识女性为主体的"合群"从"兴女学"迈向"争女权",形成追求"女国民"主体性身份的历史盛况。

一是女子的"合群"论说。女医师张竹君在卫生讲习会的演说词中表示,女子当合力讲求卫生、工业与学问,"以求自强,以求自养……为女界建设之基本"③。《大公报》第一位女编辑吕碧城,与英敛之创办天津公立女子学堂,主张以"合群"为争取"女学"与"女权"合一的途径。她号召女子"结成一完备坚固之大团体",借收"一人倡而千百人附"之效④,指出在复兴国权行动中两性间"有如辅车唇齿之相依"的互助角色,"国有男女,犹人体之有左右臂也"⑤,若合君民之男女,协力以图自强,20世纪东亚舞台"必英俊之女子与豪侠之男儿互相辉映,并驾齐驱"⑥。以"合群"意识为导向的国民自治成为清末女界至上的精神追求。诚然,"合群"并不意味着"独立"的丧失,"独立"是实现"合群"的基础,"独立者,犹根核也,合群者,犹枝叶也。有根核方能发其枝叶,藉枝叶以庇其根核……宜先树个人独立之权,然后振合群之力"⑦。

---

① 上海女史潘璇:《上海〈女学报〉缘起(节录)》,中华全国妇女联合会妇女运动历史研究室编:《中国妇女运动历史资料(1840~1918)》,第135~136页。
② 上海女史潘璇:《论〈女学报〉难处和中外女子相助的理法》,中华全国妇女联合会妇女运动历史研究室编:《中国妇女运动历史资料(1840~1918)》,第138~139页。
③ 张女士竹君:《卫生讲习会演说》,《广益丛报》1904年第44期。
④ 《女子宜急结团体论》,夏晓虹编:《中国近代思想家文库·金天翮 吕碧城 秋瑾 何震卷》,中国人民大学出版社,2015,第78~79页。
⑤ 《论提倡女学之宗旨》,戴建兵编:《吕碧城文选集》,天津古籍出版社,2012,第4~5页。
⑥ 《参观北京豫教女学堂演说》,夏晓虹编:《中国近代思想家文库·金天翮 吕碧城 秋瑾 何震卷》,第62~63页。
⑦ 《论提倡女学之宗旨(续昨稿)》,戴建兵编:《吕碧城文选集》,第7页。

二是女子报刊与"合群"的发声。知识女性通过自主办刊的方式，旨在以"女界革命"相号召，推翻腐朽的父权制社会，传递出女界踏上解放之路的集体性情绪。1907年，秋瑾创办《中国女报》的发刊词堪比吹响女性起来战斗的号角，成为富于感染力的"合群"话语：

> 吾今欲结二万万大团体于一致，通全国女界声息于朝夕，为女界之总机关，使我女子生机活泼，精神奋飞，绝尘而奔，以速进于大光明世界；为醒狮之前驱，为文明之先导，为迷津筏，为暗室灯，使我中国女界中放一光明灿烂之异彩，使全球人种，惊心夺目，拍手而欢呼……①

陈撷芬主编的《女学报》、燕斌主编的《中国新女界杂志》充满复兴女权的激进论述，勉励由二万万中华女性担负拯救国难的使命。陈撷芬基于庚子之役的战败，痛心疾首"国已无种而将亡"，呼吁凝聚"学者""明者""能者"的知识女性，发挥女界群体之力行②。经由"天赋人权"学说的洗礼，燕斌表达由女界自主复权的乐观，"女权者，并非造物之所禁，且为吾所固有者乎"③。

三是女子团体与"合群"运动。知识女性以"合群"为驱力的社会实践，以能动的主体创设了教育社团、政治社群、军事组织，升起辛亥革命时期女性"自我解放"的一抹阳光。

在女子教育社团方面，国内各地"女学合群"的团体如春笋般涌现，海外留学的知识女性也遥相呼应。1904年，张竹君发起"女子兴学保险会"，呼吁"海内诸女士为一大群"，培育女子"自立之学"，"修智育以求自治，习工艺以求自养，联同志以求自镜"④。留日学生胡彬夏于1903年在东京成立"共爱会"，"联合团体"，一面研究学问，"谋吾女同胞之公益"，一面宣言救国雪耻，将"共爱会之前途"与"望中国之转机"相联结⑤。只是，该会发起后因经费等困境，未能有实际运行，1904年秋瑾入日本东京实践女学校后，乃与陈撷芬重兴"共爱会"，二人分别担任会

---

① 秋瑾：《发刊辞》，《中国女报》1907年第1期。
② 楚南女史陈撷芬稿：《女界之可危》，中华全国妇女联合会妇女运动历史研究室编：《中国妇女运动历史资料（1840~1918）》，第229~231页。
③ 炼石：《女权平议》，《中国新女界杂志》1907年第1期。
④ 女士张竹君：《女子兴学保险会序》，《警钟日报》1904年4月23日、24日第4版。
⑤ 胡彬夏：《祝共爱会之前途》，《江苏（东京）》1903年第6期。

长及招待，拟按月召集一次会员例会①。1907 年，随着知识女性东渡日本人数的增加，燕斌与唐群英出任书记联合发起"留日女学生会"，称远渡重洋的男学生，"同乡很多，亲友也必不少，尚可有个依靠。惟独女学生，素来与男学界很疏远，即男学生虽有热心的，也不便十分周旋"，因此亟须组织女学团体互相扶持，"凡是内地女同胞要来留学的，不怕没有来过"，只要寄一封信来，"立刻就可以知会招待员"②。留日女学生社团互助式的热力共铸，是基于游学异国的姐妹式认同，这种不分地域、种族、阶级和身份团结起来的女性生存共同体，成为知识女性"合群"发声的重要纽带。

在女子政治社群方面，伴随着尚武精神的高扬，女界介入政治风云缘于侠义之风，政治参与的热情空前升涨，女权论述完成了从"争人权"向"维国权"的摆渡，促使妇女运动兼具了民族主义救亡的正义性。在抵制美货运动中，务本女塾学生张昭汉号召女界联合行动，"广结团体，坚持不购美货主义"，以工业自立防止利权外溢③。在四川保路运动中也可见女子团体之生机活泼，爱国女子群言痛斥盛宣怀出卖利权，组成"女子保路同志会"，倡议"共捐无用之首饰"，集为保路之巨款④，洋溢着血气方刚的巾帼"合群"气概。

在女子军事组织方面，武昌起义爆发后女界还兴起一场投笔从戎的热潮，走向烽火硝烟的战场。1911 年 10 月 31 日，年仅 19 岁的吴淑卿女士向湖北军政府都督黎元洪递交"兴汉灭满"的请愿投军状⑤。尚侠女学学员代表薛素贞上书沪军都督陈其美，畅言女子不弱于男，召集一支女民国军出征⑥。不出两日，招募女民国军第一队一呼百应，"合格者五百人"⑦。女界响应北伐倡议，成立各类尚武团体驰援前线。张昭汉的"女子军事团"、张竹君的"赤十字会"、吴木兰的"女子经武练习队"、沈佩贞的"女子尚武会"、唐群英的"女子后援会"等，无不表达了"军国民主义""不让男儿""驱逐胡虏""热血壮士"等赤诚之志，以"合群"

---

① 《共爱会之实行》，《东京留学界纪实》1905 年第 1 期。
② 炼石：《留日女学界近事记》，《中国新女界杂志》1907 年第 1 期。
③ 务本女塾学生张昭汉：《争约劝告辞》，《女子世界（上海1904）》1905 年第 2 期。
④ 《四川女子保路同志会报告书》，隗瀛涛、赵清主编：《四川辛亥革命史料》（上），四川人民出版社，1981，第 240～241 页。
⑤ 《吴淑卿女士投军文》，《民立报》1911 年 10 月 31 日第 6 版。
⑥ 《尚侠女学代表辛（薛）素贞上陈都督书》，《申报》1911 年 11 月 13 日第 2 张第 2 版。
⑦ 《女民国军招募第一队》，中华全国妇女联合会妇女运动历史研究室编：《中国妇女运动历史资料（1840～1918）》，第 452 页。

之伟力一定程度上破除了传统社会对女性娇羞柔弱的刻板印象①。

1912年,沐浴着共和的曙光,伴随着南北议和的告成,各类女子军事团体纷纷解散,取而代之的是女子通过建立参政团体,将女界"合群"推向新起点,中国历史上迎来了第一次妇女参政运动。

为收妇女参政"合群"之效,1912年2月20日,女子参政同志会、女子同盟会、女国民会、女子后援会、女子尚武会等从分散走向联合,组建全国统一的女子参政总机关——女子参政同盟会,"以厚团体而利进行"②。她们将女子享有权利视为共和政体的重要部分,声明请"将女子与男子一律平等明白规定于临时约法之中"③。然而,民初女界以"合群"争取参政权利的运动转瞬即逝,复古逆流迅猛来袭④。其实,回到女子参政运动兴起伊始的"空海之论",不难从社会性别的视角窥见一二。《民立报》记者王月波署名"空海",从"男女之程度""男女之特性""社会之秩序"等层面发起反对妇女参政的第一声⑤。内中根由,与男性的性别焦虑不无关系。女界"合群"的声势冲击了传统社会性别秩序的权力基础,她们虽表面稍显激进,扬言必要时将以武力、炸弹对付顽固派⑥,但本质上仍是男权社会搪塞女性参政的虚与委蛇。

值得注意的是,女子张纫兰竟赞成"空海之论",公然站到女性同胞的对立面,况且还具有留学教育背景,"尝游学于世界最讲平等自由之美国,且间涉猎乎近世各国法政之概要"⑦。这某种程度上既反映出知识女性内部"合群"阵营的分化,也意味着"男权社会"不仅是男性一方的集合体,同时涵盖了服膺于传统社会性别制度的女性群体。对此,杨季威虽围绕"人类程度""所谓特性""维持家庭生活"予以驳斥⑧,但除了争取参政权的知识女性自身,较少赢得其他女性同盟者的声援。唐群英、沈佩贞专程拜访了北上进京的孙中山,力陈男女平权之利害,言及女界

---

① 参见中华全国妇女联合会妇女运动历史研究室编《中国妇女运动历史资料(1840~1918)》,第463~464、466~468、487页。
② 《女界参政同盟会纪事》,中华全国妇女联合会妇女运动历史研究室编:《中国妇女运动历史资料(1840~1918)》,第577页。
③ 《女子参政会上孙中山书》,中国第二历史档案馆等编:《中国妇女运动历史资料·民国政府卷》(上),中国妇女出版社,2011,第15页。
④ 参见顾秀莲主编《20世纪中国妇女运动史》(上卷),中国妇女出版社,2008,第112~121页。
⑤ 空海:《对于女子参政权之怀疑》,《民立报》1912年2月28日第2版。
⑥ 开云:《参议院之黑暗》,《女子白话旬报》1912年第4期。
⑦ 《张纫兰女士致上海〈民立报〉函》,《女子国学报》1912年第1期。
⑧ 《杨季威致某报记者书》,《妇女时报》1912年第6期。

"尽义务"却无法"享权利"的伤心墨泪。不过,孙中山无法兑现男女平权的承诺,唯有"颇为所感动,抚慰再至"①,此为女界"合群"历史进程上的悲歌。

第二节 "合群"路径的开拓:知识女性与劳动妇女相结合

(一) 第四阶级妇女论

五四新文化运动时期,中国迎来了一场空前的思想解放运动,不同的政治主张、思想流派、学术团体,自由主义、马克思主义、文化民族主义等社会思潮在竞逐中并存,拼接出急剧变化时代的历史图景。女性解放成为五四新文化人切入的焦点,男女两性以"合群"之力冲破父权制社会的罗网,除了知识女性,劳动妇女作为一支新兴的力量"浮出历史地表"。

就劳动妇女而言,近代中国工人阶级队伍的壮大,促使女工这一群体得以成为可以被"合群"的重要对象。女工阶级的迅速成长缘于第一次世界大战期间民族资本主义发展的有利契机,女工在工人中占比日益增长。五四运动爆发之际,中国产业工人约有200万,至1921年建党前夕约达261万②。相比1898年3月俄国社会民主公党成立时,俄国产业工人总数279.2万,表明中国产业工人数量基本接近俄国成立马克思主义工人政党的阶级基础③。从1840年到1904年,零星罢工事件仅有50多次,1905~1911年骤增55次,而1912~1913年的两年间,中国即出现24次罢工④,并开始有劳动妇女加盟,形成劳动妇女与劳动男性罢工斗争的合围之势。从近代中国国情来看,无产阶级所受资本家压迫与剥削程度深,注定了包括劳动女工在内的工人阶级革命意志尤强。基于此,劳动妇女怎样在工人运动中团结起来,将如何走好"合群"的抗争之路,分属不同阶

---

① 《唐沈两女士之墨泪》,中华全国妇女联合会妇女运动历史研究室编:《中国妇女运动历史资料(1840~1918)》,第593页。
② 刘明逵编:《中国工人阶级历史状况》(第一卷·第一册),中共中央党校出版社,1985,第122页。
③ 参见曹仲彬、杜君《论中国共产党是马克思列宁主义同工人运动相结合的产物——与王学启、张继昌商榷》,《中共党史研究》1991年第6期。
④ 参见王建初、孙茂生主编《中国工人运动史》,辽宁人民出版社,1987,第36页。

级阵营的知识女性与劳动妇女，何者才是妇女解放运动的中流砥柱，引发思想文化界的论争。

1919年2月，李大钊在《战后之妇人问题》中指出，辛亥革命时期的女权运动是资产阶级联合争取的妇女权利，与劳动妇女的利益毫不相干，而无产阶级的妇人只想从穷苦中释放，导致"女权运动和劳动运动纯是两事"①。李大钊将马克思主义学说引介到妇女问题领域，成为传播马克思主义妇女观的第一人。基于阶级论述的思想引向，促使女界内部产生了从知识女性"合群"走向与劳动妇女相结合的可能性路径，为中国妇女解放运动与现代民主精神的建立提供独特的智慧与方案。

在此基础上，遂有"第四阶级妇女论"重要论断的提出。1919年10月，田汉将妇女运动概括为"君主阶级""贵族阶级""中产阶级""劳动阶级"四个阶级。武则天是第一阶级的典型，欧洲中世纪贵族夫人是第二阶级的代表，19世纪以来资本主义世界的女权运动是第三阶级发起，但彻底的改革论者实属于劳动妇女，即"第四阶级的妇人运动"②。丁玲在上海大学的挚友、瞿秋白的第一任夫人王剑虹撰文支持"第四阶级妇女论"学说。她结合女性的遭遇称，从古至今"女子地位的高下，全靠结婚机会的好坏来决定"，然而有一类嫁给官僚或资本家的女子，"居然逞起官太太或财主太太的威风，压迫和虐待无产的妇女……欺凌无知识的妇女"，加深了有产者和无产者的分离。她提议将女权运动的中心转移到无产阶级的阵线："有觉悟的女子，应该组织团体……建设自由平等的、男女协同的社会"。③ 这表明中国早期先进的共产主义知识分子，在十月革命后开始从激进的资产阶级民主主义者转向马克思主义者，运用阶级分析法，认同在阶级分化的社会里，妇女运动不可能"超阶级"而存在。他们以"合群"之力借助《新青年》《少年中国》《劳动音》《妇女声》等杂志为马克思主义妇女观发声：一方面，废除私有制，将生产资料转归社会所有，是受剥削的劳动妇女解放的根本药方，唯有将家务劳动变成社会事业和公共劳动才能赋予女性经济自主、人格独立，成为推动男女平权事业的基础；另一方面，将妇女解放问题纳入唯物史观与阶级斗争的视野，在民族解放的社会实践熔炉中加以锻造。

"第四阶级"的概念还超越了女性范畴，成为唤起普罗大众"阶级的

---

① 李大钊：《战后之妇人问题》，《新青年》1919年第6卷第2期。
② 田汉：《第四阶级的妇人运动》，《少年中国》1919年第1卷第4期。
③ 王剑虹：《女权运动的中心应移到第四阶级》，中华全国妇女联合会妇女运动历史研究室编：《五四时期妇女问题文选》，生活·读书·新知三联书店，1981，第93~94页。

自觉"与"阶级的团结"的代名词。施存统将"第四阶级底利害"视同"全社会底利害"①。还有论者指出，无产阶级男女没有智识阶级、中产阶级"礼制"的区隔，凭借"工作的互助"，同村种田、同厂做工，有助于冲破"婚姻的专制"②。以上论述在倡导劳动妇女建立"合群"团体的问题上，并非排斥同一阶级的男性同盟，重在强调无产阶级劳动者的集合，侧重的是阶级论述，而非性别意识，突破了民初女子参政运动中性别对立的局限。并且，五四时期"第四阶级妇女论"的提出，与世界无产阶级革命运动话语形成联动之势。李大钊呼吁海内外妇女结成"合群"之力，既要"合妇人全体的力量"，也要"合世界无产阶级妇人的力量"，推翻有产阶级专制的社会制度③；斯大林明确指出，劳动妇女"这支后备力量是拥护工人阶级还是反对工人阶级……决定着无产阶级革命的胜败"④。

（二）第三阶级妇女论

然而，中国早期的马克思主义者并非"铁板一块"，与"第四阶级妇女论"相并行的还有"第三阶级妇女论"的鼓吹者。1920 年 6 月，沈雁冰将社会女子分为三个等级："阔太太贵小姐""中等诗礼（借用）人家的太太小姐""贫苦人家靠劳工糊口的妇女"，表示知识女性才是中国妇女运动的中坚力量，而非劳动妇女。他并不看好第三等级的妇女（相当于田汉定义的"第四阶级"），认为她们每天为生计而挣扎，缺少教养和经济后盾，"对于社会最无实力而人数却是最多的"，难堪妇女运动的重任，"非得经过一番好好的训练和指导是不能成事的"。相反，他青睐第二等级的知识女性（相当于田汉定义的"第三阶级"），因其经济来源和接受教育有所保障，"是有思想，有道德，有勇气去做事"的一类，有资格成为"合群"的柱石，呼吁"中流阶级有识无产的女子"接手妇女解放的先锋旗帜⑤。1921 年 7 月，劳秋英女士也表达相似意见，称劳动妇女被黑暗空气所笼罩，无法知晓解放的真谛，唯有具备智识的"第三阶级的妇女"，才能更好地"向女同胞宣传妇女主义"，成为性别觉悟主动力

---

① 存统：《第四阶级解放呢？全人类解放呢？》，《新青年》1921 年第 9 卷第 5 期。
② 重瞳：《第四阶级的婚姻问题》，《新黎里》1923 年 8 月 1 日增刊，第 2~3 版。
③ 李大钊：《战后之妇人问题》，《新青年》1919 年第 6 卷第 2 期。
④ 《斯大林庆祝国际妇女节》，中华人民共和国全国妇女联合会编：《马克思 恩格斯 列宁 斯大林论妇女》，人民出版社，1978，第 343 页。
⑤ 雁冰：《怎样方能使妇女运动有实力》，《妇女杂志》1920 年第 6 卷第 6 期。

的掌握者①。这种论述带有改良主义色彩，意味着五四知识界对女性"合群"的途径还存在思想分野。

"知识女性救国论"在当时并不罕见。周炳琳推崇女子解放"自上而下"的办法，认为妇女唯有接受高等教育，以"学术竞争的结果"促进男女教育平等的实现②。主张解除北京大学女禁"第一声"的邓春兰，在谈及解放女子路径时表示，可以在北京组织一个"妇女协进会"，京外地区设立分会，运动目标则在会中创设一个"大学预备学校"③。向警予也曾支持过知识女性通过教育改造人生、改造社会的观点④。1919年12月，她的关注点在于通过赴法勤工俭学，组成工读互助团贯彻女子"合群"精神，养成"自立之实习"⑤。基于建立教育共同体的设想，她希冀由知识女性充当女界"合群"事业的中枢，"大学中间有一部分的健全分子，做全国的指导……凡重要的机关地点，我们同志应该到处分布"⑥。随后，向警予发生思想骤变，1920年5月，她从资本主义的雇佣制度以及无产阶级困苦生活的经济根源出发，指出女子个人力量不足以反抗罪恶的旧制度，取而代之的应是"实行团体的抵抗"，由姊妹互助的"小组织"而至"大联合"。以"组织婚姻自决的同盟"为例，"有了团体，则个人的主张，可由团体向家庭通报，个人的意外，可由团体向家庭警告，个人至万不得已时，有了团体的帮助，必不至陷于孤立无援的绝境"⑦。可见，女界的"合群"不再囿于知识女性，而是发掘广大劳动妇女并肩行进的力量。

诚然，知识女性与劳动妇女阶级属性的不同，决定了妇女解放意志的根本差异。陈望道撰文称，第三阶级的妇女运动是女人对男人争取女权的运动，第四阶级的妇女运动是劳动者对资本家争取人权的运动⑧。他虽不反对第三阶级"中等妇女"争取权利，但认为本质上"没有一件不是对

---

① 劳秋英女士：《对于第三阶级妇女的希望》，《妇女杂志》1921年第7卷第10期。
② 周炳琳：《开放大学与妇女解放》，《少年中国》1919年第1卷第4期。
③ 邓春兰女士：《我的妇女解放之计划同我个人进行之方法》，《少年中国》1919年第1卷第4期。
④ 参见史春风《从探索到信仰——中国早期马克思主义者的妇女解放思想》，《山东女子学院学报》2021年第4期。
⑤ 《在欢送第八届留法勤工俭学学生会上的演说》，戴绪恭、姚维斗编：《向警予文集》，人民出版社，2011，第4~5页。
⑥ 《给陶毅（谈女子发展计划问题）》，戴绪恭、姚维斗编：《向警予文集》，第6~7页。
⑦ 《女子解放与改造的商榷》，戴绪恭、姚维斗编：《向警予文集》，第13~17页。
⑧ 陈望道：《我想（二）》，《新妇女》1920年第4卷第4期。

于男人要求平等而发",男人只要"严闭男女平等的大门",女人便"决然不能攻开",应提倡第四阶级妇女运动所重视的"同盟精神"①。不过,针对中国无产妇女多为无识者的实际情况,陆秋心称"单单的第四阶级妇女运动是掀不起的",唯有知识女性与劳动妇女自觉结合②,"第三阶级妇女"与"第四阶级妇女"走向合流之海,才是中国妇女运动前进的动向。

(三)民众大联合

除了女界内部各阶级的联合之外,男女两性的"民众大联合"势在必行。毛泽东创造性发挥了女性解放问题上"小联合"与"大联合"的关系,论述的根本点在于女性的解放是人类的全面解放:先是"我们要进行我们女子的联合",继而是中华"民众的大联合"③,并称"改造中国与世界"亟须破除男女两性的性别鸿沟,但凡"能得互助互勉之益",无不可结为"合群"同志共进者④,可谓"女界合群"走向"民众大联合"的指南针。陈望道表示,"男女携手努力于劳动运动,经济改造……共同造出男女合作共享的社会"⑤。蔡和森明确立场,妇女解放唯有在大工业条件下才能实现,工人与农民的政治觉醒应伴随"提携妇女的前进"⑥。1922年7月,《中共二大关于妇女运动的决议》是中国共产党关于妇女问题的第一个纲领性文件:"妇女解放是要伴着劳动解放进行的,只有无产阶级获得了政权,妇女们才能得到真正解放……前进,才能跑进妇女解放的正路。"⑦中国共产党领导的妇女运动借助"民众大联合"的"合群"力量,实现了女性解放与阶级解放、民族解放的统一。

以女性主义视角审视,1921年12月10日,中国共产党领导创办的第一份女性期刊《妇女声》在发刊词中便声明了知识女性与无产阶级劳动妇女互相携手的政治航向,旗帜鲜明地进行了妇女解放与社会主义革命

---

① 陈望道:《妇女运动和劳工运动》,《新妇女》1921年第5卷第1期。
② 陆秋心:《五一》,《新妇女》1921年第5卷第1期。
③ 泽东:《民众的大联合》(二)(三),《湘江评论》1919年7月28日、8月4日第1版。
④ 《毛泽东给萧旭东蔡林彬并在法诸会友》,《蔡和森文集》(上),人民出版社,2013,第66页。
⑤ 陈望道:《妇女运动和劳工运动》,《新妇女》1921年第5卷第1期。
⑥ 《社会进化史》《妇女运动》,《蔡和森文集》(下),第623、859页。
⑦ 《中国共产党第二次全国代表大会关于妇女运动的决议》,中华全国妇女联合会妇女运动历史研究室编:《中国妇女运动历史资料(1921~1927)》,人民出版社,1986,第29~30页。

的路线表达：废除资本主义的剥削制度，否则女性走出闺阁"不过逃出家庭的铁锁，系上工钱的铁锁"①。1922年1月，李达的夫人王会悟在阐扬产业革命与女权运动关系的基础上，分析了民初女子参政运动是近代经济社会状况变动的必然结果，"女界的知识分子，必须取得了参政权，方能够谋得和男子一样的高等职业"，这是"妇女解放运动必须经过的程序"，但未来妇女"合群"的趋向在于革命无产者"掌握政权和奴隶制度开战"②。"姐妹"一词被赋予阶级的内涵，不仅是一种亲属称谓，还是一种社会称谓，姊妹之间的情谊成了"阶级的结合"。她生动地论述了这一概念化的共同体：

> 三千余人众姐妹之中，我想必有一半人家中都有小儿女的……姐妹们，你们的厂主怎样？吃的是什么？住的是什么房子？出去坐什么车？……姐妹们，当你们被你们的厂主凶恶待遇的时候，你们结团体去抵抗他……你们的工会，就是你们团结的中心点……姐妹们，工会是你们的命脉……姐妹们，我们都是无产者，我们要互相携手，互相救济呀！

作为女性同盟者维系情感的纽带，"姐妹"话语具备社会动员的精神底色。女工的团结力与"姐妹"的阶级觉悟"是因为感受了资本制度所加以苦痛而由自己心里发出"③，显示出在情感主义与阶级革命之间的女性主体性能量。她还建构出劳动妇女在"平民女学"中充满阶级友爱的情景：

> 平民女学所定的功课，只有半天，却好使一班学生，上了课回去煮饭、做家内的工作；或者做了家庭工作，吃了中饭来上课。我们寄宿学生中间，有些无力付膳宿费的，学校内又设有工作部，替伊们介绍工作，使伊们上半天课之后，做半天的工，维持平民式的膳宿费。我们的膳宿费概归我们自理，分三人一组，每人每月平均派着四元二

---

① 《〈妇女声〉宣言》，中华全国妇女联合会妇女运动历史研究室编：《中国妇女运动历史资料（1921~1927）》，第27~28页。
② 王会悟：《中国妇女运动的新趋向》，中华全国妇女联合会妇女运动历史研究室编：《中国妇女运动历史资料（1921~1927）》，第31~34页。
③ 王会悟：《对罢工女工人说的话》，中华全国妇女联合会妇女运动历史研究室编：《中国妇女运动历史资料（1921~1927）》，第38~40页。

角。我们睡的是一只窄的平民床,每人每月只收宿费两元。所以我们平民女校的同学,倘能完全努力工作,刻苦自励,就可以平平安安得受完全的、平民的教育……①

1921年12月上海"中华女界联合会"成立,与平民女学、《妇女声》杂志形成"三位一体"的关系:由李达、王会悟、王剑虹轮流担任执行编辑和主笔②,开设劳动阶级女性"自己的学校"和互助教育的大本营,为那些"脱离家庭而彷徨无路的姊妹"开辟求学的新门径③。这呼应了晚清时期中国女学会、《女学报》与女学堂三者联动的历史构造④,由此说明"合群"这一概念与近代中国女性解放进路的历史顺时性。

第三节 "合群"价值的归属:"革命之家"与妇女共同体的生成

(一) 校园里:同性情谊的"合群"实践

近代中国女性走出家庭,接受教育,校园成为她们重塑人生的新舞台与新天地。男女同校与社交公开奏响了五四时期的妇女之音,为她们挣脱幽闭和囚禁的生存环境,赢得了情感的自由和主体性身份的解放。这对于当时的知识女性而言,是一种难能可贵的企盼。

1919年4月,甘肃小学教师邓春兰致信北京大学校长蔡元培,提议开设附属中学女生班,实现大学预科"男女同班",发出开放女禁"第一声"⑤。与其他被压抑的知识女性反抗诉求稍显不同的是,邓春兰生活在一个开明的家庭,自幼未曾经受缠足之苦,只是个人性别意识较为敏锐,

---

① 王会悟:《入平民女学上课一星期之感想》,中华全国妇女联合会妇女运动历史研究室编:《中国妇女运动历史资料(1921~1927)》,第46~47页。
② 参见陈文联《马克思主义妇女观在中国早期传播研究(1907~1922)》,中国社会科学出版社,2020,第110、116页。
③ 《中华女界联合会创办平民女学校缘起》,中华全国妇女联合会妇女运动历史研究室编:《中国妇女运动历史资料(1921~1927)》,第20~21页。
④ 参见刘人锋《中国妇女报刊史》,中国社会科学出版社,2012,第217页。
⑤ 《邓春兰给蔡元培的信》,朱有瓛主编:《中国近代学制史料》(第三辑·下册),华东师范大学出版社,1992,第81~82页。

有女子追求教育平权的自觉①。蔡元培对邓春兰的信札表示重视，12月在答上海《中华新报》记者问中称，本无女禁问题，"倘有程度相合之女学生，尽可投考"。1920年1月，邓春兰、王兰等9位女学生成为第一批进入北京大学的旁听生。她们人数虽少，但以"合群"互相砥砺，认为"只要我们这几个人能奋斗、牺牲、互助的精神站定脚根……如此这一条大道，不就此开通了吗？"②

就性别关系而言，男女社交公开与"恋爱自由"的发轫，成为大学校园对于传统性别秩序颠覆性的一面，关涉性道德伦理与两性关系的重构。然而，社交公开不免附带一些性别麻烦，既有"男性凝视"与"被观看"的因素，也有知识女性因缺乏世事而居于客体身份的现实，造成了两性在此问题上的龃龉③。与多数知识女性通过求学向往人格独立、改造人生不同的是，部分男性未能以"平等"身份正视女学生，而是物化女性，打量女性的身体。与"女体公开化"的同时，知识女性往往会被"浮荡少年"以追求爱情为名而困扰，他们"异常的装模作样，或以含沙射影的言语，暗中的指示，以至戏弄于她"，使她另有一番感觉④，本质上是轻视女子的人格，让女子蒙受戏弄与侮辱，妨碍了社交公开的美好理想。

"浮荡少年"成为五四时期校园流行的一个高频词汇，1921年《民国日报·觉悟副刊》报道了学校两位女教员的遭遇，一个晚上出校门时，忽然来了两个身着西装的男性，不怀好意地调笑，还坐着黄包车紧跟到她家；另一个到火车站时，又逢主动前来搭讪并欲握手的中老年男子。上述情形并非个案，"当然足为女性解放的障碍……只利用解放的名词，并不了解解放的真义，所用的手段也非常拙劣"⑤。诚然，也有一些知识女性通过打破男性的凝视，从而在两性交往中实现性别关系的反转，如个别男学生受到那些身姿曼妙、头发蓬松、衣着时髦的女学生不可抗拒的吸引，觉得无法亲近而倍感冷落。但总体来看，知识女性在社交公开中主要充当着被动的角色，并未与男性构成相等的主体地位，这说明"有形的闺门

---

① 《孟国芳记邓春兰入北大的经过》，朱有瓛主编：《中国近代学制史料》（第三辑·下册），第83页。
② 徐彦之：《北京大学男女共校记》，中华全国妇女联合会妇女运动历史研究室编：《五四时期妇女问题文选》，第262、272页。
③ 参见杨联芬《浪漫的中国：性别视角下激进主义思潮与文学（1890～1940）》，人民文学出版社，2016，第69、81页。
④ 梅鹿：《男女社交的我见》，《巴县留京学生会会报》1923年第1期。
⑤ 《浮荡少年底真相》，《民国日报·觉悟》1921年4月13日第4版。

虽然被拆除，无形的闺门依然存在"①。

女校集体生活的不如意也是值得注意的现象，女性迈出家门来到校园并未完全获得自我期许的园地。例如，燕京大学等高校的女大学生希望参与社会实践，将组织慈善义演等活动作为展示女性力量的平台，却并非一帆风顺，或遭遇保守男教员的质疑，或受到学校管理者的限制，被视为"有荒废学业、借机敛财之嫌……于女学生不甚相宜"②，这表明知识女性参与社会活动的机会尽管增加了，但组成的"合群"之力依然是一股微弱之光，传统的伦理道德与性别秩序仍成为知识女性追求主体性解放的无形桎梏。除此之外，对于相当一部分女校而言，校方设定的规训甚为严苛，还将闺阁文化移植到管理女校这一问题上，导致作为意志自由符号的校园反而沦为困厄女性的新场域。通信自由虽然已属法律条款上"国民应享的权利"，但女校中的"监护人"制度却是一道无形的围墙，实施"不近人情的高压手段"，要求女学生"一般除亲属外，不准随便通信的"，来往书信还要接受严格的检查③。于是，女性在"旧的困顿"与"新的困顿"中不停摇曳，促使她们"困顿继而求解放，解放继而又成困顿，如此循环往复"④。

与北京大学"兼容并包"的学术之风相比，北京女高师校园内部充斥着令知识女性备感压抑的空气。据该校女学生陶淑凡回忆，逃离旧式家庭入校读书确是一件不容易的事，但精神烦闷也接踵而至，"学生们在这里终日被禁闭在学校的高墙之内死读书，除了放假回家以外，基本不准随意出校门，当然更谈不上参与任何社会活动了"⑤。学校的教师也分为"国故派""新潮派""欧美派"，各种新旧思想在校园内博弈⑥。五四运动的潮水距离她们看似较近，但又有些遥远，相当一批知识女性依然困守

---

① 杨剑利：《闺门的退隐：近代中国性别观念的变迁（1860~1925）》，人民出版社，2021，第256~257页。
② 赵晓华、祁文馨：《民国北京大学生的慈善义演》，赵晓华、高翔宇主编：《五四前后的中国社会与文化》，知识产权出版社，2021，第238~239页。
③ 任桐君：《一个女教师的自述》，生活·读书·新知三联书店，1989，第24页。
④ 秦方：《从幽闭到出走——清末民初女性困顿—解放话语形成及实践》，《妇女研究论丛》2017年第4期。
⑤ 陶淑范：《五四运动时期的女高师》，北京师范大学校史资料室编：《五四运动与北京高师》，北京师范大学出版社，1984，第156~157页。
⑥ 程俊英：《五四时期的北京女高师》，北京师范大学校史资料室编：《五四运动与北京高师》，北京师范大学出版社，1984，第124~126页。

在学校的大门之内，成为被遮蔽的风景①。在庐隐的记忆中，女子师范学校弥漫着空虚和乏味，简直是一场戴套刑具的噩梦，"先天所有的爱美情感，都被摧毁了……因此我对于读书，竟视为畏途……只要听见下课铃一响，便没命的逃了"。她们怎样自寻光明，除了偷看文学作品"精神贯注于那小说的想象"外，便是自发组建一个维系情感的精神共同体，这就是"拉姐妹""闹朋友"的新风景，倾诉欢乐、烦恼与无助，切近女性生命的自我关怀，形成隐秘的女性主义话语表达空间。饶有趣味的是，这种女性私密情感"合群"的试验，反被渲染夸张为一种同性之恋："有许多人因为被别人起哄以后，竟不知不觉发生了同性爱，于是一对一对的假夫妻，便充满于学校与寝室里了。"②

民国时期"拉姐妹"与"闺蜜情"的现象并不罕见，这与一些女校为防止不速之客的"浮荡少年"以及禁绝女学生谈恋爱的规定不无相关，"学生都穿校服……不准穿短袜，还不准穿短袖短衣"，甚至"拆开学生信件被视为合法的管理行为"③。为了应对严苛的管理禁忌，尽管并未依托"血缘"关系，但以"姐妹"称谓而互助"合群"反而成为一种新型的社交关系。一些女校里有专门负责"拉朋友"者，强迫被拉入"姐妹班"的女学生互通暧昧情话，"拉+通信+玩+睡"固化为同性俱乐部的特有规约④。据《大公报》透露，"拉姐妹"还蕴藏着"拉"与"被拉"者隐形的霸凌，女校内部单一性别群体的内卷化特征，暗示了"姐妹情"终将破产：

> 在新同学刚入校时，义务的拉朋友专家很快的看看谁漂亮，谁时髦，谁的功课好，谁爱看电影……然后决定和谁做朋友合适。许多人围着，逼着她们握握手，或者谈话，最后必须要她们说声再见……虽然学校禁止，学监究查，但于事无济。有时被拉者，有点害怕，或羞涩……这更引起旁边人的拉的趣味了。被拉者强硬一点要走，或者不说话，不睡觉时，旁边那些劝告的人们像看管囚徒一般，看管的人也

---

① 罗静轩：《北京女高师在五四运动中》，北京师范大学校史资料室编：《五四运动与北京高师》，第145~146页。
② 《中学时代生活的回忆》，金理编：《庐隐自传》，云南人民出版社，2011，第109~111页。
③ 《先锋女生：中华民国早期上海女子教育》，李小江主编：《让女人自己说话：独立的历程》，生活·读书·新知三联书店，2003，第154页。
④ 参见倪浩然《校园恋与姐妹情：日常生活视角下的民国女学生》，裔昭印主编：《妇女与性别史研究》（第五辑），上海三联书店，2020，第103、112~114页。

有兴趣,说笑话,寻开心的人也有。反正耳边的声音是杂乱的不得了①。

对此,也曾被"拉姐妹"的庐隐却并不认为这是"同性爱",倒是可以将其看作一种"同性情谊"更为恰当,"我们所谈的,却不是我们所想象的那些私情密意,我们两个都是小说迷"②。据清心女中的曹锦孚回忆,女中的魅力恰在于可以将"这些女同学集中在一起",可以谈知心话,内在凝聚起"奋发图强的心",拼命考取"功课抓得比较紧的学校"。这是知识女性"合群"自立萌发上进的良好愿望,促使姊妹之间的情感在女子教育中发挥正向作用,"因为大家都是女同学……没有男同学嘛,所以自治喽什么的,都要女同学。如果有男同学的话,都要男生了"③。这既是基于女性共情力情感的发掘,也在"男女大防"性别界限的前提下,营造出一种独特的校园文化。可见,这并非现代社会定义的同性恋/同性爱,而是在异性"不在场"的情境下,女学生凭借"合小群之力"连接友谊,建立互助的精神纽带。知识女性希冀通过个体化的经验,"合群"铸造相对独立的女性成长社区,或反抗父权制,或弥补异性恋的缺乏,成为彼此温暖的精神伴侣。只是,摇摆在"幽闭"与"开放"的姐妹叙事,是否具备足够的牢固性,引人深思。

耐人寻味的是,庐隐在《丽石的日记》中却有意强化这种暧昧情感。面对沅青即将嫁给表兄的事实,丽石表达了来自"背叛同性"的悲痛欲绝,"沅青已经被人夺去了……我不恨别的,只恨上帝造人……分什么男和女……我更不幸,为什么要爱沅青!……我每作日记,写到沅青抛弃我,我便恨不得立刻与世长辞"④。作品中的两人倾向于将"同性友谊"表述为"同性之爱",宁愿冒着被外界视为"病理化"的风险,冲破传统社会价值规训下的话语禁区。这表明她们希望掌握主动发声的性别表现力,凸显女性讲述生命故事的意识觉醒,成为五四时期"娜拉"言说的一种特殊的流行症候。

诚然,在另一篇代表性小说《海滨故人》中,庐隐试图探索"姐妹情"的精神世界,展现五四前后知识女性的伦理困顿。她们以"同性情

---

① 星畏:《女学校里的"拉朋友"谈》,《大公报》1928年2月9日第9版。
② 《中学时代生活的回忆》,金理编:《庐隐自传》,第111页。
③ 杨洁访录、整理:《清心女中:"密封罐头"、"象牙塔"》,李小江主编:《让女人自己说话:独立的历程》,第69页。
④ 庐隐:《丽石的日记》,《庐隐精品选》,中国书籍出版社,2014,第130页。

谊"为基础，建构出一个"合群"的情感共同体，进行历史试验，探索女性经验。露沙、玲玉、云青、宗莹、萍裳五人是同校同学，暑假来到海边避暑，"站在海边听怒涛狂歌，看碧波闪映……说海上的故事"，相约"看日落和月出"，吹笛吟诗，放歌畅聊美好生活的向往。然而，回学校以后，重启平淡枯燥的日子，她们只能凭借通信倾诉衷肠，面对一度流行的学潮罢课运动更感慨"前途的可怕"。后来，她们接连遭遇来自家庭、婚姻与社会现实的冲击，从此"月夜的花魂不能再听见她们五个人一齐的歌声"。姐妹们纷纷黯然神伤，或认为嫁人便是被男权社会"胜利者"攫取和掠夺，或虽选择心仪的男性配偶，但婚礼上"像笼里鹦鹉，毫无生气"①。五位知识女性姐妹联盟的叙事走向瓦解，写着"海滨故人"四个字的精致房子，只能成为记忆和凭吊的感伤抒怀，异性婚姻在无形中攻陷了知识女性的乌托邦。显然，"海滨故人"时代"姐妹情"的美好还停留在"女孩状态"的范畴，未曾面对"女人"成长的滞重②。她们在从"离家"向"离校"的转型中应对女性价值与社会价值的碰撞，无所适从。

从表面上看，"毕业"与"嫁人"是这种姐妹式社群消亡的两大因素。根本上而言，则是"海滨故人"式"同性情谊"的浪漫主义折射出的社会性、反抗性、阶级性、政治性的缺位。这种社区互助文化的思想资源仍取自女性内部情感慰藉的共情力，她们之间缺少共同价值的认同，并未触及同性集体叙事以外的社会现实问题。近代中国政治风云的更替，导致女性精神乌托邦遁入空想主义与人生愁海。革命动力理论的匮乏，注定缺乏阶级联盟基础的"姐妹合群"脆弱无助。

（二）"合群"的政党化及情感的阶级转化

在近代中国阶级革命的政治实践中，女性解放的议题始终紧扣国家政治的主旋律，与阶级解放、民族解放相互交织成丰富的历史图谱。"姐妹情"与"阶级情"的联系相伴相生：女性主义者在追求阶级解放"革命理想高于天"的影响下，可以凭借性别意识建构成为一种具有民族性、革命性的"姐妹政治"，使得在阶级联盟基础上的"姐妹情"更具共情力、凝聚力、行动力；但与"阶级解放"不等同于"情感解放"的逻辑

---

① 庐隐：《海滨故人》，《庐隐精品选》，第 250~300 页。
② 参见舒凌鸿《建构女性乌托邦的伦理困境：庐隐〈海滨故人〉中集体性叙述声音》，《山东女子学院学报》2021 年第 4 期。

相似，"阶级情"无法取代"姐妹情"，相反"姐妹情"在革命阵营的存在，有助于挖掘"阶级共鸣"以外的"女性共鸣"，确立巩固女性之间的共同信仰，加深"阶级情"，形成女性"团结一致"政治话语的动员机制。这种女性群体内部的情感依恋与性别认同，对于创建"革命之家"新的精神归属和情感认同具有不可替代的作用，最终指向"为国家谋独立，为民族谋解放"的共同价值。

随着"阶级"的概念引入中国革命话语，"合群"囿于知识女性狭窄的境况开始发生改变。"女权运动者"置换为"革命者"，"个人"的力量被"阶级"的力量所代替，"新女性"作为女性主体实践的政治隐喻，孕育并激发出一种更大的社会能量①。这种更广层次的"合群"包括了劳动妇女与男性无产者的联盟，得以上升为阶级的觉悟与阶级的联合，从而探索出集中统一的组织、有声有色的宣传、鼓舞力量的刊物为"合群"的前景道路。从这个意义而言，解决五四时期知识女性个体化的性别实践遭遇，唯有将"个人"整合到更兼具包容性的"集体"，才是走出精神苦闷的可行性途径。除了对抗特权阶级的有产者与剥削者，一切受压迫的无产者与劳动者都可以在"革命之家"响彻的口号下团结起来。由此，"姐妹情"获得了坚实牢固的阶级基础，使得性别政治拥有了迷人的乌托邦魅力：不仅针对知识女性的个案成长困境，而且关注广大劳动者的共同价值与共同命运，更要粉碎无产阶级在资本主义条件下"家庭的锁链"与"工钱的锁链"，推翻不合理的社会旧制度，建立一个人类解放的新世界。

党派组织对于推进女性"合群"具有重要意义。政党力量支持成为妇女解放运动中"合群"的组织保障。国民革命时期，国共两党团结于"打倒军阀""打倒帝国主义"的共同目标，妇女运动的阶级论述和主义色彩稍显淡化。1923年6月，中共三大妇女运动决议案表示"合群"并非只是妇女内部的联合，既要争取资产阶级的"女政客"与"小姐太太"，还要注意避免男工与女工的分裂，加强无产者的合作，达成"全国妇女运动的大联合"②。1925年1月，中共四大妇女运动决议案注重考察出生于不同家庭背景的妇女差异化的政治经济诉求，进一

---

① 参见张念《性别、政治与国家——论中国妇女解放》，商务印书馆，2014，第152~153页。
② 《妇女运动决议案》，中央档案馆编：《中共中央文件选集》（一），中共中央党校出版社，1989，第154~155页。

步关注产生革命倾向的女学生,坚持在以"工农妇女"为骨干基础上的"妇女联合"思想,引领不同阶层的妇女以"合力"推进妇女运动①。

值得注意的是,国民党也在加强女性"合群"方面不遗余力。1924年3月,改组后的国民党成立妇女部,旨在贯彻政党纲领中关于妇女参政的规定,同时筹建妇女协会,在妇女团体中吸收本党同志。10月,在妇女部的原有基础上设立妇女运动委员会,"下设宣传部、调查部,拟创办妇女宣传学校、出版刊物等"。除此之外,妇女部还筹备全国妇女团体代表大会。国民革命期间,国共两党在一定程度上达成共识,既倡导国民革命与妇女解放的结合,也囊括了工农妇女在内各阶层妇女的联合,彼此之间在促进女性"合群"的问题上形成相互声援、相互配合的态势。例如,邓颖超曾受何香凝之邀赴广东潮汕地区培养妇女干部,建立健全当地的妇女组织。国共两党不仅联合举办妇女训练班、讲习所,共同派遣妇女骨干"赴苏联东方共产主义劳动大学接受培训",还在国民会议促成会运动的高潮之际,以上海为中心,联动全国各地的女性诸团体,联合发起"女界国民会议促成会"②。

由此可见,这一时期的女性"合群"呈现出党派化的特征,革命话语与革命机制开始在妇女运动中发生积极作用。据统计,至1927年上半年,隶属于国民党系统或与之相关的有62个妇女团体,分布在全国20多个省市③。不少女性被政党力量组织动员起来,形成了妇女解放融入群众运动的高潮。尽管国共两党的党义不同,救国路径也存在一定的差异,但在党派政治目标与政治信仰的引领下,接受政治训练的女性得以确立明确的政治价值。经由党派化的"合群",使得不同阶层的妇女实现了政治整合。

大革命失败后,阶级的分化导致国共合作时期"妇女的联合战线"瓦解,以和平方法解放妇女的改良主义方案宣告破产。1928年7月,中共六大妇女运动决议案将妇女"合群"的对象从城市女工转向农村妇女,但并不忽视小资产阶级妇女的进步力量,吸收智识阶层和工农妇女中的积极分子,将妇女工作与群众工作相结合,通过创设"职工会""妇女委员

---

① 《对于妇女运动之决议案》,中央档案馆编:《中共中央文件选集》(一),第370～373页。
② 参见顾秀莲主编《20世纪中国妇女运动史》(上卷),第206～213、216～222页。
③ 参见顾秀莲主编《20世纪中国妇女运动史》(上卷),第239页。

会"等党团组织,促进妇女运动的"群众化"与"无产阶级化"①。1931年12月,中共根据苏维埃革命形势的发展,提出在白区领导妇女开展经济斗争与政治斗争,在苏区发动妇女参加土地革命,从而增进白区与苏区"两条战线"妇女工作的联动②。

抗战时期,国共两党在组织动员妇女"合群"这一问题上,在国统区与根据地不同的政治版图下呈现出不同的样貌。国民党一方改变了新生活运动之初限制妇女参与救亡活动的导向,转而鼓励妇女与男性同胞共赴国难,组建了"中国妇女慰劳会""新运总会妇女指导委员会""战时儿童保育会""女青年会"等全国性的妇女团体,各省也涌现了一些"省性质的妇女组织"③。1937年8月,中国妇女慰劳自卫抗战将士总会成立,由宋美龄担任主任委员,呼吁在全国各地组建分会,"在严整步骤之下,合力救国……以尽我妇女对国家民族之职责"④。1938年6月,国民党改组发起中央社会部妇女运动委员会,分类制定了针对不同女性群体的组织训练方案,包括都市妇女中的女工、职业妇女、女学生、家庭妇女以及农村妇女,旨在从生产事业、经济建设、文化启蒙、家庭教育等多个维度,发挥她们在各自领域的角色优势,从而"发动全国妇女力量,参加抗战建国工作"⑤。与此同时,宋美龄调整新生活运动促进总会妇女指导委员会的任务和性质,集合了不同党派的妇女领袖,注重调动知识女性在组织和协调妇女界投身服务抗战中的积极作用,将之改组成为全国性妇女工作总机构,初步具备统一战线的色彩,体现了国民党同样在战时妇女运动中坚持"合群"的价值取向⑥。

抗日民族统一战线的建立为国民党整合女界提供了重要保障。这些妇女团体组织遍布各大战区,从原先分散的状态走向协调与联合,扩大了救济对象与动员对象的阶层与范围,在征募、救济与慰劳方面取得了一定的

---

① 《中国共产党第六次全国代表大会妇女运动决议案》,中华全国妇女联合会妇女运动历史研究室编:《中国妇女运动历史资料(1927~1937)》,中国妇女出版社,1991,第11~18页。
② 《中央关于扩大劳动妇女斗争决议案》,中央档案馆编:《中共中央文件选集》(七),中共中央党校出版社,1991,第554~557页。
③ 史良:《全国妇女组织现状与我见》,《妇女生活(上海1935)》1940年第8卷第10期。
④ 《中国妇女慰劳自卫抗战将士总会致全国妇女同胞电》,中国第二历史档案馆等编:《中国妇女运动历史资料·民国政府卷》(下),第571页。
⑤ 国民党中央妇女运动委员会:《妇女运动方案》,中国第二历史档案馆等编:《中国妇女运动历史资料·民国政府卷》(下),第586~587页。
⑥ 宋庆龄:《中国妇女争取自由的斗争》,中华全国妇女联合会妇女运动历史研究室编:《中国妇女运动历史资料(1937~1945)》,中国妇女出版社,1991,第641页。

成绩。例如,"妇慰总会"配合战时其他爱国救亡团体发起了妇女"献机运动""献金运动""寒衣运动""药品运动"等活动。有论者展望于妇女"献机运动"的前景,"全国妇女为献机而努力实行献募;将来在凯旋之门,仰视数千架妇女号飞机胜利归来,吾人中心之快慰,何可言喻"①。由何香凝发起、胡兰畦担任团长,以女青年会劳工夜校学员为主体,成立了上海劳动妇女战地服务团,奔赴国民党第十八军从事战地服务,还举行一些演剧、歌咏活动,并随军辗转东南各省战场两万余里②。有论者称赞她们,"把彼等之一切,整个付给神圣抗战战场上,那种热烈之空前活跃景象,实足以使人蕴含无限崇高之敬意"③。"新运妇指会"还在国统区及海外创建了不少分支,根据1944年统计,即有22个委员会、36个工作队,她们利用三八妇女节、八一三纪念日、九一八纪念日等契机,走上街头,举行大型宣传活动,显示了国统区爱国女界"合群"的力量④。据称,至1939年底,全国妇女各团体共募得"法币一三,〇〇〇,〇〇〇,金饰七八八,四九六两,药品及医疗用具等,以上三项共值五千万元"⑤。不过,当时国统区妇女运动的"合群"组织在巩固群众基础方面还存在不足之处。例如,史良指出,组织者主要是"几位富有领袖欲望的妇女",虽有"几个主持会务的领袖,确是忙得头昏眼花,痛苦异常",却"收不到多大成效",且"没有适应群众真正的需要"。再者,这些妇女团体"一无成就,而变为接受公事与出席开会的虚设机关",组织建设上也未能得到国民政府充分的扶植以及足额的经费补助,甚至还存在"被藐视而不得谅解"的窘迫境况,导致"素无经济权的妇女,而在不得当局切实协助的环境之下,要当妇女工作之开展,当然非常困难"⑥。这与国民党在发动民众运动方面的困境相似,一定程度上皆染上了脱离群众基础的弊病。

在根据地,1937年9月,中国共产党在《妇女工作大纲》中强调劳动妇女解放应在阶级解放中实现,除了"在不同地区,应采用不同方策",组织"合群"的对象更广泛,覆盖群体包括"女工、农妇、城市贫民妇女、女学生、自由职业妇女及家庭妇女",并建立形式多样的妇女群

---

① 云:《为献机运动勉全国妇女》,《妇女共鸣》1941年第10卷第6~7期合刊。
② 参见郑永福、吕美颐《中国妇女通史·民国卷》,杭州出版社,2010,第356页。
③ 基央:《劳动妇女战地服务团简况》,《上海报》1938年12月14日第2版。
④ 参见郑永福、吕美颐《中国妇女通史·民国卷》,杭州出版社,2010,第328~329页。
⑤ 夏英喆:《全国妇女工作总检讨的先声》,《妇女生活(上海1935)》1940年第3期。
⑥ 史良:《全国妇女组织现状与我见》,《妇女生活(上海1935)》1940年第8卷第10期。

团组织，如各界妇女联合会、妇女救国会、妇女慰劳会、战地服务团等①。鉴于全民抗战时代赋予妇女空前解放的契机，1939年2月，中共中央妇委提出"建立广大妇女群众的抗战建国工作的统一战线问题"，主张妇女运动统战工作中"上层妇女"与"下层妇女"的"合群"，呼吁将不同阶层、不同地域、不同志趣的妇女组织起来，培养知识女性成为妇运干部，吸收"女知识分子入党"，并充当"到女工、农妇及家庭妇女中去工作的桥梁和先锋"，绝不轻视任何有助于达成妇女统一战线目标的机会②。1945年4月，抗战胜利前夕，为团结解放区妇女力量，声援国统区妇女民主运动，配合沦陷区妇女斗争，中共发起"解放区妇女联合会"，加强全国各政治版图妇女的"合群"，为实现联合政府而奋斗③。

就中国共产党领导的妇女运动而言，"革命之家"为女性在原生家庭以外创建了另一个"家"，也为她们以新的方式实现"合群"提供了赖以依靠的精神庇护，促使出走的"新女性"在挣脱家庭、离开校园之后，依然可以建立起亲密信任的情感认同。其中，既有革命同志与革命政权的认同，也有领袖认同与民族认同。她们突破了以血缘为纽带的亲属关系，达成政治性和集体性的"虚构亲情"。在这里，还为女性爱情设置了"革命+恋爱"的公式，"战友""同志""知己"的话语赋予两性权力关系及身份地位平等的文化向度。从"爱人"到"同志"称谓的变化，从"同性情谊"到"同志情谊"概念的流变，蕴含的不再单纯是男女之间身体与情爱的相互吸引，而是一种同质化革命理想的表达。也就是说，"革命之家"为女性筑造的现实制度保障更切近妇女群体的利益关怀，助力她们完成女性主义启蒙与赋权的实现。

"姐妹情"在"革命之家"中仍扮演着不可替代的角色，成为推进妇女工作的有效手段。在革命根据地与解放区，中国共产党通过建立各级妇女代表会与妇女组织，培养妇女干部，举办妇女训练班，在日常生活中扫清封建陋俗，提高妇女大众的文化水平，注重培育女性话语认同，在群众动员中以活泼的宣传和激励的形式，"让女人自己说话"。

苏维埃革命时期，中国共产党借助三八妇女节等契机，采取一切

---

① 中共中央组织部：《妇女工作大纲》，中华全国妇女联合会妇女运动历史研究室编：《中国妇女运动历史资料（1937～1945）》，第1～5页。
② 《中共中央妇委关于目前妇女运动的方针和任务的指示信》，中央档案馆编：《中共中央文件选集》（十二），中共中央党校出版社，1991，第35～41页。
③ 《中央关于准备成立解放区妇女联合会的指示》，中央档案馆编：《中共中央文件选集》（十五），中共中央党校出版社，1991，第69～70页。

"接近她们的方法",向白区劳动妇女介绍苏区妇女如何参加政权,分得土地,获得劳动法保障等情形,分享感同身受的女性经验,"拿具体的活的事实向她们证明只有苏维埃的道路才是劳动妇女真正解放的道路"①。战时延安是中国抗战的中心之一,"到延安去"既是一个响彻云霄的时代口号,也是黄土高原上一道迷人的历史风景,同时成为知识女性无悔的人生选择②。1940年7月,康克清在总结华北妇女运动的经验中指出,由于这些知识女青年不少是外来干部,起先并不了解根据地的情况,对乡间的生活习惯还很隔膜,"因而难与群众完全打成一片",但她们毕竟热情、积极、刻苦、耐劳,加上同性之间天然的情感谐振,很快便能"为广大妇女所爱戴";为贯彻执行好群众路线,可发挥"姐妹情"的优势,如组织"姐妹会""妈妈团"等,先从感情入手,"要了解农村妇女的生活习惯和她们的特性……不要让她们觉得你奇怪而不敢接近";着重保障妇女的切身权益,而非"劈头盖脸便说抗日救国的大道理";由村中有威望的妇女出面,对深入解放妇女大有裨益③。邓颖超表示"妇女同情"在开展工作中的重要性,重点针对妇女生理的特殊性,照料好她们在经期、怀孕、生产、哺乳期间的生活,还可利用"月里会",如"妇女生孩子的时候,大家互相帮助一个月"④。妇救会还要注重争取个别地主、富农妇女对革命的同情,"善于利用妇女的富于感情及慈悲心打动她们",以充实扩大妇女解放的"联合战线"⑤。为充分动员好不同阶级、不同信仰、不同民族、不同区域的妇女团结到抗日民族统一战线旗帜下,蔡畅认为,除了中央妇委或妇救会以外,女学生读书会、女教师联合会、姊妹会、母亲会等多样化的组织形式,也有助于加强妇女"合群"的纽带,从而与广大群众结成鱼水情⑥。

"情感"是历史社会学的观照维度,个人内心的情感体验是某种社会

---

① 《中央关于三八妇女节的决议》,广东省妇女联合会等编:《广东原中央苏区妇女解放运动史料汇编》(二),中国妇女出版社,2021,第15~16页。
② 《大批女知识分子深入基层工作》,陕甘宁三省区妇联编:《陕甘宁边区妇女运动大事记述》,内部资料,1987,第68~69页。
③ 康克清:《三年来的华北妇女运动》,中华全国妇女联合会编:《蔡畅 邓颖超 康克清妇女解放问题文选》(1938~1987),人民出版社,1983,第48~49页。
④ 邓颖超:《抗日民族统一战线中的妇女运动》,中华全国妇女联合会编:《蔡畅 邓颖超 康克清妇女解放问题文选》(1938~1987),第30页。
⑤ 《边区抗联关于今后妇女工作的指示》,谢忠厚主编:《冀鲁豫边区群众运动资料选编》,河北人民出版社,1991,第319~320页。
⑥ 蔡畅:《如何使抗日根据地的妇女团体成为更广泛的群众组织》,中华全国妇女联合会编:《蔡畅 邓颖超 康克清妇女解放问题文选》(1938~1987),第78页。

关系的体现，个人的情感表达是社会行为准则教化的一个面向。以"情感史"视角观之，"阶级情"并非万应灵药，"革命之家"中的女性还始终难以挣脱在"家庭情感"与"阶级情感"之间的思想摆荡。杭苏红选取白薇、谢冰莹、丁玲等新女性"离家"的个案化经验讨论了"观念解放"并不能取代"情感解放"这一问题，并追问离家对于离家者的情感与心理产生的影响①。以女作家白薇为例，她因反抗夫家的家庭暴力，带着身上仅有的六块"袁大头"，踏上东京求学的逃离之路②，父亲却通过信件训斥她大逆不道，父女关系几近断绝。然而，若干年后，白薇回忆起父亲时，依然难以割舍对原生家庭依恋的亲情挣扎，又感到绞断肝肠的苦楚：她想起童年时的父爱"热泪泫泫往肚里流，脸上是温静的微笑，依依之情想靠近他些"，但知道父亲"不怀好意"时，感觉"像在暴风雷雨中，被一双又大又黑的封建的魔掌，一把捏住我，无边的恐怖罩着我"③。

实际上，生活在集体主义"革命之家"中的女性，基于"爱的本能"，"情感解放"还有不彻底的一面。"阶级情感"无法消泯"家庭情感"，难以遮蔽革命话语的罅隙中"革命大家庭"与"亲情小家庭"碰撞下的思想激荡。杭苏红认为，她们反叛家庭后，为突破"家内情感"的困境，在阶级话语的激励下，通过参加革命的方式，走向更广阔的"革命之家"，"使个体的感情从家内转入社会"，实现情感依托的转化④。从"小家"向"大家"的位移，从"个人"到"集体"的蜕变，从"亲属情感"向"社会情感"的升华，从"新女性"向"革命同志"称谓的置换，意味着女性在"革命之家"重构新的社会关系，确认新的身份归属，建立新的情感共鸣。"阶级情"与"家族情""姐妹情"三者之间演绎了圈层共振与多重变奏，显示出"合群"向度下女性情感共同体重建进路中的历史波动。

（三）"妇女主义"与"阶级革命"的调适

在妇女解放"合群"的历史进路中，妇女解放与民族革命之间究竟

---

① 参见杭苏红《独立与归属：民国新女性的精神史》，商务印书馆，2022，第14~37页。
② 白薇：《我的生长和发落》，《文学月报（上海）》1932年第1卷第1期；《序》，白薇：《悲剧生涯》（上），上海生活书店，1936，第1~9页。
③ 白薇：《跳关记》，谢冰莹等：《女作家自传选集》，耕耘出版社，1945，第89~90、49、39~40页。
④ 杭苏红：《"观念解放"还是"情感解放"？——民初湖南新女性"离家"的实践困境》，《妇女研究论丛》2016年第1期。

形成怎样的逻辑？在"性别/阶级"二分法论者看来，中国共产党领导的妇女解放是自上而下的运动，妇女的利益始终蛰伏于阶级解放与民族解放。然而，对于"妇女主义"与"阶级革命"的关系，还需要立足于中国化本土的历史语境，具体考察"革命之家"中的性别政治与性别实践①。

以"妇女主义"层面而言，革命根据地及解放区先后通过颁布条例及强制性立法等形式，先后建立妇女部、中央妇委、妇女解放协会、妇救会等各级妇女联合团体，推广妇女权益保障与妇女福利事业。鉴于妇女刚从封建压迫下解放出来，缠足等身体损害尚未恢复，1931年11月，《中华苏维埃共和国婚姻条例》对于离婚问题仍偏重于女性一方的权利保护，而将相关义务和责任"多交给男子负担"，如"离婚后，女子如未再行结婚，男子须维持其生活，或代种田地，直至再行结婚为止"②。1939年4月，《陕甘宁边区婚姻条例》仍旧片面强调女性缺乏劳动力的弱势地位，不仅"女方未再结婚，无力维持生活时，归女方抚养之子女生活费，由男方继续负担"，而且男方须给予生产生活的帮助，"至再婚时为止，但最多以三年为限"③。但过分突出以"妇女主义"为核心解决婚姻纠纷的政策，导致一系列社会矛盾的产生，造成与本土固有风俗之间的错位，一定程度上增加了革命根据地乡村社会的不稳定因素。如妇救会片面将"婚姻问题当作发动妇女的唯一手段"，未充分权衡各阶层的利益，使广大群众产生错觉，误认为婚姻条例"对男人没好处"，甚至视妇救会为女人压迫男人的地方，这无疑妨碍了家庭统战与社会统战，妇女工作一度陷入孤立主义境地④。

以"阶级革命"层面而言，在处理地主阶级与无产阶级矛盾的同时，派生出两性之间的对抗，促使妇女的特殊利益与农民的整体利益形成直接

---

① 相关研究可参见〔美〕丛小平《自主：中国革命中的婚姻、法律与女性身份（1940~1960）》，社会科学文献出版社，2022；岳谦厚、王亚莉《女性·婚姻与革命——华北及陕甘宁根据地女性婚姻问题研究》，中国社会科学出版社，2018；贺桂梅《"延安道路"中的性别问题——阶级与性别议题的历史思考》，《南开学报》2006年第6期。
② 《中华苏维埃共和国婚姻条例——中华苏维埃共和国中央执行委员会第一次会议关于暂行婚姻条例的决议》，江西省妇女联合会、江西省档案馆选编：《江西苏区妇女运动史料选编》，江西人民出版社，1982，第33~35页。
③ 《陕甘宁边区婚姻条例》，陕西省妇女联合会印：《陕甘宁边区妇女运动文献资料选编》（1937~1949），内部资料，1982，第54~56页。
④ 《关于"反对买卖婚争取自主婚"的初步总结》，太行革命根据地史总编委会编：《太原革命根据地史料丛书之七：群众运动》，山西人民出版社，1989，第420~421页。

的冲突。周蕾在研究中指出，不仅"赋予妇女婚姻自由平等的权利遭到当地农民尤其是男性激烈的抵制"，而且婚姻条例中对男女平等财产继承权的规定，也脱离了广大农民普遍贫穷的实际情况，导致家庭成员之间的冲突和摩擦加剧①。其中，一个显著的事实是由妇女一方主动提出的离婚现象骤增，尤其是对于贫农和奔赴前线的男性而言无异于雪上加霜。贫农因生活拮据而娶妻愈加困难，去往前线的男性若负伤归来还可能面临无人照料的风险。于是，以下情形也同步发生，一是酿成极端化的两性斗争。冀南地区存在非法斗争的个别情况，如未能使用调解、说服、开会批评等正确方式解决纠纷，而是邀请民兵和儿童团介入，采取扣押、捆绑以及"往嘴里抹尿"等过火做法②。二是造成妇女工作的消极化。蔡畅批评部分妇女干部缺乏实事求是的精神，脱离群众路线，尤其是一些妇女组织在解决家庭纠纷时，不问是非曲直，盲目追求妇女利益最大化，无视男性农民与家族的利益，往往"偏袒妻子，重责丈夫，偏袒媳妇，重责公婆"，甚至"以片面的'妇女主义'观点，以妇女工作的系统而向党闹独立性"③。区梦觉经过走访也记录了"妇女主义"执行过程中潜在的弊病，如不讲事实、不讲原则地满足、袒护女性的不合理要求。某地一妇女请求与丈夫离婚，"妇联同志没有详细调查，就帮助她离婚"，而随后女子又临时反悔与丈夫"抱头痛哭"，引起当地各方不满，"说妇联挑拨人家夫妇，煽动人家离婚"④。三是妇女解放上存在的"急性病"，如采取阶级斗争作为解决妇女与家庭问题的方法。一些地区的妇女工作者，口号式地反家庭暴力，却未能将具体问题区分对待，错将老年妇女和男子"看成顽固分子，给他们戴高帽子游街"。除此之外，为调和家庭关系，边区政府提出了"家庭和睦"的口号，部分地区只顾追求"模范夫妻""模范婆媳""模范家庭"的样板化塑造，搁置忽略了妇女切实存在的痛苦与诉求。这种方式成为"强调斗争或强调妥协的绝对主义"⑤。董丽敏分析称，

---

① 周蕾：《冲突与融合——抗战时期中国共产党家庭政策的变革》，《妇女研究论丛》2017年第3期。
② 《中共冀南区党委关于妇女运动的意见》，中共河北省委党史研究室编：《冀南历史文献选编》，中共党史出版社，1994，第576~577页。
③ 蔡畅：《迎接妇女工作的新方向》，晋察冀边区北岳区妇女抗日斗争史料编辑组编：《晋察冀边区妇女抗日斗争史料》，中国妇女出版社，1989，第61~62页。
④ 区梦觉：《怎样在妇女运动中展开调查研究工作》，陕西省妇女联合会编印：《陕甘宁边区妇女运动文献资料选编》（1937~1949），第120页。
⑤ 区梦觉：《略谈妇女工作作风》，陕西省妇女联合会编印：《陕甘宁边区妇女运动文献资料选编》（1937~1949），第136~137页。

显然"'妇女主义'式的妇女解放方案在应对上是明显准备不足的"①。

有鉴于此,为防止狭隘的"妇女主义"走向农民利益的对立面,缓解妇女与家庭内部的冲突,避免"阶级斗争"扩大化,巩固女性解放统一战线"合群"的基础,中国共产党因地制宜地调整妇女工作策略,整体性考量"性别"与"阶级"的关系。妇女运动与农民运动的关系既不能"完全限制在农民的要求范围内,但也不能突出与超越农民的要求太多"②。基于婚姻问题牵涉工农大众与抗战将士的切身利害,应当具体研究离婚的动机并兼顾双方利益,使之认清妇女问题的根本是社会问题,社会压迫是主要的,家庭压迫是次要的,促进和睦是正确解决两性问题的途径。1943年1月,中共实行抗优政策,若遇抗属主动请求离婚时,"必须尽力说服",明确提出抗日战士妻子离婚须满足以下条件之一:或"抗日战士之妻五年以上不得其夫音讯者",或"抗日战士与女方订立之婚约,如该战士三年无音讯"③,以此解除抗战将士对婚姻家庭的后顾之忧。与此同时,革命根据地注重对牺牲或伤残的抗属给予生活优待,如优先提供公有土地,房屋的承领、承借、承租、承买优先,给予抗属优先入学、免费公共卫生医疗等政策倾斜④。1944年3月,陕甘宁边区政府还修订婚姻条例,删除了此前由男方无条件为无职业财产的女方未再婚期间提供三年经济资助等规定⑤。

因此,中国共产党有必要探索一条可以汇合两性共同价值,团结两性共同利益的妇女解放"合群"路径,从而转移两性在"阶级"与"性别"问题上的分歧,统摄到大生产运动这一集体活动,促使她们在劳动解放中实现女性解放以及民族社会革命的胜利。除了抓住妇女婚姻问题以外,组织妇女生产也是发动妇女的关键所在,根据妇女劳动能力和特点,以及各地的技术条件,给予妇女一定生产资料,依托家庭发展妇女生产,

---

① 董丽敏:《延安经验:从"妇女主义"到"家庭统一战线"——兼论"革命中国"妇女解放理论的生成问题》,《妇女研究论丛》2016年第6期。
② 《中共冀南区党委关于妇女运动的意见》,中共河北省委党史研究室编:《冀南历史文献选编》,第576页。
③ 《陕甘宁边区抗属离婚处理办法》,陕西省妇女联合会编印:《陕甘宁边区妇女运动文献资料选编》(1937~1949),第155页。
④ 《修正陕甘宁边区优待抗日军人家属条例》,陕西省妇女联合会编印:《陕甘宁边区妇女运动文献资料选编》(1937~1949),第157~158页。
⑤ 《修正陕甘宁边区婚姻暂行条例》,陕西省妇女联合会编印:《陕甘宁边区妇女运动文献资料选编》(1937~1949),第192~193页。

从经济上提升妇女的政治和社会地位,成为革命根据地妇女工作的新方向①。1943年2月,中共中央的"四三决定"将妇女投身大后方生产建设与男子从事前线战斗摆在同等重要位置,充分肯定战时两性虽角色分工不同,但二者的社会贡献度一致,标志着革命根据地扭转过去妇女工作中的形式主义作风②。妇女以"合群"的姿态,从"私领域"迈进"公领域",自觉开展革命竞赛,涌现出大批女性英雄劳动模范③。1948年5月,中共中央在"四八决定"中指明解放战争时期妇女运动的历史方位,将土地所有权的平等与解决妇女切身利益相联结,广大妇女在参加土改、生产、管理政权及支援前线的运动中获得主体身份与主体地位④。1949年4月,中国妇女第一次全国代表大会召开,呼吁知识女性与劳动妇女在生产事业中汇合,"和整个国民经济发展相结合",树立劳动光荣的观念,"成为建设新民主主义国家的有用人材"⑤。

中国共产党领导的妇女解放运动坚持以"合群"为主流的思想进路,在"妇女主义"与"阶级革命"的动态博弈过程中,创造性地提出了以"统一战线"作为妇女工作的根本指导思想,以"妇女联合"为基础,以投入劳动生活、争取生产资料公有化、实现经济独立为前提,旨在落实经济公开、家庭分红,建构女性解放与阶级解放、民族解放合一的真实而生动的历史影像,呈现出"合群"演进的趋势性与前进性,由此形成中共妇女运动独特的历史经验。

在革命风云激荡的年代,妇女的生存命运与国家的治乱兴衰有着直接关联。妇女经由"合群"的性别实践,结成团体,联合各阶层,激发了社会公共参与意识,强化了履行国家责任的政治关怀,成为阶级解放与民族革命事业的"胜利者"。在近代中国不同的历史时期,"合群"与妇女解放话语的内涵不断实现创造性发展和转化。"合群"意识经过生动的革命实践,逐渐成为一种社会政治动员的精神符号,伴随着本土妇女解放的

---

① 《中共晋冀豫区党委关于妇女工作的指示》,山西省档案馆编:《太行党史资料汇编》(五),山西人民出版社,2000,第130~131页。
② 《中国共产党中央委员会关于各抗日根据地目前妇女工作方针的决定》,中华全国妇女联合会编:《中国妇女运动重要文献》,人民出版社,1979,第7~9页。
③ 《边区大批女劳模受奖》,陕甘宁三省区妇联编:《陕甘宁边区妇女运动大事记述》,第129~130页。
④ 《中央对目前妇女工作的指示》,中华全国妇女联合会妇女运动历史研究室编:《中国妇女运动历史资料(1945~1949)》,中国妇女出版社,1991,第236页。
⑤ 《中国妇女运动当前任务的决议》,中央档案馆编:《中共中央文件选集》(十八),中共中央党校出版社,1992,第505~506页。

全过程，影响着各历史环节中妇女解放的历史走向。立足于本土语境与本土实践，发掘妇女掌握历史主动的重要维度，在历史逻辑和中国革命的动态视野中考察妇女解放与民族革命战争形势变动的具体情境，有助于丰富中国化马克思主义妇女理论的话语内涵。

近代以来，由男性知识精英主导的"解放妇女"成为女性从"被遮蔽的风景"中"被发现"的历史开篇，继而追随着父兄的足迹，知识女性进行性别内部的自我省思，以独立的姿态"浮出历史地表"。"妇女解放"作为女性掌握历史主动力的标识景观，她们从"被启蒙"的接受者转向主体性身份的体认，开始从"历史的客体"走向"历史的主体"。"合群"这一思想成为妇女解放的理论探索者和行动实践者的自觉集合。尽管知识女性的"合群"之力是微薄的，但近代中国政治与社会的风潮促使她们认识到，唯有阶级解放才是实现女性解放的前提和保障。由此，知识女性与劳动妇女相结合，拓宽了女性"合群"的新路径，妇女运动的开展具备了坚实的阶级基础和革命指向，愈有后盾的联盟与激励的力量，奔赴"革命之家"成为女青年的人生抉择。在"革命大家庭"中，"姐妹情"与"阶级情"相互依存、相互促进，建构起安顿女性情感共同体，从而确认妇女的共同价值与集体归属。"合群"构成了妇女以阶级联盟投身民族社会革命的纽带，演绎了她们政治主体身份确立的集体性叙事。

结　语

本书研究近代中国知识女性的命运及形象，关注她们在文化谱系上的历史向度，阐释知识女性成长为历史主体的思想动因与社会条件，彰显妇女运动所隐含的西风东渐、中式改良、中西共融过程中的新旧博弈，揭示女性解放如万花筒般五彩斑斓的风景。返回历史现场的陈迹，洞察知识女性个体主体层次的情绪、态度及历史转向面前的抉择，及其与整体性社会文化语境之间的内在关联，着眼于妇女运动与民族解放的复杂状貌，从女性声音、女性话语、女性书写中解读她们的自我认同、政党认同、国家认同，以及对个人与家庭、个人与社会关系的不同认知，并探寻时代变局对个体命运沉浮的影响。

笔者择取讨论的八位知识女性，历经清末民初、五四新文化运动、国民革命到苏维埃革命、抗日战争等各历史时期，她们创办女报，结成团体，形成"群言之合"。这些接受启蒙觉醒后的知识女性，投身狂飙急速的革命风潮，参加国家的公共事务和政治生活，探求女性职业选择的多重出路，摸索女性家庭角色的重构，重建性别伦理与社会性别关系，重塑女性的社会身份，在危机时代的召唤下走向革命战场，颂扬牺牲，建构巾帼风骨，展现妇女解放"合群"的趋势与力量……她们以革命家、参政运动领袖、医师、报人、教师、作家、明星，甚至是间谍的身份出场，参与的社会活动具备浓郁的政治色彩，彰显出鲜明的社会意识和大众意识。从她们的个体生命史看，或风光无限，或历经坎坷，或隐忍屈从，在不同的时代坐标上铭刻着独特性与多重性的文化印记，这成为提取这些知识女性在谱系上时代风貌的重要切面。

"女学既兴女权盛，雌风吹动革命潮"是清末民初女性解放实践的风向①。不过，男性主导的启蒙话语实为女权解放的先声。女性遭受数千年的奴役被阐述为近代中国积贫积弱的根源，妇女解放隐喻着男性精英拯救

---

① 《女中华歌》，《江苏（东京）》1904年第11~12期合刊。

民族国家的政治期待，这使得妇女解放契合了社会现实中救亡图存的语境，其正当性与迫切性也自然被纳入改造国族命运的范畴。而知识女性的觉醒在被赋予化解国运危机的工具性价值以外，她们还萌发了性别主体意识的自觉，并转化为"女国民"的身份责任以及参政权的行动诉求。但这种妇女解放发生机制的特殊性，暗示了当种族革命危机消解后，两性共享国家权力的要求难以获得广泛的社会共鸣和政治支持。

五四新文化运动时期，自由主义与马克思主义思潮激荡并存。在自由主义的影响下，自由恋爱、自由离婚、社交公开、提倡个性解放的主体精神成为知识女性一种至上的精神追求，但她们在性别实践中又不免陷入彷徨与困顿的思想摆荡。马克思主义的传播带来了阶级话语，文化知识人产生了改造社会的决心与无产阶级革命的理想，同时探索着妇女解放的"根本之道"，妇女解放从温和的改良学说逐渐显示出阶级革命的激进走向。与此同时，新女性的形象发生了有别于传统贤母良妻的变化，家庭建设与性别伦理的废旧革新成为思想转型与文化转型的子议题。从这个意义而言，妇女解放的"小故事"可以看成社会变迁与民族解放这个"大故事"的一个侧面[①]。

从国民革命到苏维埃革命，党派组织的运作机制及其社会动员成为支持知识女性走向革命的动力与向导，但不同的党派意识形态决定了知识女性不同的人生信仰以及人生道路的分化。一个显著的特征是，中国共产党领导的妇女解放运动对于建立"妇女的联合战线"的关注点从城市深入农村，妇女"合群"的对象也实现了从知识女性到与劳动妇女相结合的转变。

抗日战争时期，女性社会生活的图景折射出多维的镜像。以"礼义廉耻"为核心的新生活运动，借助国家政权的统治权力对女性角色与价值观念进行政党化的改造。引人注目的是，现代性文化与生活方式呼之欲出，电影艺术等现代科技的发轫，以及"摩登"都市公共空间的开拓，为知识女性时尚气质的构造、职业类别的丰富提供了人生大舞台。只是，好景不长，战争气息的迫近，以及日趋紧张的救亡压力，促使民族复兴的社会情绪愈加浓烈，这决定了女性解放与民族解放之间是一个不可分割的整体。

总体而言，革命道路是观照知识女性人生际遇的重要窗口，主体身份

---

① 参见揭爱花《国家、组织与妇女：中国妇女解放实践的运作机制研究》，学林出版社，2012，第20页。

的重建是知识女性找寻精神归属与价值信仰的关键指标，新旧文化分野的形影相随是考察知识女性思想脉动不可忽视的条件。基于此，笔者认为，除了历史变迁脉络化的流变以外，在政治文化视野下理解知识女性文化谱系的维面，可以从"知识女性与革命的交汇""知识女性与主体身份的重建""知识女性与现代性的纠葛"等三个角度展开综合性分析，以本书八位知识女性的个案为论说基点，连缀她们与妇女解放之间的互动关系，从而建构知识女性在近代中国战争与革命时空下丰富多元的历史经纬。

一 知识女性与革命的交汇

王奇生指出，"革命"是诠释20世纪中国历史的核心主题，辛亥革命、国民革命与共产革命之间相互关联，形成连续、递进的"高山滚石"效应[1]。民族主义与女性主义的组合，成为危机时代语境下的一种应对。不少知识女性既是从革命中"生长"而来，也是从革命中"成长"起来。知识女性在此起彼伏的革命话语、革命逻辑、革命进程中沉淀能量，完成在近代中国主体身份的革新与再造。本书涉及的秋瑾、唐群英、张竹君、冯铿、关露、王人美等知识女性活跃在近代中国革命实践的光谱上，并在不同时期显示出各自独特的谱系方位。

（一）女界的侠义风尚

辛亥革命前后的政治风气讲究侠义风尚，女界鼓荡着一股铁血主义的尚武思潮，狂飙革命与流血崇拜成为晚清女性解放图景中独有的政治文化。"侠"的精神在中国历史上源远流长，饱含着士人对公平正义的追求，同时也是动荡年代反抗权威与抵制暴政的产物。随着清季十年皇权的式微，革命风暴的来临，"侠"的传统被革命党人重新阐扬，暗杀之风甚至在女界革命中盛行开来。秋瑾曾于美租界厚德里从事过"秘制炸弹"的试验[2]。郑素伊发出女界义侠之呼声，"访求侠客，实行暗杀……愿倾家百万以酬之"[3]。后来成长为民国第一位女律师的郑毓秀，参加过暗杀

---

[1] 参见王奇生《高山滚石：20世纪中国革命的连续与递进》，《华中师范大学学报》2013年第5期。

[2] 刘谦：《炸弹爆炸案》，郭长海、秋经武主编：《秋瑾研究资料·文献集》（上），宁夏人民出版社，2007，第80页。

[3] 《女界义侠》，《女子世界（上海1904）》1904年第4期。

袁世凯和良弼的枪击行动①。

饮酒吟诗、持刀佩剑成为女杰抒怀侠女之气的性别表达。秋瑾诗作中有云："浊酒不销忧国泪，救时应仗出群才。拼将十万头颅血，须把乾坤力挽回。"②唐群英也阐发了侠骨豪情与壮志未酬："斗室自温酒，钧天谁换风。犹在沧浪里，誓作踏波人。"③秋瑾在友人聚会时乐于"拔刀起舞"，认为刀剑更有助于表现侠义的气势，称"手枪虽胜人，不足言武。短剑相击，是乃英雄"④。秋瑾、唐群英、张竹君纷纷以改易男装的面貌崭新出场，展示了与"娇羞柔弱"的传统女性迥然不同的形象，或谓之一种男性化的特殊气质，无疑冲破了社会性别的刻板印象。

辛亥革命时期女界雄飞奋发，从"分群"走向"合群"，表现在女子论述、女子报刊、女子团体纷纷出现，尤其是一些知识女性投笔从戎的景象蔚为可观。张竹君以女医师的身份组织赤十字会，行走于枪林弹雨之间救死扶伤。黄兴的夫人徐宗汉担负掩护起义的秘密交通，为护送男性同胞不辞艰险。女子炸弹队、女子敢死队、女子北伐队、女民国军、女子后援会等各种名目的尚武军事团体纷纷组建，唐群英便是女子后援会的会长。这些知识女性聚合了忠、勇、侠、义等多重元素内涵，更将传统中国巾帼英雄的品格发扬光大，得以与花木兰、秦良玉、梁红玉等相提并论。内中缘由在于，她们僭越了女内/男外的性别秩序，却为儒家性别伦理所包容，甚至成为一种社会动员符号性的力量，实现了传统与现代跨时间的精神交汇。时人礼赞的是她们在抗击外侮与救国保种方面的贡献，因其契合了晚清中国内外交困形势下亟待被拯救的社会心理。为此，张竹君个人赢得了"南丁格尔之再见，人道主义之日昌"的美誉⑤；唐群英及其领导的妇女运动获得了"五千年来女权之曙光"的殊荣⑥。

不过，从这些侧重于褒奖她们在政治上建功的评价来看，秋瑾、唐群英、张竹君作为知识女性的"才女"一面，并非时人关注和论述的重点，

---

① 周香女士：《记鉴湖女侠倭刀》，郭长海、秋经武主编：《秋瑾研究资料·文献集》（上），第68页。
② 《失题应题〈黄海舟中日人索句并见日俄战争地图〉》，王灿芝编：《秋瑾女侠遗集》，贵州教育出版社，2014，第98页。
③ 唐群英：《读〈大同书〉抒怀》，蒋薛主编：《唐群英诗赞》，内部资料，1997，第4页。
④ 郑毓秀：《不寻常的玫瑰枝：郑毓秀自述》，赖婷婷译，中国法制出版社，2018，第59~66页。
⑤ 《上海五洲药房经理项松茂致上海医院院长张竹君女士书》，《申报》1911年10月21日第2张第1版。
⑥ 衡阳市妇女联合会编：《唐群英史料集萃》，衡阳市妇女联合会刊行，2006，第20页。

相反她们的"侠女"形象受到充分的推崇①。也就是说,某种程度上,在女性主义与民族主义之间,文化知识人有选择性地接受了后者所建构的侠女风尚,而忽略了她们本身具备的才女面相。

西方女杰形象的引介,也是推动晚清一代女性精英出场的重要助力,促使妇女走出历史上阴暗的角落,奋进于现代民族国家政治的舞台。西方女杰流血与牺牲的事迹,与中国知识女性萌生革命志向的精神追求形成了一种内在的同构。一些表现西方先进女性为革命献身的作品在晚清女界大受欢迎。1902年10月,梁启超著述的《罗兰夫人传》讲述了罗兰夫人如何从一个普通的家庭主妇迈向革命政治的前台,最终走上断头台的女英雄悲歌,称其为"欧洲十九世纪之母""法国大革命之母"②。除了拥有"近世第一女杰"美誉的罗兰夫人,俄国虚无党人苏菲亚、法国的圣女贞德等,以及《世界十女杰》《世界十二女杰》等读物中介绍的西方女性典范,也成为众口相传的对象。时人寄望于中国本土也能够产生如罗兰夫人、苏菲亚式的女界先进,鼓动更多的女性走向觉醒之路,并在建立现代民族国家进程中勇于任事。徐锡麟刺杀安徽巡抚恩铭被捕后,秋瑾本有从容的时间可以逃脱,却以慷慨赴死写就了中国女性先觉者效法西方前贤的心愿。无论是秋瑾生前阐扬女权革命的激昂动人,"吾辈爱自由,勉励自由一杯酒。男女平权天赋就,岂甘居牛后"③,以及她在紧要关头舍生取义的抉择,加之"秋雨秋风愁煞人"的七字遗言所表现的大义凛然,恰好满足了时人对女侠形象、鲜血符号的期许与想象。当时有不少论者将秋瑾与西方女杰相媲美,称她为"我东方之罗兰夫人,我汉族之苏菲亚"④。

进入民国以后,秋瑾烈士形象和英雄形象被赋予神圣化的记忆,是共和新政权确立正义性与合法性论述的一种政治策略。这种策略作为一种文化符码,成为文化知识人抒发民族主义情感与政治身份认同的媒介。秋瑾就义后各界举行的系列纪念活动,不仅因其牺牲铸就了侠义品格的最高价值,还聚合了士人多种情绪的表达。秋瑾之死还牵动着"冤案"的悲情,使得她拥有被敬仰和崇拜的一面,又受到人们的怜惜与同情。

---

① 参见符杰祥《烈士风度——近现代中国的性别、牺牲与文章》,人民出版社,2020,第18~20页。
② 参见夏晓虹《晚清女性与近代中国》,北京大学出版社,2016,第228~231页。
③ 秋瑾:《勉女权歌》,郭延礼、郭蓁编:《秋瑾集 徐自华集》,中华书局,2015,第158页。
④ 张同伯:《五年前之今日》,郭长海、秋经武主编:《秋瑾研究资料·文献集》(上),第287页。

(二) 党派化"合群"与军旅浪漫想象

诚然,这种女性侠义的风骨随着辛亥革命的退潮而逐渐淡出了历史的视线,缘于民初北洋政治中复古回流的文化症候抑制了清季革命的激进主义。革命高潮复起的历史时间则是国民革命。国民革命前后知识女性经由"党派化"组织动员的特征尤为显著,军旅生涯成为革命年代的一种浪漫主义象征。

国民革命时期涌现了知识青年投身革命的空前热潮,政党化的革命话语与政党运作机制在妇女运动中发挥出全新的积极效应。值得注意的是,晚清种族革命时期知识女性加入政治社团与军事团体多是个体自发性的行为,"合群"的组织规模有限,南北议和结束后便纷纷陷入解散的困顿。不同的是,国民革命时期一些知识女性在选择自身参与革命的方式和途径方面表现出明显的自觉性和主动力,通过参军或革命文学创作等来实现政治主体的角色。尽管知识女性入党在当时尚未形成潮流,却毕竟强化了她们反帝反军阀的政治认同,拥有了新的政治身份,逐渐确认情感与价值的政治归属。国共两党信奉的党义不同,但皆是基于民族主义思潮的影响,对于意识形态和救国路径的不同抉择。经由此间党派化的"合群",知识女性得以从过去松散的妇女团体走向有组织、有纪律的生活,并开展起有声有色的妇女运动与政治运动。正如邓颖超所论述,国民革命、知识女性与妇女运动之间连缀起相辅相成的纽带:"单靠几个知识界妇女的活动,是没力量的。况且本身全无组织,则发展零碎而进攻方略不一,既无总枢纽以指挥,阵线不免松懈而缺乏强烈之表现……要知道妇女问题是中国国民革命之一部分工作。妇女问题在国民革命当中占有重要的地位,想要取消一切的压迫,不能不走国民革命的路。"[①]

参加国民革命及后来的民族解放运动的知识女性,不乏接受系统化政治训练的职业女革命者,以及改造社会与国家的理想信念,冯铿便是典型的个案。但是,冯铿走向革命的家庭因素稍显特别,反抗封建家庭的压迫并非其最迫切的诉求。若考察参加革命的知识女性的出身背景,她们中的绝大多数原生家庭并不幸福,往往将革命视为抗婚的重要途径,甚至父母早逝、夫妻不和、婆媳矛盾也是触发"离家"的动机。在她们看来,革命不仅给予新女性精神庇护与物质保障,而且赋予"出走"以民族革命

---

① 邓颖超:《在汕头妇女联欢会上的演说》,中华全国妇女联合会妇女运动历史研究室编:《中国妇女运动历史资料(1921~1927)》,人民出版社,1986,第315~316页。

的崇高价值，使封建家长无从置喙，这构成了女性之于民族主义的浪漫政治①。关露迈上革命征途的原初起因即逃离家族包办婚姻的羁绊，且难以忍受父母离世后寄人篱下的生活。

除此之外，向警予、胡兰畦、谢冰莹的人生际遇，也是知识女性在国民革命中风云际会的缩影。向警予公开抗婚得罪了当地军阀，某种意义上成了她离家参加赴法勤工俭学运动的动力。湘西镇守副使周则范欲娶向警予为"将军夫人"，向警予为明示拒绝之意，竟只身闯进周公馆严厉陈词，当面宣称"以身许国，终身不婚"②。胡兰畦不甘忍受丈夫及其亲族"虚情假意的欺骗""横蛮的压迫"，摆脱痛苦的家庭生活，成为她不顾怀孕之身来到武汉投考中央军事政治学校的直接动机。她表示，"我无论是社会上，家庭中，都是受着欺凌……革命是救死的唯一方法，我要生存，我还是要参加革命去，就是死，也要死得值得"③。这是胡兰畦在当时唯一解放自己的路，她作为军校的首批女兵，在国民革命中实现了自我价值的超越。谢冰莹为逃婚而参军的境况与此相似，她在《从军日记》中凭借细腻的笔触记录了国民革命的风云变幻，书籍畅销远播海外。也就是说，相当一部分知识女性走上革命的征途，出于家庭与社会各方面逼紧情势下的走投无路。留在旧式的封建家庭只能逆来顺受，而"离家"到"革命"意味着或许能拼搏出另一条人生的通道，可以获得自由之身，由此改变她们的婚姻命运、经济地位、政治身份，重建女性主体的价值。

欣慰的是，在近代中国民族解放战争的进程中，知识女性的女性气质获得了多元化的建构，革命与恋爱还成为她们在军旅体验中的浪漫憧憬。表面上观之，冯铿、谢冰莹等知识女性承继了晚清革命女性在性别认同上男性化的特色，但实际上，性别气质的形塑在革命中获得了开放性的施展，是女性基于个性主义的社会性别认同。林语堂描述了谢冰莹从军及写作时的酷飒气质："身穿军装，足着草鞋，在晨光熹微的沙场上，拿一根自来水笔靠着膝上振笔直书，不暇改窜，戎马倥偬……一位蓬头垢面的女子军，手不停笔，锋发韵流的写叙她的感触。"④ 这超越了辛亥革命时期

---

① 参见杨联芬《浪漫的中国：性别视角下激进主义思潮与文学（1890～1940）》，人民文学出版社，2016，第244～254页。
② 《向警予》，中国中共党史人物研究会编：《中共党史人物传》（第6卷），中国人民大学出版社，2017，第57页。
③ 胡兰畦：《回首十年》，《妇女生活（上海1935）》1937年第4卷第7期。
④ 《冰莹〈从军日记〉序》，林语堂：《有所不为：林语堂文集》，北京联合出版公司，2012，第307页。

张竹君将女子的身体之累视为从军桎梏的认识。五四时期自由恋爱思潮的流行推动着革命阵营中浪漫主义的风气。恋爱究竟是革命的阻力,还是革命的催化剂,二者之间的纠葛也成为性别政治的重要议题。在革命与恋爱的处理原则上,冯铿在理论与实践层面陷入了矛盾与裂痕。她在创作的文本中明确表明了"去胭脂化""忘记我自己是个女人"的态度,这与谢冰莹"打破恋爱梦"的立场相一致。冯铿还反对革命大家庭中的男性凝视以及女性对男同志的"眅眼睛",甚至主张为了不妨碍战斗的进展而搁置生育,但与柔石的结合又发生在革命工作的具体情境中。谢冰莹所谓的"革命化的恋爱"成为解决困惑的前提和路径,"要将爱人平日弹的悠扬琴声,当作'努力前进'的命令,要将爱人发出来的清婉歌声,当作'冲锋杀敌'的口号"①。

国民革命失败后,国共两党的阶级联盟及其发起妇女运动的"合群"基础遭遇瓦解。反革命风暴也严重波及革命女青年的命运,冯铿则作为亲历者见证了国民革命发祥地广东地区的白色恐怖,并在马克思主义真理与阶级革命学说的鼓舞下参加白区革命工作。迈向革命道路的探索同时深化了知识女性对妇女解放与社会改造关系的认识。进入苏维埃革命的新阶段,妇女"合群"具有了更广泛的面向,妇女的解放根植于劳动者的解放,实现妇女运动与无产阶级革命的合一,势在必行。

(三) 女性与革命的地缘政治

延安和上海是中共领导的革命运动中具有典型性的政治地理空间,某种程度上是承载知识女性命运沉浮的"地"之根源。延安成为进步知识女性向往的"革命的圣地",位于中国西北角黄土高原的边陲小镇,宝塔山、延河水、秧歌、纺车、农民戴的白羊肚的头巾,种种意象被赋予了乌托邦的色彩。知识女性满溢着"到延安去"的热忱,冲破艰难险阻,走过跋山涉水之路,并实现了从"个体人"到"革命者"的身份转型,再到与"工农大众"相结合的跨越。这缘于她们对国统区统治的失望,也与急切想要摆脱追求真理路上的苦闷与彷徨相关。例如,受到《西行漫记》感染的"名门小姐"陈学昭,舍弃了优渥的生活来到延安参加中国共产党领导的抗日民族解放运动。她在自传体小说以李珊裳的视角叙述称:"这个地方有这样一种新鲜空气,完全与国民党所统治的地区不同。每天她听到许多大大小小的动人的事迹:战士们怎样英勇地抗击敌人,共

---

① 谢冰莹:《从军日记》,中国现代文学馆编:《谢冰莹代表作》,第42页。

产党员怎样艰苦地发动人民起来保卫家乡，保卫国土……他们都有一个坚定不拔的信念：凭人类自己的脑和手是一定可以建设起人间的理想天堂来的。"① 丁玲则将陕北视为"拥抱你这遍体鳞伤的游子"的精神归宿②。延安成为战时中国的政治中心之一，中共革命政治文化内涵中平等、团结、友爱、集体主义的风尚，新型的人际关系、生产关系、劳动关系，对于不少知识女性而言构成了独有的吸引力③。

诚然，延安对于关露而言，称得上"身不能至，心向往之"。她先后两次错失了奔赴延安的机遇，先是上海沦陷后奉命留守孤岛，继而在策反李士群任务完成后，仍旧未能如愿"回到阳光下"，而是潜伏至《女声》杂志社，在沦陷区与日伪秘密周旋。在王人美晚年的自述中，她谈及全面抗战爆发后在历史转向的十字路口面前彷徨四顾，最终与延安"失之交臂"的遗憾④。由此，从根据地到国统区，再到沦陷区，丁玲、王人美、关露等知识女性分布于战时中国的各大政治版图，与中共的民族民主革命相向而行。

"来到上海"成为不少知识女性成长史上的命运转折。冯铿和关露不约而同地表示过，奔赴上海具有人生决定性的意义，是她们走上革命道路的重要里程碑。王人美的歌舞明星与电影明星之路，也以上海为开端。对于丁玲而言，"上海是她离开家乡踏入人生的第一站，是她初登文坛名声大噪的地方，也是她投身革命的起点"⑤。这足以说明，城市的环境与知识女性个人发展着实存在不可分割的联系。这座国际大都市海纳百川的政治文化气度，催生了特殊的地缘政治空间。这里拥有丰富多元的人脉资源、政治资源，以及纵横交错的思想资源，各方力量在此竞逐博弈。其中，中共革命便是从上海孕育而生，"左联"成为进步知识女性确立革命主体地位的摇篮。冯铿是"左联"发起人中唯一的知识女性，关露曾以"左翼女作家"的身份风靡上海滩，王人美则是左翼电影导演重点培育与合作的对象。

战时上海沦陷后，日本人、汪伪政权、中共地下党、国民党中统与军统，多种政治派别的较量此消彼长，明争与暗斗并藏其间。然而，鳞次栉

---

① 陈学昭：《工作着是美丽的》，作家出版社，1954，第216页。
② 李向东、王增如：《丁玲传》（上），中国大百科全书出版社，2015，第127页。
③ 参见杭苏红《独立与归属：民国新女性的精神史》，商务印书馆，2022，第159~163页。
④ 王人美：《我的成名与不幸》，江苏文艺出版社，2011，第165页。
⑤ 李向东、王增如：《丁玲传》（上），第137页。

比的现代楼宇，租界"华洋杂居"的灯红酒绿，霓虹灯下的摩登小姐与摩登先生，这些与战争救亡主旋律错位的"靡靡之音"，仿佛是乱世中的"太平景象"。在这些外表假象的背后，知识女性在沦陷区困境下的苦难与抗争，成为乌云遮蔽下的一束光。作为中共女间谍的关露，秘密潜伏在日伪特务机关及《女声》杂志社，与侵略者展开煞费苦心的斡旋。

在上海，中共地下党的活动成为抗战中的隐蔽战线，一些知识女性为民族救亡而不计个人名节与生死，或为前线筹款募资，或参与策反日伪高官，或对汉奸头目实施暗杀行动。关露便是这一谱系上的缩影。再如，接受上海中共地下党指示的茅丽瑛，供职于中国职业妇女俱乐部，组织物品义卖会等慈善活动，不畏日伪夹带子弹恐吓信的阻挠[1]。遭遇日伪特务暗害牺牲前夕，她对前来探望的上海市民说："请转告朋友们，不要为我悲痛，我是随时准备着牺牲的。"[2] 曾登上《良友》画报封面的"摩登女郎"郑苹如，试图以"美人计"除掉汪伪政权中"超级特务"丁默邨，最终以身殉国[3]。尽管她并非中共党人，但作为国民党中统上海区的一员，与关露等中共女特工在救国义举方面则显示出一定程度的同质性，共同展现了沦陷区政治版图中的爱国女性无法摧毁的精神信仰，以及跨越党派畛域的慷慨大义。这些潜藏在特殊阵线上的知识女性，委身寇仇，漠视蜚短流长，构成了抗战救亡运动中"苟利国家生死以，岂因祸福避趋之"这一真实而生动的动人风景。

二 知识女性与主体身份的重建

参加革命固然是近代中国各时期知识女性建构主体性身份的重要途径，但并非唯一的模式。所谓女性的主体性，是指女性觉醒后认识到自身作为主体而存在，在追求生活方式、知识技能、人格独立、经济自主、社会地位的实践中不断提高能动性，发挥主动力，激发创造力。其中，女性主体性涉及身份角色的重铸与价值体认的再造。这种价值认同既有女性的自我认同，也有女性对其在家庭、社会、国家中价值的重塑，从而实现自我价值、家庭价值与社会价值三者的合一。就整体而言，知识女性主体性

---

[1] 剑芬：《关于茅丽瑛》，《大美晚报》1939年12月21日第9版。
[2] 陶菊隐：《大上海的孤岛岁月》，中华书局，2005，第71页。
[3] 参见陈雁《性别与战争：上海（1932～1945）》，社会科学文献出版社，2014，第3～5页。

地位的确认，还可以通过政治参与、主妇家庭价值的社会转化、拓展多样化的就业渠道等多重路径加以实现。就个体经验来看，她们的选择既融入时代变革的热浪，也基于适合个人本色的考量。本书涉及的唐群英、张竹君、胡彬夏、冯铿、关露、王人美等，构成了近代中国知识女性成长为历史主体这一文化谱系上多元各异的风采。

（一）女国民的政治参与

政治参与是知识女性确立主体性的方式之一。辛亥革命时期，知识女性高举"国民之母"与"女子国民"的大旗，女性本位的性别主体在革命风潮与救亡图存的忧思下实现了重构。除了"国民之母"这一不可或缺的角色，她们还赋予了自身"女国民"的身份认同。"国民"这一概念相对于传统的"臣民"而言，成为现代民族国家建设的重要议题，女性将自身看作享有民主权利的主体，并将履行国家责任视为一种政治的自觉。吕碧城表示，"女子者，国民之母也……若谓除此之外，则女子之义务为已尽，则失之过甚矣。殊不知女子亦国家之一分子……盖中国者，非尽男子之中国，亦女子之中国也"[①]。知识女性介入政治生活并参与种族革命，使得主体观念逐渐得到培育。张竹君积极投身抵制美货运动、保路运动、保界大会等多场政治活动。秋瑾、唐群英在留学日本期间创办共爱会、留日女学生会等女子团体，后成为同盟会女会员。这意味着她们与男性同胞共赴国难，勠力于主权复兴与国家重建，将民权革命化为女权革命的内生动力。

经此政治训练，女性产生了女权主义的自觉，无疑超越了女性启蒙中被男性动员用以拯救国家危亡的最初起点。为此，她们提出了更高远的目标，认为在收复国权以后，女性唯有具备现代的政治思想、民主的公共权利，才是在共和新政权中获得与男性同等政治主体地位的前提。唐群英等整合散布于各地的女子参政团体，发起女子参政同盟会，发挥"合群"纽带的效力，呼吁女子理应享有参与国家政治的权利："在会的同志总要个个负责任，个个尽义务，同心一致，研究进行的方法，扩张党内的势力。目前最要紧的，就是急举代表，分赴各省，组织支部，以为本部的后援。"[②] 这是近代中国知识女性主体意识空前高涨，以及女性为谋求独立、

[①] 吕碧城：《论某督札幼稚园公文》，夏晓虹编：《中国近代思想家文库·金天翮 吕碧城 秋瑾 何震卷》，中国人民大学出版社，2015，第58页。
[②] 《女子参政同盟会成立志盛》，《女子白话旬报》1912年第2期。

平等地位的性别实践。

然而，这种以女子参政运动为路径，助力女性主体性成长的方案，并非一帆风顺，女性政治参与的议题在具体落地的实践中却步履蹒跚。这缘于男性知识人偏重强调妇女以牺牲个体自由贡献民族国家利益，认为如果国力衰微，则无补于国民权利的稳固。尽管以唐群英为代表的女权主义者表示女权与民权同等迫切，但在不少时人看来，基于救亡时局的危急，女权应当让位给处于优先地位的民权与国权。因而，辛亥革命以后围绕女性参政权的论争，直接指涉女性参政与国家利害的关系。有部分论者否认女权在其时的紧迫性，称与具有女性特性的家庭"天职"相比，女性参政不但成了一种"过度"介入政治的表现，反而"对国家有害"，这导致女权革命连续性的断裂[1]。如此看来，可以理解唐群英在男权视角的舆论场域中屡陷风波，甚至个体形象遭遇被"妖魔化"的凝视。

沉寂了十余年后，第二次女子参政热潮则发生于20世纪20年代，一些知识女性充当了省一级的女议员，提出了促进男女平权的方案。然而，彼时女子参政镶嵌于各省地方自治及联省自治运动的政治图谱，借助时势的东风而兴起，但伴随其结束而退潮。直至20世纪三四十年代，女子参政才取得了实质性的进展。在国统区，南京国民政府先后举行的三届国民参政会，共产生了19名女性参议员，皆为知识女性，除了具备高等教育或留学经历，还与国民党上层人士拥有密切往来，人数虽不多，但"能积极参政，实前所未有"，实补益了抗战建国工作[2]。战后制定的《中华民国宪法》，也从制度层面规定了国民大会要从妇女团体中选派代表，以及妇女当选立法院委员的名额。在中国共产党领导的抗日民主根据地，女性的参政权利得到了法律的充分保护，一批女干部成长为县长、区长、乡长、村长等。陕甘宁边区注重保障女性的政治民主权利，在第一、二届参议会中，女参议员着重围绕提高妇女政治、经济、文化地位等问题提出相关议案[3]。随后，延安妇女界宪政促进会成立，旨在同全国各妇女团体取得联络，在制定宪法及开展宪政的运动中贯彻两性平权，实现"真正民

---

[1] 参见〔日〕须藤瑞代《中国"女权"概念的变迁：清末民初的人权与社会性别》，须藤瑞代、姚毅译，社会科学文献出版社，2010，第113~114、206页。
[2] 周蕾、刘宁元：《抗战时期中国妇女运动研究（1931~1945）》，首都经济贸易大学出版社，2016，第175、167~168页。
[3] 参见杜芳琴、王政主编《中国历史中的妇女与性别》，天津人民出版社，2004，第427~428、466~467页。

主的选举法""真正民主的选举机关""竞选的自由"①。广大妇女确立起政治主体的角色，以重塑主体身份的面貌，为近代中国知识女性文化谱系注入了蓬勃焕发的生命力。

（二）家庭价值的社会转化

充满智慧的是，家庭价值创造力的激发，也为女性主体的再造赋予了一条特殊途径。唐群英等知识女性在民初女子参政运动中追求政治主体的行为，被质疑是有违家事传统、破坏家庭安乐的表现。家事活动被保守派人士认为是适合女子天性的专属，民国时期有关"妇女回家"的论争始终此起彼伏。然而，主妇仍旧是占据近代中国绝大多数的女性群体，家庭还是当时主妇活动最主要的场域之一。一些知识女性能够巧妙地利用主妇角色在家庭空间的重塑，实现主妇能力的社会性转化，将妇女在家庭中的"生利"嵌入社会和国家利益的范畴，将家庭改良作为一种事业和责任，从而成为重构女性主体身份的方案。

在此之前，妇女在家庭中劳动的意义和贡献并未受到应有的尊重和重视，在传统社会位于被漠视的地带，妇女长期被视为"分利者"。在不少革命者看来，家务劳动因其只有使用价值而无交换价值，沦为一种无生产性的建设，妇女既被家务劳作所牵累，又因缺乏经济自主权，导致困守在"没有工资的家务"领地。诚如列宁所言，只要妇女陷于繁杂琐碎的家务，"地位就不免受到限制……对妇女的进步没有丝毫帮助"②。贤母良妻的旧式形象深受诟病，成为激进的革命派及女权主义者激烈批判的对象。

胡彬夏的"改良家庭"论说便是针对提升女性主体位置，连接家庭价值与社会价值的理论典范。这种观点的提出，既是为应对民初"反女权"思潮逆流的一种妥协，同时也是民族国家话语叙事建构下调适女性与家庭、女性与社会关系的变通策略，在民国时期影响深远，有助于丰富女性的价值维度，从家庭贡献的层面提升女性对自我价值的认同。可贵的是，胡彬夏重视主妇家庭决策与创造社会财富之间的潜在经络，积极发掘家庭价值之于重塑女性主体身份的经验。也就是说，家庭可以发展成为知识女性立言与立身的基础，"家庭不再是附属于社会的次等领域而是与社会平行的场所，女性也不再是俯首听命的家庭奴隶……男女的差别只在于

---

① 《延安妇女界宪政促进会告全国姊妹书》，中华全国妇女联合会妇女运动历史研究室编：《中国妇女运动历史资料（1937~1945）》，中国妇女出版社，1991，第297~299页。
② 《论苏维埃共和国女工运动的任务》，列宁：《列宁选集》（第四卷），人民出版社，1995，第47~48页。

其施展能力和才华的场所不同"①。

家庭建设在民国时期日益受到重视,在学校教育和报刊舆论的推动下,呼吁建构所谓"优良家庭主妇""模范主妇"。南京国民政府时期,在女子教育问题上,各级管理者不断修订职业学校、师范学校教育中有关女子家事课程的设计②,重在使女学生了解个人价值对于家庭及社会贡献的深切关系。王蕊等提供了一项富有启发性的研究,观察到在特定的家庭场域,一些主妇参与到家庭经济资源的支配中,并在一定意义上被赋予了家庭决策权,包括日常家事代理权、家庭财产管理权、居住权以及对家庭成员的管理权等方面③。这促使成家后的知识女性在家庭经营中的职责与权限更广泛,如可以"制造家庭的预算表""管理家庭日记账""分析家庭收支是否合理""司理储蓄及投资事业"④。主妇在家庭改良中发挥的核心角色逐渐显著。由此可见,伴随着主妇角色的开放化,她们"从家庭依附者变为家庭管理者,从家事执行者变为家庭决策者"。尽管在此过程中仍将导致知识女性"主内"形象的强化,但毕竟有助于女性主体能力的锻造,并使重构家庭中的两性权力关系成为一种可能⑤。

需要说明的是,这些来源于知识女性的主妇,她们所在的家庭显示出某种阶级区隔,主要局限在小资产阶级的范畴,代表的是中上层社会的利益。除此之外,在女性尚未掌握经济独立的情形下,这种"改良家庭"的理论仍一定程度上充满了男权统治的色彩,家庭中存在的不平衡的两性权力关系还附带着某种隐蔽性。但值得肯定的是,家庭建设理念的革新为一些知识女性在男权话语的边缘寻求重塑主体地位的机会,提供了一条迂回探索的路径。对此,游鉴明指出,以科学化的家政学建立合宜的现代家庭生活,除了男性知识精英进行了有意识地主导,"其实女性也是家政知识的建构者",并转化为知识女性"取得权力的一种方式"⑥。

不过,到了抗战时期,"改良家庭"不单是一些女性个体化认同的选择,还在国民党政党话语的规训下成为国家政权主导推动的产物。这突出

---

① 刘慧英:《女权、启蒙与民族国家话语》,人民文学出版社,2013,第152页。
② 参见刘宁元主编《中国女性史类编》,北京师范大学出版社,1999,第256~258页。
③ 参见王蕊、张莉莉《民国时期主妇角色的重塑与家庭决策权》,《东岳论丛》2023年第5期。
④ 何征:《理想中的小家庭生活》,《家庭星期》1936年第1卷第10期。
⑤ 王蕊、张莉莉:《民国时期主妇角色的重塑与家庭决策权》,《东岳论丛》2023年第5期。
⑥ 游鉴明:《摩登大观园:当20世纪女性遇到中国媒体》,商务印书馆,2022,第241~244页。

表现在新生活运动对主妇贤母良妻话语的重新阐扬,并借题发挥地倡导推广卫生运动、识字运动以及风俗改良①。当时南京国民政府的意图在于,将妇女作为家庭生活的中心,以家事私领域为起点,造就现代家政的管理者、科学育儿的教养者,看似具有一定的社会性别分工视角与民族主义性质②,可却无形中扼杀了知识女性主体价值的社会潜能。

(三) 就业空间的拓展

与创造家庭价值相比,贡献社会价值更成为女性追求主体身份高扬的理想。越来越多的知识女性走出家庭,选择来到社会上就业,适应现代化变革赋予女性发展的新机遇,通过谋求职业自主的途径,探索重建主体性地位的出路,在知识女性构造主体价值这一谱系上显示出各具风采的智慧和经验。

女工虽然是近代中国最早的职业女性群体,但相比于其他需要较高知识素养的职业,这一群体更容易出现在经济条件较为困难的家庭中。她们就业的最初动因主要受生计窘迫之驱使,基于补贴家用及养家糊口的物质需求,后经由阶级观念的影响而产生了两性平权意识的觉醒。近代以来,随着女子教育普及程度的推进,孕育了新的思想观念、新的社会风气,以及新的知识结构,带动了知识女性就业层次的提高,促使女性就业的岗位也渐趋丰富,一些女性甚至可以根据自身的优势规划职业的生涯,产生了女教师、女医师、女护士、女律师、女作家、女记者、女警察、女商人、女公务员、银行女职员、女店员、女邮政员、女话务员、女打字员、女演员等现代女性职业群体,涵盖了教育、文化、医疗、卫生、法律、商业、金融、艺术等各式行业领域③。

以清末民初时期的张竹君为例,之所以被誉为"女界之张季直",则因其讲求女子实业、女子医学方面的贡献。张竹君创办广东育贤女工厂分院、手工传习所、女子中西医学院等,在当时引领了女性借助职业训练实现主体性再造的风尚。在张竹君的示范下,不少知识女性也纷纷仿效设立自立性质的女工传习所、女子工艺厂、女子实习工厂等。例如,中华女子

---

① 阎宝航:《全国妇女新生活运动:蒋夫人宋美龄女士负责指导》,《新生活运动促进总会会刊》1936 年第 32 期。
② 参见〔日〕深町英夫《教养身体的政治:中国国民党的新生活运动》,生活·读书·新知三联书店,2017,第 151 页。
③ 参见顾秀莲主编《20 世纪中国妇女运动史》(上卷),中国妇女出版社,2008,第 253~259、306~311 页。

实业进行会缘起中说明了发起旨意:"不侈平权,惟求自立,敢言国利,所重民生。"① 又如,神州女界协济社与女界协赞会也呼吁姊妹们结成团体研究生计学说,称"并不遽求参政,而谋联合全国女界,普及教育,研究法政,提倡实业,以协助国家进步"②。北京、南京、苏州、湖北、安徽等地皆有女子实干家创设"女学联合会"等组织。张竹君等人的可贵之处在于,对"自立之学"的关注已经触及女性经济权独立这一范畴,尤其在民初女子参政运动受挫的形势下,走出一条以实业建功社会的路径,某种程度上为破解女权的困境提供了创新性的思路。换言之,不同于参政运动所追求的形式上的平权,职业运动促进了女子谋生技能的提升,如此"女权意识自易提高",并可达成"妇女就业既可补助政府,又可谋生自立"的双重效应③。

五四以后,伴随着多元化就业渠道的拓展,职业女性主体自觉的意识日益增强。本书讨论的因贞节问题而投江自尽的马振华,生前便是一位小学女教师,据称其国文、英文皆运用娴熟。教师这一职业是民国时期知识女性较为青睐的选择,她们或家境殷实,或接受过中高等教育,或具有留学背景。其中佼佼者如近代中国第一位女教授陈衡哲、金陵女子大学的校长吴贻芳、有"珞珈三女杰"之誉的国立武汉大学女教授袁昌英、苏雪林、凌叔华等。

女作家群体是知识女性"浮出历史地表"最显著的景观之一,性别主体的自我发声与话语表达的能动性更为鲜明。冯铿、关露便是左翼女作家谱系上的代表性人物,她们以敏感的笔触捕捉社会问题,探索妇女解放出路,具有为女性"造命"以及改造国家的情怀与担当。除此之外,对于那些初出校园,或在都市中尚无固定岗位,或兼顾育儿责任的知识女性而言,赚取稿费是她们最为灵活的谋生手段,为其提供了一份较为便利的工作时间和空间。女作家苏青表示,"日间我带领两个孩子,晚上写文章,稿费千字二三十元不等的,我常常独坐在电灯下直写到午夜"④。张爱玲曾评价称,"苏青的书能够多销,能够赚钱,文人能够救济自己,免

---

① 《中华女子实业进行会缘起》,中华全国妇女联合会妇女运动历史研究室编:《中国妇女运动历史资料(1840~1918)》,中国妇女出版社,1991,第656页。
② 《临时大总统致女界共和协进社批》,中国第二历史档案馆编:《中华民国史档案资料汇编》(第二辑),江苏人民出版社,1981,第461~462页。
③ 柯慧铃:《近代中国革命运动中的妇女(1900~1920)》,山西教育出版社,2012,第102~103页。
④ 苏青:《结婚十年》,中国妇女出版社,2009,第231~232页。

得等人来救济"①。

诚然,掌握经济权不再是知识女性唯一的诉求,她们对于人生志向与人生价值的目标更加明确。女律师史良起初攻读的是政治学,但深感国家需要法律的迫切性,转而磨砺心志,"作一个不出卖灵魂的律师",并将之视为至高无上的职业选择,"有时替贫困的当事人争得了胜利,心里真比什么都快活"②。值得一提的是,女子自主创业也不失为一种突破性的尝试。与徐志摩离婚后的张幼仪,担任上海女子商业储蓄银行副总理③,又开办云裳服装公司,成长为职业经理人。董竹君遭遇与丈夫夏之时的婚姻失败后,"挈领了四个女儿,只带着几件应用的衣服,毅然离开她丈夫的怀抱"。她巧妙周旋并利用黄金荣、杜月笙等上海滩青帮、洪帮的人脉资源,创办了锦江川菜馆和锦江茶室,蜚声一时,可谓"跨出傀儡家庭的门槛,而踏上她所认为人生应走的道路的中国的娜拉",这给予了那些"愁虑于未来的命运,而不敢跨出门槛,因而彷徨苦闷的妇女以无上的鼓励"④。

不过,女演员这一职业群体则具有一定的特殊性,尽管在男性凝视中走向公共空间,但毕竟为探寻女性的主体性提供了一种新机遇。她们的阶层来源和就业动因多元各异。有为生计所迫者,有基于改变不幸命运的诉求,有些纯属机缘巧合,同时不乏艺术爱好的人生向往。其实,当时具备专业训练的女演员尚且稀少,通往明星之路的门槛并不高,拥有艺术天赋且相貌姣好者,则容易在艺术舞台上崭露头角。例如,王人美相继经历丧母、丧父的人生厄运,一度失去经济来源而被迫辍学,加入黎锦晖组织的明月歌舞团⑤。宣景琳则出生于贫苦家庭,沦为青楼女子,她将演员之路视为脱离娼妓身份的难得契机。杨耐梅来自富商之家,曾求学于上海务本女校,时常光顾明星电影公司的拍摄现场,引起编剧郑正秋和导演张石川的注意,后成长为浪漫派的女演员⑥。后来成为新中国第一位女导演的王苹(王光珍),早年加入过中国左翼作家联盟南京分盟领导下的磨风艺社,她的家庭经济条件虽称不上宽裕,但父亲相对开明,她毕业于南京中

---

① 张爱玲:《我看苏青》,《天地》1945 年第 19 期。
② 子冈:《史良律师访问记》,《妇女生活(上海1935)》1936 年第 2 卷第 4 期。
③ 马爱尔:《徐志摩夫人张幼仪》,《今报(上海)》1946 年 10 月 22 日第 2 版。
④ 蒋逸霄:《中国的娜拉董竹君女士》,王伊蔚主编:《女声(上海1932)》1946 年第 4 卷第 3~4 期合刊。
⑤ 王人美:《我的成名与不幸》,第 8~9、27、31~33、46 页。
⑥ 参见万笑男《上升的明星? 堕落的女性? 20 世纪 20 年代上海的电影女演员》,姜进等:《娱悦大众:民国上海女性文化解读》,上海辞书出版社,2010,第 60~62 页。

学，兄长和两个姐姐也接受过五四新文化的教育①。她担任磨风艺社的业余剧人，在1935年元旦演出戏剧《娜拉》，在动员妇女解放方面取得了轰动一时的效应，其与艺术结缘主要是出于个人兴趣的驱动②。并不否认的是，她们经由商品化的渲染，成为男性欲望的载体，遭遇不同程度的物化，但表演这一途径，不仅为女演员实现了个人的经济自主、婚姻自由，还在一定意义上赋予了大众教育的责任，为女性重铸主体身份创造了更为广阔的空间。

需要注意的是，知识女性走入职场，在某种程度上挤压了劳动市场上男性的就业空间，加上女性自身面临着家庭育儿与职场奔波之间的冲突，这使得就业上的性别歧视仍在短期内无法消除。如抗日战争时期受到局势动荡、经济萧条的影响，各大机关陷入纷纷裁员的困顿，而女职员则成为首当其冲的对象③。因此，关露在留守上海期间，为应对职业女性的生存危机而积极发声，利用《女声》杂志这一媒介呼吁女性从不同的领域建立互助协作，争取多样化渠道的就业支持。这其实表明，"市场经济既给女性带来走出家庭的诱惑，而女性要适应市场经济的竞争机制，必然要经历一个比男性更漫长、更残酷的过程"④。

除了政治参与、家庭建设、职业发展等三个维度外，还涉及知识女性主体性建构中的两性关系。诚然，女性启蒙中不乏男性参与和男性支持，一些男性"伯乐"的相助也是促进女性主体性成长的推力。例如，在张竹君创办女子中西医学院过程中，李平书扮演着合作伙伴的角色，提供师资、经费、方案等多方面的扶助。王人美在艺术启蒙之初受教于黎锦晖的专业栽培，走向影坛之路则得到了左翼电影导演孙瑜、蔡楚生为其量身定做的个性化培育。鲁迅即对冯铿向现实主义文学创作的转型给予过鼓舞。关露来到上海求学的第一站便受益于中共地下党员刘道衡的资助，加入中国共产党及中国左翼作家联盟实缘于张天翼的介绍。外因虽非知识女性主体性培育中决定性的因素，但也是支持女性个人发展的一项关键条件。换言之，这种主体性谱系的建构不仅由女性自身来完成，两性之间的合力也不可或缺。这与传统性别伦理和民族国家的话语逻辑，以及女权进步的有限性之间，着实存在密切的关系，由此构成了近代中国知识女性文化谱系中的男女共进的独特面相。

---

① 张震钦主编：《艺术新声：王苹访谈录》，中国电影出版社，2022，第6~7页。
② 宋昭：《妈妈的一生：王苹传》，中国电影出版社，2006，第9~10页。
③ 参见陈雁《性别与战争：上海（1932~1945）》，第128~132页。
④ 罗苏文：《女性与近代中国社会》，上海人民出版社，1996，第402页。

三 知识女性与现代性的纠葛

近代中国的政治重建及社会、文化、思想的重建,为知识女性主体身份的重建提供了契机,但在女性角色转型的过程中,还附带着传统与现代碰撞下新旧之间的复杂纠葛,导致她们在两性关系中难以从根本上突破客体化桎梏的范畴。与此同时,欧风美雨的浸染、西潮与新潮的流行,促使日常生活的林林总总追赶着时代风向的更新迭代,为都市空间中的知识女性定义了"摩登"身体的现代性话语。本书涉及的马振华、王人美等,是窥探知识女性在新旧分野的文化谱系上性别实践的窗口。

(一)新女性与新文化的困境

五四新文化的热风吹来了伦理革命与家庭革命的思潮,震动了人的观念和社会的思想,大学男女同校、社交公开、自由恋爱、自由离婚成为一种时髦的文化症候,受到青年男女的热烈追捧与颂歌。不过,新与旧、传统与现代的并存,正如同近代中国的思想转型先行于政治转型,当时社会风气流变的速度要比新文化人提倡"主义"的节奏缓慢得多。青年人徘徊在充满矛盾与激情的时代,既有感性的浪漫,也有理性的批判,这困扰着他们的择偶观、婚恋观、伦理道德观。

新文化话语在实践与理论之间的落差,使得知识女性对其保持了一定的距离和怀疑。马振华投江案引发时人"回看五四"的思想论争关涉的一个重要命题,即充满争议的新性道德及其在爱情实践中接受的有限性。新文化运动中关于新性道德的论战,本质上仍是围绕伦理革命废旧立新的不同路径。提倡"性爱合一"的新性道德,反对片面的贞操观和夫妇形式主义①,看似是重建性关系与性伦理的分水岭,但其实新与旧之间是一种相对性的概念,即使在新文化阵营内部意见也不尽一致。周作人翻译与谢野晶子的《贞操论》后,虽掀起了新文化人解构传统的贞操节烈之风,但蓝志先等人则持保留的态度,相反认为守护贞操是履行婚姻义务和尊重人格的必要方式,"夫妇关系,爱情之外,尚当有一种道德的制裁"②。尽管新性道德的论述早已被新文化人引介与阐释,从五四走来的马振华对此

---

① 雁冰:《新性道德的唯物史观》,《妇女杂志》1925 年第 11 卷第 1 期。
② 《蓝志先答胡适书》,《新青年》1919 年第 6 卷第 4 期。

并不陌生，但在个体化的恋爱实践中，仍然受到旧文化与旧道德的羁绊和影响。也就是说，在一个性别文化转型的时代，新旧思想交杂混沌，致使马振华在恋爱的亲密关系中陷入困惑，难以应对他人发出的贞操质问和伦理评判。

诚然，五四时期的妇女解放绝非一路凯歌，知识女性对于主体身份的再造与预期的目标尚有差距，处理好在家庭与社会两个空间的角色仍然棘手，转变客体化的地位并非一蹴而就。一方面，并不是每一位知识女性都拥有反叛家庭并选择自主婚姻的勇气和魄力，走在五四爱国运动前列的张嗣婧，终因无法摆脱封建包办婚姻抑郁以终①。正如张莉所言，"发现自我的年轻人依然处于父母、传统与个人意志的较量中。对于大多数青年而言，让他们马上与家庭决裂，追求自己的爱情，显然还不是时候"②。另一方面，知识女性对于"娜拉"出走时潮的响应，则免不了社会大众的质疑之声，女性解放现代性的发生，实处于他者的凝视之下。这表现在，女体公开化的进程尽管使得知识女性在社交场域获得了更多展示"身体自主"的机会，但同时也令她们遭遇"被观看"的性别麻烦。"浮荡少年"的出现便是社交公开之初的乱象，这些轻浮的男子骚扰异性，戏弄感情③，侧重打量的还是经过物化的女性身体，致使女性的人格被异化，这不仅有损公序良俗，也败坏了两性社交的风气。而汪世昌显然是"浮荡少年"这一群体的代表，其与马振华恋爱的动机并不端正，某种程度上是为满足生理欲望起见，遂假借自由恋爱之名，行诱骗女性之实。诚如邵力子所言，"浮荡少年"不过"利用新名词来作恶……仍是把女子当玩物，求玩物不得，弃而他顾"④。马、汪爱情悲剧的酿成，也从一个侧面说明，营造一个平等而合理的社交公开环境还有相当长的路要走。

进一步而言，由于两性权力关系的不对等，加之受到传统伦理观念的惯性影响，社会上施加给女性的道德标准无形中要高于男性，尤其在突破性守规方面，男子与女子得到的苛责程度大相径庭，女子在性道德上往往承受着比男性一方更沉重的压力⑤。因此，"贞操"便成了马振华遭遇汪

---

① 《一个旧式婚姻的牺牲者》，《时事新报》1923年4月27日第5版。
② 张莉：《浮出历史地表之前：中国现代女性写作的发生（1898~1925）》，南开大学出版社，2010，第126页。
③ 参见杨剑利《闺门的退隐：近代中国性别观念的变迁（1860~1925）》，人民出版社，2021，第252~253页。
④ 力子：《男女社交与浮荡少年》，《民国日报·觉悟》1921年1月7日第1版。
⑤ 参见柯慧铃《近代中国革命运动中的妇女（1900~1920）》，第157页。

世昌隐形控制的撒手锏,她通过壮烈的殉情方式来自证清白,无疑是男性统治话语之于女性身体主宰的结果。换言之,"女性身体的'主权',却并不因此攥在她们自己手里,而仍然在男性那端",这导致女性一方不免在恋爱交往中蒙受侮辱与伤害,遁入无法排解的精神困顿①。与此类似,恋爱纠纷牵涉司法与公共传媒也是阮玲玉自杀的导火索,说明"桃色事件照例是容易引起大众注意的"②。由此可见,绝大多数的知识女性尚未在社交关系中成为真正的主导者,一如既往地难以逸离男权文化凝视下的"他者"角色。

需要注意的是,五四新文化带来多方位的变革虽令知识女性受益,但背后的动力则主要来自进步的男性文化人,因为这直接关系到他们切身利益的诉求。只有将恋爱神圣与离婚自由奉为准则,才能为反抗封建家庭的牢笼,或抛弃旧式妻子,或逃离并不幸福的婚姻,提供更合理的论证依据。然而,他们虽不遗余力地鼓吹"娜拉"出走这一口号,却未能充分顾及"娜拉"走后将面临怎样的迷茫和困窘,尤其是当时"中国的社会还没替出走后的娜拉准备好了'做一个堂堂的人'的环境……娜拉空有反抗的热情而没有正确的社会政治思想"③。

(二)为"摩登"正名

现代化都市的空间留下了知识女性风云际会的身影。在传统与现代、中西合璧、土洋并存的时代弄潮下,"摩登"为新女性突破传统形象提供了生动注解,同时还是为自我命名的一种方式,并且"健美"这种看似与之对峙的"反摩登"气质,其实也是知识女性与现代性文化交汇下的另一侧面。

"摩登"由英文 modern 音译而来,成为新鲜事物或新奇现象的代名词,既是一种洋化的形象,也是一种时尚的消费,更是一种现代性的生活方式,与民国时期五光十色的都市文化相伴相生。所谓"摩登女郎",即"现代女子之谓,亦即不落伍之意",树立的是小资产阶级的女性气质④。她们作为"可移动的身体",凭借烫发、旗袍、高跟鞋,穿梭于公园、海

---

① 杨联芬:《浪漫的中国:性别视角下激进主义思潮与文学(1890~1940)》,第77~78页。
② 夏丏尊:《阮玲玉的死》,孙莺编:《影人文墨》,上海大学出版社,2021,第104页。
③ 茅盾:《从〈娜拉〉说起——为〈珠江日报·妇女周刊〉作》,《茅盾全集》第16卷,黄山书社,2012,第184~185页。
④ 吉士:《摩登女郎》,《大美晚报》1933年3月13日第13版。

滩、大学校园、咖啡馆、跑马场、跳舞厅之间，在流动的空间中引领着都市审美取向变革的新潮。"摩登女郎"之所以成为现代性的范畴，缘于有闲阶级的消费欲望，以及商品经济风潮的席卷。社会财富的增长，使得出身于资产阶级家庭的女性，借助奢华浪漫的物质生活，表现消费资本的富有，标榜显示阶级区隔的身份地位。于是，她们充当了家庭的装饰品和社会的"花瓶"，"责任在证明家庭的给付能力，而男性的任务是证明自己的给付能力"①。诚然，享乐主义、不事生产、推销洋货等行为取向，使得她被投以"危险女性"的另类凝视。在救国至上的民族主义舆论建构中，"摩登女郎"不免招致左翼文化人、南京国民政府、文化民族主义者、女性主义者等多方力量的批评②。

值得一提的是，"摩登"话语在女性启蒙与女性赋权中的进步性。不少"摩登女郎"勇于以实际行动发声，通过形象代言、健美运动等多样化的方式为自我的"摩登"角色正名，进行"反污名化"的性别实践。有论者以"我们是摩登女郎"的口吻言说称："我们并不是眩（炫）耀于这名词的新，而是象征我们生命的青春……摩登是一种新时代征兆的表现……我们要想捐起摩登的招牌……如果我们烂用，即是侮辱！所以，摩登有着她的自己的尊贵，我们当留心不使她成街头花枝招展的一般。我们不能妄加之于无聊者，我们须保持她的美好，避去一般丑恶的追逐，这就是我们的爱护。"③作为都市新女性的符号，"摩登女郎"的塑造还被强调凸显与知识内涵相关联的特征，乃至与女子教育、新文化等现代性元素相互联结，如新书、漫画、汽车、电话、钢琴等新鲜事物时常成为她们出场的点缀，以展示追求新知、勤奋上进的精神面貌。王人美便是一个时代典型，她逛书店、读剧本、弹钢琴、做女红、游古迹，附着了知性、优雅、端庄、大方的色彩，使得一位拥有摩登意蕴的知识女性跃然纸上。

健美运动也是为新女性赋权"摩登"身份的重要途径，彰显出现代化变革浪潮中女性不断增长的主体意识与主体行动。以王人美为代表的女明星投身民国时期女性的健美风潮，向公共视野传递"健康美""自然美"的形象。由于打球、游泳、打猎、旅游等阳光与力量并存的活动与摩登、时尚的风气具有一致性的内里，本质上而言，"健美"与"摩登"话语只是女性在性别气质建构方面自主选择的不同方式而已。恰如游鉴明

---

① 罗苏文：《女性与近代中国社会》，第324页。
② 参见董玥《谁惧怕摩登女郎?》，姜进等：《娱悦大众：民国上海女性文化解读》，第174~175页。
③ 若荷：《论摩登女郎》，《时代青年（上海1930）》1930年第16期。

对女球员的研究观察中指出，她们既"成为摩登的化身，也是摩登的传递者"①。换言之，以健美文化相标榜的"反摩登"，似乎成了表现新女性气质的另一种身体叙事，但背后则同样是她们在动态的社会空间中凭借对身体权力的掌控融入摩登的都市生活，以及与现代性文化碰撞下衍生的不同面相。

女明星无疑是摩登文化催生下的产物，得益于都市中影院的林立、影业公司的遍布。民国时期的上海被誉为"冒险家的乐园"，来自中西方的资本家乐意选择在上海聚集投资，使得这座城市的商业气息尤为浓厚，资本运作和市场开拓的前景相对宽阔，这为承载"摩登女郎"这一群体提供了包罗万象的社会经济环境。由此之故，王人美等女明星事业的发展，离不开联华、电通、新华、天一等影业公司的商业化包装和摩登化炒作。然而，她们的言行举止在媒体的聚光灯下受到较高程度的大众凝视，频繁的出镜率往往被视为"爱出风头"以致惹来争议。尤其是她们与政界、军界、商界、学界的人士有着千丝万缕的瓜葛，因而时刻面临着道德拷问的风险，甚至被牵扯进政治风波，卷入各派系、各政党等多方力量博弈的政治磁场，在所难免。

需要认识的是，"摩登"这一身体话语及其所关联的现代性文化景观，主要还是特定历史时期都市消费空间中的一种社会性别表演。实际上，具有"摩登"性质的知识女性仍属中上流社会阶层，与近代中国的社会底层存在一定的鸿沟。

在近代中国妇女解放的文化谱系上，"合群"是社会动员与政治动员的符号性话语，契合了中国革命统一战线政治经验的表达。中国共产党提倡知识女性与劳动妇女相结合，在社会生产中实现经济翻身、劳动致富，强调妇女解放走"合群"的道路，为出走后的"新女性"提供坚实的阶级基础与阶级联盟的庇护，从而建立以革命阵营为基础的政治认同，确立妇女解放与阶级斗争、民族救亡运动合一的共同价值。在生动的革命实践中，广大妇女经由合群互助、合群启蒙与合群救国，完成了从组织起来、动员起来到站立起来的主体地位再造。

---

① 游鉴明：《摩登大观园：当20世纪女性遇到中国媒体》，第133页。

参考文献

一 资料汇编

北京师范大学校史资料室编：《五四运动与北京高师》，北京师范大学出版社，1984。

陈多绯编：《中国电影文献史料选编·电影评论卷（1921～1949）》，中国电影出版社，2014。

丁景唐、瞿光熙编：《左联五烈士研究资料编目》，上海文艺出版社，1981。

丁守和主编：《辛亥革命时期期刊介绍》（一）（五），人民出版社，1986～1987。

朵云轩2014秋季艺术品拍卖会：《康同璧旧藏康有为与保皇会文献专场》，朵云轩拍卖有限公司印刷，2014。

饭郎编：《沈佩贞》，新华书社，1915。

广东省妇女联合会等编：《广东原中央苏区妇女解放运动史料汇编》（二），中国妇女出版社，2021。

郭长海、李亚彬编：《秋瑾事迹研究》，东北师范大学出版社，1987。

郭长海、秋经武主编：《秋瑾研究资料·文献集》，宁夏人民出版社，2007。

郭延礼编：《解读秋瑾》，山东教育出版社，2013。

郭延礼编：《秋瑾研究资料》，山东教育出版社，1987。

衡阳市妇女联合会编：《唐群英史料集萃》，衡阳市妇女联合会刊行，2006。

江西省妇女联合会、江西省档案馆选编：《江西苏区妇女运动史料选编》，江西人民出版社，1982。

晋察冀边区北岳区妇女抗日斗争史料编辑组编：《晋察冀边区妇女抗日斗争史料》，中国妇女出版社，1989。

来新夏主编：《中国近代史资料丛刊·北洋军阀》（二），上海人民出版社，1993。

刘宁元主编：《中国女性史类编》，北京师范大学出版社，1999。

山西省档案馆编：《太行党史资料汇编》（五），山西人民出版社，2000。

陕甘宁三省区妇联编：《陕甘宁边区妇女运动大事记述》，内部资料，1987。

陕西省妇女联合会编印：《陕甘宁边区妇女运动文献资料选编》（1937~1949），内部资料，1982。

上海社会科学院历史研究所编：《辛亥革命在上海史料选辑》，上海人民出版社，1981。

上海图书馆编：《中国近代期刊篇目汇录》（第三卷·下），上海人民出版社，1979。

《时报》馆编：《马振华女士自杀记》，大东书局，1928。

《时事新报》馆编：《马振华哀史》，上海群友社，1928。

孙莺编：《影人文墨》，上海大学出版社，2021。

太行革命根据地史总编委会编：《太原革命根据地史料丛书之七：群众运动》，山西人民出版社，1989。

王人殷主编：《蔡楚生研究文集》，中国电影出版社，2006。

隗瀛涛、赵清主编：《四川辛亥革命史料》（上），四川人民出版社，1981。

魏绍昌编：《鸳鸯蝴蝶派研究资料》（上卷·史料部分），上海文艺出版社，1984。

文化部党史资料征集工作委员会编：《中国左翼戏剧家联盟史料集》，中国戏剧出版社，1991。

谢忠厚主编：《冀鲁豫边区群众运动资料选编》，河北人民出版社，1991。

熊月之主编：《稀见上海史志资料丛书》（第三册），上海书店出版社，2012。

袁良骏编：《丁玲研究资料》，天津人民出版社，1982。

张枬、王忍之编：《辛亥革命前十年时论选集》（二），生活·读书·新知三联书店，1977。

张玉法、李又宁主编：《近代中国女权运动史料》（下），台北龙文出版社股份有限公司，1995。

中共河北省委党史研究室编：《冀南历史文献选编》，中共党史出版社，1994。

中国第二历史档案馆编：《中华民国史档案资料汇编》（第二辑），江苏人民出版社，1981。

中国第二历史档案馆等编：《中国妇女运动历史资料·民国政府卷》，中国妇女出版社，2011。

中国电影艺术研究中心等编：《中国左翼电影运动》，中国电影出版社，1993。

中国儿童少年电影学会编：《中国儿童电影80年（资料汇编）》，远方出版社，2003。

中华全国妇女联合会编：《中国妇女运动重要文献》，人民出版社，1979。

中华全国妇女联合会妇女历史研究室编：《五四时期妇女问题文选》，生活·读书·新知三联书店，1981。

中华全国妇女联合会妇女运动历史研究室编：《中国妇女运动历史资料（1840~1918）》，中国妇女出版社，1991。

中华全国妇女联合会妇女运动历史研究室编：《中国妇女运动历史资料（1921~1927）》，人民出版社，1986。

中华全国妇女联合会妇女运动历史研究室编：《中国妇女运动历史资料（1927~1937）》，中国妇女出版社，1991。

中华全国妇女联合会妇女运动历史研究室编：《中国妇女运动历史资料（1937~1945）》，中国妇女出版社，1991。

中华全国妇女联合会妇女运动历史研究室编：《中国妇女运动历史资料（1945~1949）》，中国妇女出版社，1991。

中华书局上海编辑所编辑出版：《秋瑾史迹》，中华书局，1958。

中央档案馆编：《中共中央文件选集》（一）（七）（十二）（十五）（十八），中共中央党校出版社，1981~1992。

周芾棠、秋仲英、陈德和编：《秋瑾史料》，湖南人民出版社，1981。

朱有瓛主编：《中国近代学制史料》（第三辑·下册），华东师范大学出版社，1992。

二 文集

白薇：《白薇作品选》，湖南人民出版社，1985。

白薇：《悲剧生涯》（上），上海生活书店，1936。

蔡楚生：《蔡楚生文集》（第一卷·剧本卷），中国广播电视出版社，2006。

蔡和森：《蔡和森文集》（上），人民出版社，2013。

陈昌明编：《苏雪林散文精选》，长江文艺出版社，2013。

陈衡哲：《衡哲散文集》，河北教育出版社，1995。
陈衡哲：《小雨点》，商务印书馆，1936。
陈学昭：《工作着是美丽的》，作家出版社，1954。
陈亚男编：《陈学昭文集》（第五卷），浙江文艺出版社，1998。
戴建兵编：《吕碧城文选集》，天津古籍出版社，2012。
戴绪恭、姚维斗编：《向警予文集》，人民出版社，2011。
丁景唐：《犹恋风流纸墨香：六十年文集》，上海文艺出版社，2004。
丁玲：《丁玲文集》（第五卷），湖南人民出版社，1984。
凡尼、郁苇编：《庐隐作品集》，现代出版社，2016。
冯铿：《重新起来》，花城出版社，1986。
关露：《太平洋上的歌声》，上海生活书店，1936。
郭汉民编：《宋教仁集》（二），湖南人民出版社，2008。
郭延礼、郭蓁编：《秋瑾集 徐自华集》，中华书局，2015。
黄可剑、王欣编：《梁漱溟集》，群言出版社，1993。
黄一心编：《丁玲写作生涯》，百花文艺出版社，1984。
蒋薛主编：《唐群英诗赞》，衡阳市育新印刷厂印行，1997。
金天翮：《女界钟》，复旦大学出版社，2003。
柯灵主编：《关露小说：仲夏夜之梦》，上海古籍出版社，1999。
李保民编：《吕碧城词笺注》，上海古籍出版社，2001。
列宁：《列宁选集》（第四卷），人民出版社，1995。
林语堂：《有所不为：林语堂文集》，北京联合出版公司，2012。
刘屏编：《东方赤子·大家丛书：丁玲卷》，华文出版社，1999。
刘文菊、许再佳编：《海滨杂记：冯铿作品及研究》，花城出版社，2019。
庐隐：《庐隐精品选》，中国书籍出版社，2014。
庐隐：《庐隐小说全集》，时代文艺出版社，1997。
鲁迅博物馆文物资料部整理：《晨光——柔石、冯铿遗稿》，书目文献出版社，1986。
鲁迅：《鲁迅全集（编年版）》（第二卷）（第七卷），人民文学出版社，2014。
鲁迅：《鲁迅全集》（第一卷）（第十一卷）（第十六卷），人民文学出版社，2005。
陆阳、胡杰主编：《胡彬夏文集》，线装书局，2015。
罗湘英主编：《唐群英研究文集》，衡阳市妇女联合会刊行，内部资料，1998。

骆宝善、刘路生主编:《袁世凯全集》(第19卷)(第25卷),河南大学出版社,2013。

茅盾:《茅盾全集》(第16卷),黄山书社,2012。

莫世祥编:《马君武集》,华中师范大学出版社,2011。

秋瑾:《秋瑾集》,中华书局,1960。

饶怀民编:《刘揆一集》,湖南人民出版社,2008。

山西省地方志办公室编:《石评梅全集》,山西人民出版社,2014。

苏青:《结婚十年》,中国妇女出版社,2009。

汤志钧编:《康有为政论集》(上),中华书局,1981。

王灿芝编:《秋瑾女侠遗集》,贵州教育出版社,2014。

王国栋编:《庐隐全集》(卷一)(卷二),福建教育出版社,2015。

王晶垚等编:《柳亚子选集》(上册),人民出版社,1989。

王绍箕编:《秋瑾女士遗集》,白光书店,1937。

王有立主编:《黄远庸遗著》,台湾华文书局,1936。

夏晓虹编:《中国近代思想家文库·金天翮 吕碧城 秋瑾 何震卷》,中国人民大学出版社,2015。

萧红:《呼兰河传》,崇文书局,2013。

谢冰莹等:《女作家自传选集》,耕耘出版社,1945。

谢冰莹:《谢冰莹作品选》,湖南人民出版社,1985。

徐行等选编:《韬奋散文》,中国广播电视出版社,1997。

殷安如、刘颖白编:《陈去病诗文集》,社会科学文献出版社,2009。

虞和平编:《经元善集》,华中师范大学出版社,2011。

苑书义等主编:《张之洞全集》(六),河北人民出版社,1998。

张品兴主编:《梁启超全集》(九),北京出版社,1997。

郑实选编:《凌叔华文集》,北京燕山出版社,1998。

中国革命博物馆编:《磨剑室诗词集》,上海人民出版社,1985。

中国社会科学院近代史研究所中华民国史研究室等合编:《孙中山全集》(二),中华书局,1982。

中国现代文学馆编:《谢冰莹代表作》,华夏出版社,2011。

中华全国妇女联合会编:《蔡畅 邓颖超 康克清妇女解放问题文选》(1938~1987),人民出版社,1983。

中华人民共和国全国妇女联合会编:《马克思 恩格斯 列宁 斯大林论妇女》,人民出版社,1978。

周秋光等编:《谭延闿集》(一),湖南人民出版社,2013。

周扬：《周扬文集》（第一卷），人民文学出版社，1984。
周永珍主编：《徐蕴华、林寒碧诗文合集》，社会科学文献出版社，1999。
朱维之编：《陈衡哲散文选集》，百花文艺出版社，2004。
卓如编：《冰心全集》（第一卷）（第二卷），海峡文艺出版社，1994。

三　报刊史料

《巴县留京学生会会报》，1923。
《白露月刊》，1929。
《北新》，1929。
《北洋画报》，1934、1936。
《茶话》，1947。
《长沙日报》，1913。
《大风旬刊》，1939。
《大公报》，1902、1904、1906、1912~1913、1915、1928、1937。
《大晶报》，1928、1936。
《大陆（上海）》，1904~1905。
《大美晚报》，1933、1935、1939。
《大上海（1928）》，1928。
《大上海》，1943。
《大亚画报》，1933。
《大众文艺（上海1928）》，1930。
《电声日报》，1933。
《电声（上海）》，1934~1940。
《电影本事》，1931。
《电影画报（上海1933）》，1934~1935。
《电影（上海1938）》，1939。
《电影生活（上海1935）》，1935。
《电影时报》，1932~1935。
《电影艺术（上海1932）》，1932。
《电影月报》，1928。
《电影周刊（上海1938）》，1938。
《东方日报》，1932。
《东方杂志》，1912~1913、1915、1933。
《东京留学界纪实》，1905。

《东南风》，1946。
《读书顾问》，1934。
《福尔摩斯》，1928、1934。
《妇女共鸣》，1935、1937、1941、1943。
《妇女生活（上海1932）》，1932～1933。
《妇女生活（上海1935）》，1936～1937、1940。
《妇女时报》，1912。
《妇女月报》，1935～1936。
《妇女杂志》，1916～1917、1920～1921、1925、1931。
《妇人画报》，1934～1935。
《改造》，1922。
《革命》，1928。
《广益丛报》，1904。
《国际现象画报》，1933。
《海风（上海1945）》，1946。
《湖北学生界》，1903。
《环球》，1917。
《家庭星期》，1936。
《健康家庭》，1939。
《江苏（东京）》，1903～1904。
《江苏教育厅行政月报》，1913。
《江西地方教育》，1935。
《教育研究（上海）》，1914。
《教育杂志》，1909。
《教育周报（杭州）》，1915。
《今报（上海）》，1946。
《金刚钻》，1933～1934。
《晶报》，1933、1939。
《警钟日报》，1904～1905。
《开麦拉》，1932。
《开麦拉电影图画杂志》，1932。
《抗战三日刊（上海）》，1937。
《力报（1937～1945）》，1939。
《立报》，1936。

《联华画报》,1933、1935、1937。
《联华月刊》,1933。
《良友》,1934。
《岭东日报》,1903。
《玲珑》,1932~1935。
《噜里噜苏》,1928。
《罗宾汉》,1928。
《骆驼画报》,1928。
《美的明星》,1928。
《民国日报》,1921。
《民呼日报》,1909。
《民立报》,1911~1913。
《民言画刊》,1930。
《民主报》,1912。
《女朋友》,1932。
《女声(上海1932)》,1946。
《女声(上海1942)》,1942~1945。
《女同学》,1935。
《女学报》,1902~1903。
《女学生》,1911。
《女子白话旬报》,1912。
《女子国学报》,1912。
《女子世界》,1904~1905、1907。
《七日谈》,1946。
《千秋(上海1933)》,1933。
《前锋》,1923。
《前哨》,1931。
《青年妇女》,1928。
《青年中国》,1937。
《清议报》,1898。
《情》,1928。
《情化》,1928。
《情绸》,1928。
《人民日报》,1982。

《三民主义半月刊》，1945、1947。
《商报画刊》，1933。
《上海报》，1938。
《上海画报》，1928。
《上海玫瑰》，1928。
《上海人报》，1947。
《上海商报（1932~1937）》，1933。
《上海滩（上海1946）》，1946。
《少年中国》，1919。
《社会日报》，1933~1934。
《社会新闻》，1933~1934。
《社会医报》，1933。
《申报》，1905~1918、1935、1943。
《神州女报》，1913。
《神州日报》，1907、1911~1913、1937。
《生活日报周刊》，1936。
《生活（上海1925）》，1928。
《诗人丛刊（我歌唱专刊）》，1939。
《石门月刊》，1947。
《时报》，1911~1913、1928。
《时代青年（上海1930）》，1930。
《时代日报》，1933。
《时事新报》，1913、1915、1923。
《时事新报月刊》，1911。
《时务报》，1897。
《世界晨报》，1935、1937。
《世界快报》，1935。
《顺天时报》，1912~1913。
《说话》，1946。
《太平洋报》，1912。
《天地》，1945。
《天津商报画刊》，1932、1935。
《铁报》，1936~1937。
《通问报》，1906。

《通讯（湖南）》，1947。
《图画晨报》，1934。
《图画京报》，1928。
《图画周刊》，1931。
《拓荒者》，1930。
《外交报》，1907。
《唯美》，1935。
《娓娓集》，1934。
《文协》，1944。
《文学（上海1933）》，1934。
《文学月报（上海）》，1932。
《文艺新潮》，1939。
《文艺新闻》，1939。
《锡报》，1938。
《戏世界》，1935~1937。
《现代电影》，1933~1934。
《现代文学》，1930。
《香艳杂志》，1915。
《湘报》，1898。
《湘江评论》，1919。
《小说季报》，1920。
《小说新报》，1919。
《小情海》，1928。
《小日报》，1928。
《笑报》，1928。
《辛亥月刊》，1948。
《新春秋》，1936。
《新妇女》，1920~1921。
《新华画报》，1936~1937。
《新纪元报》，1912。
《新黎里》，1923。
《新民报》，1935。
《新民丛报》，1902。
《新女性》，1926、1928。

《新评论》，1928。
《新青年》，1918~1919、1921。
《新上海》，1947。
《新生活运动促进总会会刊》，1936。
《新天津画报》，1936。
《新闻报》，1913、1928、1933~1935。
《新银星》，1928。
《血战画报》，1937。
《亚东丛报》，1912。
《亚细亚日报》，1912。
《一周间（上海1946）》，1946。
《艺声》，1936。
《艺文线》，1937。
《亦报（1928）》，1928。
《银幕周报》，1931。
《影画》，1934。
《影戏年鉴》，1934。
《影戏生活》，1932。
《影戏杂志》，1931。
《影与戏》，1936~1937。
《友联期刊》，1925。
《语丝》，1928。
《杂志》，1943~1944。
《战时妇女》，1937~1938。
《针报》，1930。
《正宗爱国报》，1913。
《知新报》，1898。
《中国女报》，1907。
《中国青年》，1927。
《中国新女界杂志》，1907。
《中央日报》，1928、1937。

四 其他史料（日记、年谱、笔记、回忆录、传记）

阿英：《现代中国女作家》，北新书局，1931。

包天笑：《钏影楼回忆录》，大华出版社，1971。
北京市档案馆编：《那桐日记》（下），新华出版社，2006。
北京市政协文史和学习委员会编：《辛亥革命在北京》，北京出版社，2011。
冰心：《冰心自传》，江苏文艺出版社，1995。
曹汝霖：《一生之回忆》，台北传记文学出版社，1980。
陈钢等：《上海留声》，文汇出版社，2010。
陈衡哲：《陈衡哲早年自传》，安徽教育出版社，2006。
陈象恭编：《秋瑾年谱及传记资料》，中华书局，1983。
丁言昭：《关露传》，上海文化出版社，2009。
丁言昭选编：《关露啊，关露》，人民文学出版社，2001。
冯自由：《革命逸史》（第二集），中华书局，1981。
高平叔编：《蔡元培年谱长编》（上），人民教育出版社，1996。
广东革命历史博物馆编：《广州起义资料》（下），人民出版社，1985。
郭延礼编：《秋瑾年谱》，齐鲁书社，1983。
何海鸣：《民国史料笔记丛刊·求幸福斋随笔》，上海书店出版社，1997。
《湖南历史资料》编辑室编：《湖南历史资料》（第11辑），湖南人民出版社，1980。
蒋薛、唐存正：《唐群英评传》，湖南出版社，1995。
金理编：《庐隐自传》，云南人民出版社，2011。
柯兴：《魂归京都：关露传》，金城出版社，2010。
黎遂：《民国风华——我的父亲黎锦晖》，团结出版社，2011。
李定夷编：《民国趣史》，车心吉主编：《民国野史》（卷四），泰山出版社，2000。
李定夷：《湘娥泪》，国华书局，1914。
李天化、唐存正主编：《唐群英年谱》，香港天马图书有限公司，2002。
李向东、王增如：《丁玲传》（上），中国大百科全书出版社，2015。
李小江主编：《让女人自己说话——独立的历程》，生活·读书·新知三联书店，2003。
李小江主编：《让女人自己说话——亲历战争》，生活·读书·新知三联书店，2003。
刘成禺：《世载堂杂忆续篇》，海豚出版社，2013。
刘成禺：《世载堂杂忆》，中华书局，1997。
柳无忌、殷安如编：《南社人物传》，社会科学文献出版社，2002。

楼宇烈整理：《康南海自编年谱（外二种）》，中华书局，1992。
毛注青编：《黄兴年谱长编》，中华书局，2014。
平江不肖生：《中国近代小说大系·留东外史》（上），百花洲文艺出版社，1991。
任桐君：《一个女教师的自述》，生活·读书·新知三联书店，1989。
上海鲁迅纪念馆编：《陈学昭纪念集》，上海文艺出版社，2006。
沈晖编著：《苏雪林年谱长编》，安徽文艺出版社，2017。
史晓风整理：《恽毓鼎澄斋日记》（二），浙江古籍出版社，2004。
宋昭：《妈妈的一生·王苹传》，中国电影出版社，2006。
陶寒翠：《民国艳史演义》，时还书局，1928。
陶菊隐：《大上海的孤岛岁月》，中华书局，2005。
陶菊隐：《记者生活三十年》，中华书局，1984。
王去病、陈德和编：《秋瑾年表》（细编），华文出版社，1990。
王人美：《我的成名与不幸》，江苏文艺出版社，2011。
吴双热：《中国近代小说大系·孽冤镜》，百花洲文艺出版社，1993。
萧阳、广群：《一个女作家的遭遇——记关露一生》，北方文艺出版社，1988。
徐珂编撰：《清稗类钞》（第13册），中华书局，1996。
徐雁平整理：《贺葆真日记》，凤凰出版社，2014。
徐枕亚：《玉梨魂》，《民权素》（第一、二集），民权出版部，1913。
许美勋：《冯铿烈士》，广东人民出版社，1957。
许其武：《十月先开岭上梅——冯铿传奇》，中国文联出版社，2000。
许杨清、宗诚编：《丁玲自传》，江苏人民出版社，1996。
许指严：《新华秘记》，中华书局，2007。
尹骐：《潘汉年的情报生涯》，人民出版社，2011。
张云：《潘汉年的一生》，上海人民出版社，2008。
张震钦主编：《艺术新声：王苹访谈录》，中国电影出版社，2022。
赵帝江、姚锡佩编：《柔石日记》，山西教育出版社，1998。
浙江省政协文史资料委员会编：《浙江文史资料特辑》，民革浙江省委孙中山研究学会，内部资料，1991。
郑毓秀：《不寻常的玫瑰枝：郑毓秀自述》，赖婷婷译，中国法制出版社，2018。
中共衡山县委员宣传部编：《一代女魂——唐群英的传奇故事》，湖南文艺出版社，2000。

中共江西省委党史研究室编：《亲历南昌起义》，江西人民出版社，2007。
中国人民政治协商会议北京市东城区委员会文史委员会编：《北京市东城区文史资料选编》（第5辑），内部资料，1994。
中国人民政治协商会议广东委员会文史资料研究委员会编：《广东辛亥革命史料》，广东人民出版社，1962。
中国人民政治协商会议广东文史资料研究委员会编：《广东文史资料》（第34辑），广东人民出版社，1982。
中国人民政治协商会议衡阳市委文史资料研究委员会、衡阳市妇女联合会等编印：《一代女魂——衡阳文史》（第12辑），1992。
中国人民政治协商会议湖南省文史资料研究委员会编：《湖南文史资料选辑》（十五），湖南人民出版社，1982。
中国人民政治协商会议全国委员会文史资料研究委员会编：《辛亥革命回忆录》（一）（四）（六）（七）（八），文史资料出版社，1981～1988。
中国人民政治协商会议浙江省委员会文史资料研究委员会：《浙江辛亥革命回忆录续辑》，浙江人民出版社，1984。
中国人民政治协商会议浙江省委员会：《浙江辛亥革命回忆录》，浙江人民出版社，1981。
中国中共党史人物研究会编：《中共党史人物传》（第6卷），中国人民大学出版社，2017。
朱德裳：《三十年闻见录》，岳麓书社，1985。

五　著作

蔡洁：《摩登与弄潮：近代中国的文化与社会》，北京出版社，2022。
曹新伟、顾玮、张宗蓝：《20世纪中国女性文学史》，北京大学出版社，2012。
陈平原：《20世纪中国小说史·第一卷（1897～1916）》，北京大学出版社，1989。
陈文联：《马克思主义妇女观在中国早期传播研究（1907～1922）》，中国社会科学出版社，2020。
陈雁：《性别与战争：上海（1932～1945）》，社会科学文献出版社，2014。
程季华主编：《中国电影发展史》（第二卷），中国电影出版社，1981。
池子华：《红十字会与近代中国》，安徽人民出版社，2004。
杜芳琴、王政主编：《中国历史中的妇女与性别》，天津人民出版社，2004。

杜新艳：《"自由"与"游戏"：民初〈申报·自由谈〉的自我表达及其旨趣》，陈平原主编：《现代中国》（第十四辑），北京大学出版社，2011。

恩格斯：《家庭、私有制与国家的起源》，人民出版社，2018。

方祖猷：《晚清女权史》，浙江大学出版社，2017。

符杰祥：《烈士风度——近现代中国的性别、牺牲与文章》，人民出版社，2020。

顾秀莲主编：《20世纪中国妇女运动史》（上卷），中国妇女出版社，2008。

郭冰茹：《20世纪中国小说史中的性别建构》，华东师范大学出版社，2013。

郭海燕：《联华影业公司探析》，东方出版中心，2017。

海青：《伤逝：对民国初年新女性形象的一种解读》，杨念群主编：《新史学》（第一卷——感觉·图像·叙事），中华书局，2007。

海青：《"自杀时代"的来临？——二十世纪早期中国知识群体的激烈行为和价值选择》，中国人民大学出版社，2010。

韩贺南、王向梅、李慧波：《中国妇女与抗日战争》，团结出版社，2015。

韩业建：《中国北方地区新石器时代文化研究》，文物出版社，2003。

韩玉婷：《清末民国女子家事教育探析》，梁景和主编：《婚姻·家庭·性别研究》（第五辑），社会科学文献出版社，2016。

杭苏红：《独立与归属：民国新女性的精神史》，商务印书馆，2022。

侯杰：《男权秩序下的新女性之死——张嗣婧研究》，王政、陈雁主编：《百年中国女权思潮研究》，复旦大学出版社，2005。

侯凯：《上海早期影迷文化史（1897～1937）》，中国电影出版社，2020。

侯艳兴：《上海女性自杀问题研究（1927～1937）》，上海辞书出版社，2008。

胡军华：《异军与正道：对中央苏区妇女解放运动的历史考察》，中国社会科学出版社，2016。

荒林：《日常生活价值重建——中国当代女性主义文学思潮研究》，北京大学出版社，2013。

黄金麟：《历史、身体、国家：近代中国的身体形成（1895～1937）》，新星出版社，2006。

黄静等：《二十世纪中国女性文学研究》，安徽师范大学出版社，2017。

黄树雄：《潮人旧书》，暨南大学出版社，2016。
黄兴涛：《"她"字的文化史：女性新代词的发现与认同研究》，福建教育出版社，2009。
姜进等：《娱悦大众：民国上海女性文化解读》，上海辞书出版社，2010。
揭爱花：《国家、组织与妇女：中国妇女解放实践的运作机制研究》，学林出版社，2012。
柯慧铃：《近代中国革命运动中的妇女（1900~1920）》，山西教育出版社，2012。
柯小菁：《塑造新母亲：近代中国育儿知识的建构及实践（1900~1937）》，山西教育出版社，2011。
李奇志：《清末民初思想和文学中的"英雌"话语》，湖北教育出版社，2006。
李少白主编：《中国电影史》，高等教育出版社，2006。
李晓红：《女性的声音——民国时期上海知识女性与大众传媒》，学林出版社，2008。
李银河：《女性主义》，上海文化出版社，2018。
连玲玲：《"追求独立"或"崇尚摩登"？——近代上海女店职员的出现及其形象塑造》，邓小南、王政、游鉴明主编：《中国妇女史读本》，北京大学出版社，2011。
梁景和：《五四时期社会文化嬗变研究》，人民出版社，2010。
刘慧英：《女权、启蒙与民族国家话语》，人民文学出版社，2003。
刘明逵编：《中国工人阶级历史状况》（第一卷·第一册），中共中央党校出版社，1985。
刘人锋：《中国妇女报刊史》，中国社会科学出版社，2012。
刘思谦：《"娜拉"言说：中国现代女作家心路纪程》，河南大学出版社，2007。
卢淑樱：《母乳与牛奶——近代中国母亲角色的重塑（1895~1937）》，华东师范大学出版社，2020。
罗苏文：《女性与近代中国社会》，上海人民出版社，1996。
孟悦、戴锦华：《浮出历史地表：现代妇女文学研究》，北京大学出版社，2018。
倪浩然：《校园恋与姐妹情：日常生活视角下的民国女学生》，裔昭印主编：《妇女与性别史研究》（第五辑），上海三联书店，2020。
潘淑华：《闲暇、身体与政治：近代中国游泳文化》，台北台大出版中心，2021。

乔以钢等：《性别视角下的中国文学与文化》，经济科学出版社，2017。

秦方：《女界之兴起：晚清天津女子教育与女性形象建构》，中华书局，2019。

秦素菡：《清末康梁改良派在美国活动研究》，光明日报出版社，2022。

饶怀民、范秋明主编：《湖南人与辛亥革命——纪念辛亥革命100周年学术研讨会论文集》，湖南师范大学出版社，2012。

桑兵：《治学的门径与取法——晚清民国研究的史料与史学》，社会科学文献出版社，2014。

沈奕斐：《透过性别看世界》，上海人民出版社，2019。

宋少鹏：《"西洋镜"里的中国与妇女：文明的性别标准和晚清女权论述》，社会科学文献出版社，2016。

苏秉琦：《中国文明起源新探》，生活·读书·新知三联书店，2019。

仝华、康沛竹主编：《马克思主义妇女理论发展史》，北京大学出版社，2004。

佟新：《社会性别研究导论》，北京大学出版社，2011。

王汎森：《思想是生活的一种方式——中国近代思想史的再思考》，北京大学出版社，2018。

王汎森：《中国近代思想与学术的系谱》，吉林出版集团有限责任公司，2011。

王绯：《空前之迹——中国妇女思想与文学发展史论（1851~1930）》，商务印书馆，2004。

王凤先：《塑身与塑心：近代中国都市女性乳房观念的变迁》，厦门大学出版社，2022。

王建初、孙茂生主编：《中国工人运动史》，辽宁人民出版社，1987。

王巍主编：《中国考古学大辞典》，上海辞书出版社，2014。

王晓慧：《近代中国女子教育论争史研究（1895~1949）》，中国社会科学出版社，2015。

吴海勇：《"电影小组"与左翼电影运动》，上海人民出版社，2014。

夏晓虹：《秋瑾与二十世纪中国》，商务印书馆，2023。

夏晓虹：《晚清女性与近代中国》，北京大学出版社，2016。

夏晓虹：《晚清社会与文化》，湖北教育出版社，2000。

夏晓虹：《晚清文人妇女观》，北京大学出版社，2016。

许再佳：《重读冯铿〈最后的出路〉》，刘文菊、许再佳编：《海滨杂记：

冯铿作品及研究》，花城出版社，2019。

颜海平：《中国现代女性作家与中国革命：1905～1948》，季剑青译，北京大学出版社，2011。

颜浩：《民国元年——历史与文学中的日常生活》，陕西人民出版社，2012。

杨剑利：《闺门的退隐：近代中国性别观念的变迁（1860～1925）》，人民出版社，2021。

杨剑利：《女性与近代中国社会》，中国社会出版社，2007。

杨联芬：《浪漫的中国：性别视角下激进主义思潮与文学（1890～1940）》，人民文学出版社，2016。

姚辛：《左联史》，光明日报出版社，2006。

游鉴明：《近代中国女子健美的论述（1920～1940年代）》，李贞德主编：《性别、身体与医疗》，中华书局，2012。

游鉴明：《摩登大观园：当20世纪中国女性遇到媒体》，商务印书馆，2022。

余华林：《20世纪二三十年代知识女性恋爱悲剧原因探析》，李长莉、左玉河主编：《近代中国社会与民国文化》，社会科学文献出版社，2007。

余华林：《女性的"重塑"：民国城市妇女婚姻问题研究》，商务印书馆，2009。

余西云：《江汉地区文化变迁》，商务印书馆，2017。

岳谦厚、王亚莉：《女性·婚姻与革命——华北及陕甘宁根据地女性婚姻问题研究》，中国社会科学出版社，2018。

张莉：《浮出历史地表之前：中国现代女性写作的发生（1898～1925）》，南开大学出版社，2010。

张念：《性别政治与国家——论中国妇女解放》，商务印书馆，2014。

张文灿：《解放的限界——中国共产党的妇女运动（1921～1949）》，中国政法大学出版社，2013。

张真：《银幕艳史：都市文化与上海电影（1896～1937）》，沙丹、赵晓兰、高丹译，上海书店出版社，2019。

章清：《清季民国时期的"思想界"》，社会科学文献出版社，2021。

赵妍杰：《家庭革命：清末民初读书人的憧憬》，社会科学文献出版社，2020。

郑永福、吕美颐：《中国妇女通史·民国卷》，杭州出版社，2010。

中共中央党史研究室编：《中国共产党历史——第一卷（1921～1949·上

册)》，中共党史出版社，2011。

周蕾、刘宁元：《抗战时期中国妇女运动研究（1931~1945）》，首都经济贸易大学出版社，2016。

周夏：《拯救与困惑：中国早期电影中的女性悲剧（1905~1949）》，中国电影出版社，2021。

〔澳〕李木兰：《性别、政治与民主：近代中国的妇女参政》，方小平译，江苏人民出版社，2014。

〔法〕西蒙娜·德·波伏瓦：《第二性》，郑克鲁译，上海译文出版社，2011。

〔加〕季家珍：《历史宝筏：过去、西方与中国妇女问题》，杨可译，江苏人民出版社，2011。

〔美〕丛小平：《自主：中国革命中的婚姻、法律与女性身份（1940~1960）》，社会科学文献出版社，2022。

〔美〕高彦颐：《闺塾师：明末清初江南的才女文化》，李志生译，江苏人民出版社，2022。

〔美〕胡缨：《九葬秋瑾——历史纪念与公共记忆的制造》，龙瑜宬译，刘东主编：《中国学术》第27辑，商务印书馆，2010。

〔美〕胡缨：《性别与现代殉身史：作为烈女、烈士或女烈士的秋瑾》，彭姗姗译，游鉴明、胡缨、季家珍主编：《重读中国女性生命故事》，江苏人民出版社，2012。

〔美〕加布里埃尔·A. 阿尔蒙德、西德尼·韦伯：《公民文化——五个国家的政治态度和民主制》，马殿君等译，浙江人民出版社，1989。

〔美〕迈克尔·布林特：《政治文化的谱系》，卢春龙、袁倩译，社会科学文献出版社，2013。

〔美〕沃尔特·李普曼：《舆论学》，林珊译，华夏出版社，1989。

〔美〕张英进主编：《民国时期的上海电影与城市文化》，苏涛译，北京大学出版社，2011。

〔日〕深町英夫：《教养身体的政治：中国国民党的新生活运动》，生活·读书·新知三联书店，2017。

〔日〕须藤瑞代：《中国"女权"概念的变迁：清末民初的人权与社会性别》，须藤瑞代、姚毅译，社会科学文献出版社，2010。

六 论文

蔡洁：《性别解放与政治话语的双重变奏：1935年"娜拉事件"的多元观

照》,《妇女研究论丛》2017 年第 1 期。

蔡勤禹:《民国时期国人对"田园城市"的理论认知与实践探索》,《兰州学刊》2017 年第 2 期。

曹仲彬、杜君:《论中国共产党是马克思列宁主义同工人运动相结合的产物——与王学启、张继昌商榷》,《中共党史研究》1991 年第 6 期。

常彬:《"忘记自己是女性"——从谢冰莹、冯铿创作看 1930 年代左翼女性的从军想象》,《吉林大学社会科学学报》2008 年第 2 期。

陈惠芬:《"环球百货"、"摩登女郎"与上海外观现代性的生成》,《学术月刊》2009 年第 12 期。

陈家新:《辛亥女杰唐群英与民国初年的女子参政运动》,《中国国家博物馆馆刊》2013 年第 7 期。

陈雁:《"戊戌变法"失败后的康家女人》,《团结报》2015 年 1 月 12 日。

陈忠平:《保皇会在加拿大的创立、发展及跨国活动（1899～1905）》,《近代史研究》2015 年第 2 期。

董丽敏:《延安经验:从"妇女主义"到"家庭统一战线"——兼论"革命中国"妇女解放理论的生成问题》,《妇女研究论丛》2016 年第 6 期。

杜丽秋:《冯铿小论》,《中国现代文学研究丛刊》1981 年第 1 期。

杜新艳:《论民初报刊谐趣化现象》,《南京师范大学文学院学报》2009 年第 2 期。

郭冰茹:《"新家庭"想象与女性的性别认同——关于现代女性写作的一种考察》,《文学评论》2009 年第 3 期。

杭苏红:《"观念解放"还是"情感解放"？——民初湖南新女性"离家"的实践困境》,《妇女研究论丛》2016 年第 1 期。

杭苏红:《"人生向上":新女性爱情观中的信仰——社会史视野下的〈莎菲女士的日记〉及其他》,《社会学评论》2021 年第 1 期。

何明敏:《健美视域中的女明星——黎莉莉在 1930～1936 年》,《文艺研究》2018 年第 11 期。

贺桂梅:《"延安道路"中的性别问题——阶级与性别议题的历史思考》,《南开学报》2006 年第 6 期。

侯杰、王小蕾:《性别·文本·历史——以李超为个案的研究》,《文学与文化》2010 年第 2 期。

胡笛:《晚清"国民之母"话语及其女性想象》,《湖南大学学报》2014 年第 4 期。

黄道炫：《政治文化视野下的心灵史》，《中共党史研究》2018 年第 11 期。

黄湘金：《"英雌"的陷落——关于沈佩贞的历史与文学形象的考察》，《中国现代文学研究丛刊》2011 年第 5 期。

李细珠：《略论清末国民意识中的性别与权利之关系——以女子参政权为中心的考察》，《妇女研究论丛》2005 年第 2 期。

李细珠：《清末民间舆论与官府作为之互动关系——以张曾敭与秋瑾案为例》，《近代史研究》2004 年第 2 期。

李细珠：《秋瑾女性革命家形象的历史建构》，《社会科学研究》2007 年第 5 期。

李细珠：《性别冲突与民初政治民主化的限度——以民初女子参政权案为例》，《历史研究》2005 年第 4 期。

刘长林、马磊磊：《论阮玲玉自杀的社会意义赋予》，《社会科学》2010 年第 5 期。

刘磊：《性别·媒介·符号：公共话语中的阮玲玉》，《山东女子学院学报》2017 年第 3 期。

刘文菊：《冯铿寻求女性解放道路的心路历程》，《山西大同大学学报》2012 年第 4 期。

刘文菊：《现代潮汕女作家的文学创作及其文学史命运》，《湖南人文科技学院学报》2013 年第 5 期。

刘文菊：《"左联"女烈士冯铿简谱》，《山东女子学院学报》2019 年第 4 期。

马文飞：《冯铿〈红的日记〉研究及其他》，《文艺报》2018 年 11 月 19 日。

马自毅：《冤哉，秋瑾女士——析时论对秋瑾案的评说》，《安徽史学》2005 年第 2 期。

庞振宇：《清末民初合群思潮的兴起与演进》，《江西社会科学》2019 年第 5 期。

彭耀春：《冯铿创作论》，《南京社会科学》2001 年第 4 期。

乔以钢：《从"乐园"幻梦到"红"的女人的讴歌——"左联"女作家冯铿的创作轨迹》，《开封教育学院学报》1994 年第 3 期。

乔以钢、李贞玉：《近代革命话语中的"女医生"及其文学形象》，《江汉论坛》2016 年第 6 期。

乔以钢、刘堃：《"女国民"的兴起：近代中国女性主体身份与文学实践》,《南开学报》2008 年第 4 期。

秦方:《从幽闭到出走——清末民初女性困顿—解放话语形成及实践》,《妇女研究论丛》2017 年第 4 期。

秦方:《新词汇、新世界:清末民初"女界"一词探析》,《清史研究》2014 年第 4 期。

秦翼:《1937～1945 年报刊中的陈云裳》,《南京艺术学院学报(音乐与表演)》2016 年第 4 期。

史春风:《从探索到信仰——中国早期马克思主义者的妇女解放思想》,《山东女子学院学报》2021 年第 4 期。

舒凌鸿:《建构女性乌托邦的伦理困境:庐隐〈海滨故人〉中集体性叙述声音》,《山东女子学院学报》2021 年第 4 期。

唐姆嘉:《20 世纪 30 年代社会媒介的"摩登女郎"想象》,《妇女研究论丛》2017 年第 5 期。

涂晓华:《上海沦陷时期〈女声〉杂志的历史考察》,《中国现代文学研究丛刊》2005 年第 3 期。

万琼华:《视觉再现与反再现——以民初报人对女子参政运动者的言说为中心》,《妇女研究论丛》2013 年第 1 期。

王芳:《关露的新诗观》,《中国现代文学研究丛刊》2002 年第 2 期。

王楠、陈蕴茜:《烈士祠与民国时期辛亥革命记忆》,《民国档案》2011 年第 3 期。

王奇生:《高山滚石:20 世纪中国革命的连续与递进》,《华中师范大学学报》2013 年第 5 期。

王蕊、张莉莉:《民国时期主妇角色的重塑与家庭决策权》,《东岳论丛》2023 年第 5 期。

王秀田、梁景和:《传统和现代之间的徘徊——以胡彬夏为个案》,《求索》2008 年第 10 期。

魏国英:《建党百年与妇运百年的理论化探究》,《中国妇女报》2021 年 1 月 5 日。

夏卫东:《性别与革命:近代以来秋瑾形象转换的考察(1907～1945)》,《民国档案》2016 年第 1 期。

夏晓虹:《梁启超的"常识"观》,《天津社会科学》2014 年第 1 期。

夏晓虹:《吕碧城的个人完足"女学"论》,《汉语言文学研究》2015 年第 2 期。

夏晓虹:《〈女界钟〉:金天翮的"女界革命论"》,《南京师范大学文学院学报》2015年第1期。

夏晓虹:《晚清女报中的国族论述与女性意识——1907年的多元呈现》,《北京大学学报》2014年第4期。

夏晓虹《晚清女性典范的多元景观——从中外女杰传到女报传记栏》,《中国现代文学研究丛刊》2006年第5期。

夏晓虹:《"英雌女杰勤揣摩"——晚清女性的人格理想》,《文艺研究》1995年第5期。

许慧琦:《"娜拉"在中国:新女性形象的塑造及其演变（1900s~1930s）》,博士学位论文,台北政治大学,2003。

薛峰:《袁美云的银幕人生与影星现象》,《电影艺术》2011年第5期。

薛涌:《政治与文化:邹谠教授谈二十世纪中国政治之一》,《读书》1986年第8期。

严昌洪:《唐群英与民初女子参政运动》,《贵州社会科学》1998年第4期。

颜琳:《逃离叙事:女性主体意识的想象表达——冯铿创作纵论》,《晋阳学刊》2015年第5期。

姚霏:《中国女性的身体形塑研究（1870~1950）——以"身体的近代化"为中心》,《甘肃社会科学》2012年第3期。

于书娟、陈春如:《鲜为人知的学前教育先驱——胡彬夏》,《教育评论》2017年第2期。

曾丽洁:《从个人书写到革命创作——析"左联"潮州籍作家群成长历程》,《文艺理论与批评》2013年第4期。

张华:《"南国影后"的"孤岛"岁月——陈云裳上海电影述评》,《电影艺术》2011年第3期。

张勉治:《善良、堕落、美丽:20世纪30年代的电影女明星和上海公共话语》,《电影艺术》2009年第6期。

张朋:《近代女杰张竹君媒介形象的考察》,《温州大学学报》2011年第2期。

张伟:《关露的自传体三部曲》,《中国现代文学研究丛刊》1985年第4期。

赵婧:《近代上海女医群体的形成——以社会网络为视角的考察》,《史林》2020年第3期。

赵婧:《医学、职业与性别——近代女子习医论再探》,《妇女研究论丛》2018年第6期。

钟复光口述,张金喜整理:《黄埔军校女生队的一段回忆》,《春秋》2014年第1期。

周蕾:《冲突与融合——抗战时期中国共产党家庭政策的变革》,《妇女研究论丛》2017年第3期。